荆楚文庫

〔乾隆二十三年〕蘄水縣志

〔清〕邵應龍 修
〔清〕徐明理 等 纂

荆楚文庫編纂出版委員會
武漢大學出版社

荊楚文庫

〔乾隆二十三年〕蘄水縣志

QIANLONG ERSHISANNIAN QISHUI XIANZHI

圖書在版編目(CIP)數據

〔乾隆二十三年〕蘄水縣志/〔清〕邵應龍修;〔清〕徐明理等纂.

—武漢:武漢大學出版社,2023.5

ISBN 978-7-307-23334-8

Ⅰ.乾…

Ⅱ.①邵… ②徐…

Ⅲ.浠水縣—地方志—清代

Ⅳ.K296.34

中國版本圖書館 CIP 數據核字(2022)第 179596 號

責任編輯:黄河清

整體設計:范漢成 曾顯惠 思 蒙

責任校對:汪欣怡

出版發行:武漢大學出版社(中國·武漢)

地址:武昌珞珈山

電話:(027)87215822 郵政編碼:430072

録排:武漢恒清圖文菲林輸出工作室

印刷:湖北新華印務有限公司

開本:787mm×1092mm 1/16

印張:25.5 插頁:6

版次:2023 年 5 月第 1 版 2023 年 5 月第 1 次印刷

定價:98.00 元

ISBN 978-7-307-23334-8

9 787307 233348

《荆楚文庫·方志編》編纂組

組　長：劉偉成　陽海清（執行）

副組長：劉傑民（執行）　王　濤　謝春枝　郝　敏　嚴繼東　范志毅（執行）

參編人員（以姓氏筆畫爲序）：

王　濤　李云超　宋澤宇　范志毅　郝　敏　柳　巍　馬盛南　陳建勛

夏漢群　梅　琳　陽海清　彭余煥　彭筱澂　楊愛華　雷　静　劉水清

劉偉成　劉傑民　謝春枝　藏　波　嚴繼東

編　審：周　榮

顧　問：沈乃文　李國慶　吴　格

出版説明

湖北乃九省通衢，北學南學交會融通之地，文明昌盛，歷代文獻豐厚。守望傳統，編纂荆楚文獻，湖北淵源有自。清同治年間設立官書局，以整理鄉邦文獻爲旨趣。光緒年間張之洞督鄂後，以崇文書局推進典籍集成，湖北鄉賢身體力行之，編纂《湖北文徵》，集元明清三代湖北先哲遺作，收兩千七百餘作者文八千餘篇，洋洋六百萬言。盧氏兄弟輯録湖北先賢之作而成《湖北先正遺書》。至當代，武漢多所大學、圖書館在鄉邦典籍整理方面亦多所用力。爲傳承和弘揚優秀傳統文化，湖北省委、省政府決定編纂大型歷史文獻叢書《荆楚文庫》。

《荆楚文庫》以『搶救、保護、整理、出版』湖北文獻爲宗旨，分三編集藏。

甲、文獻編。收録歷代鄂籍人士著述，長期寓居湖北人士著述，省外人士探究湖北著述。包括傳世文獻、出土文獻和民間文獻。

乙、方志編。收録歷代省志、府縣志等。

丙、研究編。收録今人研究評述荆楚人物、史地、風物的學術著作和工具書及圖册。

文獻編、方志編録籍以一九四九年爲下限。

研究編簡體横排，文獻編繁體横排，方志編影印或點校出版。

《荆楚文庫》編纂出版委員會

二〇一五年十一月

前言

《〔乾隆二十三年〕蘄水縣志》二十四卷首一卷末一卷，清邵應龍修，清徐明理等纂，清乾隆二十三年（一七五八）刻本。

邵應龍，字雲谷，清浙江餘杭人，副貢教習，乾隆二十年（一七五五）任邑令。徐明理，字澹山，邑人，拔貢，掌教蘄陽書院。

邑志自明至清，歷多次續修。清順治十四年（一六五七）邑令劉佑修志，康熙二十三年（一六八四）邑令李政宗在劉志基礎之上續修。其後經過七十餘年，一邑之政教、風俗、人物等變化增益良多，歷歷可徵。乾隆二十二年（一七五七），邵應龍開局修志，延請徐明理等邑諸文學士，將七十餘年之變故合以前志，細加參訂，補缺正訛，刪繁去複，匯爲二十六卷，歷經一年，於次年秋書成付梓。

志分地理、建置、賦役、學校、秩官、名宦、選舉、人物、藝文、雜志、外志等綱，卷首列序跋、凡例、目録、輿圖。正文卷端皆鐫『知蘄水縣事餘杭邵應龍纂輯』。

因康熙李志是續順治劉志之作，内容未有增益者不列綱，是志體例仿劉志而有所改動。如並舊志『沿革』『形勝』『地理』『天文』爲『地理志』；更『食貨』爲『賦役』；將舊志『風俗』歸入『建置』；刪去『典籍』一門，所涉書目列入本人傳内；舊志『襍志』更爲『雜志』，『異聞』及『人物』之『僊釋』歸入『外志』。此外，舊志『學宮』列於『建置』下，是志依照郡志體例單獨設『學校』一門，詳細記載相關祭典、禮器等。『職官』舊志僅載文官，是志增武官。舊志『人物』原有十七目，是志更爲十二目，以免過於繁雜。是志列輿圖於卷首，且增加縣學圖、景圖等。『藝文』刪去部分舊志繁文，又補漏增新，其規則仍舊志，依體裁分類，照年代排序。

據《中國地方志聯合目録》，是志有清乾隆二十三年刻本，故宫博物院、浠水縣博物館有藏。本次據故宫藏本影印。該藏本存在大量破損現象，卷首序言部分難以辨識，另目録中雖有『職員』，但該藏本實缺纂修職員名單。幸乾隆五十九年（一七九四）所續志書將是志序文及名單全數録入，可取之用以輔助閲覽。該底本原缺卷之一第十七葉。（彭筱溦）

目録

慶舊有名方　題予嘗署

已此山川土田之盛礴而沃衍

之相周而訢閭之相次幾

果蔬禽魚券芻養生植之繁

靳

知

則仁人義士孝子節婦之觀感而興起士夫

文往往博學多能相與作為詩歌往復咏

軼事以傳之無窮予目覩而心識之公欲

書以志一方之盛旋謝篆去未之

部君令是邑建議續修戊寅秋志成

攷訂邑志創始

治丁丑續修於

書之成者難其

博采故較　照數紀無有遺隱

支不失而　乎國史得失之迹

之書無易也夫事莫不廢於因

於齊稷志者風化所關而守令之所由按圖

事閱七十餘年間邵君始克為之斯以見成事

而向之心我未逮者卒有成予之志其亦可

籍以不朽也夫

旹

乾隆貳拾叁年捌月朔日知黃州府事虞山錢浬撰

序

蘄水縣志序

縣者能知一縣事也固不僅緦緦於簿書會計之間凡邑內之山川人物興廢因革必了然心目瞭如掌庶無負長官分工之責耳然一人知之不能使之令人知之不能使後人知之如欲使人人知則非修志不爲功蘄邑原有舊志一編於曲安劉公之手又越二十八年續數卷公也固今昔所共知也然自魏塘所後十

旹序

自己歷三朝之久雖

風俗忠孝節義以及循吏名賢無贍炙於承衢委巷間予顧距今未遠猶傳設更越數十年而星霜屢變欲問故事所遺老盡矣使後人疑信參半抱文獻無徵之憾是誰之咎歟余用是怵然懼慨然興於丁丑秋詳開館延邑若廉澹山徐君徵士樗野南皋及諸文學士採數十年來之事故合前志細加參訂缺者補之訛者更之繁者刪之複者去之分門別彙共編成二十

六卷歷寒暑一週始告厥竣披覽之下若者爲興廢若者爲因革若者爲山川之險易若者爲人物之振興如網在綱有條而不紊可爲一人知即可爲人人知可爲今人知併可爲後人知信今傳後微顯闡幽於此志不無小補然余又曷敢自伐厥功哉亦盡吾職是爲序

寅歲六月既望知蘄水縣事餘杭

首　序

重修蘄水縣志序

志詩世之文也天地法象之壽古今變遷之壽匪人不壽人匪言行不壽人之言行匪紀載不壽而紀載之所以能壽者要亦本乎有壽世之心耳天下之大一邑之小固有外於此者也餘杭

者三年政教之善難可殫述大抵表物不庭物泣事惟勤而靜不生事飭士董民以當務爲急人情所因仍前卻若相係於風勵勸懲之大者則傾橐焉莫敢或遑皆非視官猶家視民猶子

不能上蘄邑刊有舊志擇焉語焉讀之者猶見先民面目顧自康熙二十七十有五年矣中間人物事功豈無足述而斷焉莫纘將文獻之日湮而方軌之悉泯則亦因仍前人之恒習而固有壽世之實心焉耳

公切惆之進厥里宿博訪輿言緝舊編新手爲董定發士民之蓄心出人文於野求賢子孫忘存先代者皆得各自表揚而又必摭其得失以慎棄取未一週

首　序　一

而志事告竣明足以鑑之斷足以成之是誠有壽世之實心而寫扶世翼教計者至深且遠矣吾見白石清泉之秀一啟苔封蘭溪金谷之芬重開霧翳蘄之人達歆而尸祝於光烈又甚

有涯乎至迺乎餘溢羨慮過幽長之心也由是而爲霖作楫其可量也余以老病未克勷役喜其之尤大者真甚盛德事不可無言

時季夏邑人西艮徐□□題

舊序

重修蘄水縣志序

邑侯 邵公治蘄三年民馴事靜百廢具興慨然重修邑志慮蘄之宿學勤其事既期而成真盛舉也蘄舊志殘闕無論

國朝自曲□起而修之搜羅纂輯而規模始備至又增於舊事者於前如謂畧無遺甲子迄今七十餘年矣求一不精公可得豈蘄無足志耶抑先之宰蘄急之務而蘄人士亦相與□之之故耶

舊序

大吏張□而士習風俗亦隨時善變如科目之次第猶可按册而遡也而文章非實有以彪炳寰區照耀耳目就湮也甚矣蘄之志顧可緩乎哉固置之仁者不爲知其不可緩而爲之而但以博一時之譽少焉遂之則其與不爲等也其不公於政□之暇彙蘄之往迹舊聞搜□旁蒐不遺餘力且取劉李兩公之志而事訂焉遺者補之誤者正之蕪者芟之畧者詳之一準以春秋之筆削俾足以

信今而傳後其用意也深其教善也摯所謂良工心苦者非耶斬於是有志矣不但七十年來之風土人物嘉行芳範免致湮沒而無聞即前之兩志亦雖舊猶新矣余廢業[illegible]不敢文多

公之大[illegible]勸也遂不能以無言且嘆是舉也[illegible]赴之固風行草偃之機乎而已見一斑矣是為序

[illegible]邑人[illegible]范思皇題

明程昌序

志叙曰志類為五第卷為六析以提其要志沿革以昭興廢志疆域以辨廣狹志秩官以為民極志名宦以著循良志學校以崇教化志孝行以重大倫志御製以彰[illegible]

戶口田賦科目鄉賢例凡當詳者無遺善迪惟足風世者志之出經無巧闢文粗述無得而錄焉

續修志序 康熙甲子

李振宗

邑志修於明萬歷之初年重修於我
世祖皇帝御極之十有四年嵗在丁酉煌煌然有裨於邑治
者至重也然非得見生有象汁襲之一策劉公佑為
之得謀畫主邑經爲之殫心於編輯也百餘
遷田賦規畫之損益卿薦
籍政教邑人氏之德行文
之而備采獻者吾知其泯
於邑治者誠若是其至
次第告成復
以重萬世茲一隅者其何辭
詠於薦紳先生暨邑人士
邑志一一而後之秩官名宦德行文
學校義舘烈而於前志之不也若夫治於昔而安
於今仍於今而不能不或變於後者封域形勝也利
於昔而弊於今酌於今而不待不盡變於古者田賦
規畫也後或有所更定則志可得而修也留心邑治
者之任也余惟敬以俟之也厚於昔而薄於今釀於
今而不能不善挽於後者習俗推遷人心趨向也後
將有所轉移亦志之可得而載者也亦留心邑治者
之任也若不獨余一己之敬以俟之也

志跋　　楊繼經

古今之所以常存而不墜者惟名而已矣山川以名
而靈人物以名而著性情功業以名而留名存則人
思慕名存則人思[illegible]慕與奮鼓人心之所由與而世
之所由
爲治舊矣蘄人之知奮與慕亦
也
豹極宇宙之大而不能不
者
古或謹安夫踐履之常而卒
川焉不知問人物焉不
可慕可奮者偏在九州之

一

息之前竟無一可爲觀
之爲志也志與史同源
[illegible]必詳其立言必徵其持
之法之人而斷無不畏志之
天下
非之人而斷無不畏志之人志
一者與史相爲表裏者也蘄志也者與蘄相爲終始
也夫志與史相爲表裏則不可一日缺蘄志與蘄
相爲終始則不可一日弛而缺焉弛焉之若此者毋
亦人皆知畏志如畏史而曾無一破積畏者暢然而

用之也丙申冬曲安劉公涖此土索蘄志讀之而不
可得遲之有易生者以一帙進亦復殘缺廢闕而公
爲慨然慮之因進蘄之衿紳而謀修復之而諸衿紳
亦慨然任之或[illegible]搜或采爲訂或表反已枯之骨
[illegible]於[illegible]
域與籍風俗田賦罔不細
而因以無負公毅然修復
謂大矣今試執簡而披
奪也可使山川在前
予卧之遊之進之退之

二

人徒知志之宜修而不
則將不復有志不復
數千百年山川人物性
典有文何從得可慕可奮
今者曰公之有功於蘄大也是
者[illegible]慕之
人心之幸而世[illegible]慶也因走筆以紀其畧

蘄水縣志凡例

一舊志載明正統間知縣胡奎志四卷宏治間知縣
程昌志六卷萬歷間知縣閻士選志十六卷胡志程
志已不可見董□□志一卷至七卷
本朝□治□
□□延邑紳士楊繼經等重修凡
之□康熙二十三年知縣李
訂成役又後來職官選舉人
產正今合二志而統成之
盛今本郡志六綱首地理
職官次選舉次人物次藝
各以類從庶綱舉目張觀

一凡□革條
□革一定而後之區分派別風
俗人文始一定□□□絣故首沿革若夫天文之志不
獨分野今大官學非方隅之士所得詳止有分星以
別疆域舊志尚立天文一門乃所載又僅分野應省
去以星野從地理志

一山以表一方之鎮水以識衆流之趨山環水繞水
別山區也相因而及者也舊志紀山先四正後四隅
如賜□後天卦法原有註者悉存之重見他處者
舊志於此□之□□水則先經後緯左灌右注去來

一□與前賢之名蹟則一條
緇流羽士物外高蹤應
入古蹟
更故築□濟之書創復必書
修書然舊志所載已什廢
□廢之故也
十不一算博徒繁今祇遵
其餘亦載之以備參攷再

一□典皆
平社倉
國家惠養元元深□□準統歸賦役重民命也

一學宮舊列建置所載典禮俱未詳今遵郡志尚
立學校一志凡祭典禮器樂舞崇聖祠
頒賜經籍諸大典備書之以及歷來建立書院學莊田畝

俱附於後以昭
盛朝重道崇儒樂育人材之至意
一職官舊志止載文秩今增城守武秩蓋守土之官
與
志止列田科二表餘志其名
廷之爲表二凡八格曰進
辟薦曰武勲曰封廕曰
現仕者書現任未仕而
一貢生撥選看驗就職未
限之也捐貢捐職得書
副車不準作貢
與會試至崇禎四年辛未
凡官爵封贈名號亦各有别
明代失攷今悉從明史核出
一人物舊志爲目十七今訂爲十二曰儒林曰文苑
曰宦蹟曰忠烈曰武勲曰孝友曰篤行曰尚義曰隱
逸曰方技曰流寓曰列女惟仙釋則入外志

一宦蹟人物載正史者則用正史本傳載他史名宦
志者則用名宦志載通志郡志者則採通志郡志取
其核而有徵非敢畧也
一藝文有關於[illegible]者例得載之以示後來舊志所
無載 司來作志不爲生者立傳郎
寓與過客不在此例蓋桑
今則用易 鴻爪去跡莫尋非特殊異也
去之闕者 一百三十種反訪其書百
合録全具 行取明周卿顯伺集
以典籍一門竟删之
允協今悉從省郡諸志
今列之卷首以便識脩
叙

蘄水縣志目録

藝文志

詩

卷之二十三

藝文志

詩

五

蘄水縣志卷之首

知蘄水縣事餘杭邵應龍纂輯

輿圖

古者按圖而考驗索了然蓋指畫間可得山川之扼塞不[illegible]攝二而呈於毫端詩能事於尺幅也學[illegible]嘯[illegible]一天地古蹟爲名賢所遺展圖後人政教之思而穆然於山高

油河嘴
團陂
梅子山
南家山
白石山
滑石舖
望城崗
金繡山
拱辰
太平山
斑竹山
金谷山
沙河頭
東二百里至查兒山抵江南英山縣界
仙女廟
袁家山
張家山
蔣家山
徐家山
滴水岩

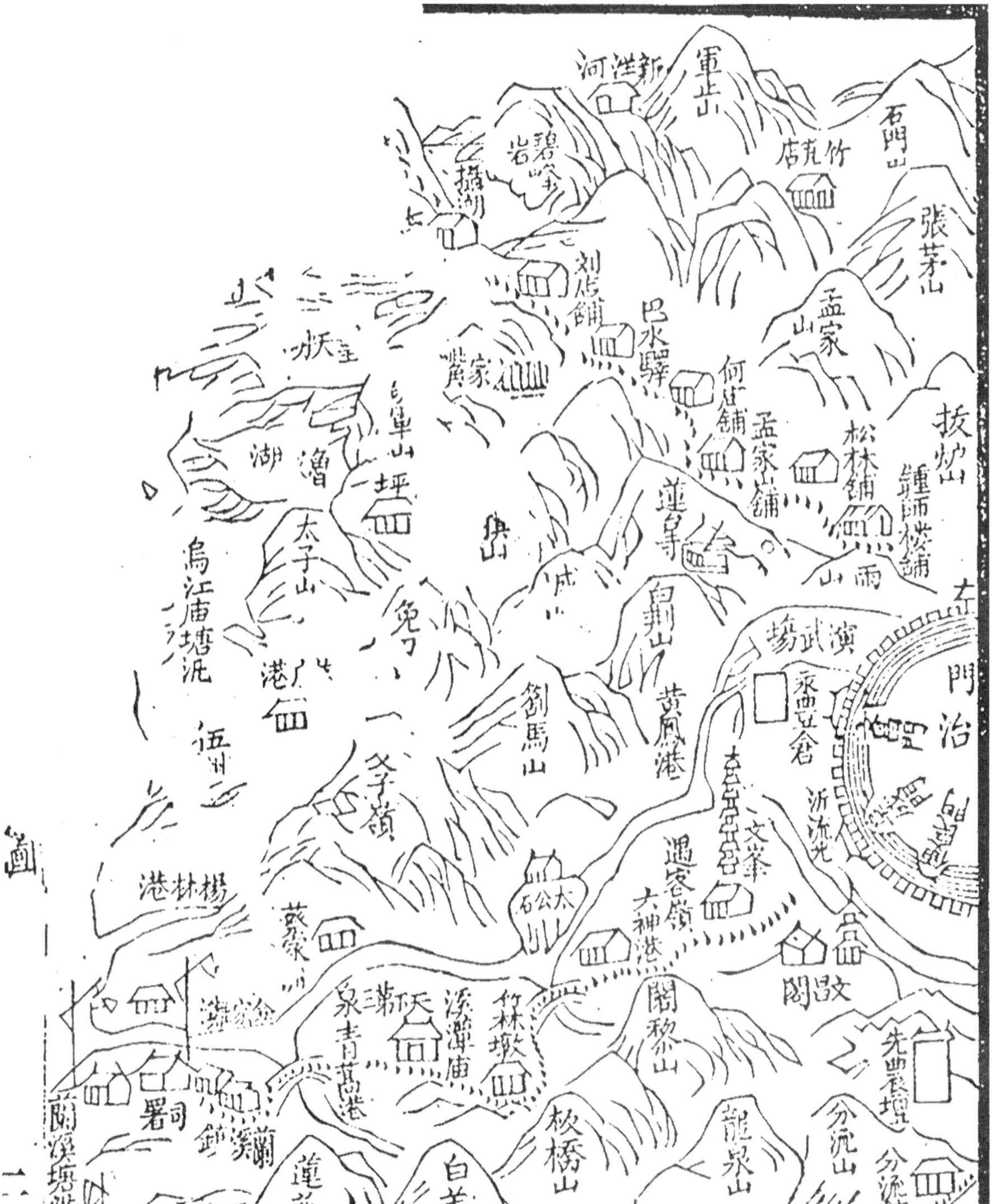
新淦河
軍山
石門山
竹瓦店
張茅山
孟家山
巴水驛
何店鋪
孟家山鋪
松林鋪
鍾師橋鋪
演武場
東門
治
永豐倉
黃風港
劉馬山
文峯
遇客嶺
大神港
太公石
文昌閣
閣黎山
先農壇
分流山
分流鋪
月子山
李店鋪
龍泉山
板橋山
白羊山
蓮花山
天然寺
六廟鋪
董家河
福主店
湖坼
界嶺
烏江廟塘汛
太子山
楊林港
蘭溪塘汛
蘭溪鋪
司署
竹林墩

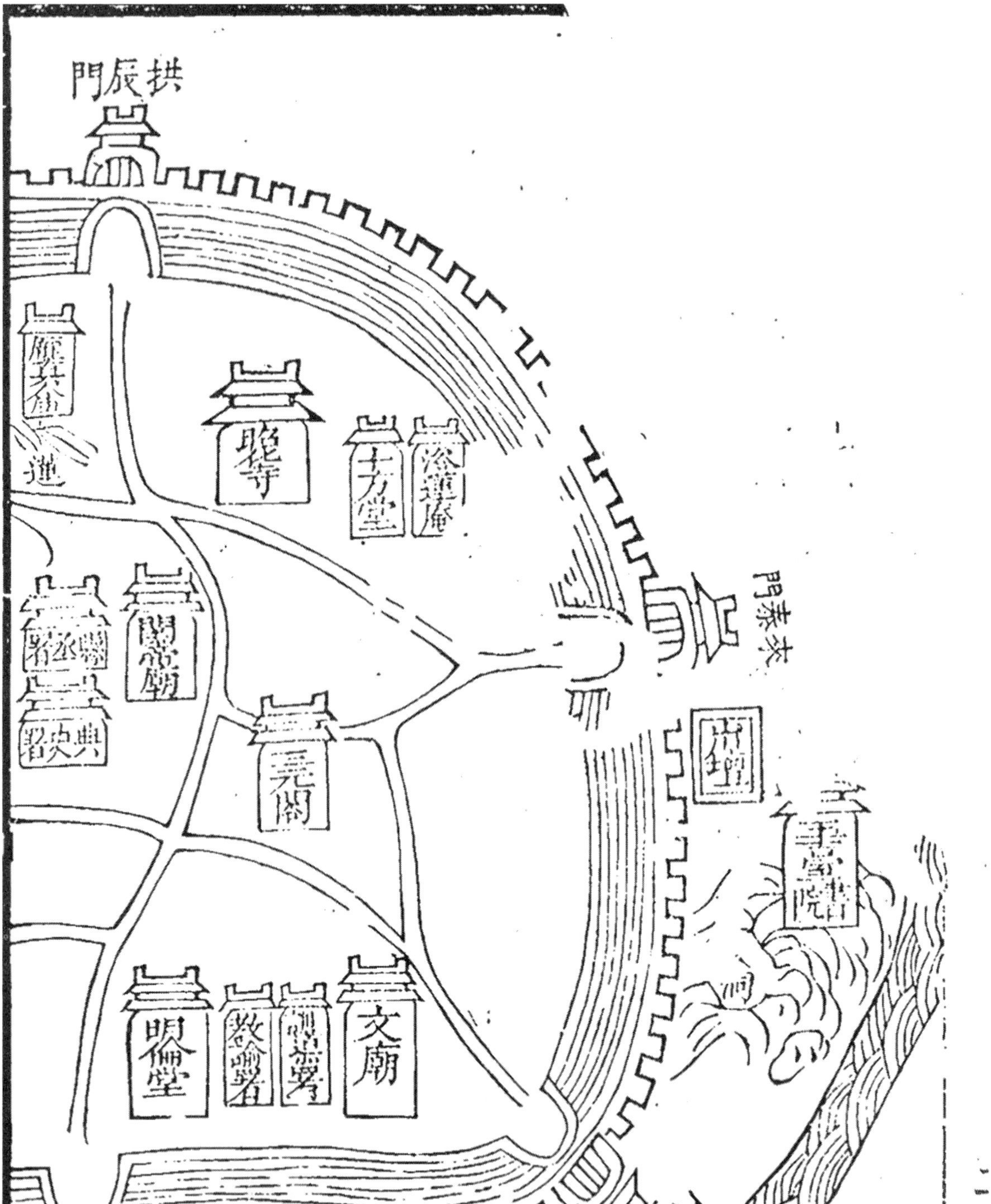
拱辰門
十方堂
明倫堂
文廟

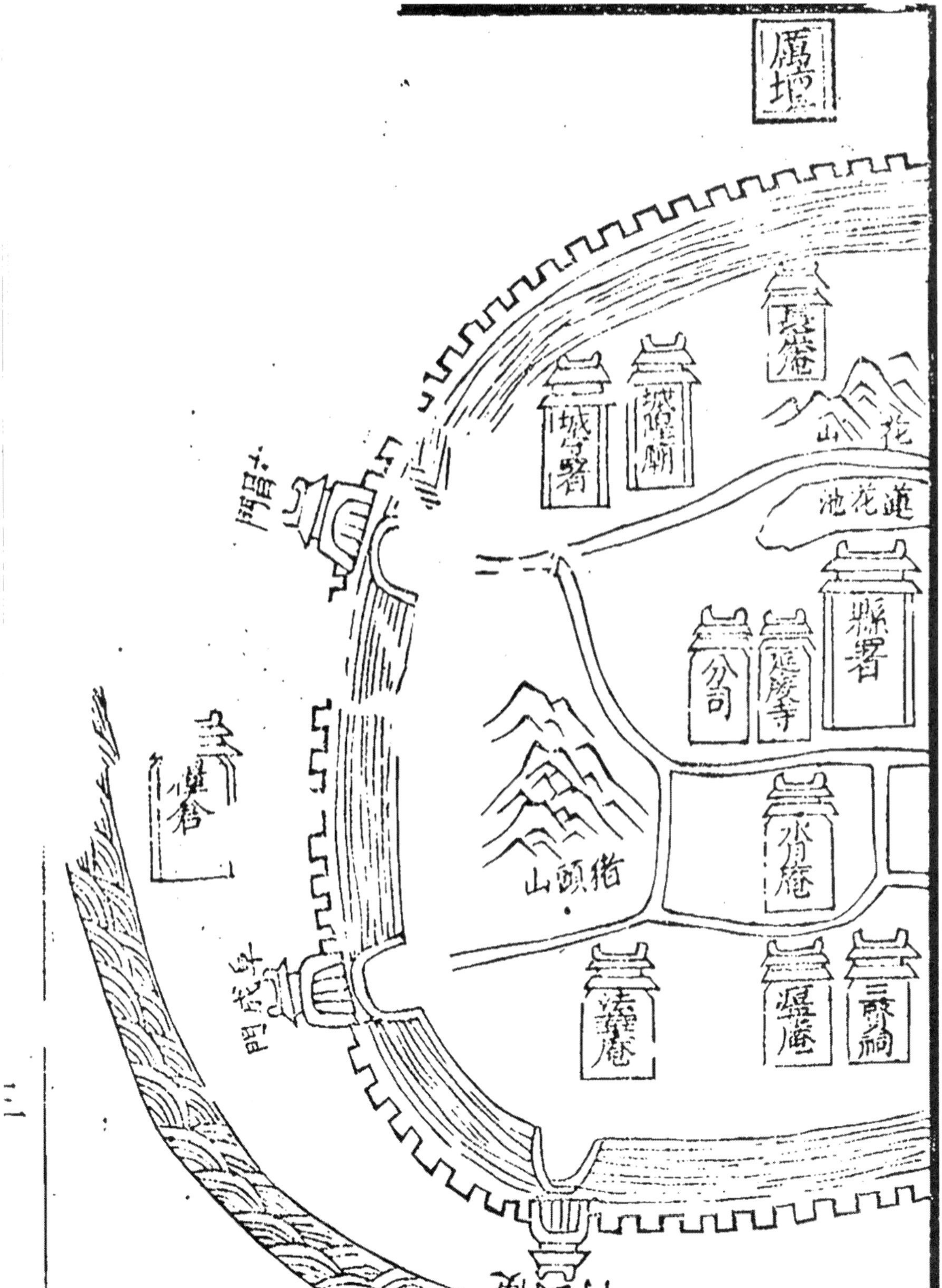
厲壇
城守署
城隍廟
蓮花池
縣署
分司
延慶寺
水月庵
猪頭山
法華庵
三賢祠

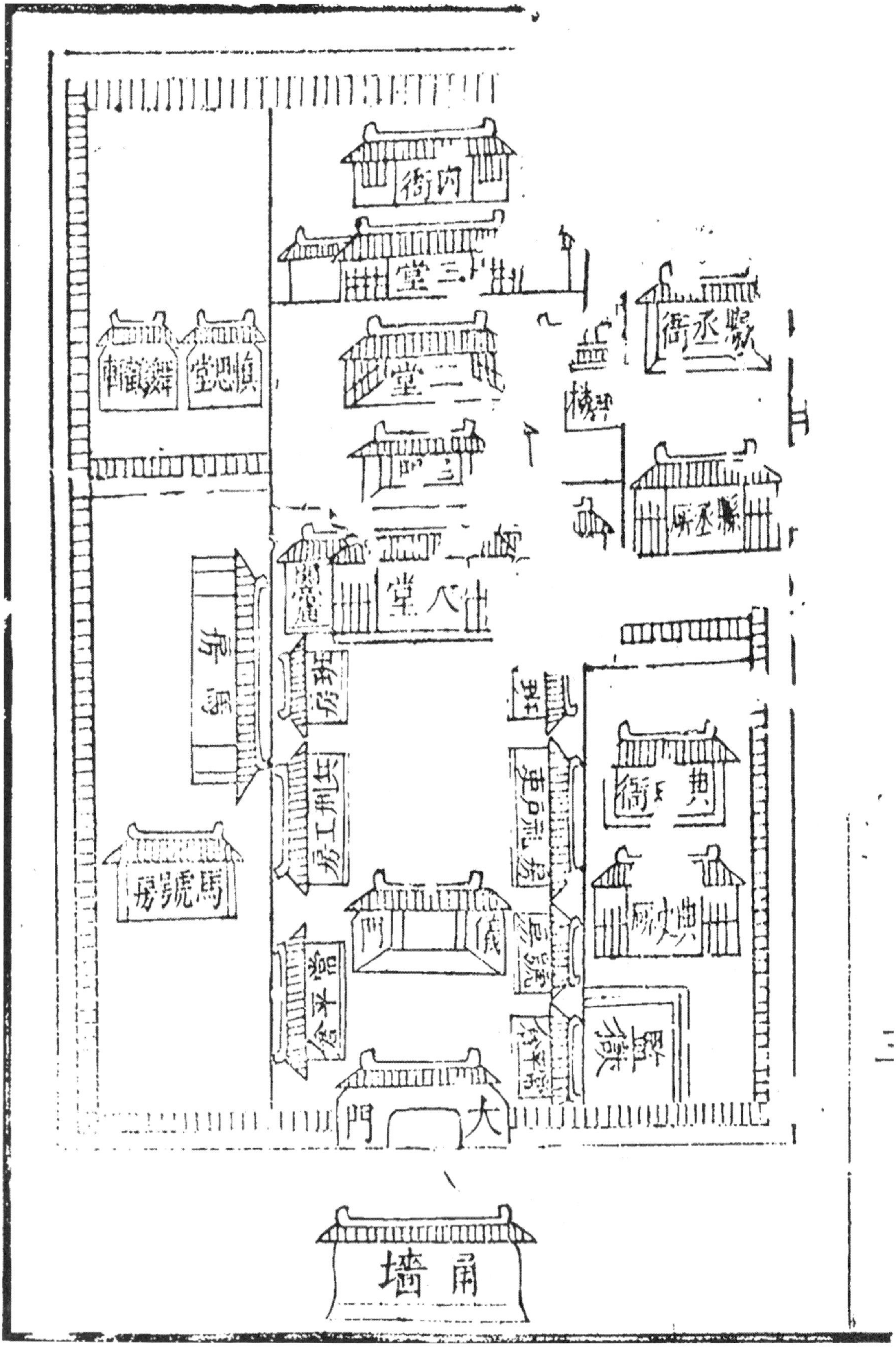
內衙
三堂
二堂
縣丞衙
縣丞廨
典史衙
典史廨
儀門
大門
甬墻
馬號房
慎思堂
兵刑工房
吏戶禮房

縣學之圖

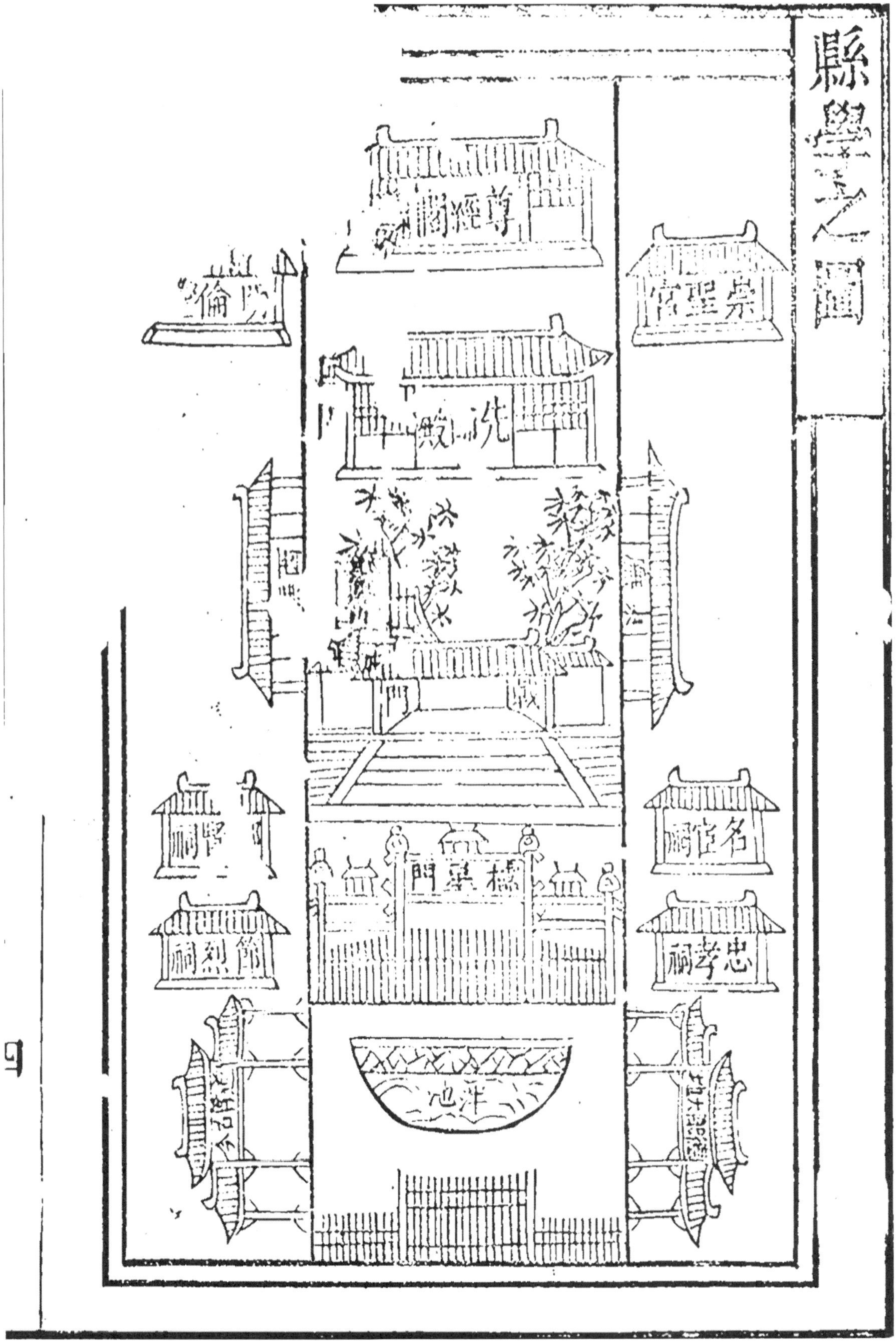

綠楊亭

空明水石

七

石壁迴瀾

清

羽泉
泉

三角雲湧

輿圖

輿圖　二

三泉異味
天下第三泉

輿圖
三

茂

輿圖

輿圖

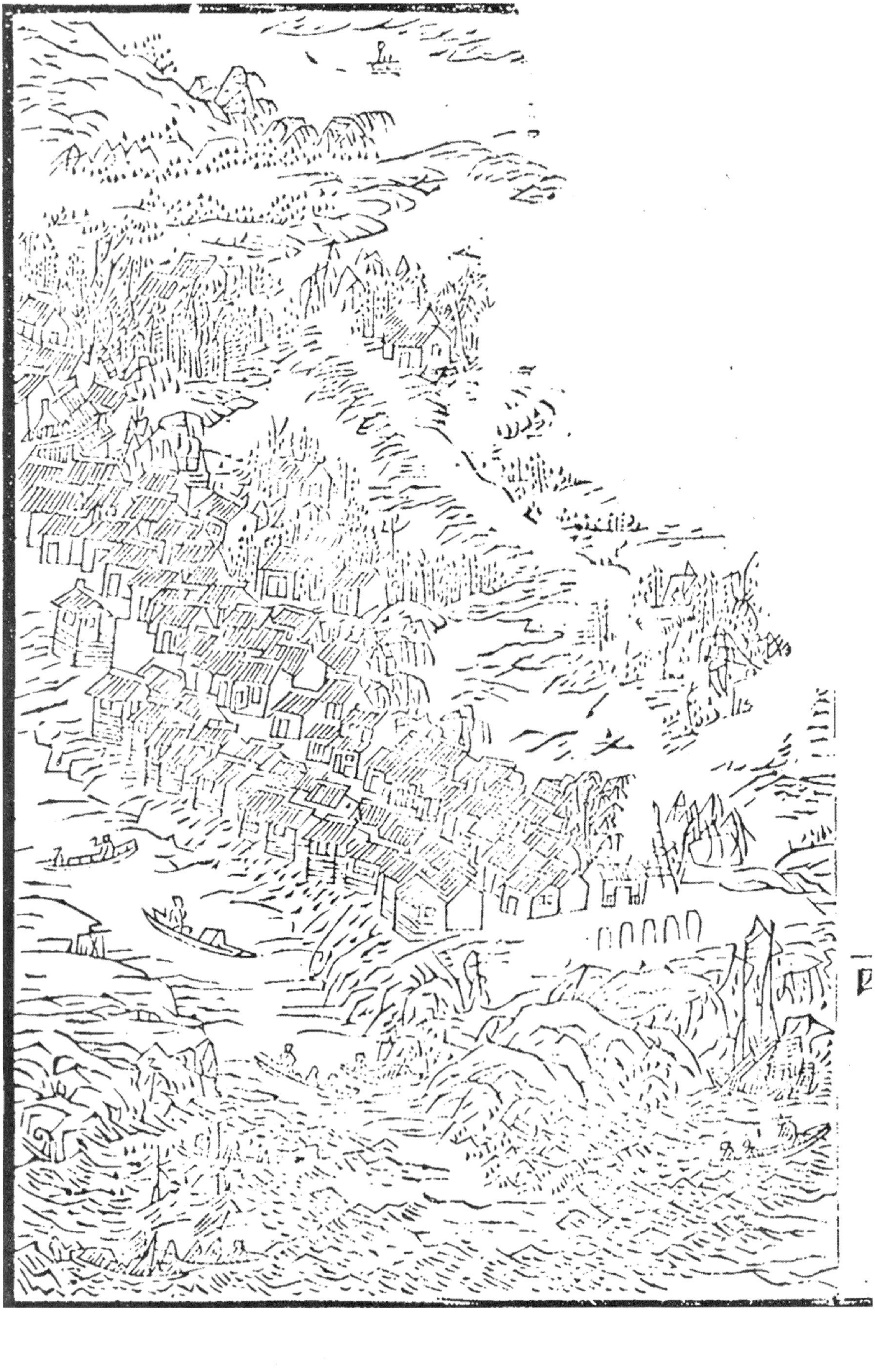

三

輿圖

十五

蘄水縣志卷之一

知蘄水縣事餘杭邵應龍纂輯

地理志

沿革

邑古軑縣地浠水蘄水之名則立於劉宋今邑即宋
也者水經記巴浠二水明矣厥後更
多志覯有攷矣隋唐後稍彰彰可考
者著者攷而外史傳訛從畧焉

古　水地在揚州之域夏商以前無可考

商

周　周歷春秋戰國皆屬楚地

春秋

戰國

秦　始皇二十六置三十六郡

漢

年

蘄水地屬九江郡

惠帝二年封長沙相黎朱蒼為軑侯元元年國除十二年徙明子符

軑縣屬江夏郡　沿

沿

立弋陽縣六安廬陽郡後入於吳

屬弋陽郡

晉

惠帝時分弋陽郡為西陽國縣三軑屬

沿

屬西陽國

東晉

馬南渡後西陽王羕以罪

沿

屬西

宋　廢復爲郡　陽郡
元嘉二十五　猷
年以豫部蠻　浠水俱
民置浠水蘄　屬西陽
水等十八縣　國
陽郡
誅　孝寧
浠水俱
屬西陽

三

郡
沿
初於永安　沿
置郡立
相州
北齊　以北齊接梁　沿　沿
從蘄郡志
陳　沿　沿
周　沿　省孝寧

入浠水
隋　開皇初年州　浠水屬
郡並廢　蘄州
唐　武德元年省　蘭溪
蘄水入蘄春
四年更浠
蘭□省
入馬八
蘄水

四

沿
析　沿
石轉鎮
爲羅田
元　置蘄州路　沿
屬蘄
州路
明　洪武元年改　沿

蘄州路爲府　屬蘄州

洪武元年改　府

蘄州府爲州　沿

屬黄州

府

沿

又或以爲錯出荆壤隋唐

羣註禹貢揚州蘄水屬焉

錫揚州則不得爲南郡

黄陂麻城屬南郡蘄州蘄水

庲濟　沛郡

沂郡志云蘄ㄙㄙ漢軑縣地而舊志指爲蘄國郡志省志

俱云蘄春地於軑則無稽今按史記孝惠二年以軑

封長沙相爲侯元封元年爵除前漢表合後漢王霸

傳永平二年徙子符爲軑侯俱屬江夏郡軑之名歷

魏晉無改水經紀江有云江水左則巴水注之又東

逕軑縣故城南東會浠水口注城南對五洲經所云

巴水即今之巴河鎮經所云浠水口即今之蘭溪鎮

敘次入江源委纖悉合註所謂五洲綿亘數十里距

邑西劉宋孝武自此起兵誅劭是巴水之下浠水之

上中有軑縣此郡志之本以爲據也再按

裴子威弦之註云蘄水縣有故軑城德

江引水經註亦曰軑爲今蘄

王負於蘄又云陳涉號

沛郡之蘄爲蘄水之蘄按

徐廣蘇林註皆曰沛郡蘄縣

荂王名負芻曰王負亦悞

元嘉二十五年以豫部蠻民置浠

蘄水等十八縣屬西陽自是郡縣始有蘄水浠水

之名蘄水蓋指今蘄陽河近蘄州而言浠水指今邑

城河而言與對五洲之軑同隷一郡壤趾相錯可覆

而思也孝武即位以誅逆改軑爲孝寧歷南齊無改

新郡志云梁於浠水置永安郡立湘州周省孝寧入浠

水按隋志註云梁置永安郡開皇初郡廢有石鼓山山在浠水則於浠水固嘗置郡而省孝寧入浠志無明文隋志論云梁陳以後改隸匪常僑立不一史官無志周時大併州郡省縣二百三十則孝寧之省當在是歟

舊志云[illegible]置蘄州以蘄水屬之更爲蘄春縣[illegible]春縣按之隋志宋史蘄春乃[illegible]非蘄水也且今之蘄水實[illegible]省蘄水入蘄春縣則[illegible]蘄州又改浠水爲蘭溪[illegible]改蘭溪爲蘄水至宋元祐[illegible]縣由此今治蘄水所由名與[illegible]晩無異大抵縣東南爲昔浠水地縣西北爲昔軑縣地勢較然也若夫蘄國之名蓋出於路史三蘄以氏爲國之說而不考諸正史之訛也

舊志於魏年表下繫浠口縣引晉宗爲浠口將橫註今縣

按呉志賀齊傳止載戲口非浠口即戲近浠音亦無縣字

右記諸說本郡志邑志之不同而條識之以求其合然去古既遠載籍各見立乎後世據之以求纖悉無舛難矣即一人之書而彼此互出難爲一定如通考載蘄屬九江晉屬弋陽俱爲揚州漢爲江夏又爲荆州舊志爲蘄屬揚州而星分翼野此皆不敢遽以爲定而[illegible]又人之觀覽也昔人云作史惟志爲[illegible]著九江辨而於東滙彭[illegible]入度其於周官保章[illegible]既久蓋不可忽翼軫[illegible]猶以義不遺於蘄也因次歷代史[illegible]條識之

史記天官書翼軫荆州　費直起張十三度至軫七度　蔡邕起張十二度至軫六度

晉天文志云班固取三統歷十二次配十二野又費直蔡邕所言頗有先後魏太史令陳卓更言郡國所入宿度自張十七度至軫十一度爲鶉尾於辰在巳

楚之分野屬荆州南陽八翼六度南郡八翼十度江
夏八翼十二度
據晉天文志江夏八翼十二度本漢江夏郡也蘄故
漢軑縣在兩漢屬江夏郡同翼分無疑而地志江夏
無軑魏文分汝南郡爲弋陽而軑屬所以又疑晉志
之入　以
魏太史令陳卓始詳郡國躔次其
晉天文志悉本陳卓所云及
離析無常之郡縣書之非
晉史成於唐分門彙輯

九

也者不相稽焉是以舛也
七
陵　平春　鄳　竟陵　南新市
西陽　軑　蘄春　邾　西陵
弋陽
期思　弋陽
唐天文志翼軫鶉尾也初張十五度餘千七百九十
五秒二十二太中翼十二度終軫九度自房陵白帝
而東盡漢之南郡江夏東達廬江南部濱彭蠡之西
得長沙武陵又逾南紀盡鬱林合浦之地自沅江上

流西達黔安之右皆全楚之分　又地理志淮南道
蓋古揚州域漢九江廬江江夏等郡廣陵六安國及
南揚汝南臨淮之境揚楚滁和廬壽舒爲星紀分安
黄申光蘄爲鶉尾分
唐志成於宋歐陽永叔一人之手故既志鶉尾爲全
楚分　志揚州域中别安黄申光蘄而出之
揚而移其星分於星紀也此
其𨵦焉且其舊郡必曰漢
之必爲漢郡矣

一

十二星十八度軫四星
度鶉尾之次也湖廣之武昌
荆　歸　荆門三州黄州府蘄州襄陽德安二
府安陸沔陽二州皆翼軫分　自隋以後始有黄州
之名至今屬焉
湖廣通志云黄州八翼十二度
舊郡志江夏八翼十四度本蘄屬漢江夏郡
舊邑志禹貢揚州之域翼軫分推之八翼十二三度

之交
蘄自隋唐以後皆稱揚州之域然鶉尾之次唐志備
言之矣若舊郡志邑志所載十四度十二三度之說
則雖不得其所據而理亦可推周天之度定爲二十
八舍三百六十五度有奇四分其限各得九十一度
有奇旧[illegible]設[illegible]呂分三十度鶉尾之宮亦應得三十
[illegible]異固十八度也則自張之十
[illegible]初度又歷之至於十二度
[illegible]也又自十二歷之至於
[illegible]之歷之至於軫十度乃入
[illegible]度以後之躔其必有所屬
[illegible]郡[illegible]江夏東達廬江南部彼其東
逌廬之[illegible]戶入度數應在是乎特自古紀分野
者表郡不表縣則亦但明其故而不必繩牽墨劃以
求之歟
星經熒惑主楚三垣三臺北斗女宿五車各有主楚
之星爲舍楚占也蘄楚一邑故畧之
形勢

十一

夫輿地有紀肇自禹貢先之以山可以識水所從出
因山誌水可以稽水所由經山水者形也勢隱於中
焉斯王公之所爲設險以守乎蘄稱淮右名區既憑
地利爰叶人謀哉
邑之山括乎兩條其北自英羅入界爲雲霧山經大
靈樓又起[illegible]山俗名豐虎山之右則自卯酉張帽冷水
[illegible]運距巴河鎮東盡於伍洲山左
[illegible]烏沙嶺其嶺右過城山麓
[illegible]本旂桌面距樂家林南盡
[illegible]台者也自四山逶迤而北
[illegible]華山盡縣治倚之蓋兩支
[illegible]董[illegible]焉是爲北條其南則自斗方
江[illegible][illegible]陂至仙女夾關葛洪轉蔣家山至
於五葉山歷天然寺寺左起仙臺山歷虎耳盡於四
濠寺右過快活嶺至白羊山盡於拆湖蓋自斗方來
者其山之支三入蘄州二入蘄水焉是爲南條邑之
水則巴水界其西蘄水界其東浠水貫其中浠源英
山自南條之首歷百里險循關口注白石山麓曲屈

十二

繞縣治南逕羅渾至於蘭溪入江謂之浠口巴源英羅自北條之首歷木河循上巴河至下巴河入江謂之巴口蘄源邑之羊角尖爲蘄陽河至洗馬畈與蘄州分界又至白石嘴則盡入蘄州界而邑之東界則循蔣家山一帶距江以山之南北爲界焉蓋循巴口之西[illegible]浠[illegible]界也循蘄水之東上及浠水南山[illegible]界分也邑西北負山首英羅關[illegible]迴光固者兩路之墩堡宜備[illegible]隘蔽則巴蘭兩鎮及沿江[illegible]蘭溪巴水襟帶東西石[illegible]邑之壯也舊志云南距大[illegible]宋[illegible]府瀟皖者言四扼之要也[illegible]記占[illegible]之上腴屬帝畿之衝會者則美利盡之矣粵稽典冊孫吳拒魏瑜督水軍進烏林赤壁權督步軍沿江北諸山駐屯以爲接應劉宋孝武同沈慶之討元凶劭駐兵伍州遂得建旐之勢南齊寧朔將軍吳子陽等十三軍救郢州進駐巴口南宋末蒙古之師多道光蔡出長江明季流寇陷

十三

蘄自黃梅廣濟夜疾驅而至則蘄固隱然淮右重鎮也

疆域

畫井分疆聖王所以重封守也蘄域廣百七十里袤百四十里而山川相繆殆宋秦觀所稱洋洋大國之風焉[illegible]鄉[illegible]合殊尚賴主持之漸摩淪洽

[illegible]里省治三百二十里東至[illegible]南至蘄州女兒街界五[illegible]七十里北至羅田長嶺舖[illegible]州界四十里西南至武昌府[illegible]至本府羅田界一百里西北至本[illegible]界七十里鄉五

曰南鄉　曰北鄉　曰上鄉　曰下鄉　曰永福鄉

一都圖

南鄉十四里

一都一圖一里　一都二圖一里　二都一圖一里

二都二圖一里　三都一圖一里　三都二圖一里

十四

十一都一圖一里　十二都一圖一里　十二都三圖一里　十六都一圖一里　十六都二圖一里　十七都一圖一里　十七都二圖一里　十七都三圖一里

北鄉十三里

四都一圖　六都一圖十里　七都一圖十里　七都二圖十里　十都一圖一里　十都二圖一里　十五都二圖一里　十八都一圖一里

十三

都三圖一里　三十一都一圖一里　三十三者二圖一　二十一都一圖一里　三十二都一圖一里　三十四都一圖一里　三十五都一圖一里　三十七都一圖一里　四十都一圖一里　四十六都一圖一里　四十六都二圖一里　四十七都一圖一里

下鄉十里

三十七都一圖一里　三十九都一圖一里　四十一都一圖一里　四十二都一圖一里　四十二都二圖一里　四十三都一圖一里　四十四都一圖一里　四十五都一圖一里　四十八都一圖一里

二都二圖二里

永福鄉七

元都　二十都一圖一里　二十一都三都一圖一里　二十五都一圖一里　二十七都一圖一里

十六

十九都一圖一里

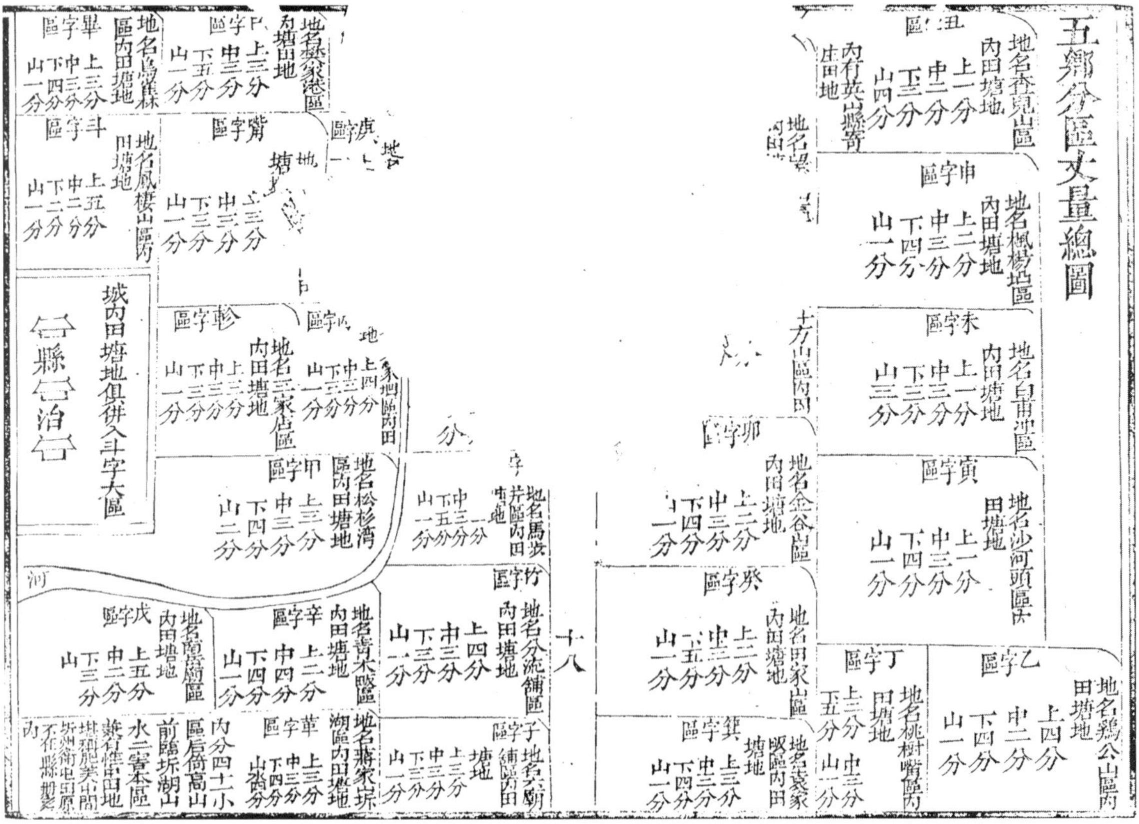
五鄉分區丈量總圖
丑字區
地名香兒山區
內田塘地
上一分
中二分
下三分
山四分
內有英山驛背
田地
申字區
地名楓樹塔區
內田塘地
上二分
中三分
下四分
山一分
未字區
地名白市塘區
內田塘地
上一分
中三分
下三分
山三分
寅字區
地名沙河頭區
田塘地
上一分
中三分
下四分
山一分
乙字區
地名鷄公山區內
田塘地
上四分
中二分
下四分
山一分
丁字區
地名桃樹嘴區內
田塘地
卯字區
地名金谷區
內田塘地
上二分
中三分
下四分
山一分
癸字區
地名田家山區
內田塘地
上二分
中三分
下三分
山一分
箕字區
塘地
十八
竹字區
地名分流鋪區
內田塘地
上四分
中三分
下三分
山一分
子字區
塘地
畢字區
地名烏龍區內田塘地
上三分
中三分
下四分
山一分
斗字區
地名鳳棲山區
田塘地
上五分
中二分
下二分
山一分
觜字區
上三分
中三分
下三分
山一分
巳字區
地名蔡家港區
內塘田地
上三分
中三分
下五分
山一分
縣治
城內田塘地俱併入斗字大區
軫字區
地名三家店區
內田塘地
上三分
中三分
下三分
山一分
甲字區
地名松杉灣
區內田塘地
上三分
中三分
下四分
山二分
河
戊字區
地名南廟區
內田塘地
上五分
中二分
下三分
山
辛字區
地名青木壟區
內田塘地
上三分
中四分
下四分
山一分
華字區
地名蔣家垸
湖區內田塘地
上三分
中三分
下三分
山四分

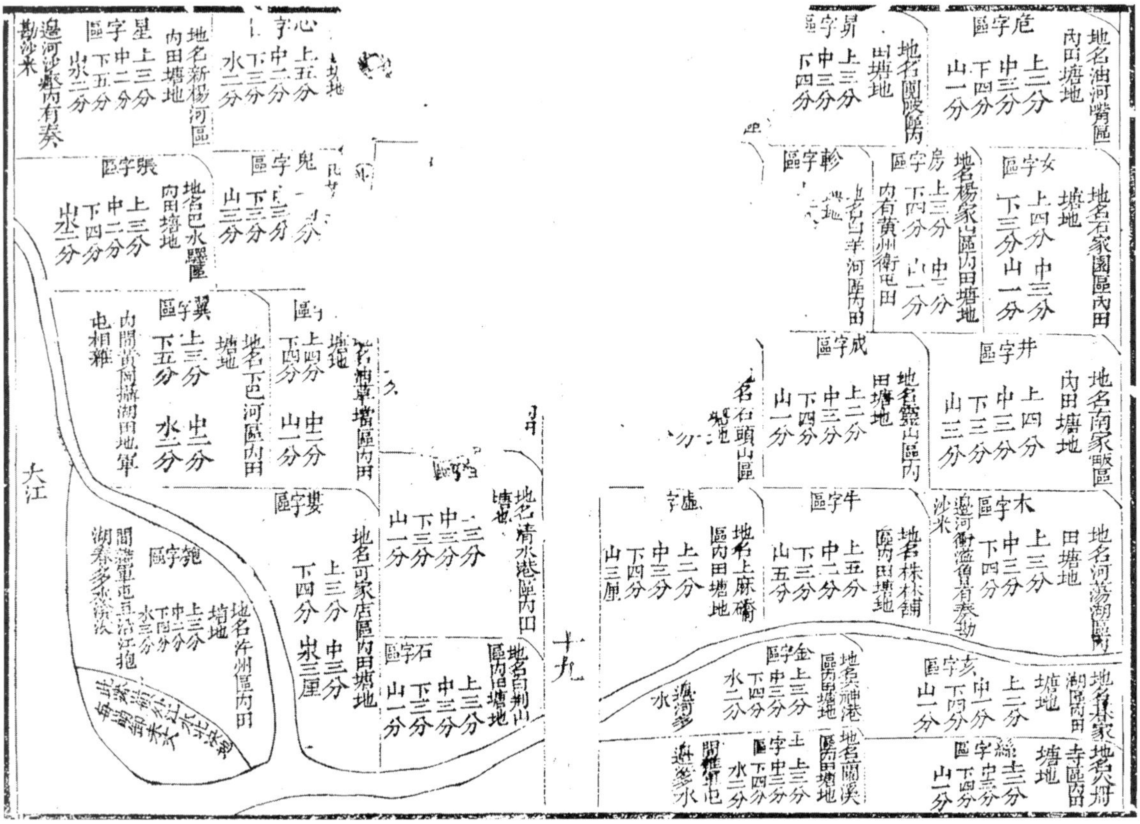
危字區
地名油河嘴區
內田塘地
上三分
中三分
下四分
山一分
昴字區
地名團坡區
田塘地
上三分
中三分
下四分
女字區
地名石家園區內田
塘地
上四分
中三分
下三分
山一分
房字區
地名楊家山區內田塘地
內有黃州衛屯田
上三分
中二分
下四分
山一分
軫字區
井字區
地名南家畈區
內田塘地
上四分
中三分
下三分
山三分
成字區
地名盤山區內
田塘地
上二分
中三分
下四分
山一分
木字區
地名河湯湖區
田塘地
上三分
中三分
下四分
牛字區
地名株林鋪
區內田塘地
上五分
中二分
下三分
山五分
虛字區
地名上麻磧
區內田塘地
上二分
中三分
下四分
山三厘
亥字區
金字區
十九
星字區
地名新楊河區
內田塘地
上三分
中二分
下五分
水二分
心字區
上五分
中二分
下三分
水二分
張字區
地名巴水壟區
內田塘地
上三分
中二分
下四分
水二分
鬼字區
翼字區
地名下巴河區內田
塘地
上三分
下五分
中二分
水二分
婁字區
地名可家店區內田塘地
上三分
中三分
下四分
水三厘
石字區
地名白荆山
區內田塘地
上三分
中三分
下三分
山一分
大江
地名許州區內田
塘地
上三分
中三分
下四分
水三分

五鄉派糧說

縣分五鄉南北之野多沃而人力易施有不廣土而獲可多者上鄉接壤南北肥磽相半下鄉土多砂磧且間山隈故有廣種薄收之謠永福濱江抱河每多淤渰傾卸之患此五鄉之上中下也

明初起斗一則而五鄉之寬窄不同南北上土故役之畝窄下永土瘦故報官之畝寬是一則分則之意矣萬歷中丈量分四則而南北自□於下□之下則獨多於上中蓋畝窄之異而土色肥瘠不同自殊是明初雖不分則然隱然分於畝之時定為四則實因地勢之肥瘠矣

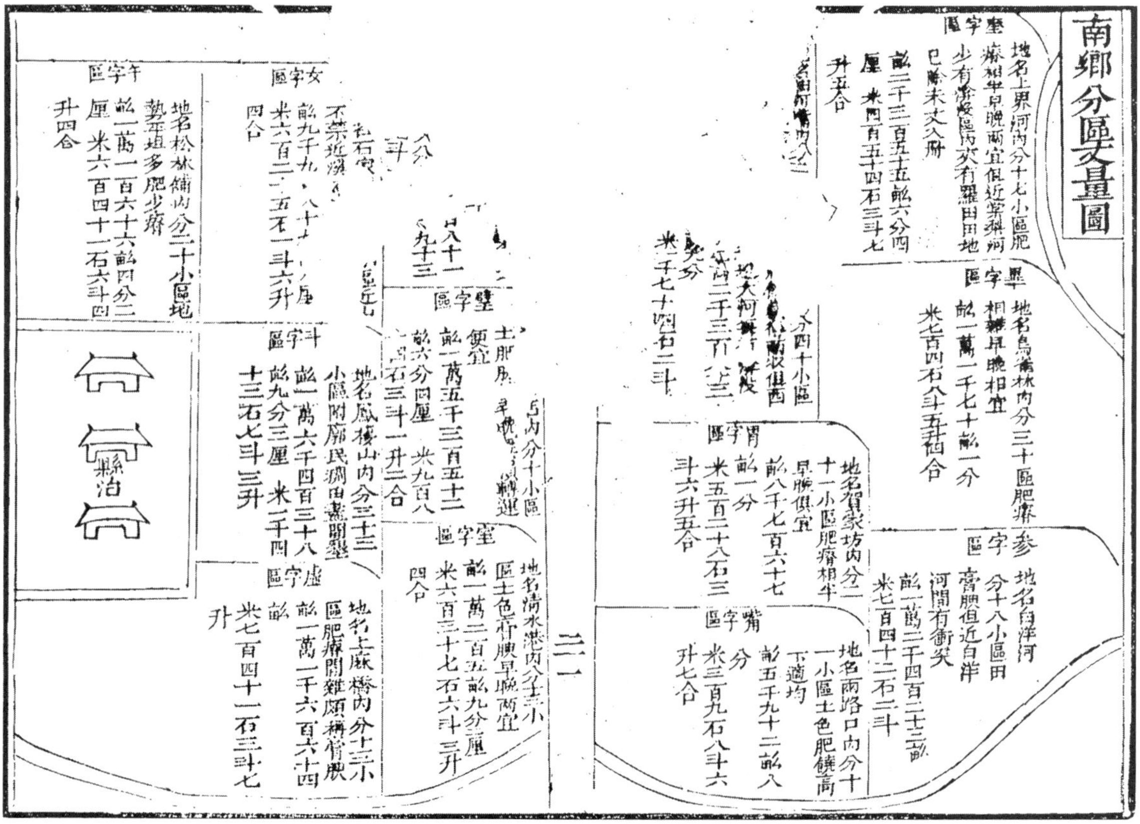

南鄉圖說

本鄉稍平壤多附廓而民居稠密自明朝定賦之初凡可田之土已盡闢矣邇來生齒日繁民皆土著既無林麓藪澤之利又無隙地可墾惟苦耕力作田野頗治故今分則起科上中之則恒多至於甲區之施家河奉區之棠梨河參區之白洋河危區之油河畢之區少作水鄉而傾卸漲淤之患尤多危區之華區女區之風火山參區之四望山斗區之護區雖亦山鄉而開闢克擴之功殆盡也

六三

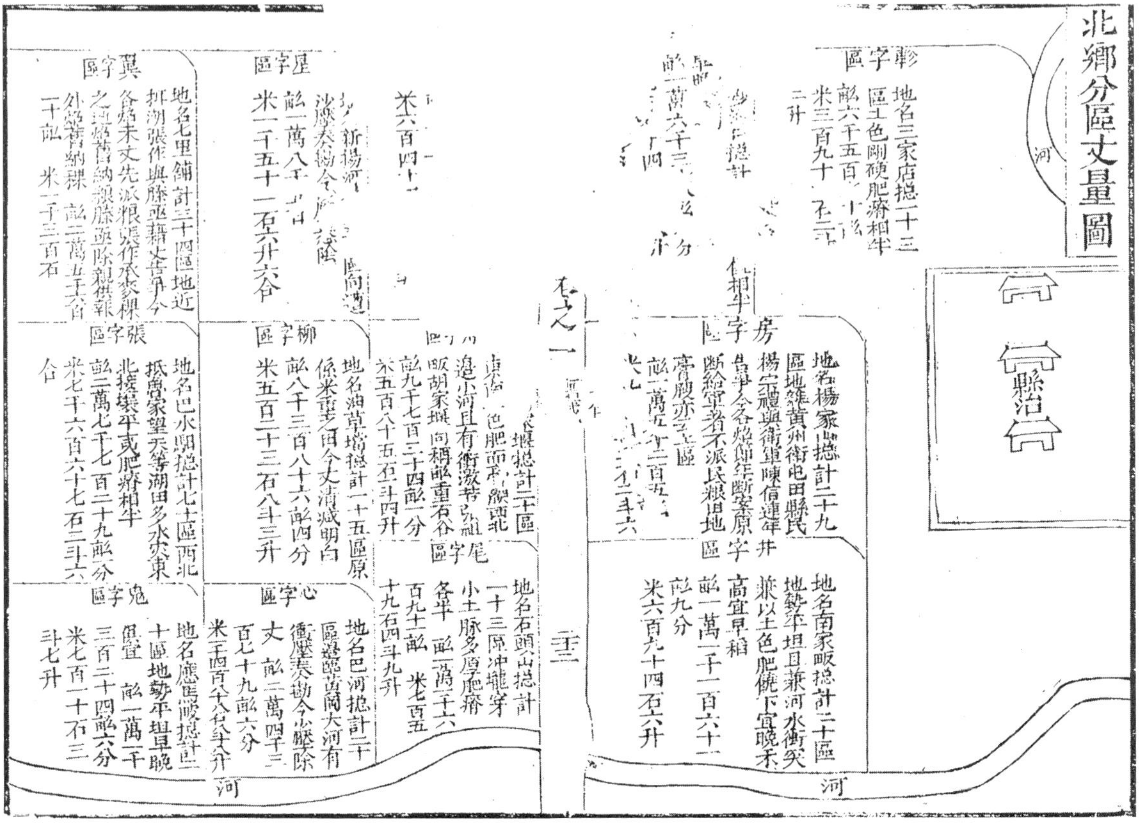

北鄉圖說
本鄉在縣治北故名曰北鄉居縣中者頗稱膏腴明初因其平原墾田殆盡正德嘉靖間河水衝瘗節經奏勘帶征沙米百餘然濵水之民十未豁一往往棄農操舟遂有害産之謡奉法丈量履畝登科庶幾無産去糧

卷之二 疆域 六四

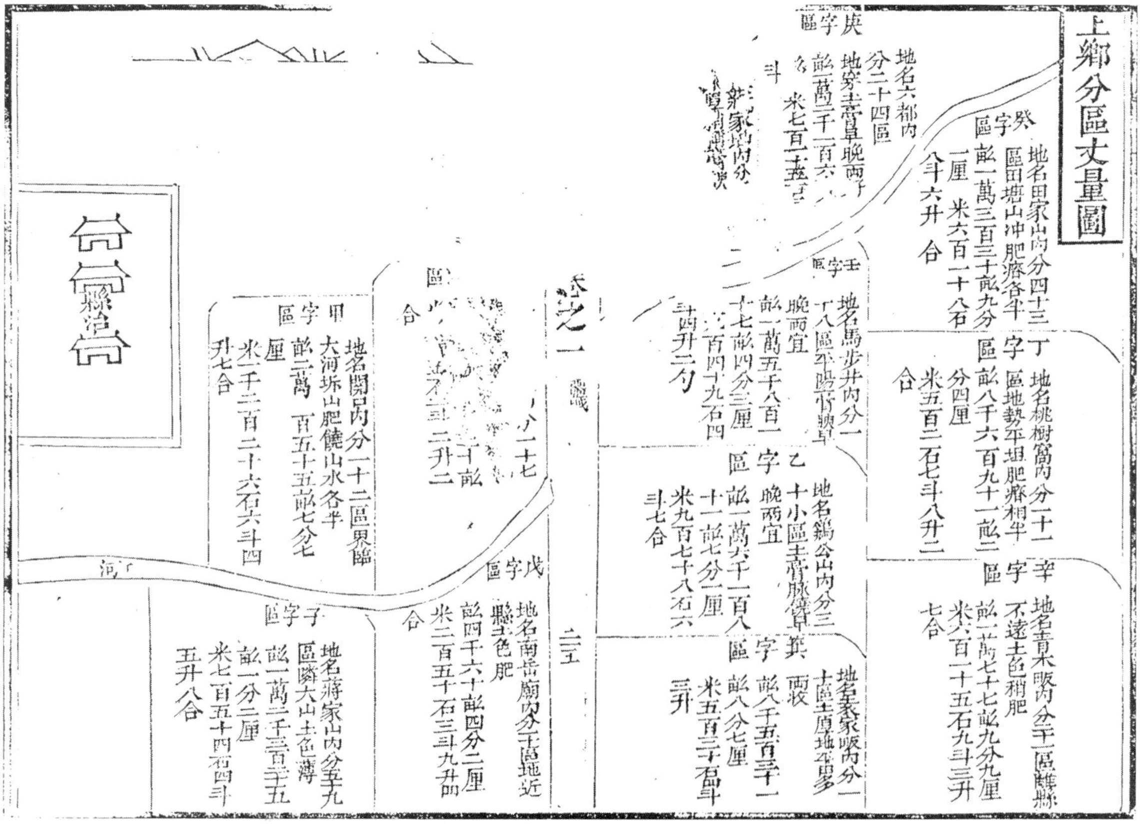

卷之二 疆域 三五

上鄉圖說

本鄉地勢稍平明初丈量自此發軔寸土隙地罄丈入冊肥瘠間雜民各守土但大河源自羅英二縣間遭龍水由嶮下旋至大河約近百里兩傍民業淤沙沖壓與永福相連江洋受傷無異

下鄉分區丈量圖

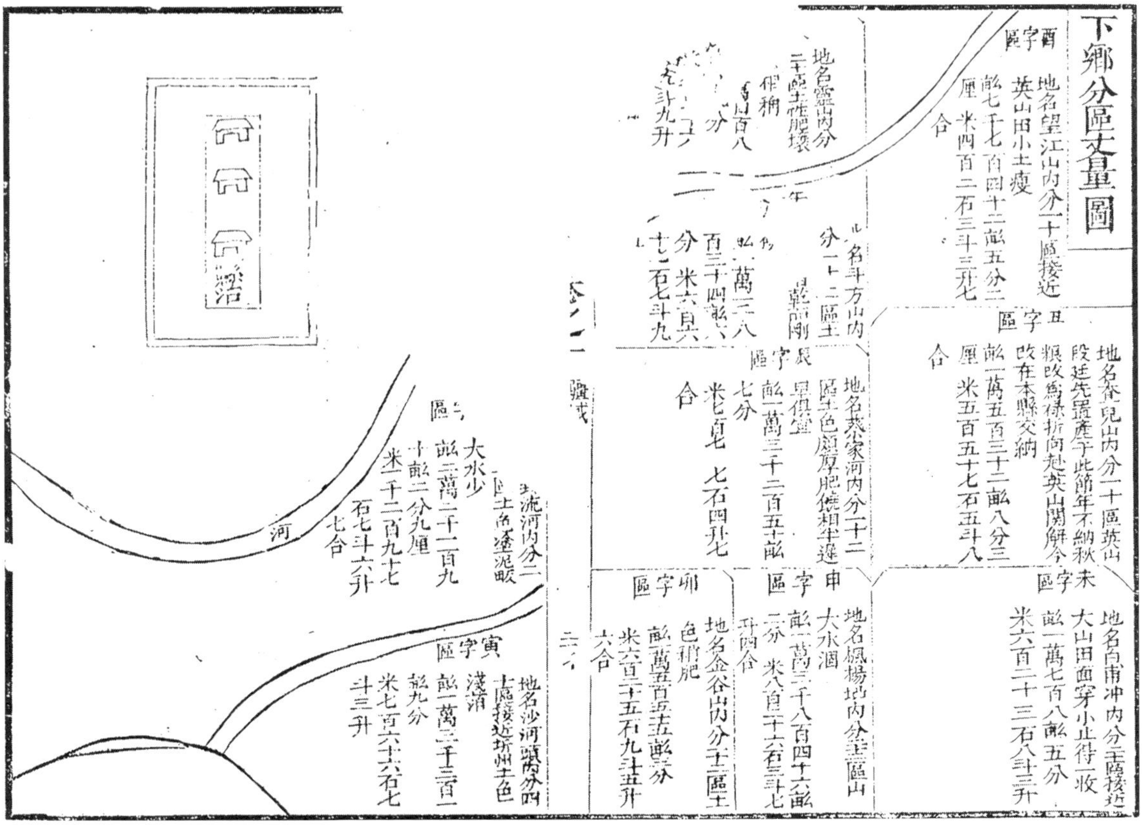

下鄉圖說

本鄉僻處山谷地多砂礫以田地而論實居四鄉之下酉字區丑字區地名斗方山望江山查兒山大小嶺三角山硃種百垃耕作難於山舟楫不通轉運艱於水午字區黃家畈廣種薄收害家畈俗稱害產他如金谷　豕河[illegible]稍稱膏腴較之四鄉亦稍讓焉且[illegible]有[illegible]產[illegible]山惡民罷糧差負欠遞年賠賬[illegible]起英山關解今丈入本縣交[illegible]改[illegible]

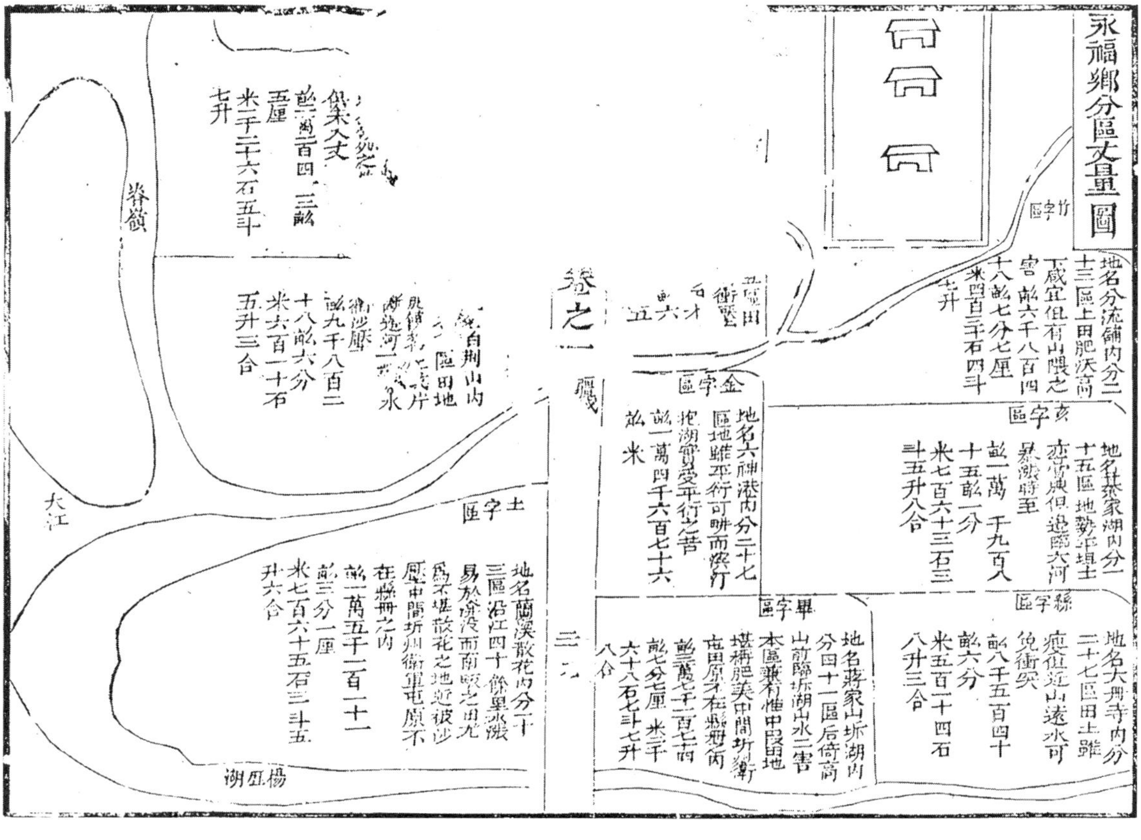

永福鄉圖說

本鄉處縣下流地多卑濕潦水暴至濱河之田偶值吐秀則終歲勤動頃刻成空圻湖楊歷魚鱉之鄉秋冬水涸堪值黍麥而春水無涯桑田滄海矣歲稔則一家豐足水浲則百口嗷嗷此永福一鄉之大概也惟亥區之瀊泥畈金區之牛頭畈絲區之葉家畈革[illegible]木區之詹家畈土田膏腴而上中之則[illegible]區之[illegible]山峻嶺崎嶇屏障蘄水而田皆僻[illegible]匏區之伍洲近年江水東掃[illegible]之[illegible]洲地[illegible]間有收終難起科其間奏勘[illegible]行軍屯奉例俱未丈入

蘄水縣志卷之二

地理志

山水

古者左圖右史以倫參稽按圖而名山大川瞭如指掌後世圖經間闕不詳記其方里纖識其源流考古者奚徵信如隋史之注石鼓浠賴以明酈注之[illegible]以著山水所關亦綦重矣

[illegible]溪遠峰送翠近碧環漪值春[illegible]吼澎湃之勢頓覺改觀

[illegible]世傳張道陵煉丹者三丹成鷄食其一化鳳棲此因名今石上有鳳棲二字明崇禎間理院熊文燦搆關帝祠於其上會邑數災形家言不便因毀焉下有陸羽泉

曰缽盂山

七里曰烟龍山

八里曰鷄公山洪武初有大蛇赤冠似鷄生兩翼作

鷄鳴則兩鄉人以爲神祠祀之
九里曰茅廬山
二十里曰田家山
曰蜜蜂山舊志作蜜蜂山上有仙女廟又名仙女山
亦邑東南之望也
二十五里曰陂山
[illegible]山
[illegible]舊有桂花園係璦州守方崇哲落

曰[illegible]山[illegible]方如斗端峙巍然爲東北諸峰之望石
嶮即出[illegible]其山通體皆石嵌空硉矶猙獰萬狀
六十里曰三角山秀挿雲表擅邑東南之勝
七十里曰望江山
曰分金山
曰月山與斗方山對峙
曰查兒山

百里曰大羅浮山舊志云真人劉五劉六飛身於此
有仙人臺臺有石洞有石壁壁上如畫龍狀拂之無
痕滴水淙淙流爲潭益滙蘄源水以注於河
治東南十里曰花山
三十里曰峨嵋山
曰黄龍[illegible]在官家山邑人官撫辰居此曰頭岫居
[illegible]家山
[illegible]山爲璧宮向山

十[illegible]里曰[illegible]山
二十里曰[illegible]流山
曰槢柮山舊志云有大石如蓮花傳爲伍員劍跡
三十里曰馬頭山
曰燈籠山
三十五里曰月子山
治西南三里曰兩標山崇禎巳巳邑令李大受建浮

屠於其上未成邑令李汝璨終其事
二十里曰閣黎山舊志云李氏先祖居此
二十五里曰師公山
曰大旺山
三十里曰倒牛山
三十五□□蓮花山
□□□山

治西曰□□山俗名猪頭山
□山
二十一里曰白荆山綿亘邑西望之如屏浠水東來
注山足障之乃曲而南也
曰玉鏡山又名圓壁山山有圓石如月側倚石崖今
名月石
二十五里曰寶陀山

二十五里曰寶陀山
三十里曰孟家山
三十一里曰煙籠山
三十五里曰城山盤踞巍峩以上有孫吳土城舊址
故名中寬平有田數畝可耕山陰有石鐫雲起處三
字每字□□三尺餘不記書者姓名年代也其山側
□□□□□山
□山聳秀出羣山之上
□□刀山

□□旗□
曰鳳凰山
曰卓面山
五十里曰調軍山襟湖帶江每春秋登眺煙洲沙嶼
江南勝景盡收指顧間
曰太子山自城山一帶數十里皆孫吳屯駐處土人
人每掘得昔年兵器廟祀皆吳君臣遺像

治西北二十五里曰分伙山俗名豐虎
三十里曰猴王伻山上有廢寨
曰冷水山
曰望花山
四十里曰張帽山
曰落架山
曰仙院
□□秀半西北黃麻犀峯歷歷在
有石如蓮一石如佛坐其上

山
六十里曰瓦灰山舊志云峭壁臨河山下有潭漁翁
相傳中有石門尋之而入其地高敞可列函丈
六十五里曰金鼓山舊志云西麓有陶穀學士基今
名陶家坊多陶姓
七十里曰華埠山舊志云峯巒秀小峯景洞豁南有
石丈塢西控長川即華埠潭

九十里曰華桂山舊志云山有寺唐元宗賜名
治北曰蓮花山上有龐安常廟
一里曰雨山
三里曰茶山舊志云出茶唐劉禹錫詩云松花滿椀
試新茶
十里曰旋廬山
綿亘迤邐岡巒遠湧爲邑屏障山
以老云蘄之秀靈實鍾於此前時

山有巨石如鼓叩之則有聲見隋
書地理志
二十五里曰晃山
曰婁紫山
三十里曰游洪山
四十里曰小營山舊志云古蘆塘地有土竈徑廣丈
餘

曰楊家山舊志云楊興三興九居此
四十五里曰野鶴山舊志云上有古剎
五十里曰小靈山
六十里曰大靈山
曰卯藤山舊志云晉王烈遊此明王燾居此
六十里曰雲霧山
六十…曰…鷓鴣山
四…

十五…曰麻毋山又曰埋霧山有霧則雨…以此…晴雨焉
曰…卯
曰金繡山
曰金寶山
六十里曰羊角山舊志云山絕峻如羊角明隆慶時有盜據此邑仝謝主戎事同霍山王氏家兵勦之
嶺
治東八里曰樸樹嶺　曰吳道人嶺

三十里曰虎踞嶺
曰櫈兒嶺
治西二十五里曰父子嶺
治西北十五里曰角兒嶺
三十里曰烏沙嶺
治北五里曰長嶺
四十里…嶺

…十里

…崖
治西三十里曰鴻石崖舊志云往來之鴻棲此
治北十五里曰君子崖舊志云在石鼓山有石碗石臼
六十里曰潘家崖
洞
治東一里曰神仙洞內有石床石臺郡張道陵修鍊

處
五十里曰羅漢洞斗方山洞内有古鐵羅漢像
曰百合洞斗方山衆石壘砌中空透巔節節有穴可
入
岡
治東北三里曰望城岡
二十里　閣
古蹟見後
石高數丈鼓之聲輒應

城門外濱河亦有古蹟見後
曰鳳棲石城北鳳棲山石上有隸書小銘
治西二十里曰晒穀石
曰豹兒石又名抱兒石以大石抱一小石云
曰太公石在河中邑謝神童有詩云一片漫烏石中
流在此間世人推不去留與太公眠明立節士李青
七青八之祠於其上

三十里曰花膏石石璘璘如花膏
曰鉢盂石斗方山左　曰仙人石
曰分金石斗方山羅漢洞側
治北四十里曰馬蹄石上有馬蹄痕傳有天馬昇此
今有東嶽祠
曰響鼓　寺側
顯府
水注之又東二十里逕
逕蘭溪巔浠水注之又
又東十里逕散花洲之唐家渡

蘄州
浠河郎誠齋門河源英山界河達鷄鳴河出呂家口
左則夫子河右則古河秪石嶮下百里河西逕五里
右則吳家嘴水注之又西十里蔡家河水注之又西
五里柴家河水注之又五里關口水注之左則王道
士坳水注之又西逕六里右則畢家港水注之又西
五里蟰巔水注之又西南十五里綠楊橋水注之左

則王家河烏沙港水注之右則城東濠水注之又二里城西濠水注之又五里黃鳳港水注之左則翟家港水注之又西五里右則磨兒磧水注之又五里易家河水注之又五里游心港水注之花膏石水注之又西逕𥻤潭右則黃沔湖水注之左則張角壿水注之又西五里青蒿港水注之又西逕五里右得金家雉□□ 湏入於江其水西流劉宋立浠水縣以

□□與石柱山二水交會出中谷□音林諸水注之又西逕十五□□水注之又西逕十里右則黃岡陂注□之又西十五里逕金家渡又西逕二里左則何家寨激水山之水注之又西南二十里巴岡之上巴河市元潭港與小河口之水自東入焉又南二十里逕龍家渡又西十里明家洲沙港頭之水入焉又南逕十五里桃花潭為西陽河又南十五里至巴河鎮入於江今名下巴河

蘄河自英山界河上接蘄州界由查兒山接三角山

嶺尾水流西南十五里至蘄陽坪河右則三角山之水注之又十里曰洗馬畈畈水入焉又二十里至白石頭嘴蘄州之株林河水入焉自是歷五十餘里盡蘄州界入於江

治東五里曰白港河

十里曰曹家河

□□□□□河

□白□河

五十里□□河

曰蘄陽坪河

六十里曰蔡家河

治南八里曰羅家河

四十里曰分流河

治西七十里曰西陽河俗名新漾河即西陽古治也

治北四十里曰洙泗河

曰柴家河
曰史家河
曰童家河
六十里曰上巴河
九十里曰尢河舊志云明正德七年壬申閏五月流
賊劉六劉七齊彥名等爲官軍所敗遁走經此
河 [illegible]
曰皂 [illegible]

曰薛 [illegible] 入 [illegible] 祖賜薛均因名又名欽賜
湖 [illegible]
曰毛家湖
三十七里曰藩司湖
三十八里曰左家湖
四十里曰黄草湖
曰後湖
曰楊歷湖

五十里曰圻湖今樣邑胡氏家譜胡氏世居湖上地
名赤水里又蘄州有赤東湖即接此湖之東疑此名
赤湖或赤圻音近圻當爲赤之譌也新郡志改爲圻
湖無所據
七十里曰攝湖舊志云雷攝永樂寺塔三層於此因
名
[illegible] 官湖

五十里 [illegible] 家湖
曰蔡家湖
六十里曰望天湖
曰周家湖
曰脂麻湖
曰陸家湖
七十里曰董家湖

曰協湖

港

治東十里曰紫埠港

二十里曰烏沙港

曰馬潮港

治南十五里曰青石港

二十里　家港

分流港

家港

貢十里　神港

三十八里曰青蒿港

治西四里曰黃鳳港

十五里曰麻橋港

三十里曰茅店港

三十五里曰苦竹港

四十里曰官橋港

治北十五里曰萬花港

曰金橋港

三十里曰青水港

曰太平港俗名划船港

四十里曰官港

七十里曰樊家港

蘭溪舊志云水源出苦竹山其側多

下第三泉李季卿謂蘭溪

治西　曰胡可堰

南鄉曰曹家堰

曰官陂堰

曰義門堰

北鄉曰袁家堰

下鄉曰胡師堰

曰慈孫堰

薛家湖尾曰段家堰
黄草湖尾曰李家堰
潭
治南一里曰龍潭有石壁立下有深潭
治西三十五里亦曰龍潭月子山側上有龍女祠
曰溪潭又名罧潭
治西[illegible]里曰桃花潭舊志云一泓澄然相傳有
捕魚者循而入與龍近亦不相害移十
夜見[illegible]隱生鱗甲矣土人言之不

陂
治東二里曰鴨子陂
治北三十里曰飲馬陂
七十里曰團陂
洲
治東南六十里曰散花洲詳古蹟
治西四十里曰伍洲詳古蹟

曰新洲在大江之中與蘭溪對
塘
治東曰聯塘在昭化寺前
十里曰月塘
曰聖人塘
治西十五里曰雞塘
[illegible]泉塘
[illegible]墨池詳古蹟
[illegible]在縣署後官地今爲民堙

[illegible]陸羽泉詳古蹟
治西三十五里曰龍泉在龍泉山側
四十里曰天下第三泉詳古蹟
井
治東曰義井傳漢壽亭侯淬劍於此
曰三眼井
一里曰張道陵丹井昔煉丹於此今在神光觀側一

統志云此水能解熱疾

曰伍員井見後古蹟

二里曰清泉井在清泉寺前池中唐貞元間鑿井得泉清冽因以名寺源與河通寺僧每以水之澄濁卜天之晴雨焉

二十里曰大水井

[illegible]十[illegible]龍井

[illegible]向家井

[illegible]辰門外民便之崇禎癸未爲獻賊

[illegible]十里曰冷水井

[illegible]龍井邑旱則取水禱焉輒應

磯

治西五十五里曰廻風磯

嶮

治東北六十里曰石嶮石梁橫截河中飛泉瀑布有聲

古蹟

棠茇勿翦狄水與思君子尋其跡想見其爲人蘄在東南之會得清遠之奇晉唐名賢往往過之而廢壘殘屯滅沒於荒烟蔓草者典故有稽矣後之覽者所謂存什一於千百寧啻寒山一片石乎

軑縣廢城在西南四十里按水經注城南對伍洲漢縣惠帝封長沙相黎朱蒼爲侯國劉宋孝武帝自此十[illegible]軑爲孝寧齊因之後周廢 本郡志

爲晉宋間之蘄陽縣後來改併不時而[illegible]入嘗於其地掘得巨甓瓦瓴之屬

明崇禎庚辰辛巳年間相國姚明恭築城[illegible]未幾圮廢今尚有文瀾門城門口箭樓口之名

關口舊縣墟距治三十里許不知起廢何代今猶有舊縣畈有月明山刹相傳古城隍廟在焉見邑人周梓募修舊縣城隍引

黃城鎮治東南五十里抵蘄州界有古刹黃城殿傳自宋高宗南渡曾駐蹕此殿後土人易爲東嶽府遂

名黄城至今廟後有古松亭亭霜皮溜雨偃若虬龍
非近物也
筆沼距郭東二里許相傳王右軍洗筆於此今池畔
小竹猶皆蹟墨痕又廣輿記載江西臨川縣亦有右
軍墨沼按右軍本傳晚年不競榮禄雅尚林泉盡東
南之勝遇山水佳處輙索筆作書此兩墨池固無疑
石姓於其旁構祠以祀

詹解鞍欹枕句得名今其遺址在郭
麗溪流南繞漲則巨浸通橋水落則
月猶宜自北有小溪貫橋中石齒磷磷
吾而芳草依然可想見其醉吟時也詞載
藝文志
天下第三泉在治西南四十里蘭溪驛東數里南嶽
廟後按三泉之名本唐張又新煎茶水記云得之楚
僧煑茶記謂代宗朝李季卿刺湖州至維揚逢陸鴻
漸處士所筆記次第曰蘄州蘭谿石下水第三乃二
十水中之一也洎求歐陽永叔作大明浮槎水記俱

云又新所記與茶經相反或妄附益之歐蓋以張之
人不足與故斥之然永叔本茶經論水云山水上江
水次井水下又云山水乳泉石池漫流者上舊志汪
潭有乳泉津津漫出則此泉宜爲羽取不得以又新
之人而輕棄此泉也惜永叔未親至蘭溪而試之郭
東鳳棲山下泉亦陸羽烹茶處舊志載有茶泉亭大
世 廷今圮
南有石欃橫柢河流上有激湍二字舊志云東坡
今潘珏因建廻瀾亭有記載藝文

有巨碑刻鳶飛魚躍字徑一尺餘云
白書今斷碑僅魚躍二字植學宫欞星門右乾隆
二十三年知縣部應龍重建以復舊觀
溪南岸有潭曰龍潭潭側石壁立鼓之聲輙應名打
鼓石相傳東坡泛月於此鐫擊空明三字於石又西
去對岸石上鐫泝流光三字舊皆有亭爲大梁卓世
彦所建蓋本赤壁賦中語也明時邑人胡仲謨書繼
蘇二字於擊空明處
疊嶂亭見一統志東坡所名今廢據舊志云溪南文

昌閣爲蘇公亭舊址

四望亭一統志云有二一在府治東雪堂南唐太和中刺史劉嗣之建李紳作記一在縣屬半方寺後

葛公山治南十里相傳晉葛洪隱處

城山治西二十五里吳王孫權土城故址今有吳王廟側有雲起處三字又邑人何彬然題醒酒石有詩見於

二十五里明成祖知薛均貧甚命有爲贍養資又名欽賜湖

南齊東昏遣十三軍拒蕭衍所進也

五洲在縣西南四十里大江中一統志謂伍員適吳過此因名按水經注作伍洲以洲五相連故名宋孝武舉兵江洲建牙其上紫雲蔭之即此

散花洲在縣西南六十里三國時周瑜破曹操犒士於此

伍員井在治西一統志云伍子胥適吳過此淬劍

附記

浠川八景曰迴瀾即迴瀾石又蘭溪江濱亦有此亭曰緑楊橋舊名一溪橋以蘇軾詞更名緑楊曰龍潭曰丹井曰洗墨池曰茶泉曰蘭溪曰鳳山

舊志謂始於王元之詠浠上八景云

又更定浠川八景曰空明水石曰川上流光曰澄潭網集曰清泉梵磬曰三角雲開曰浠源峻險曰仙臺

跡

臺在大羅浮山

一勝迹曰羲之筆沼曰陸羽茶泉曰葛洪洞曰周瑜花洲曰孫權城址曰壽亭

門額曰蘇子緑橋曰伍員劍石曰佛印

三角

舊志言一入得名因總著之以徵實

又巴河四景曰爐山春日即今火爐嶺曰棗林夏風即今萬壽寺側多棗樹今尚存曰石潭秋月即今石潭曰孤嶺冬松即今文昌閣下仰天窩有古松今毀

舊志云始於蘇東坡所定然蘇無詩記以傳之則亦未確也

風俗

溫公謂風俗之善惡繫於習染夫風流於上俗成於
下古者太史所陳以識貞淫之别抑士爲四民之首
而示之鵠者匪細也蘄本節儉而務勤勞故樂利優
游文將不免記曰國奢示之以儉國儉示之以禮夫
亦操之有道歟

宋關詠神光觀記曰蘄西坻俗富庶秀民樂於爲儒
而不陞[illegible]其業彬彬喜學有鄒魯遺風
[illegible]陳李常書曰蘄水溪山乃爾秀邃
[illegible]上表曰風氣和平獄訟稀少
[illegible]記曰文藻淵源簪纓聯續
[illegible]志蘄水善田事勤女紅富人尤多畏法
右前所[illegible]大較可覩矣時會遷流而不離其本若民
風士習婚喪葬祭之儀日用飲食之質問俗者不厭
其瑣也均舊志述之

邑中多瘠田故當春初農人皆取塘泥以壅之力多
則穫多力少則穫少清明後布穀或早或中遲異種
及栽秧東西隣易力助工擊鼓作歌以相督及秋乃
穫近巴河一區歲再穫餘惟一穫稼事畢隨播秋禖

泥豆蕎麥蘿蔔油菜大小麥之類以次播沃土者之
利畧見於是矣

邑西南當江湖之濱田頗窪下每遇水溢之歲則淹
浸隨之東北壤近山麓其地易乾値歲旱則戸集桔
橰車塘[illegible]水以救甚且數車轉激逆度高原以灌注
烈烈赤日中雖婦女亦與至於旱甚水涸雖低下亦
不可救矣

鄉人間治蠶事亦有節目其初風種始生
既食則剉桑葉以謹食之歷初眠再
[illegible]箔登簇釆繭繅絲益辛苦者三十餘
[illegible]取絲無幾持而向市易之得一金則欣欣色
[illegible]或有[illegible]故爲猾者所攫不能易一飧也新絲新穀
之謠可弗聽歟

入夏於地之亢爽者多値綿花七月既望以後從而
拾之紡而織之以爲布機杼聲相聞抑且化之以輸
正供此貧家婦女之常業也

邑西南一帶居民近江湖得水族之姓故多善漁而
取魚之具爲網爲罾爲鈎爲罩爲笱之類不一其用

爲鮮爲鮓爲釀爲醃魚爲乾魚濱江之民取焉邑及鄉人販而貿焉資其利以給衣食者蓋十之一二矣邑人重去其鄉離家百里則有難色非公差仕宦不遠遊惟巴蘭近水少有商賈餘悉業農農雖最勤然習安焉不知怨也其無田而佃入之田者曰佃戶亦有饒者最貧則爲入傭工或計歲計日而受値焉又[illegible]隙則或捕魚鰕采薪貿易不肯稍休

[illegible]江帆檣雲集巴河尤當水陸之衝遠方之貨[illegible]氣稍靡而牙儈或蠹則商民兩病焉

以孝友爲本詩書 其樸茂近古

漸開也縣壇文會之興蓋駸駸敏

門楣爲重始通媒妁男家雖用金裝雙封媒啟女家答啟遂定山盟矣六禮雖不具備其納采請期親迎猶遵行焉聘資粧奩稱家盈縮或有論財寒盟者雖細人弗爲也

治喪親始役計於戚友沐浴殮畢殯於中堂家人裂布裹頭三日用牲堂奠成服齊衰期功緦麻各以等外親往弔亦裂布以稱免焉兄弟泣杖踊饘粥苫凷

已譏之歟不禮者不違也

擇地營葬多信形家言有年遠弗塟者及塟多用鼓樂導送如治喪惟無力者則否

春秋二祭庶民祭於墓士夫立廟者祭於廟餘四時節序父母生忌奠於寢其祭廟也具牲醴辨昭穆序長幼執爵以族長奉祖先主列木龕潔豆籩歆讀祝[illegible]楮幣祭畢燕飲分胙而退凡祠有產族有譜

[illegible]旦陳蠟炬栢酒辛盤爆竹闢門家人親戚里黨更[illegible]

[illegible]中張柳歹芻綴燈火甚繁或高起花已焰火山農以炬照田驅害稼蟲迎紫姑神占休咎

立春大令督坊甲塑土牛先一日率僚屬迎春東郊鼓仗喧闐觀者充溢鄉人以牛色卜水旱以芒神戴擕卜寒煖

春社鄉民醵錢市牲醴禮土神祭畢群飲盡歡而罷真有桑柘影斜扶歸醉人之樂也

清明日掃墓男女簪新柳是月也鄉人作茸餅俗名

軟麵

三月二十八日俗謂東嶽　神演劇設醮累十日

四月八日僧尼浴佛供青精飯塾童子罷讀放風鳶以爲戲

五月五日端午節以青箬裹角黍相餽遺挿艾飲菖蒲雄黃酒小兒用塗眉額辟惡也以綵絲繫臂謂之續命縷邑與巴蘭皆競渡以弔屈原

[illegible]十一日起爲[illegible]初[illegible]至十八[illegible]爲送舡會至二十八日爲[illegible]陸會則邑中獨也餘會巴蘭俱有之[illegible]爲甚盆皆演臺閣故事以慶之費金錢糜酒食雖貧民不避焉謂以致力於神也楚俗之好巫重鬼信乎

六月六日俗以爲半年福頗重之

七月七夕家設瓜菓酒殽於庭乞巧會談牛女渡河事

十五日中元節家各焚楮錢薦祖考新亡之家餽送尤多僧舍建盂蘭盆會

八月中秋節家具菱藕大餅爲賞月之讌

秋社祀神飲酒如春又五鄉各演劇報賽曰黃谷風蓋自是訖於冬焉

九月九日重陽節是日祀祖如清明是月民間多釀酒具雞黍邀比隣族黨爲歡云新米酒

十月十一日農民自田及佃田者挑糧米上倉曰完大米完倉後則呼同儕沽飲歡醉而歌祝之又佃田[illegible]以銀完田主曰贖銀兩事畢則一家安樂豫備春

[illegible]日小除是日掃屋塵曰除殘是夕祀竈至除夕復祀之曰接竈

[illegible]三十日爲除夕張春帖子於門合家長幼畢集圍飲盡歡曰談年是月自小除後必卜日具酒醴牲品祀其始祖以下及親祖父及伯叔祖父及昆弟子孫之殤者曰羹飯蓋猶古臘祭之遺姻親往來多以魚鯹糕菓相贈謂之餽歲辭歲是夕鐃鼓喧聲達旦又謂之守歲焉

夫風俗者各限於天地之氣而聖王涵濡之以教司

收者扶翼之以政其鄉老前輩又倡率薰染以詩書禮樂故善也蘄之俗向也寡而今也庶向也樸而今也華蓋幾於善矣夫其已善者則修其教不易其俗齊其政不易其宜而猶有未逮趨之則波於時也而挽之實臻於古矣

塋墓

亙山石錮不如速朽墓何志也志之以為不朽也必有所以不朽者存焉此柳下之樵有禁而季子之碑

國公王聰墓在縣西南司家畈招魂勑葬

戶部尚書楊思義墓在黃草湖勑葬

清流知縣呂鏞墓在長嶺崗

錦衣衛署都督僉事文質墓在縣北

遵閻志舊本改正劉志塋墓云武狀元文質墓又武功列傳云文質嘉靖閒人善騎射有異材由武狀元任錦衣衛都督子應詔由武進士任錦衣衛都指揮僉事父子二人一謚昭義一謚昭勇歷數百年以武狀元顯而父子叨國謚益亦僅焉右兩段載記於此考明史選舉志武科殿試賜甲自崇禎四年用方逢年倪元璐議始行乃賜王來聘等及第出身有差來聘本傳云武榜有狀元自來聘始也再昭義昭勇亦為封爵之號非謚也其武功又未指著事蹟劉志諸如此疎誤然不敢仍其傳特存其墓因附辨於此云

副總兵鄧祖禹墓在鄧氏先隴

黃岡翰林院檢討王用予墓在巴河鎮鳳城觀之左

蕪[illegible][illegible]縣黃山色墓在馬鋪衝

池州府知事署東流知縣程九萬墓在白石山

黃岡隱士王一翥墓在巴河鳳山

國朝

會稽知縣贈按察司僉事官撫漢未歸葬墓在餘姚

寓隱何白雲墓在何廟鋪後山

旌表歐貞烈女墓在魯家湖西岸山

原劉志所載有學士陳仙喆墓失其地學士陶穀墓在金鼓山高丞相墓在治北六十里考閻志舊載陳

墓已注弗詳若陶若高則闕志所未有不知劉志何據增入也今按陳高俱不見正史人代莫考矣陶穀亦未詳何時人新郡志繫之以宋易穀爲穀疑誤而劉志藝文中録陳璨弔墓詩竟指爲宋陶穀此郡志之所以誤與考宋史陶穀邠州新平人開寶三年以禮部尚書卒於官其墓當不在此或此名穀非穀也

附

人塚在縣河南岸崇禎癸未城陷枯骨横野有僧拾　知縣孔催時令葬於此

物產

庶物憑生山川以資而民生日用需之如方貢及於菁茅土風徵諸蟋蟀盡物性也蘄之產同於他土者亦多矣顧嘉種維穀食其德者服先疇空谷有蘭採其芳者思君子是可彙其類表其時而次第志焉

通產

五穀之屬多稻多麥多豆有黍有粟

稻之屬多秥有糯有晚

秥　曰五十秥

曰　秥　曰七十秥　曰得雁紅以成熟之早晚

曰圓頭秥　曰齊頭秥

曰矮脚黄　曰葢草秥

曰蝦鬚秥以形　曰稞條秥

曰金包稞　曰青秥

曰黑殻秥　曰紅黄毛秥

曰白黄毛秥　曰白鶴秥以色

曰浙江秥以地　曰楊三秥以人

曰無名秥　曰天降秥以瑞

糯之属曰魚子糯　曰馬鬃糯　曰虎皮糯
曰芭茅糯　曰毬頭糯　曰三粒寸（以形）
曰飛上倉　曰鋪倉庢（以早）　曰雲黄糯
曰淨田糯（以遲）　曰黄金糯　曰烏節糯（以色）
曰徽州糯（以地）　曰觀音糯　曰童子糯（以人）
晚之属曰八□曰晚□（以）　曰光頭糯　曰蝦鬚晚（以形）
曰烏節晚（以色）　曰徽州晚（以地）　曰童子晚（以人）
麥之属多大麥多小麥（有早晚二種）　多蕎麥
黍□□有粘有糯
粱□□有粘有糯有蘆粟
豆之属多黄豆多菉豆有紅豆多泥豆有飯豆多豇
□多扁豆（白花者佳）有蠶豆有豌豆有刀豆
穀之别属有脂麻（白黑褐色三種皆可榨油黑色有三楞者即巨勝子）
蔬之属多蕷蕷之属多水蕷有旱蕷（與水蕷根苗同旱地可種）
有山藥（即薯蕷出田家山者佳）
多菜菜之属多崧多芥多芸薹（俗名油菜其子可打油）
有菠有芹多莧有莙薘有同蒿有萵苣
多蘿蔔（紅白二種紅者名胡蘿白）

多茄　有薑　多葱　多韭　多蒜　有薤
有大胡椒小茴　多馬齒莧　多薺菘之属
多箭桿白　有烏風白
有黄芽白（寬莖扁葉味甘脆本北産初種味佳再種瘦勒）
芥之属多白芥　有火焰芥　有茴香芥
多瓜瓜之属多黄瓜　多南瓜　多絲瓜
有西瓜　有東瓜　有苦瓜　有菜瓜
多瓠子（長形）　多葫蘆
水□□属有藕（白花者佳）有茭菰有荸薺有水芹
果□　多李　有杏　有梅　有桃　有櫻桃
□林檎　有棗　有梨　有柑　有柿
有銀杏　有枇杷　有石榴　有葡萄
有蓮子　多菱　多芡實　有葧薺
藥之属有黄精　有葳蕤　有天門冬
有麥門冬　有枸杞　有地骨皮　多荊芥
多南星　多半夏　有何首烏　有香附子
有蒼耳子　有茱萸　有地榆　有桔梗
有天花粉　多青蒿　多香薷　多五加皮

多茺蔚子　多夏枯草　有旋覆花　有蒲公英　有菖蒲　多忍冬花　多金櫻子　多青箱子　多車前子　多土牛膝　有茵蔯　有牽牛子　有淡竹葉　有草麻子　有薏苡　多莞花　多紫蘇　有薄荷　有土茯苓

花之屬有菊　有芍藥有紅紫白三色　多荷　有杜鵑　有鷄冠　有鳳仙　有玉簪　多酴醾　多薔薇　有月季紅　有十姊妹　有[illegible]　有美人蕉　有葵　有罌粟

有[illegible]　有桂　有玉蘭　有牡丹粉紅紫三種　有辛夷　有山茶　有瑞香　有海棠　多梔子　有蠟梅　有木槿　有木香　有紫荊　有莢竹桃　多木芙蓉

草之屬有萱　有芭蕉　有蒲　有荻　有蘆　有雁來紅一名鳳凰衣又名老更嬌　有游龍　多馬蓼　有翠屛草　有翠雲草　有占洋草　有萬年青　有洗手香　多茅　多虎耳草　多狗尾草　有鳳尾草　多蒿　多萍　多藻

木之屬多松　有栢　有槐　有檀　多楓有細葉楓　有桐　有梧　有樟　多黃楊　多楊　有柳　有茶　有烏桕其子可榨油　有桑　有櫬　有皂角　有楝　有構　有杜仲　有棠梨　有椿　有杉　有冬青　有蠟樹春移虫於枝間冬積白柘取蝋之爲白蠟實爲女貞子又有一種名水蠟

竹之屬多筆竹有三月笋四月笋　多猫竹　多水竹　有筋竹　有紫竹　有斑竹　有苦竹　有鳳尾竹　有慈竹

羽之屬有雞　多鴨　有鵝　多鴉　多鵲　有鷹　有鷂　有雉　有慈烏　大嘴烏　有鳩　有鴿　多麻鵲　有鷓鴣　多山鵲紅嘴長尾　多鸜鵒　有畫眉　有鴐犁　有杜鵑　有黃鸝　有竹鷄　有百舌　有燕　有翠　有雁　有鳧　多白鷺　有鸛　有鴐　有鷜　有鷓鴣　有啄木　有鵙一名伯勞　有鶺鴒　有秧鷄　有穀鷄

獸之屬有馬 有牛 有騾 有驢 有羊 多豕
多狗 多猫 有虎 有狐 有貛 有兔
有豺 有黄狼鼠 有野猫 □鼠
鱗之屬有鯉 有魴 多鱮一名鰱 多鱅一名鰟頭 有鱖
有鮎 有白即陽鱎 有鯖 有鱤 有鱒 有鯇
一名草魚 有鮆土名聚刀魚 有鯮 多鯽 多烏鯉
有鰟魮 有鱔 有鱘 有鮰 有鰣
有白□ 有黄鯝 有鱓 有鰻 多泥鰌
有□□

介之屬有黿 有鼉 多鼈 有龜 有蟹
有蜆 多蝦 多螺 多蚌
蟲之屬有蝨 多蚊虻 有蝙蝠 多蛙
多蜂 有蚓 多蜈蚣 多蜘蛛 有蟢
有螳螂 有蜣螂 有蜥蜴 有蟾蜍 有蛇
有蝸牛 有蝭 有蟬 有促織 有蟋蟀
多螢 多蚱蜢 有紅娘子 有狂蝱
多蟻 多飛蟻黑白二種 多蜻蜓 多蚯蚓
多蠅

貨之屬有木棉 有麻苧 有菜子俱產沿江洲邊
蘄竹一統志云蘭溪蘄竹所出之地以色瑩者為簟故王介甫詩云蘄水織簟黄金□□子瞻詩云蘭溪美箭不成笛離離玉筋排雙脊乃知蘄簟不常以蘄州得名也但竹與匠不及蘄州之多耳
雲霧菇產三角山
□斗方山及人家諸園皆出
□產
入□ 厚味甘色若黄金 石耳□出石上
□數瓣味甚美 山蘭□出山
□中□以□□名縣東坡清泉寺□□山下蘭芽浸溪又杜牧詩云蘄□溪□□盡碧泱泱映水蘭花雨發香
羅漢菜三角山□山舊有異僧種之而去雜以葷臊即無味
鐵一統志云蘄水產鐵
艾葉清香可以療病五月五日□寺連莖刈取曝乾收□亦以灸百病凡用艾陳久者良治令細軟謂之熟艾若生艾灸火傷人肌脈蘄俗五日採艾懸之戶上

可禳毒氣羣芳譜云積三年後燒浸液下流成鉛錫
張□□云曾試之有驗附聞鵲欲奪燕巢啣艾其中
燕輒去又荆楚歳時記云宗則文□□　月五日未
鷄鳴時採艾見似人處攬而取灸輒驗
余公□嘗登南城倚眺見城趾下河流清淺多竹筏
西来三三五五□河用人工牽挽而上皆載石磊砢
紊黑　□鐵□□　如鐵問載此焉往用之僉曰
□業操此筏每溪漲　□英貨物如　□

蘭溪鎮貨

物産

山大冶民約

蘭溪江□　壘壘如礄　筏之歸遂　□
抵□□入鷄兒河抵英縣冶之為鐵
□之謡有如此也向睹蘄志産鐵自
大乃興嘆□
唐志一統志歷□　之而蘄實無鐵今其石則興國大
□采也其治所則英山也見此筏者不察遂以蘄冒
可乎因劄記於此

本三四五

水縣志卷之三

建置志

城池

設險以守山川命侯必先墉堅斬非百雉而枕山
帶環拱天然亦保障之重也昇平無事修鑿維勤
是賴焉

明萬歷乙亥巡撫趙賢采輿議創
建經其市周七里三分八百九十七
十三高一丈

西曰永豐北曰拱辰皆有
之右曰便民今閉後益以二門
北西北隅乃縣脉入城處不可
水南倚河爲險東北可掘爲濠崇
禎未三月獻賊襲陷之驅丁男婦女掘城如平地
國朝順治元年知縣孔維時用民力修復之然城外餘
土卯積城上石砌未完規制遠不逮康熙三十五
年盜自永豐門入劫而出遂閉此門雍正五年士
民復請開啟今改曰開豐門

公署

明而坐朋酒以躋上下之情通也詎曰壯堂皇肅
瞻仰哉抑閉閣焚香税田課雨誓心爰民之隱何地
可忽

縣署明洪武甲寅知縣趙季光建正統時知縣胡奎
正德壬午知縣謝爵增修萬歷乙卯知縣閻士選扁
堂曰誠

明順　縣孔維時復修中爲大堂大堂
於蘇廟右爲關　堂下翼以兩廡左吏
房右承發兵刑工　長房左贊政亭儀仗庫戒石亭
治架閣庫中爲六合亭前爲儀門儀門外左爲崇
禁女宗倉土地祠寅賓館右爲常平倉又前
爲頭門譙樓順治甲午知縣李藤修外爲榜房左爲
申明亭右爲旌善亭蘇民亭左元壇廟大堂後爲思
政堂崇禎年間改爲山聲堂左有庫樓右有慎思堂
有舞鶴軒堂後爲内宅宅有樓題雪樓順治丙申
知縣劉佑重修之題曰練光樓樓前穿堂乾隆壬申
知縣劉育杰題曰隨處體認天理署右爲馬廄爲箭

亭知縣侯方夏扁曰古道猶存
縣丞署在大堂左舊燬順治縣丞張貞復建湯楫如
增修
典史署在儀門内左舊燬順治典史楊文達復建王
如德增修
舊志云縣治爲一邑樞紐舊志規制宏備崇禎癸未
詐制盡廢今雖增修十不逮一又問之故老曰縣治
前之左右舊有龍眼井火星池今爲住民所塞治下
直下舊有火巷與南河萬峯相望重門洞開許灣洪

揖故前之蓋此土者無不坐膺内召近爲居民構一
壓塞之風水阻隔致難當事奈何惜一壓而重貽民
上累也人亦有言蓮花山爲縣治來脉不宜斷蓮花
池爲縣治膏潤不宜於塡之濬之其亦理有可信者
乎
學宮學署在縣南門内及各書院學莊等俱詳學校
志
城守營署在西門内城隍廟側康熙五十八年知縣
劉象賢捐置畢姓房屋創建頭門一座大堂中樓坐

樓共二重各三間營屋七間
浠川驛丞署在治南明洪武知縣祖宗文建正廳退
省兩廊鼓樓私衙馬房共大小三十四間崇禎末毀
入府館側今驛裁署廢
蘭溪驛丞署在西南四十里明洪武知縣趙季光建
正廳鼓樓廊房榜房官廨吏舍庖房共一十三間今
驛裁署廢
巳水驛丞署在治西四十里明洪武知縣祖宗文建
正廳後堂穿廊浴房儀門左右廂房馬房鼓樓共大

小三十九間今丞裁驛署存
蘭溪司巡檢司在治西南四十里洪武知縣趙季光
建廳屋住房廂房監房鼓樓共大小十一間
巴河巡檢司在治西七十里洪武知縣趙季光建中
廳廂房榜房獄房巡檢廨教塲共大小十二間
布政分司在治南正統知縣胡奎建正德知縣王伯
重修次儀門次廊房次振肅堂次大右耳房次正廳
三左廚房右浴房二門外官房三今廢
按察司分司在治西洪武知縣趙季光建正統知縣

胡奎宏治知縣程昌重修
國朝順治知縣李蓀又修次儀門次廊房鑑衡堂次左右廂房次正廳三左廚房右浴房二門外官房三今圮遺址猶存

府館在治西正德知縣王伯建次儀門次廊房次正廳堂次左右耳房次後堂三左廚房右浴房二門外列官房三今廢

陰陽學在治東明洪武知縣陳得義建正廳三間後屋二間今廢

醫學在治南明洪武知縣陳得義建正廳三間後屋二間

楊歷湖河泊所在治西南四十里明洪武知縣陳得義建正廳耳房司房公廨共大小十一間明萬歷八年官裁署廢湖課附蘭溪巡檢司帶辦

圻湖河泊所在西南六十里明洪武知縣郭德謙建正廳耳房公廨共大小十一間明萬歷八年官裁署廢湖課附蘭溪巡檢司帶辦

校場在城西郊永豐倉側今移城東郊臨河

社學在治北郭外

僧會司在昭化寺

道會司在三清觀

右公署之關於建置者二十一今廢其半其存者制度名目亦與昔殊書而不削示毋忘前人締造之意也

祠祀

聖人制作凡有功德及民與忠孝節烈悉載祀典不屋而壇昭其明也立廟以享萃其渙也精貫乎日月之上氣流於俎豆之間洋洋乎其不可揜也夫

關帝廟在治東城內歲三祭春秋二仲上戊及誕日共支餉銀叁拾伍兩柒錢陸分肆釐雍正五年添設

社稷壇在治北二里歲二祭春秋二仲共支餉銀壹拾兩嘉靖知縣陳蘭化建

山川壇在治東里許歲二、祭日支餉同社稷知縣謝子岡建

常雩壇祭在先農壇行禮祭日初夏支餉銀伍兩在於司庫領給

先農壇在治南三里祭日奉部頒無常乾隆五年奉文以耤田存穀變價銀伍兩備祭現除每年動用外實貯穀肆拾伍担壹升壇傍原有耤田肆畝玖分計稞玖担捌斗

邑厲壇在治西北二里歲三祭清明中元十月朔先一日詰城隍廟焚牒厰明導城隍木主於壇壇下列無祀鬼神共支餉銀壹拾貳兩乾隆七年減定壹兩知縣陳蘭化建

旗纛廟在治署内大堂側霜降祭

城隍廟在治西明勅封顯佑伯癸未賊焚順治初市民募闔邑修復之歲無特祀惟厲祭主之餘則附於

風雲雷雨山川壇

文昌閣在治南門外知縣王建屛建

張忠烈王廟一在玉臺山一在巴河鎮

伍員廟在伍洲伍員楚人是殺其父伍奢伍員奔吳渡江於此解劍以贈漁翁其後伍員自剄吳取員尸盛以鴟夷浮之江中吳人憐之爲立祠於江上茲因昔爲渡處故亦祀之

孫權廟在城山十三年曹操遺孫權書曰近者奉辭伐罪旌旄南指劉琮束手今治水軍八十萬衆願與將軍會獵於吳權以示臣下莫不失色權用周瑜魯肅計與劉備併力破操於赤壁先是進兵時瑜以舟權以陸駐營此山後立廟以祀焉

三賢祠在治南城内黃州府知府郭鳳儀建祀晉王羲之唐陸羽宋蘇軾見一統志嘉靖三十九年知縣陳蘭化重修崇禎癸未燬

朱文公祠在右軍洗墨池邑中諸右姓公建

闔公祠在治南城内爲知縣闔士選建今存址

孫公祠在治西北二里爲知縣孫善繼建今存址

宋公祠在治西北爲知縣宋文昌建

游公祠在治南雲路口爲知縣游王廷建

李公祠在治西興賢庄爲知縣李汝燦建

侯公祠在治城隍廟側爲知縣侯方夏建

五義士祠崇禎丁丑爲邑人程維常徐玉蘭蔡巨人胡方壺徐用極殺賊陣亡建

忠義孝弟祠在學宮内

節孝祠在學宮外

黃岡隱士杜士鶚祠在邑西北昔山下祠有祀田二十七石公無子係浠黃門人王宏毅陳如鱗等捐貲所置有碑載原委姓氏甚悉至今春秋祀事不衰祠

前有墓公繼配柯氏也僕養正事主及主母有義並附葬柯氏墓右公墓在黃岡路口

羅公祠有二一在躍龍門外一在雲路口爲拖南河義渡羅一龍建

營汛

劉宋置豫部蠻兵其時風教固殊厥後用武者多由其地孝武建紫雲之牙左丞出巴蘄之衆於是蘄爲江淮灊皖光蔡之要衝馬昇平既久戍壘清閒然而碁布星羅犄揮響應易曰除戎器戒不虞也

城守營設把總一員原係黃州協輪撥千把總防汛三月一更官無定員康熙四十五年詳定帯員係黃協右哨千總帯防復於乾隆七年詳請將千總移駐長江水汛城守係把總分駐領馬步兵三十六名內撥八名分防竹瓦店鷄鳴河實存城兵二十八名

水汛四塘係黃州協撥兵八防

巴河口防兵十名雍正六年添設外委一員塘房在觀音閣樓屋五間厨房一間望樓一座哨船一隻門樓一座煙墩五座計程十五里至烏江廟

烏江廟防兵三名原五名雍正二年撤二名實三名塘房三間厨房望樓哨船門樓煙墩從同計程十五里至蘭溪口

蘭溪口防兵七名原五名乾隆七年增二名實七名塘房等項從同計程十五里至迴風磯

迴風磯防兵五名塘兵等項從同計程十里與蘄州老樹夾交界

旱汛三塘竹瓦鷄鳴係城兵撥防黃泥嘴係黃協撥防

竹瓦店防兵三名乾隆十七年新設借居民房

鷄鳴河防兵五名塘房三間望樓一座煙墩五座

黃泥嘴防兵三名乾隆十七年新設借居民房

驛遞

羽書旁午星夜交馳千里間關刻晷不易此置郵而傳命也蘄本楚境而衝吳[illegible]侖蹄絡繹載驟駸駸真四達而不悖矣

本縣原設脚馬五十匹後奉裁止存二十匹浠川驛原設驛馬二十五匹合共脚驛馬四十五匹夫壹十

五名獸醫二名雍正六年奉將浠川驛裁汰歸併縣
管又裁脚馬一十五匹夫五名獸醫一名實設馬三
十匹夫十名獸醫一名
蘭溪驛站船水夫八名新[illegible][illegible]名除摘二名改編渡
夫康熙年全裁
巴水驛腰站原設馬二十五匹馬夫八名半獸醫一
名乾隆十九年驛丞奉裁知縣兼攝
縣前鋪曰急遞鋪永充鋪兵一十四名徭編鋪兵四
名

南抵蘄州廣濟鋪有四
石牛鋪永充鋪兵五名徭編鋪兵四名
分流鋪永充鋪兵四名徭編鋪兵四名
李店鋪永充鋪兵六名徭編鋪兵三名
六廟鋪永充鋪兵五名徭編鋪兵六名
西抵黃岡鋪有六
鍾師樓鋪相傳漢鍾離冒紀此故名永充鋪兵六名
徭編鋪兵四名
松林鋪永充鋪兵七名徭編鋪兵三名

孟家山鋪永充鋪兵四名徭編鋪兵五名
何廟鋪永充鋪兵五名徭編鋪兵四名
劉店鋪永充鋪兵五名徭編鋪兵五名
七里鋪永充鋪兵五名徭編鋪兵五名
東北抵羅田鋪有八
滑石鋪永充鋪兵叁名徭編鋪兵四名
株林鋪永充鋪兵四名徭編鋪兵四名
三家店鋪永充鋪兵五名徭編鋪兵三名
白沙嶺鋪永充鋪兵五名徭編鋪兵三名

三望衝鋪永充鋪兵五名徭編鋪兵三名
樊家港鋪永充鋪兵六名徭編鋪兵二名
歇塘鋪徭編鋪兵四名舊志無歇塘鋪有嚴家坳長
嶺二鋪核册此地實名歇塘鋪過此則嚴家坳長嶺
地雖屬蘄而鋪屬羅田當役領銀俱在羅邑故改正
之
西南抵蘭溪鋪有二
過客嶺鋪徭編鋪兵二名
竹林墩鋪徭編鋪兵二名

以上二舖自前明舖兵逃亡撥縣前急遞舖帶充

鄉鎮

六鄉之制肇自成周而市師之設即因以起凡以萃其渙也蘄之鄉有五五鄉村落復較若列眉溱溱乎旌旗之象矣

團陂市到城九十里

貲牛嘴到城八十里

兩路口到城九十里

關口市到城三十里

以上俱係南鄉

巴河鎮到城七十里

三家店市到城三十里

西陽河市到城六十五里

竹瓦店市到城五十里

朱店市到城三十里

以上俱係北鄉

河東市到城五里

洗馬畈市到城六十里

蘄陽坪市到城六十里

以上俱係上鄉

周家坳到城九十里

蔡家河市到城六十里

以上俱係下鄉

蘭溪鎮到城四十里

雲路口市到城四里

六神港市到城二十里

福主廟到城五十里

圻湖市到城六十里

以上俱係永鄉

津梁

候吏有津成梁有制皆以通往來也蘄在萬山之中而三水環繞其間支流漫衍港澗相錯而未病涉也利有攸往豈不有津梁哉

堤

王公堤在巴河鎮知縣王伯築

萬公堤在治南五十里知縣胡奎築

渡

南河渡在南門外自明成化知縣潘珏捐建浮梁漲用渡船徭編津夫二人費出公家亂後浮梁盡廢津卒船隻不給人甚苦之

國朝順治年間里人羅一龍用銀壹百六十七兩置邑宦繆師嶺田稞一百五十三石捐入此渡歲給津夫食穀一百二十石餘爲修船修橋之費邑令劉佑李長敏給額旌閭後因田主索補搆訟邑人徐信卿倡募士民出加[illegible]餘兩訟得寢又請邑令郭廷

弼洪理順將本田正米六石七斗八升攤派五鄉花戶分任遂垂久遠歷付里中賢能士者經管後有陳士周者管理三十年矢公矢慎累年餘積續置田稞五十石邑令葉爲舟以好善不倦旌之現係汪玉魯楚善管理

東門河渡在縣東門外貢生李籌貞妻詹氏捐上柳林新舖上田稞二十一石監生周廷豫倡首募衆捐銀公置東河岸田稞一十八石並熊家湖田稞九石共四十八石又徽州監生方安棟施蔡家大塘下田稞五石五斗圓塘半口照南河渡例付陳士周管理令王永謨接管

下河渡在西門外有船一隻康熙四十二年陳白受李仲先張念儀尚文玉華賔於李章起何方士李雲路董雲琪陳討士李仲玉汪文元萬恒朋華一字任明遠張仲連程尼城徐錫韓孫小仙毛荆山張念銘華協于萬恒吉僧靜慧共捐銀一百一十一兩五錢置買長嶺頭田稞二十一石又張孔卿施綦家湖田稞四石三斛轉售湊買麻橋田稞一十五石五斗又

朱祖堯施朱家壩柳林河田稞四石共田稞四十石零五斗每歲給津夫穀料理船具又尚國柱施文昌閣側田稞一十石以爲建置板橋一座之費亦付津夫管理

裴家河鉤鑼石渡在縣東十五里邑庠徐三餘潘晏於順治年間捐有田稞七石五斗付津夫耕收

蠟林渡在縣東二十里

闌口河渡在縣東三十里

蔡家河渡在縣東四十五里邑人郭篤生兄弟同衆

姓於康熙十六年捐造渡船一隻板橋一座置買田稞六十六石一付十六石五斗與晏公廟僧收貯以備船板工食一付十六石五斗與興隆廟僧以爲看守之費餘剩田稞三十三石批佃收租給發津夫工食郭錫惠同衆姓管理累年存積批庄銀兩助修六神港橋蔡家河本鎮大路

扎隍港渡在縣東北七十里張榮貞捐田稞一十八石付津夫管理

百里河渡在縣東百里郭周吳三姓共捐置田稞二

十四石付津夫管理

葉家河仁聖渡在縣東六十里衆姓捐田稞一十二石付津夫管理

鷄鳴河渡在縣東七十里陳國忠捐田稞一十二石

自下河渡以下至此諸渡屬下鄉

六神港渡在縣西二十里

深潭渡在縣西三十五里

青蒿港渡在縣西三十八里

以上三渡衆姓捐置零星田稞付津夫收理

金家灘在縣西四十里

楊林港在西南五十里

以上二渡衆姓捐置麥地付津夫收理

楊歷湖渡在縣南五十里

沙洋湖渡在縣西　十里

以上二渡衆姓捐置田稞付津夫收理

彭家港渡在縣西五十里邑庠生王朝賓等捐渡船一隻每歲捐祭產銀二十餘兩爲修船招渡夫之費

蘭溪官渡津夫二名官給工食載賦役志自六神港

至此諸渡屬永福鄉

望天湖渡在縣西五十五里監生周志庸捐皂角嘴田稞十五石設渡船一隻

龍家渡在縣西北五十五里雍正二年監生何元鰲捐田稞五十四石造船招渡夫並建涼亭一所

上巴河渡在縣北六十里監生盧經邦捐施田稞四十九石設渡船一隻

西陽河渡在縣北六十里監生李本時捐田稞六十石設渡船一隻

下巴河官渡在縣西七十里津夫四人本縣徭編二人官給工食載賦役志黃岡免軍一人羅田徭編一人又巴河紳士共建渡船四隻招津夫八名捐置洲地田稞收租發給津夫工食自望天湖渡以下至此諸渡屬北鄉

石門潭渡原名金家渡在縣北六十里里人何席聘妻捐田稞五十石零五斗

鳳凰潭楓香渡在縣北六十里何大益妻劉氏捐田稞六十石

以上二渡屬南鄉

橋

治東曰昭化橋在昭化寺前

一里曰綠楊橋舊以爲一溪因東坡醉卧橋上作詞有解鞍欹枕綠楊橋之句遂更今名今建亭於東門外玉臺山麓

三里曰泊港橋

五里曰畢氏橋程同志妻畢氏建

十里曰潘氏橋明宣德初隣女潘氏建

二十里曰萬泉橋

二十五里曰馬坡衕橋鄉民朱玉成建

曰玉泉橋

三十里曰城角橋

曰三望橋

曰周家橋

三十五里曰太平橋

四十五里曰羊角橋

曰大馬橋

六十里曰蔣家橋

治東南十五里曰雙河口橋

二十里曰王家河橋

曰九壠橋

四十里曰牛積廠橋邑庠生方以國捐修橋頭有涼亭一座今廢

治西五里曰生生橋知縣潘珏建

曰鳳凰橋邑人邱養中妻楊氏建知縣李汝爍記之

十五里曰麻橋居民湯民碧建宗龐安常居此

三十五里曰苦竹港橋邑民湯仲新建劉志譌新爲
華今從閻志改正
四十里曰巴水橋
六十里望天湖大橋
治西北五里曰磨兒橋
治南河曰浮橋知縣潘珏建即今南河渡
二十里曰六神港橋節婦李黄妻程氏建順治庚寅
李見璧修康熙辛亥李友梓修丙申李籌貞能貞修
乾隆辛巳李紹虞倡修接修河路戊辰李紹緒妻岑

氏同姪李聞韶重修並橋上涼亭
三十八里曰青蒿港橋居民程福建年久將圮乾隆
丁丑知縣邵應龍倡邑士民捐費　千金移基重建
四十里曰倒流河橋居民郭民楚修建
治北十五里曰萬花橋
二十里曰新橋明成化乙巳承事郎蔡明建
曰清水港橋
三十里曰朝聖橋
三十五里曰上洙泗河橋

曰下洙泗河橋

坊表

功者德之華名者實之賓坊以志不朽也夫攀龍豸
繡舊得桂林之芳激濁揚清共表崇蔭之美若夫完
守貞節有關世教其可隱而不揚哉
東曰遵道坊
曰通政坊
曰中和坊
曰義和坊

曰崇善坊
南曰善政坊
曰南風坊
曰清源坊
曰太平坊
曰澄清坊
曰蘭清坊
西曰善教坊
曰通化坊

曰賞節坊
北曰集善坊
曰興賢坊
曰慶善坊
曰甘泉坊
曰拱辰坊 以上表市衢
按察分司曰激濁坊
曰揚清坊
浠川驛前曰迎恩坊

曰駐驄坊 以上表公署
至聖坊在文廟西
三賢坊在三賢祠東
城隍坊在城隍廟東巷口
顯佑伯坊在城隍廟前
習儀坊在昭化寺巷口
東岱坊在東嶽廟前
忠靖坊在巴河張睢陽廟前 以上表祠廟
進士坊 一爲許貞建 一爲呂鏞建 一爲魯永

清建
恩榮坊爲徐紹先建
文魁坊爲張詳建
折桂坊 一爲呂鏞建 一爲徐泰建
進賢坊爲吳永哲建
步武坊爲薛濟建
欲錦坊爲龔恭建
賓興坊爲張瑨建
登雲坊爲程岳建

傳桂坊爲李太程節詹易李尚仁建
桂林坊爲徐吉貞程翺郭文輔陳榮錢重器錢貢呂
爵周卿李宗元操永魁建
會魁坊爲周卿建
總憲坊爲胡仲謨建
世科坊爲錢邦佩建
豸繡坊爲朱袗建
寵錫坊爲周鳴塤建
天恩坊爲李畿嗣建

文宗坊爲李時成建
諫議坊爲王希元建
進士坊爲朱袗朱期昌建
三錫坊爲胡溥建
兩階坊爲胡仲詰建
文宗坊爲周延光建
世業坊爲蔡曰涇蔡斗移蔡璿建
光前坊爲周應期建
開濟坊爲郭士望建

關西坊爲楊從龍建
卿月坊爲官應震建
論思坊爲大學士姚明恭建
甲第坊爲邑進士建
人文坊爲邑鄉舉建 以上表科第
孝子坊爲劉淳建
純孝完節坊爲徐尚國妻楊氏建
貞節坊爲廖節婦袁氏建
天彰節孝坊爲郭廷祥妻羅氏建 以上表節孝

盛世循良坊爲知縣江世東建
南國棠蔭坊爲知縣孔榮宗建 以上表循良

樓

治前曰譙樓李白有壯觀二字前有蘄水縣三字爲邑謝神童七歲書今俱燬
東城曰來泰樓
南曰麗文樓
西曰永豐樓
北曰拱辰樓

大成殿後曰書樓當即五經樓今爲尊經閣
曰觀瀾樓廢
本縣署內曰雪樓
曰練光樓即雪樓舊改創順治丙申知縣劉佑建
浴蓮菴側曰秋影樓
南河岸曰閱雲樓太常寺卿官應震建今廢

閣

南河岸曰文昌閣明萬歷癸卯知縣孫善繼王建屏建

國朝康熙丁巳知縣蔣燦重修乾隆十六年燬於火
明倫堂東曰興文閣廢
西曰採芹閣廢
巴河鎮曰太乙閣明崇禎時大學士姚明恭建
國朝雍正年間知縣劉象賢重修
梅梓山曰剪雲閣邑人楊伯爵建
清泉寺曰函三閣邑人朱期昌建
昭化寺曰藏經閣萬歷中大梁卓世彥命僧貯經於此今燬

亭

儒學前曰迴瀾亭宋蘇軾遊此見水盤旋書二字於石壁明成化年知縣潘玨建亭於上久廢乾隆戊寅知縣邵應龍捐俸重修今又圮
曰叠嶂亭相傳蘇軾所名今廢
曰時雨亭闢西謝朝宣建今廢
便民門側曰流光亭石上有蘇軾所書泝流光三字
曰擊空明亭今廢
玉臺山曰春曉亭舊爲刑部郎楊繼經建旋燬乾隆戊寅知縣邵應龍捐俸率邑紳士重建
東門外曰綠楊磯亭乾隆戊寅知縣邵應龍率邑相禮生鄭崑楊文秀桂有馨廖如峯黃升其程康寧等建
鳳棲山側曰茶泉亭係大梁卓世彥建今廢
南五里曰省耕亭廢
西五里曰省歛亭廢以上俱建置之大者至於先窮民保赤子澤枯骨尤仁厚之周用志於後

養濟院在聚民倉側額養孤老男婦六十四口
育嬰堂在治東房屋六間木坊一座
漏澤園有二　一在治西北舊建　一在上馬頭石順治甲午知縣李蓀建

蘄水縣志卷之四

知蘄水縣事餘杭邵應龍纂輯

賦役志上

戶口

古者生齒以上皆書諸版由是國有大事可按籍而稽後世征役繁興民多脫漏抑凋耗日甚實數不盈故生齒繁庶亦不易也

國初戶口與明數畧相等今則數倍於前蓋生當重熙累洽之時而無繁役苛征宜乎休養滋生之盛也與

明洪武二十四年戶一萬四千三百五十七口男子四萬三千五百三十二婦女四萬一千有八

永樂十年戶一萬三千九百五十五口男子四萬一千四百有八婦女四萬七百五十七

正統六年戶一萬三千一百八十一口男子五萬九千四百五十九婦女五萬五千一百八

嘉靖元年戶一萬二千九百一十八口一十一萬七千七十一十一年戶一萬三千七十口一十一萬八千七百四十一二十一年戶一萬三千一百五十九口一十一萬八千七百四十一

隆慶六年戶一萬三千一百八十八口男子五萬五千五百九十三婦女四萬六千四百有三

萬曆十年戶一萬三千一百九十民戶二千八百有八軍戶四千九百有二貼軍戶四千一百九十六雜役四百一十校尉力士鼓手一十五水馬驛遞馬船水夫四百三十六弓鋪兵二百七十八厨役一十三捕二醫一十七樂五各色人匠一百有七口男子五萬五千四百九十五婦女四萬六千三百九十四舊志

本朝順治十四年邑令劉佑重修邑志自萬歷十年後至修志時戶口增減之數無載

康熙二十三年邑令李振宗續志云癸未之變城遭屠毀今幸生齒漸繁而蘄之編丁又從田糧酌派於原額無甚出入

乾隆十四年郡守王勍重修郡志載戶一萬三千一百五十九口一十一萬八千七百四十一與嘉靖二十一年同

按蘄戶口數目自舊邑志及郡志所載戶一萬有零口一十萬有零大畧相埒乾隆十七年邑令劉育杰逐戶捐給門牌編戶六萬四千四百一十三戶現今口數當不止加倍於前亦可以見
聖世之休養滋生爲甚盛云

丁原額一萬三百九十丁每丁並新加顔料等項派銀二錢九分二釐八毫七絲六忽五微六塵八渺額徵銀三千四十三兩一錢九分四釐六毫四絲三忽六微四塵四纖五渺康熙四年奉　文豁免故丁一

百一十六丁免丁銀三十三兩九錢七分六釐一忽五塵二纖八渺實在丁一萬二百七十四丁實額銀三千九兩二錢一分八釐六毫四絲二忽五微九塵一纖七渺隨糧徵派

康熙十一年編審自康熙元年起至五十年底逐次加增人丁一百四十三丁增銀四十一兩八錢八分四釐二毫八忽一微九塵四纖四渺隨糧徵派

康熙五十五年至雍正九年底編審增益滋生人丁五百六十六丁欽奉
恩詔永不加賦

雍正七年奉　文於詳請丁隨糧派歸入通省糧銀均攤加增人丁銀一千七百九十九兩九錢四分七釐六毫八絲七忽五微八纖五塵八渺六漠六茫八沙四灰雍正十一年奉　文減去銀一千四十七兩九釐八毫五絲八忽一微六塵五纖三渺三茫乾隆元年欽奉
上諭全行豁免

乾隆元年起至二十一年底編審增益滋生人丁一

千一百七十丁欽奉
恩詔永不加賦新舊額內額外實共納賦人丁一萬四百一十七丁實共隨糧帶征丁銀三千五十一兩一錢二釐八毫五絲七微八塵六纖一渺

田賦

賦役必謹重民力也舊志宋元無考要皆遵一代之制以率由不悖耳明自洪武迄於萬歷法令屢更其徵斂科條完解款目難更僕數我
國朝定鼎政從寬大去其瑣雜民間自完餉糧之外秋

毫無擾深仁厚澤淪肌浹髓且積貯有備錫賑時行子惠元元之意即一邑可見大同之治矣

明洪武二十四年官民田地塘五千四百四十一頃四畝一釐夏稅小麥六十六石三斗六升麥絲二十五觔一十三兩五錢二分租絲一十斤一十四兩八錢七分農絲一十三斤四兩八分秋糧官米七百四十七石八斗八升五勺民米四萬三千九百四石一升一合五勺

永樂十年官民田地塘五千四百七十三頃九十八

畝三分一釐夏稅小麥六十五石六斗七升九合五勺麥絲二十五斤九兩七錢四分秋糧官米一千六百九十六石五斗七升三合民米四萬三千七百四十石五斗二升六合八勺

正統六年官民田地塘五千四百七十一頃八十七畝七分七釐夏稅小麥六十六石六斗五升三勺麥絲二十五斤一十五兩二錢三分八釐租絲二十四斤一十一兩一錢四分農絲一十三斤六兩二錢四分秋糧官米一千三百七十八石八斗四升六合八勺二抄民米四萬三千七百七十五石七斗三升七合九勺

隆慶六年官民田地塘五千四百七十七頃六十二畝四分夏稅官麥九斗六升九合五勺民麥六十五石六斗八升三勺官絲六兩四分民絲二十五斤九兩一錢九分八釐官租絲二十四斤一十一兩四錢三分四釐共織北京絹四十疋一丈五尺七寸二釐秋糧官米一千二百七十一石五合五勺二抄民米四萬三千八百八十四石六斗八升二合九勺內失

額無徵米一百六十四石實在官民米四萬四千九百九十一石六斗八升八合四勺二抄額隨里長辦解

萬曆九年縣令閻士選奉旨文丈量奉例摘查改正田五千九百五十二頃九十八畝五分九釐二毫一絲六忽塘六百三十六頃六十九畝四分五釐一絲一忽地一千四百四十七頃五十畝二分四釐四毫二絲夏稅官小麥六十六石六斗五升三勺農桑絲二十三斤七兩四錢八分官租絲二十四斤一十一兩四

錢三分四釐麥絲二十五斤一十五兩二錢三分八釐共織北京絹四十疋一丈五尺七寸零二釐秋糧官米一千二百七十一石五合五勺二抄民米四萬三千八百八十四石六斗八升二合九勺其科則奉例改正上田塘每畝科民糧七升二合三勺中田塘每畝科民糧六升三合七勺下田塘每畝科民糧五升五合五勺五抄四撮山水鄉田每畝科民糧四升五合六抄九撮五圭上地每畝科民糧六升三合七勺中地每畝科民糧五升五合五勺五抄四撮下地

每畝科民糧二升六合田塘地每畝各帶派夏稅小麥八抄七撮二圭七粒三粟農桑租麥絲一釐三毫四絲三忽六微六塵六渺四漠外民米一石帶派官米二升八合九勺六抄二撮厶圭載舊志

國朝因明畝數永爲定額

原額田五千九百五十二頃九十八畝五分九釐二毫一絲六忽內上田一千五百一十三頃七十六畝六分四釐九毫一絲六忽每畝科秋糧民米七升二合三勺該米一萬九百四十四石五斗三升一合七勺每石並新加顏料等項共派銀六錢五分三釐六毫四絲一忽七微九塵九纖該銀七千一百五十三兩八錢三釐四毫五微內英山民段廷先買管田三頃三十畝五分七釐該米二十三石九斗二勺中田一千五百八十頃三十二畝六分八絲四忽每畝科秋糧民米六升三合七勺該米一萬六十六石六斗七升六合六勺七抄每石照前則例派徵該銀六千五百八十兩六毫五絲八忽五微九塵六纖內英山縣民段廷先買管田一頃七十四畝五分九釐該米

一十一石七斗四升九合九勺下田二千五百三頃五畝六分五釐八毫六絲九忽每畝科秋糧民米五升五合五勺五抄四撮該米一萬三千九百五石四斗八升五勺六抄三撮每石照前則例派徵該銀九千八十九兩二錢三釐三毫四絲五忽五塵四纖內英山縣民段廷先買管田三十一頃二十四畝二分四釐該米一百七十九石一斗一升九合四勺山水鄉田三百五十五頃八十三畝六分八釐三毫四絲七忽每畝科秋糧米四升五合六抄九撮五圭該

米一千六百三石七斗三升八合八勺二抄二撮一圭每石照前則例派徵該銀一千四十八兩二錢七分七毫三絲四微七纖四則田照糧每石帶派官米二升八合九勺六抄二撮三圭該米一千五十七石七斗一升五合三勺七抄二撮内除直隸英山縣民叚廷先買過下鄉民喻正文等連界田糧二百二十石三斗四升二合八勺奉

文題准每石折銀五錢另觧司不派條編外實徵米八百三十七石三斗七升二合五勺七抄二撮每石

照前例派徵銀五百四十七兩三錢四分一釐七毫一絲五忽二微三塵二纖七渺每畝科夏稅小麥八抄七撮二圭七粒三粟該麥五十一石九斗五升四合五勺八撮秋糧内帶派每畝帶派稅桑絲一釐三毫四絲三忽六微六塵六渺該稅絲三十九斤七兩七錢四分九毫七絲九忽六微桑絲一十斤零七兩九錢四分八釐五毫九絲三忽八微秋糧内帶派額地一千四十七頃五十畝二分四釐四毫二絲三忽内上地三十六頃三十三畝七分二釐六毫五絲九

忽每畝秋糧民米六升三合七勺該米二百三十一石四斗六升八合三勺八抄三撮八圭每石照前則例派徵該銀一百五十一兩二錢九分七釐四毫一絲一忽三塵中地一百六十五頃九分三釐六毫九絲三忽每畝秋糧民米五升五合五勺五抄四撮該米九百一十六石六斗九升二合四勺九抄五撮每石照前則例派徵該銀五百九十九兩一錢八分八釐五毫三絲二忽四微四塵二纖二渺下地八百四十六頃一十五畝五分九釐七絲一忽每畝科秋糧

民米二升六合該米二千二百石零五合三勺五抄八撮五圭每石照前則例派徵該銀一千四百三十八兩一分五釐五毫六絲二忽三微三塵九纖二渺三則地照糧每石帶派官米二升八合九勺六抄二撮三圭該米九十六石九斗七升零五勺八抄八撮每石照前則例派徵該銀六十三兩三錢八分四釐二絲九忽三微八塵七纖三渺每畝科夏稅小麥八抄七撮二圭七粒三粟該麥九石一斗四升一合八勺六抄八撮秋糧内帶派每畝帶派稅桑絲一釐三毫

四絲三忽六微六塵六渺該稅絲六斤一十五兩一錢六分一釐桑絲一斤銀一十三兩五錢六分二釐六毫一絲四忽秋糧內帶泒額塘六百三十六頃六十九畝四分五釐一絲一忽內上塘一百七十七頃三畝四分三毫七絲每畝科秋糧民米七升二合三勺該米一千二百七十九石九斗五升六合一勺每石照前則例泒徵該銀八百三十六兩六錢三分二釐八毫五忽一微二塵三纖七渺中塘二百二十四頃七畝九分一釐三毫七絲每畝科秋糧民米六升

三合七勺該米一千四百二十七石三斗八升三合一勺二撮七圭每石照前則例泒徵該銀九百三十二兩九錢九分七釐二毫六絲五微三塵八纖四渺下塘二百三十五頃五十八畝一分三釐二毫七絲一忽每畝科秋糧民米五升五合五勺五抄四撮該米一千三百八石七斗五升六合五勺每石照前則例泒徵該銀八百五十五兩四錢五分七釐九毫一絲四忽四微二塵一纖七渺三則塘照糧每石帶泒官米二升八合九勺六抄二撮三圭該米一百一

十六石三斗一升九合五勺五抄九撮每石照前則例泒徵該銀七十六兩三分一釐二毫二絲五忽九微一塵九纖九渺每畝科夏稅小麥八抄七撮二圭七粒三粟該麥五石五斗五升六合六勺二抄四撮秋糧內帶泒每畝帶泒稅桑絲一釐三毫四絲三忽六微六塵六渺該稅絲四斤三兩五錢六分六釐二絲桑絲一斤一兩九錢六分八釐八毫秋糧內帶泒以上共秋糧米四萬五千一百五十五石六斗九升五合二勺一抄四撮一圭內直隸英山縣民段廷先

等買過下鄉民喻正文等連界田糧二百二十石三斗四升二合八勺奉

文題准每石折銀五錢另行觧司不泒條編外實徵米四萬四千九百三十五石三斗五升二合四勺一抄四撮一圭內一斗以上起科沒官等田米一千二百七十一石五合五勺二抄一斗以下起科民米四萬三千六百六十四石三斗四升六合八勺九抄四撮一圭奉

例清丈官民一體編差

田地塘共七千六百三十七頃一十八畝二分八釐六毫五絲實載秋糧米四萬四千九百三十五石三斗五升二合四勺一抄四撮一圭額徵銀二萬九千三百七十一兩六錢二分四釐五毫九絲八微九塵二纖一渺其夏稅小麥六十六石六斗五升三合夏稅絲五十斤一十兩四錢六分八釐桑絲一十三斤七兩四錢八分三項入秋糧內帶泒以上載續志

人丁項下實徵銀載戶口志內

丁糧絲麥共徵銀三萬二千四百二十二兩七錢二

分七釐四毫二絲五忽四微二塵八纖七渺外鄉紳、貢監生員優免原免存留差徭不在項解正項之內每年多寡增減不一照人數另泒載續志此項今裁

外泒兊軍本色正米九千三百三十七石二斗每石耗米四斗該米三千七百三十四石八斗八升另正米一石泒里納盤脚米二升該米一百八十六石七斗四升四合此數於雍正十年奉裁又糧道條陳於四斗外加耗米二斗順治九年楚撫遅請免加奉文革除於康熙十一年奉　文另正米一石徵給貼米二斗共徵增貼米一千八百六十七石四斗四升

觧南本色正米九千七百四十五石八斗每石泒耗米二斗五升該米二千四百三十六石四斗五升另正米一石泒里納盤驢脚米一斗五升該米一千四百六十一石八斗七升每石折銀一兩該銀一千四百六十一兩八錢七分內二錢給觧役該銀二百九十二兩三錢七分四釐奉　文裁觧餘八錢充餉該銀一千一百六十九兩四錢九分六釐以上俱載續志

萬歷四十六七八三年加增九厘地畝遼餉銀六千八百三十九兩九錢二分三釐三毫九絲四忽五微載續志

新徵鹿皮京楨銀一兩六錢四分一釐六毫載續志

奉裁丁糧優免充餉銀五百六十五兩一錢二分三釐四毫八絲本賦役書

匠班除逃亡外現在納班五十三名每年納銀三十一兩八錢載續志康熙三十九年奉　文歸入地丁內帶泒充餉

丁糧外泒

英山米折銀一百一十兩一錢七分一釐四毫奉

文題准分徵另解充餉

門攤鈔銀四十二兩四分七毫五絲九忽

湖課内豁免鮬魚銀七兩其南北乾魚蔴鐵活雁等

共銀三百一十兩一錢八分二釐遇閏加銀九錢五

釐俱載續志

按楊歷湖圻湖舊各設河泊所一員管理後裁今圻

湖額載課銀二百三十三兩四錢六分二釐楊歷湖

額載課銀六十三兩六錢一分其楊歷湖子池名赤

瀫湖載課銀一十三兩一錢改屬各處業甲輪流當

年承完親自赴縣完彈兌附地丁項下批解充餉

通縣丁糧條遼優免驢脚及丁糧外泒湖課除豁免

故丁銀三十三兩九錢七分六釐一忽五塵四纖八

渺實徵銀四萬一千七百八十五兩四錢七分九釐

九毫七絲九忽四微二塵八纖二渺内雍正五年奉

文將起運項内撥銀三十五兩七錢四分六釐作

關帝春秋祭祀又乾隆二年奉 文撥補缺膳夫故丁銀

五釐九毫二絲二忽九微八塵八纖八渺二漠六茫

入撥存項下支給額該解司二萬五千八百六十五

兩六錢二分六釐八毫五絲八忽九微二塵三纖二

渺六漠八茫又額解糧道驢脚銀一千四百六十一

兩八錢隨漕淺船銀五千七百一十八兩九錢六分

四釐五毫二絲五忽九微四纖八渺 驛鹽道驛站

銀五千七兩六錢九分一釐四毫二忽九微九塵四

纖一漠五茫 又撥存額銀並添

關帝三祭及補缺膳夫共實銀三千七百三十一兩三錢

二分二釐一毫五絲二忽六微九塵三纖三渺七漠

五茫詳載於后

按舊志初有官民米之分後奉 例不分官民一起

編差又夏税併入秋糧凡有加泒俱以秋糧爲主遂

不分下則田地一起坐泒

國初隨里辦解民猶苦於 至康熙二十三年奉

旨革除里甲戶民置花册生民獲福 隨徵耗羨雍正二

年總督楊

題准加一耗九年巡撫王

題准加一一耗以爲養廉充公之資蘄邑隨徵耗額銀四千六百一十兩五錢九釐三絲四忽一微五塵內

一分奏費銀四百一十九兩一錢三分七釐一毫八絲九微二塵

三分公費銀一千二百五十七兩四錢一分一釐五毫五絲四忽七微七塵解司

七分本縣知縣坐支養廉九百外九百三十三兩九錢六分二毫九絲四忽四微六塵解司

蘄水縣志卷之五

知蘄水縣事餘杭邵應龍纂輯

賦役志下

起運

原額戶禮工兵四部寺及玖釐餉共銀一萬八千九百八十八兩六錢九分三釐八毫九絲一忽七微七塵一纖八渺內除豁免故丁銀一十一兩四錢三分七釐一毫一絲五忽一微五塵三纖一渺實解銀一萬八千九百七十七兩二錢五分六釐七毫六絲六忽六微一塵八纖七渺添節年增丁裁款驛站改補新徵麂皮奉裁優免及丁糧外派等銀現今額該起運確數共銀二萬五千九百二十四兩六錢三分九釐九毫四絲九忽五塵三纖九漠四茫內共豁免故丁銀二十三兩二錢六分一釐一毫六絲七忽一微四塵一纖實該起解銀二萬五千九百一十兩三錢七分八釐七毫八絲一忽九微一塵二纖九漠四茫其各部寺解費改入撥存項下造報

一起運

戶部項下　觧南農桑絹銀七兩九錢一分九釐五絲八忽無荒京庫米折銀一百二十八兩七錢一分九釐七毫三絲六忽無荒汲剩太倉米折銀九百一十兩四錢三分五釐六毫八絲無荒北京富戶除荒五分三釐二毫七絲七忽五微實銀二十四兩四錢二分六釐七毫二絲二忽五微　觧南戶口鈔除荒四錢六釐四毫三絲七忽實銀五十五兩六錢一分五釐八毫七忽七微二塵二纖二渺

平溪倉米并辰溪改觧南戶口鈔除荒四分三釐七毫九絲一忽三微二塵實銀二十兩七分七釐四毫六絲八忽六微八塵　甲丁供應充餉除荒一兩二錢三分八釐九毫一絲七忽二微五塵五纖實銀五百六十八兩二分三毫八絲五忽五微四塵五纖

新加顏料除荒一兩六錢六分九釐一毫二絲四忽六微四塵實銀七百四十一兩五錢九釐九毫七絲五忽三微六塵　新舊北絹銀五十八兩七錢五分八釐九毫三絲無荒蓆竹囤頭等銀二百一十兩五錢九釐二毫八絲無荒南糧運官盤纏銀二十一兩五錢無荒

宗祿折銀色銀四千八百七十一兩八錢六分八釐七毫九絲五忽五微無荒官員茶價除荒一錢五分一釐一毫四絲五忽四微八塵實銀六十九兩二錢九分七釐二毫五絲四忽五微二塵柴薪民校等銀除荒一兩五錢三分六釐四毫六絲八忽四微實銀六百四兩四錢六分三釐五三絲一忽六微　玖釐餉銀六千八百三十九兩九錢二分三釐三毫九絲四忽五微無荒編審丁銀自康熙元年至五十年止共增四十一兩八錢八分四釐二毫八忽一微九塵四纖四渺無荒賦役舊編冗款裁補舖兵工食外充餉銀除荒三兩二錢一釐七毫三絲七忽七微實銀二千三百四十一兩三錢四分七釐一毫一絲一微一塵四纖三渺　順治九年裁觧充餉除荒六錢五分七釐二毫六絲四忽實銀三百一兩三錢四分二釐七毫三絲六忽　順治十四二年裁觧充餉於撥補舖兵工食淅協馬價外除荒一兩八分八釐五毫八絲一忽四微實銀七百二十九兩二錢一分五釐七毫八絲五忽三微　康熙二元年裁觧充餉於撥給廩糧外除

荒六錢八分一釐六毫四絲　康熙四年裁解充餉
除荒二錢四釐四毫四忽七微六塵實銀九十三兩
七錢一分五釐五毫九絲五忽二微四塵　康熙六
年裁解充餉除荒一錢八分七毫九絲六忽實銀五
十三兩八錢一分九釐二毫四忽　康熙二十二年
奉裁湖南布政司役食銀一百八十兩無荒　康熙二
十六年奉裁撥存銀五百四十三兩六錢五分六釐
四毫一絲六忽八微九塵七纖九茫無荒　康熙二十
七年奉裁歲貢

廷試盤纏除荒三分二釐三毫二絲九忽實銀一十四兩
九錢六分七釐六毫七絲一忽　驛站改補正項除
荒八兩九錢七分九釐二絲六忽八微二塵七纖九
渺實銀三千六百七十四兩九錢五毫八絲六忽一
微四塵七纖一渺八漠五茫

一起運

禮部項下　北京藥味除荒四分六釐八毫五絲三
忽實銀二十一兩四錢八分一釐一毫四絲七忽
江南藥味除荒一分七毫七絲三忽實銀四兩九錢

三分九釐二毫二絲七忽　牲口銀除荒一錢四分
四釐八毫七絲七忽一微實銀六十六兩四錢二分
五釐六毫一絲七忽九微

一起運

工部項下　緞疋正摃除荒六錢四分五毫六絲六
微實銀二百九十三兩六錢八分七釐七毫五絲二
忽四微　翎毛除荒二分四釐四毫四絲九忽實銀
一十一兩二錢七釐五毫五絲一忽　營繕司料銀
除荒一兩二錢二分七釐五毫四絲三忽實銀五百

六十二兩八錢四釐四毫六絲六忽　平溪倉米改
抵溆浦縣班鳩鈔除荒八毫七忽一塵四纖實銀三
錢七分四微八塵六纖　軍器除荒二錢一分八毫
四絲三忽實銀九十六兩六錢六分七釐三毫七絲
白硝麂皮京摃除荒四錢五毫四絲二忽八微實銀
一百八十一兩九錢九分九釐四毫五絲七忽二微
胖襖褲鞋除荒六分二釐三絲一忽六微實銀二十
八兩四錢三分七釐九毫六絲八忽四微　另派麂
皮京摃銀一兩六錢四分一釐六毫

一起運

光祿寺項下　菓品除荒四錢一分六釐九毫五絲八忽七微實銀一百九十九兩五錢八分八釐三毫八絲七忽四微五塵六纖

奉裁丁糧優免充餉銀五百六十五兩一錢二分三釐四毫八絲　康熙三十九年奉　文歸入地丁內

帶派江南人匠納班匠價銀三十一兩八錢

以上四部寺及此二項與續志有同異處悉依今額詳載

丁糧外派

英山民米折銀一百一十兩一錢七分一釐四毫南北乾魚湖課等銀九十七兩四錢六分九釐三毫三絲一忽　遇閏加銀一錢七分五釐蔴鐵線膠銀二百一十二兩二錢六分二釐五毫七絲三忽二微五塵　遇閏加銀七錢三分活雁銀四錢五分　本縣門攤鈔併濟邉門攤鈔共銀四十二兩四分七毫五絲九忽

以上起運觧司地丁湖課等銀二萬五千九百一兩三錢七分八釐七毫八絲一忽九微一塵二纖九漠四茫內除

關帝三祭銀三十五兩七錢四分六釐又除撥膳夫銀五釐九毫二絲二忽九微八塵八纖八渺外實解銀二萬五千八百六十五兩六錢二分六釐八毫五絲八忽九微二塵三纖二渺六漠八茫

存留經費原款

總督書吏四名共銀一百四十四兩　順治十四年裁銀一百二十兩　康熙元年全裁　布政司左堂轎傘扇夫七名共銀五十兩四錢　順治十四年裁銀八兩四錢存銀四十二兩　聽事吏四名共銀二十八兩四錢　順治十四年裁銀四兩八錢存銀二十四兩　舖兵二名共銀一十四兩四錢　順治十四年裁銀二兩四錢存銀一十二兩　庫子十名共銀七十二兩　順治十四年裁銀一十二兩存銀六十兩內有布政司右堂庫子工食銀三十兩　康熙二十二年奉　文准在湖南支給其湖北坐派銀兩改充兵餉布政司右堂門子二名共銀一十四兩四

錢　順治十四年裁銀二兩四錢存銀一十二兩

快手六名共銀四十三兩二錢　順治十四年裁銀七兩二錢存銀三十六兩　皂隸一十二名共銀八十六兩四錢　順治十四年裁銀一十四兩四錢存銀七十二兩　聽事吏二名共銀十四兩四錢　順治十四年裁銀二兩四錢存銀一十二兩　轎夫分派一名銀七兩二錢　順治十四年裁銀一兩二錢存銀六兩　鋪兵二名共銀一十四兩四錢　順治十四年裁銀二兩四錢存銀一十二兩以上六款

俱於康熙二十二年准在湖南支給湖北原編銀兩改充兵餉　分守道心紅紙張銀五十兩　順治十四年全裁蔬菜銀五十兩全裁修宅家伙銀五十兩全裁圍棹傘扇銀五十兩全裁書吏一十六名共銀一百九十二兩　順治十四年裁銀九十六兩康熙元年全裁　門子四名共銀二十八兩八錢　順治十四年裁銀四兩八錢存銀二十四兩　快手十二名共銀八十六兩四錢　順治十四年裁銀十四兩四錢存銀七十二兩　皂隸十二名共銀八十六兩四錢

順治十四年裁銀十四兩四錢存銀七十二兩　聽事吏二名共銀一十四兩四錢　順治十四年裁銀二兩四錢存銀一十二兩　轎傘扇夫七名共銀五十兩四錢　順治十四年裁銀八兩四錢存銀四十二兩　鋪兵分派一名銀七兩二錢　順治十四年裁銀一兩二錢存銀六兩　驛鹽道心紅紙張銀五十兩　順治十四年全裁蔬菜銀五十兩全裁修宅家伙銀五十兩全裁圍棹傘扇銀五十兩全裁知府修宅家伙銀五十兩　順治十四年全裁轎傘扇夫七名共

銀五十兩四錢　順治九年裁銀八兩四錢存銀四十二兩　倉書一名銀一十二兩　順治九年裁銀六兩　康熙元年全裁　禁卒一十二名共銀八十六兩四錢　順治九年裁銀一十四兩四錢存銀七十二兩　修倉刑具銀二十兩　康熙二十六年全裁　倉副使皂隸分派一名銀七兩二錢　順治九年裁銀一兩二錢　雍正六年全裁　同知燈籠夫二名共銀一十四兩四錢　順治九年裁銀二兩四錢　雍正六年全裁　轎傘扇七名共銀五十兩四

錢順治九年裁銀八兩四錢存銀四十二兩　推官燈籠夫二名共銀一十四兩四錢順治九年裁銀二兩四錢康熙六年全裁轎傘扇夫七名共銀五十兩四錢順治九年裁銀八兩四錢康熙六年全裁經歷書辦一名銀七兩二錢順治九年裁銀一兩二錢康熙元年全裁門子一名銀七兩七錢順治九年裁銀一兩二錢存銀六兩　知事俸銀三十三兩一錢一分四釐康熙年全裁照磨俸銀三十一兩五錢二分　知縣俸薪銀六十三兩四錢九分順治十四年裁銀一十八

兩四錢九分存銀四十五兩後奉　文攤減銀二十四兩二錢八分九釐九毫一絲四忽三微九塵四纖二渺九漠五茫又除荒缺並攤出補各官荒缺實支銀二十兩五錢八分八釐三毫一絲四忽八微七塵八纖一渺四漠二茫每歲仍有陞科心紅紙張油燭銀三十兩順治十四年裁銀一十兩康熙二十六年全裁修宅家伙銀二十兩順治九年全裁迎送上司傘扇銀一十兩　順治十四年全裁　書吏一十二名共銀一百二十九兩六錢　順治九年裁銀五十七兩六錢　康熙元年

全裁　門子二名共銀一十四兩四錢　順治九年裁銀二兩四錢存銀一十二兩　站立皂隸一十六名共銀一百一十五兩二錢　順治九年裁銀一十九兩二錢存銀九十六兩　雍正六年裁銀二十四兩給仵作領實存銀七十二兩　雍正十一年奉文抽給禁子銀三兩二錢四分　馬快八名共銀一百四十四兩　順治九年裁銀九兩六錢　康熙二十年裁草料銀八十六兩四錢存銀四十八兩　雍正十一年奉　文抽給禁子銀二兩一錢六分民壯

五十名共銀三百六十兩　順治九年裁銀六十兩存銀三百兩奉　裁充餉銀八十四兩又撥補　黃戎府民壯銀三十六兩又支給巴河司民壯銀二十四兩存縣民壯二十六名銀一百五十六兩外奉文每名新增修飾器械銀一兩共銀二十六兩赴司請領燈籠夫四名共銀二十八兩八錢　順治九年裁銀四兩八錢　雍正五年全裁　轎傘扇夫七名共銀五十兩四錢　順治九年裁銀八兩四錢存銀四十二兩　禁卒八名共銀五十七兩六錢　順治九年

裁銀九兩六錢存銀四十八兩　雍正十一年添增銀一十五兩八錢七分在於庫仵皂捕吹工食内抽給修理倉監銀二十兩　康熙二十六年裁庫書一名銀一十二兩　順治九年裁銀六兩　康熙元年全裁庫書一名銀一十二兩　順治九年裁銀六兩　康熙元年全裁庫子四名共銀二十八兩八錢　順治九年裁銀四兩八錢存銀二十四兩　雍正十一年奉　文抽給禁子銀一兩八分斗級四名共銀二十八兩八錢　順治九年裁銀四兩八錢存銀二十

四兩　仵作四名共銀二十四兩舊志無　雍正六年奉　文在於皂隸内工食支領　雍正十一年奉　文抽給禁子銀一兩八分　縣丞俸薪銀四十八兩二錢八釐　順治十四年裁銀八兩二錢二釐存銀四十兩　書辦一名銀七兩二錢　順治九年裁銀一兩二錢　康熙元年全裁　門子一名銀七兩二錢　順治九年裁銀一兩二錢存銀六兩　皂隸四名共銀二十八兩八錢　順治九年裁銀四兩八錢存銀二十四兩　馬夫一名銀七兩二錢　順治九

年裁銀一兩二錢存銀六兩　典史俸薪銀三十一兩五錢二分　書辦一名銀七兩二錢　順治九年裁銀一兩二錢　康熙元年全裁　門子一名銀七兩二錢　順治九年裁銀一兩二錢存銀六兩　皂隸四名共銀二十八兩八錢　順治九年裁銀四兩八錢存銀二十四兩　馬夫一名銀七兩二錢　順治九年裁銀一兩二錢存銀六兩　蘭谿巴河巡檢二員俸銀共六十三兩四分　書辦二名共銀一十四兩四錢　順治九年裁銀二兩四錢　康熙元年

全裁　皂隸四名共銀二十八兩八錢　順治九年裁銀四兩八錢存銀二十四兩　巴水驛驛丞乾隆十九年裁馬匹歸縣管理原俸銀三十一兩五錢二分　乾隆十九年裁書辦一名銀七兩二錢　順治九年裁銀一兩二錢　康熙元年全裁　皂隸二名共銀一十四兩四錢　順治九年裁銀二兩四錢　乾隆十九年全裁　蘭谿驛驛丞　康熙年奉裁原俸銀三十一兩五錢二分奉裁　書辦一名銀七兩二錢　順治九年裁銀一兩二錢　康熙元年全裁

皂隸二名共銀一十四兩四錢　順治九年裁銀二兩四錢　康熙年全裁　浠川驛驛丞　雍正六年奉裁馬匹歸縣管理原俸銀三十一兩五錢二分雍正六年裁　書辦一名銀七兩二錢　順治九年裁銀一兩二錢　康熙元年全裁　皂隸二名共銀一十四兩四錢　順治九年裁銀二兩四錢　雍正六年全裁　教官二員俸銀共六十三兩四分　康熙四年裁銀三十一兩五錢二分　乾隆四年奉文教職加以品級增銀四十八兩四錢八分在地丁

內撥出仍赴司請領　齋夫六名共銀七十二兩康熙四年裁銀三十六兩存銀三十六兩　膳夫二名共銀四十兩　順治十四年裁銀二十六兩六錢六分六釐六毫六絲七微存銀一十三兩三錢三分三釐三毫三絲三忽三微廩生支領學書一名銀七兩二錢　康熙元年全裁門斗五名共銀三十六兩康熙四年裁銀一十四兩四錢存銀二十一兩六錢草料每員一十二兩共銀二十四兩　康熙四年裁銀一十二兩二十六年全裁

撥運原款

憲書銀一十七兩一錢八分四釐四毫二絲解費銀一錢五分四釐六毫五絲九忽科舉銀併改抵麻陽縣科舉銀共八十二兩六錢四分五釐　康熙二十六年裁半存銀四十一兩三錢一分二釐五毫解費共銀七錢四分三釐八毫五忽　康熙二十六年裁半存銀三錢七分一釐九毫二忽五微　布政司應朝長夫銀四兩順治十四年裁銀二兩六錢六分六釐七毫　康熙二十六年全裁布政司表夫銀四兩一

錢　順治十四年裁銀二兩五分存銀二兩五分

按察司表夫銀一十二兩七錢　順治十四年裁銀六兩三錢五分　康熙年全裁

祭祀雜支原款內添設祭祀及各項增減者於各項下註明

龍亭儀仗修理銀二兩康熙二十六年裁

文廟二祭共銀四十兩

啟聖祠二祭共銀七兩　名宦鄉賢二祭共銀七兩

山川壇二祭共銀一十二兩　社稷壇二祭共銀一

十兩二項內乾隆七年攤減解司銀一兩七錢八分又撥補小祭銀二錢二分　邑厲壇三祭共銀一十二兩外於大祭內撥補銀二錢二分

關帝三祭共銀三十五兩七錢四分六釐雍正五年添設奉　文在於地丁起運內撥給　先農壇祭祀銀五兩乾隆五年奉　文將耤田存穀每年十石變價動用　常雩壇祭祀銀五兩乾隆七年設立奉　文在縣墊用赴司領還鄉飲二次共銀一十兩順治十四年裁銀五兩存銀五兩行則支用不行解司香

燭米銀一兩二錢六分乾隆七年均祭案內攤減銀二錢一分解司補荒缺州縣門神桃符春牛芒神花鞭酒席等銀四兩順治十四年全裁孤貧六十二名每名口糧花布銀二兩一錢共銀一百三十兩二錢乾隆元年奉　文加增銀二十六兩四分又乾隆十年添設額外孤貧一十六名每名照額內孤貧除小建外日給銀七釐二項赴司請領廩生二十名每名廩糧銀七兩二錢共銀一百四十四兩順治十四年裁銀九十六兩康熙二年裁銀四十八兩康熙二十

四年奉復廩糧銀四十八兩支給廩生係起運項下撥給　本縣吹手八名共銀五十七兩六錢係原役民壯內扣出雍正十一年奉　文抽給禁子銀二兩五錢九分二釐此項改役本縣衆役支給項下供應銀二百三十兩順治十四年全裁備用實存銀一百四十七兩四錢康熙二十六年全裁歲科考生童合用試卷供應給賞等項每年銀五十五兩順治十四年裁半康熙二十六年全裁　雍正十一年奉　文在各童生三分卷價內支用歲貢盤纏銀一十五

兩康熙二十年全裁歲貢花紅旗匾銀一十兩正陪二名赴考脚力每名一兩共銀一十二銀二年一貢每年該銀六兩乾隆二年奉　文將此項銀兩按年解交司庫合計出貢名數均派給領六年報銷一次科舉生員分派府學五名縣學四十名每名盤費銀二兩花紅九錢酒席一錢共銀一百三十五兩三年一次每年該銀四十五兩康熙二十六年全裁科場對讀謄録刻字匠共銀二十五兩三年一次每年該銀八兩三錢三分三釐三毫康熙二十六年裁半存

銀四兩一錢六分六釐六毫五絲　新舊舉人以十一名爲率每名長夫銀二十四兩共銀二百六十四兩三年一次每年該銀八十八兩雍正九年奉
文將此項銀兩按年解交司庫遇會試之年照會試舉人名數給領　本府應
朝盤纏銀一十一兩六錢三分四釐順治十四年裁銀七兩七錢五分六釐康熙二十六年全裁　本縣應
朝盤纏正佐銀四十兩首領官二十五兩該吏一十兩造册紙張六兩共銀八十一兩三年一次每年該銀二十七兩順治十四年裁銀一十八兩康熙二十六年全裁

均徭原款

各鋪司兵徭編七十四名正閏銀四百六十二兩九錢八分三釐永充九十四名給衣鞋銀一百四十一兩六錢六分順治十七年據該縣詳請　撫部將裁解内扣銀四百八十九兩三錢一釐撥補足額各巡檢司弓兵徭編三十名每名並帶閏銀六兩一錢共銀一百八十三兩永充八十八名給衣鞋銀四十八兩三錢一分二釐二項共銀二百三十一兩三錢一分二釐内順治十四年裁銀一百一十五兩六錢五分六釐奉　文撥補鋪兵工食存弓兵一十六名存銀一百一十五兩六錢五分六釐各河渡夫六名正閏共銀二十五兩八錢四分外又有修船銀二兩二項共銀二十八兩八錢四分順治十四年裁銀一十四兩四錢二分後又裁銀壹兩五錢存銀一十二兩九錢二分　迎送皂隸工食銀一百二十七兩八分三釐三毫

以上各款裁存俱本續志及賦役書内康熙二十七年以前裁款彙入起運項下造報如按察司表夫等銀仍入撥存項下造報今將起解經費充餉等項併歸撥運凡本縣坐支開除併歸存留其確數備載於左額共銀三千七百三十二兩九錢四分二釐三毫二絲九忽八微内荒缺故丁銀一兩六錢二分一毫七絲七忽一微七塵六纖六渺二漠五茫實銀三千七百三十一兩三錢二分二釐一忽五絲二忽六微二塵三纖三渺七漠五茫除解司鄉飲憲書科舉解

費表夫及久缺知事等項俸工照實徵起解其各官缺費奉　文在知縣俸内攤補餘俱赴司領補解司撥運確數　憲書除荒實銀一十七兩一錢七分六釐七毫八絲六忽二微六塵五纖四渺八茫解費除荒實銀一錢五分四釐五毫九絲二微九塵六纖七渺三漠四茫科舉除荒實銀四十一兩三錢四釐一毫四絲三忽五微四塵七渺二漠四茫解費除荒實銀三錢七分一釐七毫三絲七忽二微九塵一纖九渺二漠四茫　舉人會試長夫除荒實銀八十七兩

九錢六分九毫八忽二微七塵三纖六渺五漠六茫　鄉飲除荒對讀謄録刻字匠除荒實銀四兩一錢六分四釐七毫九絲九忽七塵三纖三渺九漠二茫　鄉飲除荒實銀四兩九錢九分七釐七毫七絲八忽八微七塵九纖一渺八漠五茫　歲貢花紅旗匾除荒實銀五兩九錢九分七釐三毫三絲四忽六微五塵五纖二漠二茫　表夫除荒實銀三兩四分九釐八絲九忽三微四塵四渺六漠五茫　各部寺倉口解費除荒實銀二十七兩九錢三分一毫四絲八忽二微三塵

九纖二渺二漠八茫原屬起運改入撥運　鄢城呂堰漢江三驛解費除荒實銀一兩一錢三分九毫九絲七忽三微六塵三渺五漠九茫原屬驛站改入撥運解奉裁　按察司表夫除荒實銀六兩三錢四分七釐一毫七絲九忽一微七塵八纖五渺六漠四茫　本府知事俸除荒實銀三十三兩九分九釐二毫八絲九忽九微六塵一纖六漠六茫　本府倉副使皂隷除荒實銀五兩九錢九分七釐三毫三絲四忽六微五塵五纖二漠二茫　蘭谿驛驛丞俸除荒實銀

三十一兩五錢五釐九毫九絲八忽五塵四纖三渺八漠二茫　皂隷除荒實銀一十一兩九錢九分四釐六毫六絲九忽三微一塵四漠四茫　本府同知燈籠夫除荒實銀一十一兩九錢九分四釐六毫六絲九忽三微一塵四漠四茫　本縣燈籠夫除荒實銀二十三兩九錢八分九釐三毫三絲八忽六微二塵八漠八茫　浠川驛驛丞俸除荒實銀三十一兩五錢五ノ九毫九絲八忽五塵四纖三渺八漠　茫　皂隷除荒實銀一十一兩九錢九分四釐六毫六絲

九忽三微一塵四漠四茫　巴水驛驛丞俸除荒實銀三十一兩五錢五釐九毫九絲八忽五塵四纖三渺八漠二茫　皂隸除荒實銀一十一兩九錢九分四釐六毫六絲九忽三微一塵四漠四茫　又解布政司轎傘扇夫額銀並補荒四十二兩　鋪兵額銀並補荒一十二兩　庫子額銀並補荒三十兩　聽事吏額銀並補荒二十四兩　以上解司　分守道門子額銀並補荒二十四兩　聽事吏額銀並補荒一十二兩　皂隸額銀並補荒七十二兩　快手額

銀並補荒七十二兩　轎傘扇夫額銀並補荒四十二兩　鋪兵額銀並補荒六兩　以上解道　本府轎傘扇夫額銀並補荒四十二兩。　禁子額銀並補荒七十二兩　以上解府　同知轎傘扇夫額銀並補荒四十二兩　解同知經歷門子額銀並補荒六兩　解府照磨俸額銀並補荒三十一兩五錢二分　解府解本縣俸內核減銀二十四兩二錢八分九釐九毫二絲四忽三微九塵四纖二渺九漠五茫交司撥補荒缺州縣解山川社稷祭祀銀一兩七錢八分

解香燭米銀二錢七分俱交司　解本縣民壯銀八十四兩交司　解民壯銀三十六兩交黃同知

本縣存留支給確數　知縣俸原額四十五兩除核減補荒實徵銀二十兩五錢八分八釐三毫四絲一忽八微七塵八纖一渺四漠二茫　門子額銀並補荒一十二兩　庫子額銀並補荒二十四兩內抽給禁子一兩八分　斗級額銀並補荒二十四兩　皂隸額銀並補荒七十二兩內抽給禁子三兩二錢四分　仵作額銀並補荒二十四兩內抽給禁子一兩

八分　迎送皂隸額銀並補荒一百二十七兩八分三釐三毫內抽給禁子五兩七錢一分八釐　此役舊屬均徭今併入衆役內捕役額銀並補荒四十八兩內抽給禁子二兩一錢六分　舊為馬快今改民壯銀並補荒三百兩　本縣民壯同巴河司民壯具領支銀一百八十兩　吹手額銀並補荒五十七兩內抽給禁子二兩五錢九分六釐　舊屬雜支今改入吹快轎傘扇夫額銀並補荒四十二年　禁子額銀並補荒四十八兩又添增一十五兩　各鋪司

兵原額足額永徭銀並補荒共一千二百九兩五錢九分五釐五毫　各河渡夫額銀並補荒一十二兩各巡司弓兵額銀並補荒一百一十五兩六錢五分六釐以上三項舊俱屬均徭今併入　縣丞俸額銀並補荒四十兩　門子額銀並補荒六兩　皂隸額銀並補荒二十四兩　馬夫額銀並補荒六兩　典史俸額銀並補荒三十一兩三錢二分　門子額銀並補荒六兩　皂隸額銀並補荒二十四兩　馬夫額銀並補荒六兩　巴河巡檢司俸額銀並補荒三十一兩五錢二分　皂隸額銀並補荒十二兩　蘭谿巡檢俸額銀並補荒三十一兩五錢二分　皂隸額銀並補荒一十二兩　儒學俸額銀並補荒三十一兩五錢二分其加品俸銀赴司支給不在該縣額徵之內　門斗額銀並補荒二十一兩六錢　齋夫額銀並補荒三十六兩　廪生復額銀四十八兩膳夫額銀並補荒一十三兩三錢三分三釐三毫三絲三忽三微

文廟祭祀原額銀四十兩

啟聖祠祭祀原額銀七兩　名宦鄉賢祭祀原額銀七兩

山川壇祭祀原額銀一十二兩　社稷壇祭祀原額銀一十兩二項內撥補小祭二錢二分　邑厲壇三小祭原額銀一十二兩

武廟新增祭祀銀三十五兩七錢四分六釐係起運項下撥給　先農壇祭祀銀五兩耤田數用常雩禮祭祀銀五兩赴司請領二項不在額內　香燭米額銀並補荒共一兩二錢六分　孤貧口糧花布額銀並補荒共一百三十兩二錢其加增二十六兩及添設額外銀俱赴司請領

驛站

原額驛站紅船等銀七千三百六十一兩四錢三分二釐內除豁免故丁銀一十一兩八錢一分六釐四毫一絲五忽五塵八纖八渺　又除協濟徒多等事案內改補充餉除豁免故丁銀八兩九錢七分九釐二絲六忽八微二塵七纖九渺實解司銀三千六百七十四兩九錢五毫八絲六忽一微四塵七纖一渺八漠五茫　又除豁免故丁銀二兩九錢八分二釐

三毫八絲九忽三塵八纖實存銀三千六百七十四兩六錢六分九釐九毫九絲七忽九微九塵四纖一漠五茫　又原編江濟水夫正損改協驛站銀九百九兩二分一釐四毫五忽　又司項抵淅協成熟額銀四百二十四兩　三項共實徵銀五千七兩六錢九分一釐四毫二忽九微九塵四纖一漠五茫其支解確數備載於左

支解確數　本縣原設排夫九十名原工食銀六百五十八兩八錢雍正六年裁夫二十名裁銀一百四

十六兩四錢實設夫七十名實支銀五百一十二兩四錢遇閏加增小建扣解又乾隆二十二年添夫一十名添銀七十三錫一錢九分九釐八毫八絲在於裁解工食內赴驛護請領支給　本縣合併浠川驛原設脚馬二十匹驛馬二十五匹馬夫一十五名獸醫二名年支工食工料獸醫藥餌等銀九百七十七兩四錢雍正六年將浠川驛裁汰歸併縣管理裁脚馬一十五匹裁馬夫五名裁獸醫一名扣解銀三百二十九兩一錢二分三釐實設馬三十匹馬夫十名

獸醫一名年支馬匹草料藥餌馬夫獸醫工食共銀六百四十八兩二錢七分七釐遇閏加補小建扣解又額馬三十匹年准倒馬八匹應赴道請領馬價銀一百二十兩買補應差乾隆二十年奉　文每匹裁減一兩實領倒馬銀一百一十二兩　浠川驛原額支應銀六十七兩雍正六年裁銀一十五兩實存銀五十二兩　巴水驛原設驛丞一員乾隆十九年裁汰歸縣兼管實設馬二十五匹馬夫八名半獸醫一名年支馬匹草料藥餌馬夫獸醫工食銀五百四十

二兩二錢遇閏加增小建扣解又額馬二十五匹年准倒馬七匹應赴道請領馬價銀一百五兩買補應差乾隆二十年奉　文每匹裁減銀一兩實領倒馬銀九十八兩　巴水驛編設支應銀六十七兩

起解確數　復貳撥給歸州銀九百八十一兩七分一釐八毫一絲三忽六微二塵八纖八渺一漠五茫　裁貳充餉銀一百六十八兩七錢五分三釐一毫八絲九忽三微六塵五纖二渺　編設各衝途買補倒馬價值銀七百五十兩　武昌巡船水手工食三十

兩四錢六分六釐四毫　蘄州遞運所紅船水手工
食銀一百七十兩　泗河滁渺淮橫江各紅船水手
工食銀五百九十五兩　裁減住支夫馬工食工料
銀四百九十兩五錢二分三釐　以上各款與續志
有同異處止依今款載明以上支解共銀五千七兩
六錢九分一釐四毫二忽九微九塵四纖一漠五茫
又本縣驛年共准倒馬一十五匹應解皮張價銀一
十五兩
隨漕原款　各款自前至今並無新陞銀兩內蓆木

改解本色停辦及豁免淺船銀俱於各款下注明楞
木松板銀三十七兩三錢四分八釐八毫內改解本
色楞木於雍正五年停辦本色松板於乾隆十五年
停辦運糧官軍行月二糧米二千四百六十五石五
斗折銀四錢該銀九百八十六兩二錢　江西運糧
官軍月糧米三千九百五十四石七斗六升一合四
勺二抄　又奉　文於蘄州倉內米改撥一千六百
石二項該米五千五百五十四石七斗六升一合四
勺二抄每石折銀四錢該銀二千二百二十一兩九

錢四釐五毫六絲八忽解司庫聽解軍餉奉　文改
抵漢川縣額派江西運糧官軍行月米六百石六斗
八升每石折銀五錢該銀三百兩三錢四分　三六
耗蓆輕賫銀一千七百二十七兩三錢八分二釐每
百兩損銀一兩該銀一十七兩二錢七分三釐八毫
二絲雍正十二年奉　文酌減止扣留買辦蘆蓆銀
七兩九錢三分六釐六毫二絲餘解
淺船銀一百二兩五錢四分一釐　原派平溪倉米
改抵麻陽縣額派淺船銀八兩六分　二項解賫每

兩九釐該銀九錢五釐四毫九絲共銀一百一十兩
五錢九分六釐四毫九絲內豁免故夫丁銀五兩九
錢九分五釐四毫四絲八忽九塵五纖一渺實徵銀
一百五兩六錢一釐四絲一忽九微四纖八渺　代
黃陂縣協編蘄州倉米改抵江西月糧米銀三百一
十七兩九錢一分四釐三毫　部運糧官盤費銀五
兩　以上各款見續志加運木盤纏該銀一百一十
二兩五錢雍正十年奉　文冊開在於本縣徵收漕
米每石一錢五分之內扣銷乾隆十五年松板停辦

此項銀當裁兑軍盤纏銀水脚銀六百五十三兩六錢四釐此項銀兩原隨南漕徵收雍正十年奉
文册開在徵收費銀每石一錢五分之内扣銷除作
各官役費二項本賦役書
漕運確數　原額隨漕淺船楞木輕賫行月各項共銀五千七百二十四兩九錢五分九釐九毫七絲八忽内奉　文豁免淺船故夫丁銀五兩九錢九分五釐四毫四絲八忽九塵五纖二渺實徵銀五千七百一十八兩九錢六分四釐五毫二絲九忽九微四纖

八渺乾隆二十年奉　文减存蘆蓆銀七兩九錢三分六釐二毫六絲餘俱觧道　原額南糧驢脚米折銀一千四百六十一兩八錢七分觧道充餉
兑軍本色正米九千三百三十七石二斗四耗米三千七百三十四石八斗八升二耗米一千八百六十七石四斗四升正四二耗共米一萬四千九百三十九石五斗二升雍正元年奉　文每石徵耗米一斗共米一千四百九十三石九斗五升二合内除給旗截貼米六百五十三石六斗四合尚餘米八百四十石三斗四升八合乾隆二十二年奉　文以乾隆二十三年爲始每石照時變價觧道充公又每石徵水脚銀一錢五分共銀二千二百四十兩九錢二分八釐内除支觧修倉蘆蓆給旗截貼　漕憲百總養廉斛價道府廳縣經承等項共銀一千六百三十七兩九錢五分二釐四毫尚餘銀六百二兩九錢七分五釐六毫觧道充公　觧運本色正米九千七百四十五石八斗二五耗米二千四百三十六石四斗五升正耗共米一萬二千一百八十二石二斗五升雍正

元年奉　文每石徵耗米一斗共米一千二百一十八石二斗二升五合内除觧剿倉狼撒鼠耗米七百三十石九斗三升五合尚餘米四百八十七石二斗九升乾隆二十二年奉　文以乾隆二十三年爲率每石照時變價觧道充公又每石徵水脚銀一錢五分共徵水脚銀一千八百二十七兩三錢三分七釐五毫内實在支用銀一千九百九十四兩八錢九分三釐三毫查水脚銀内不敷用外在餘米變價銀内撥用一百六十七兩五錢五分五釐八毫尚餘米變

價銀解道充公

蘆課

原額蘆地四十七頃四十三畝七分三釐三毫三絲原報課銀四十六兩六錢七分五釐一毫四絲三忽二微二塵康熙二年新大出地一十三頃二十六畝二分三釐三毫七絲新增課銀五十一兩八錢一分四釐二毫一絲四忽七微八塵共地六十頃六十九畝九分六釐七毫內除泥溝沙灘不堪載課地二頃六十三畝五分七釐四毫實在納課熟地五十八頃

六畝三分九釐三忽共徵課銀九十八兩四錢八分九釐三毫五絲八忽載續志自康熙三十年起至雍正七年底又大出變則陞科銀一十五兩六錢二分九釐三毫一絲七忽雍正十二年起至乾隆九年底又大出變則陞科銀一十三兩二錢七分一釐八毫二絲五忽三微乾隆十五年起至乾隆十九年底又大出變則陞科銀四兩三分六釐一毫二絲九微共額載課銀一百三十一兩四錢二分六釐六毫二絲一忽二微今西壅新淤洲匏洲汻洲巴河口蘆地草

塌地五處每歲業人照地丁加一一耗傾足銀赴縣完兌另批解司例於五年奉　文清丈一次崩則開除淤則照畝陞增額無永定　以上闔縣共徵銀四萬一千九百一十六兩九錢六釐五毫三忽七微二塵八纖二渺未加閏

另徵雜稅

一府項稅銀一百一兩正

一縣項稅銀三十八兩三錢五分

一當稅銀三十兩　本縣當鋪四座　巴河當鋪二

座

一牛驢稅銀二十兩四錢

共稅銀一百八十九兩七錢五分

積貯

常平之設其來已久法甚良而行之無弊可以備荒矣今復有社倉監穀截漕諸項以給民間釜豆之需

盛世之念民天籌國本誠有加而無已也司民牧者夫亦敬體之以實行其惠與

常平倉三十七間在縣署頭門內　原貯各案積貯

穀一萬二千四百五十四石三斗三合八勺八抄
乾隆十年奉
旨復貯捐監穀一千六百五十二石四斗實共貯穀一萬
四千一百六石七斗三合八勺八抄乾隆十六年奉
文以六千石爲額餘穀糶價觧司充公
乾隆十七年奉
旨截留撥賑餘剩漕米三千一十二石四斗六升二合五
勺變價貯穀六千二十四石九斗二升五合乾隆十
八年遵籌辦楚北貯備事派買加貯穀八千石乾隆

二十一年知縣邵應龍遵重農積粟等捐輸穀一十
石現今實貯穀二萬三千四石九斗二升八合八勺
八抄
社倉分建五鄉共一百九十五座
雍正二年總督楊　行文勸捐因輸納不足捐數至
雍正五年奉　文清查實存本穀一萬一千一百六
十一石八斗零歷年生息至乾隆十二年収息穀五
千七百三十三石九斗零本息共穀一萬六千八百
九十五石七斗又奉巡撫晏　行文清查詳請豁免

逃亡故絶無着穀二千七百二石六斗五升止存本
穀一萬四千一百九十三石一斗二升六合後又歷
年生息今實貯本息穀一萬五千七百六十二石五
斗六升一合
本城社倉有三
玉臺倉貯穀二百二十三石五斗四升
法華倉貯穀五百五十八石二斗
拱宸倉貯穀一十九石七斗
南鄉社倉三十有七

烏沙嶺倉貯穀一百三十六石六斗二升八合
望城崗倉貯穀二十石三斗八升七合九勺
上麻礄倉貯穀三十二石五斗二升三合三勺
朱店倉貯穀一百二十八石六斗八升五合八勺
石家園倉貯穀二十六石一合四勺
饒家堡倉貯穀一百三十一石一斗五升
可家店倉貯穀一百四十四石二斗一升四勺
熊家祠倉貯穀一百一十九石四斗二合
走馬崗倉有二

一貯穀四十石八斗四升八合二勺
一貯穀三十八石一斗三升六合四勺
竹瓦店倉貯穀七十三石三斗六勺
汲水山倉貯穀一百八十六石八斗六升三合四勺
邱家畈倉貯穀一百二十三石六斗七升一合四勺
團陂倉貯穀一百石六斗六升九合九勺
桃樹坳倉貯穀三百一十八石九斗七升二合
中界河倉有二

一貯穀六十七石二斗八升四合八勺
一貯穀七十八石三斗二升八合八勺
兩路口倉有四
一貯穀二十一石七斗三合四勺
一貯穀二十八石四斗七升八合
一貯穀二十五石四斗六升六合
一貯穀一十一石六斗一升三勺

梨樹坳倉有二
一貯穀三十三石二斗一升一合二勺
一貯穀七十二石三斗二升九合六勺
白洋河倉有二
一貯穀七十三石一斗四升七合一勺
一貯穀六十一石三斗九升九合六勺

游家沖倉有二
一貯穀一十九石四斗八升三合六勺
一貯穀四十三石二斗五升三合八勺
角紀嶺倉貯穀二十八石七斗四升五合八勺
河家墩倉有二
一貯穀三十一石一斗四升九合

一貯穀三十六石一斗五升一合四勺
沙街倉貯穀一百三十八石三斗三升二合八勺
邱家畈倉有二
一貯穀二十四石九升四勺
一貯穀三十石三斗二升九合四勺
株林鋪倉有二
一貯穀三十石九斗六升二合二勺
一貯穀四十七石九斗六升六合六勺

大屋冲倉貯穀一百二十三石九斗九升二勺
尤家嘴倉貯穀七十一石二斗四合二勺
北鄉社倉四十有五
三家店倉貯穀一百三十二石七斗四升四合
洙泗河倉有二
一貯穀五十三石二斗四升八合
一貯穀六十一石五斗六升五合八勺

王家塝倉貯穀一百一十四石七斗五升九合四勺
大竹林倉有五
一貯穀五十五石九斗二升一合六勺
一貯穀五十五石九斗九升一合六勺
一貯穀一百一十一石五斗六升三合二勺
一貯穀四十二石七斗三升九合八勺

一貯穀四十六石九斗九升七合八勺
丢旂山倉有二
一貯穀一百七石二合二勺
一貯穀一百七石三斗五升二合二勺
賽店倉貯穀一百二十八石三斗八升六合八勺
樸樹坳倉有二

一貯穀四十三石五斗一升八合六
勺
一貯穀四十四石六斗一升八合六
勺
龍泉寺倉貯穀一百二十石六斗九合四勺
何家寨倉有三
一貯穀八十六石二斗六升二合四
勺
一貯穀四十二石一斗五升八合八

勺
一貯穀七十七石二斗七升五合
一貯穀九十一石一升六合
潘家塆倉有二
一貯穀六十六石九斗七升五合二
勺
洗册港倉有二
一貯穀四十七石七斗一升九合三
勺

一貯穀四十七石一升九合三勺
孔家塆倉貯穀六十八石一斗一升六合七勺
南家寨倉有二
一貯穀三十五石四斗六升五合六
勺
一貯穀四十五石五斗五升三合八
勺
柴家河倉貯穀一百四十七石九斗五升六合二勺
清水港倉有四
一貯穀四十三石七斗六升三合五

勺
一貯穀五十二石五斗四升一勺
一貯穀一百一十四石四斗一升八
合
一貯穀一百三石七斗七升五合二
勺
孟家山鋪倉貯穀一百四十石一斗八升六合六勺
袁家礄倉貯穀一百九石五斗一升九合四勺

巴水驛倉貯穀二十九石一斗八升五合二勺
望天湖倉貯穀六十五石七斗七升
魯家湖倉貯穀四十九石六斗五升二合
湯舖嶺倉貯穀八十八石五斗一升二合
桃花潭倉有二
一貯穀八十七石六斗六升六合八勺
一貯穀九十二石五斗三升六合
羊角橋倉貯穀一百四十三石六斗二升

西陽河倉有二
一貯穀八十八石二斗四升六合
一貯穀九十四石二斗八升六合
巴河倉貯穀一百八十八石六斗七升九合二勺
攔湖寺倉有二
一貯穀一百三十石六斗五升七合
一貯穀六十六石九升二合
巴鎮鳳城倉貯穀一百二十四石四斗四升五合
上鄉社倉三十有七

分流舖倉有二
一貯穀五十七石七斗八升六合四勺
一貯穀九十二石二斗九升六合二勺
李店舖倉有二
一貯穀七十五石八斗七升九合
一貯穀六十六石一斗四升九合二勺

勺
六廟舖倉有二
一貯穀三百二十一石八斗三升七合八勺
一貯穀四十八石八斗六升八勺
鐵爐嶺倉貯穀一百二十石七斗三升六勺
河東街倉貯穀七十三石五斗六升四合
九龍橋倉貯穀一十九石三斗八升七合
龔家舖倉貯穀五十五石五斗一升一合二勺

余家堰倉貯穀三十一石二斗四升四合八勺
玉泉磚倉有二
一貯穀一十二石三斗三升六合
一貯穀三十九石九升八合六勺
石頭山倉貯穀六十四石六斗八升
東倉坳倉貯穀九十七石八斗五合八勺
關口倉貯穀一百七十五石九斗四升三合六勺
瞿家河倉貯穀七十六石七斗一升九合二勺
上六都倉有三

一貯穀三十六石七斗七升二合
一貯穀三十八石二斗七合六勺
一貯穀五十七石九斗九升九合
彭家園倉貯穀六十二石四斗七升六合
四祖坪倉貯穀八十六石二斗三升二合
多極樹倉有三
一貯穀一百二十五石九斗五升三合二勺
一貯穀七十四石九斗一升四合

一貯穀三十七石七斗一升一合
石峽寺倉貯穀三十二石三斗
倒坐店倉貯穀八十九石三斗五升三合
報龍坳倉有二
一貯穀六十八石七斗五升六合六勺
一貯穀二十石八斗六升七合
余家河倉有二
一貯穀六十八石七斗六升六合四勺

一貯穀五十七石九斗七升三合四勺
謝家亭倉有二
一貯穀六十二石四斗一升一合
一貯穀六十一石九斗六升七合
嚴家坳倉貯穀二十七石二斗一升七合
柴家河倉有二
一貯穀九十六石五斗二合

一貯穀一百四十一石二斗一升八
合
蠟林倉貯穀一百三十二石一斗六升三合
下鄉社倉四十有二
蘇家沖倉貯穀三十八石四斗八升八合
閻家河倉有二
一貯穀七十一石四斗五升二合一
勺
一貯穀一百石二斗七升六合

姜家河倉有二
一貯穀一百七十六石二斗三升二
合
一貯穀一百五石六斗九合
福泉寺倉貯穀七十石六斗九升八合
槐紀嶺倉有二
一貯穀六十六石七斗七升九合
一貯穀六十三石九斗六升六合
萬家營倉有二

一貯穀一百八十石八斗二升二合
一貯穀一百四十四石五斗二升
毛家營倉貯穀二百四十五石二斗七升四合
洗馬畈倉有二
一貯穀七十六石五斗九升八合四
勺
一貯穀一百三十七石五斗一升三
合
國清寺倉有五

一貯穀五十八石七斗六升二合
一貯穀八十五石一斗七合
一貯穀一百三十七石九斗八升二
合
一貯穀六十七石三斗六升七合
一貯穀一百六十七石二斗二合
蘄陽坪倉有四
一貯穀八十二石七斗五升九合三
勺

一貯穀六十石九斗二升一合
一貯穀八十三石四斗二升九合
一貯穀五十四石七斗五升九合四勺
白甫冲倉貯穀一百二十三石一斗三升八合
查紀山倉有二
一貯穀七十五石二斗一升一合
一貯穀八十八石一斗二升七合
涞洋河倉貯穀三十七石四斗一升五合

范家冲倉有二
一貯穀四十二石四斗九升
一貯穀七十五石五斗九升一合
毛家墱倉有二
一貯穀四十六石八斗五升四合三勺
一貯穀三十三石五斗九升六合
蔡家河倉有二
一貯穀一百二十三石七斗四升五合
一貯穀一百四十六石三斗一升
鄧家寨倉有二
一貯穀三十六石二斗四升五合
一貯穀三十九石二斗四升五合九勺
城角礄倉有二
一貯穀九十一石四斗六合
一貯穀九十一石四斗二合三勺

長嶺崗倉有二
一貯穀三十五石四斗九升七合
一貯穀四十三石七升九合
小嶺溝倉有四
一貯穀三十二石五斗九升三合
一貯穀三十三石一斗二升八合
一貯穀七十二石二斗五升二合
一貯穀三年二石四升六合
永鄉社倉三十有一

瞿家港倉貯穀一百二石八斗二合四勺
馬㕵港倉貯倉三十七石八斗二升六合
六神港倉貯穀六十四石三斗八升五合
造册寺倉貯穀八十二石一斗九升二合
馬橋港倉貯穀一十四石四斗一升四合
董家河倉貯穀六十四石一斗四升九合
沙洋湖倉貯穀三十五石九斗八升二合四勺
福主廟倉貯穀二百一十石一斗八升
快活嶺倉貯穀八十四石一斗一升一合

蔡家洲倉有二
一貯穀五十二石九斗五升一合
一貯穀三十五石四斗三升八合
毛店港貯穀四十六石六斗七升九合
調軍山倉貯穀七十二石一斗九升一合
金牛嘴倉有二
一貯穀四十七石三斗七升
一貯穀八十二石五斗一升二合
易家河倉有二

一貯穀二十七石七斗九升五合
一貯穀三十三石八斗八升二合
磨兒磯倉貯穀三十三石一升六合
滸洲倉貯穀三十九石七斗六升二合
圻湖倉貯穀六十二石九斗四升一合
景家塹倉貯穀八十九石八斗六升一合二勺
天鵞嘴倉有二
一貯穀五十二石二斗五升七合
一貯穀一十九石六斗二升一合

溪潭廟倉有二
一貯穀三十三石七斗六升五合
一貯穀二十四石九斗九升五合
六畝徑港倉貯穀三十石一斗五升
宋家祠倉貯穀八十二石七升四合
樂家林倉貯穀五十一石六升四合
甘家冲倉貯穀四十石九斗九升六合
鄧家畈倉貯穀二十五石五斗三升三合
蘭谿鎮倉貯穀二百九十四石九斗三升五合

西門外糧倉　原名永豐知縣張維孚建

巴河鎮糧倉

蘭谿鎮糧倉　知縣陳興建今廢

聚民倉　在治北知縣潘珏建共大小二十六間今燬惟存其址

預備倉　一在華家坳曰東倉一在分流鋪曰南倉一在巴河曰西倉一在團陂堡曰北倉俱知縣尹起畊建

附李振宗造預備倉說

春秋二百四十二年大有之書不多概見凶荒之象何代蔑有甚矣弭捄之不可無具也按洪武時蘄六預備倉四分設華家坳分流鋪巴河團陂四處圮廢久矣其他聚民等倉亦俱燬於兵年來饑祲不常

朝廷加意元元屢頒賑貸之命余謬長蘄封敢不仰體

聖天子軫念之殷預爲綢繆下車三載輒捐貲若干於儀門之右創豎倉屋三間不費民間一緡又捐穀若干貯於其中間有好義者亦諒區區之心雅爲捐橐雖屋宇無多而積儲可容千餘唯願後之賢君子推廣而宜之則養民有本備賑無虞庶幾常平之遺意與

蠲䘏

夫積貯已備猶復蠲租賜復蓋慮旱澇不齊災祲間作所以紓民力而厚其生也蘄爲巖疆東北慮旱西南苦澇其土之不齊又甚矣我

國家視民如子軫卹常殷有全免有輸蠲有特賑

恩膏屢沛爲臣子沐浴詠歌而勤牧養宜與含哺共樂利矣

明洪武九年免湖廣本年稅糧十九年詔免本年秋

糧

正統三年免逋賦

嘉靖元年旱秋糧減免六年水秋糧減免十四、十七、十秋糧減免都御史發粟二千四百九十八石賑之十六年旱秋糧減免二十三年大旱賑粟八千四百七十石零銀一千四百二十七兩零二十四年旱賑銀一千四百六十兩零

本朝順治元年大兵經過地方免正糧一年歸順地方免三分之一十年蠲免九年旱災十分之二十一年

蠲免順治六七兩年地畝人丁本折錢糧拖欠在民
十四年旱發積穀以賑十七年蠲免順治十二年至
十五年民欠錢糧
康熙元年蠲免順治十五年以前未徵錢糧　三年
蠲免二年水災十分之三　四年蠲免順治十八年
以前各項舊錢糧　十年大旱免本年錢糧十分之
三　十三年十八年旱災具奏　又照分數蠲免
十五年旱災蠲免錢糧之半　二十八年[illegible]
[illegible]二十九年旱災蠲免錢糧之十　四十四
本朝[illegible]蠲賑
[illegible]五年地丁民米舊欠未[illegible]　三停輸納
五年豁免四十二年以前未免錢[illegible]　十[illegible]
蠲免五十一年地畝人丁錢並歷年舊欠[illegible]
雍正八年蠲免湖北九年分錢糧四十萬兩
乾隆一年蠲免湖北十三年分應徵錢糧除漕糧額
外其地丁銀米一概免徵　乾隆十八年五月發銀
若干兩以賑被水居民
以上皆賑卹之大典澤潤無疆矣至於閭巷慕義慨
行輸助抑或當穀值湧貴之時減價平糶是皆體
[illegible]家涵濡煦育之至意而遵道遵路於無私者爾用附
於後以嘉來者
[illegible]何如璉捐社穀百餘石
[illegible]承栁捐銀二百兩以助社穀
[illegible]歲饑貢生程紹伋捐穀三百餘石
康熙八年歲大旱張世名捐米八十石其子度於康
熙[illegible]十二年捐穀四十石以[illegible]
[illegible]
捐穀二千石詳請
值昂貴何元鯨減價賣穀千餘石
[illegible]棟亦減價[illegible]

廿二年歲歉范國治施青二百
以助社倉　五年
公之五　獨助
續買穀百石與鄉
早盧經邦減價賣穀一千
楊

蘄水縣志卷之六

知蘄水縣事餘杭邵應龍纂輯

學校志

之設古來舊矣我
國家尊
超軼前古尊天率土

廟居中舊

閣左

墻下東西廡前戟門左名宦祠忠孝祠右鄉賢
祠又前櫺星門又前東西木柵門又前爲泮

學署

署在廟西中明倫堂堂後稍左北爲教諭署南爲訓

尋署界其間爲土地祠前儒學門又前折而西有木
柵門又西爲
南門街
明倫堂下東進德齋西修業齋明洪武初奉
今廢爲園堂後向有敬一亭嘉靖十六年奉旨
建今廢兩署庫陋荒圮非一
興修
宋以蠡民置邑浠水五水輿區凡
八分樓閣以此爲邉地建學宜無徵
考今廟學在治東舊志云宋元舊址

七年知縣趙季光建歲久就壞宣德八年
主簿夏修旋被燬正統四年知縣胡奎重修載
記宏治年間知縣建深建櫺星門正德年間知縣謝
爵建戟門嘉靖二十三年署縣江文煥修載胡仲謨
記天啟四年知縣孔榮宗修載黄問記崇禎十六年
焚於獻逆
國朝順治七年知縣倪簽元重建尋燬十一年知縣李
蓀修載周壽明記未竟十三年知縣劉佑畢功康熙

二十五年知縣李振宗重修明倫堂載李自爲記五
十一年知縣陳子泰因舊五經樓修為尊經閣後知
縣黄德舆劉象賢相繼葺修雍正五年知縣汪歙建
忠孝祠六年教諭夏策謙改建東西木柵門於櫺星
門外乾隆十一年知縣許騰鶴倡邑五鄉紳士捐修
度工費已定旋以内艱歸未就功十二年知縣葉為
舟繼之撤新正殿巍峩煥奕兩廡樓及櫺星門二三
皆增高數尺邑舊有節烈祠在玉台書院乃於
賢祠下並學址逼城無泮池始甃一築之木柵外
即城堞增為屏墙較前制畧備蓋營構四十年費二千
餘金始終者二令厥功懋焉載陳繼成記尊經閣
於蟻今二十二年知縣邵應龍捐貲率屬倡邑紳
撤舊重修爲樓五間易木楹以牆壁堅緻倍昔

位次
正殿設
至聖先師孔子位康熙二十三年奉頒
御書萬世師表匾額二十五年奉頒
御製至聖先師孔子贊並序刊碑立廟北東上雍正二年

奉頒
御書生民未有匾額乾隆三年奉頒
御書與天地參匾額
東配
復聖顏子
述聖子思子
西配
宗聖曾子
亞聖孟子

康熙二十八年奉頒
御製顔曾思孟四子贊刊碑立廟北西上
康熙五十一年進朱子次十哲稱北賢乾隆元年以
有子次十哲
東哲
先賢閔子損　冉子雍　端木賜　仲子由
卜子商　有子若
西哲
先賢冉子耕　宰子予　冉子求　游子偃
顓孫子師　朱子熹
兩廡
康熙五十五年以宋儒范仲淹從祀雍正三年復祀先賢蘧瑗林放秦冉顏何先儒鄭康成范甯等六人增祀先賢縣亶牧皮樂正克公都子萬章公孫丑先儒諸葛亮尹焞黃幹陳淳魏了翁何基王柏趙復許謙金履祥陳澔羅欽順蔡清陸隴其等二十二人並周敦頤張載程灝程頤邵雍爲先賢
東廡

先賢蘧瑗　澹臺滅明　原憲　南宮适
商瞿　漆雕開　司馬耕　梁鱣　冉孺
伯虔　冉季　漆雕徒父　漆雕哆　公西赤
任不齊　公良儒　公肩定　鄡單　罕父黑
榮旂　左郢　鄭國　原亢　廉潔　仲叔噲
公西輿如　邽巽　陳亢　琴張
步叔乘　秦非　顏噲　顏何
縣亶　樂正克　萬章　周敦頤
程灝　邵雍

西廡

先賢林放　宓不齊　公冶長　公皙哀

高柴　樊須　商澤　巫馬施

顏辛　曹卹　公孫龍　秦商

顏高　壤駟赤　石作蜀　公夏首

后處　奚容蒧　顏祖　句井疆

秦祖　縣成　公祖句茲　燕伋

樂欬　狄黑　孔忠　公西蒧

顏之僕　施之常　申根　左丘明

秦冉　牧皮　公都子　公孫丑

張載　程頤

東廡

先儒公羊高　伏勝　董仲舒　后蒼

杜子春　諸葛亮　王通　范仲淹

歐陽修　楊時　羅從彥　李侗　呂祖謙

蔡沈　陳淳　魏了翁　王柏　趙復

許謙　吳澄　胡居仁　王守仁　羅欽順

西廡

先儒穀梁赤　高堂生　孔安國　毛萇　鄭康成

范甯　韓愈　胡瑗　司馬光　尹焞

胡安國　張栻　陸九淵　黃榦　眞德秀

陳澔　何基　金履祥　許衡　薛瑄

陳獻章　蔡清　陸隴其

崇聖祠設

崇聖五王位　雍正元年

加封

孔子五代王爵改

啓聖祠爲

崇聖祠其從祀先賢先儒增宋張迪入先儒

肇聖王木金父公中

裕聖王祈父公位左

詒聖王防叔公位右

昌聖王伯夏公又左

啓聖王叔梁公又右

東配

先賢孔氏鯉　顏氏無繇

先儒張廸 蔡元定 周輔成

西配

先賢曾氏點 孟孫氏激

先儒陳 珦 朱 松

木主考

明嘉靖九年定式

先師主高二尺三寸七分濶四寸厚七分座高四寸長七寸厚三寸四分朱地金書四配主高一尺五寸濶三寸三分厚六分赤地黑書

崇聖主同十哲兩廡高一尺四寸濶二寸六分厚五分座高二寸六分長四寸厚二寸赤地黑書

國朝因之

祭典

歲以春秋二仲上丁致祭學官分派正獻分獻官生員執事者並樂舞姓名送縣列榜前一日詣所省牲

祭之日五鼓齊集知縣正獻

先師暨四配教諭訓導分獻東哲西哲縣丞典史分獻兩廡武職官陪祭考鐘伐鼓各就位執事者各執其事闔戶獻毛血樂舞者東西魚貫而進迎神奏咸和之曲歌咸和之章正獻官盥洗畢入殿初獻行三跪九叩頭禮奏寧和歌寧和司尊者舉冪酌酒獻帛爵讀祝亞獻奏安和歌安和終獻奏景和歌景和禮皆如初獻飲福受胙奏宣和歌宣和送神奏祥和歌祥和瘞毛血闔戶徹饌焚祝帛禮畢

崇聖祠則即日知縣率屬先祭正殿行三獻禮三跪九叩頭

祭品

幣 牛 羊 豕 鹿 兎 帛 太羹

和羹 黍 稷 稻 粱 形鹽 藁魚

棗 栗 榛 菱 芡 鹿脯 黑餅 白餅

韭葅 醓醢 菁葅 鹿醢 芹葅 兎醢

笋葅 魚醢

祭器

雍正十一年訓導謝鼎遵式捐置已備乾隆八年邑紳徐本仙捐置滇銅鼎 凡九

陳設

雍正三年

詔郡縣丁祭牲用太牢乾隆三年奉 部文頒定祭品

先師正位

制帛一 牛一 羊一 豕一 登一 鉶一 簠二 簋二 籩十 豆十 酒罇一 白磁爵三

四配

每位制帛一 羊一 豕一 鉶一 簠二 簋二 籩八 豆八 酒罇一 白磁爵三

東西哲

東位制帛一 豕一 鉶各一 簠各一 簋各一 籩各四 豆各四 豕首一 白磁爵三西同

東西廡

東廡制帛一 豕三 每案簠一 簋一 籩四 豆四 銅爵各四西同

崇聖祠

正位

每位制帛一 羊一 豕一 鉶一 簠二 簋二 籩八 豆八 酒罇一 白磁爵三

配位每位一案

制帛一 豕首一 簠一 簋一 籩四 豆四 豕肉一 每位銅爵三

從祀

制帛二 每案簠一 簋一 籩四 豆四 豕首一 每位銅爵三

儀注同正殿惟不用樂

樂舞器乾隆十八年頒

編鐘一架十六口 編磬一架十六口 琴六張 瑟六張 簫六枝 笛六枝 排簫二架

塤二個 篪四枝 笙六攢 楹鼓一面

鼗鼓一面 橎鼓一面 鏞鐘一口 敔一座

搏拊鼓二面 柷一座 木笏六面

應鼓一面 麾旛二樹 羽籥三十六副

旌二樹 節二樹

樂歌乾隆三年頒樂六奏樂生五十三人

大(太四)哉(南工)至(林尺)聖(仲上)道(太四)德(仲上)尊(林尺)崇(仲上)維(南工)持(林尺)

王(仲上)化(太四)斯(林尺)民(仲上)是(黃合)宗(太四)典(黃合)祀(太四)有(仲上)常(林尺)

精(南工)純(林尺)並(太四)隆(仲上)神(黃六)其(南工)來(林尺)格(仲上)於(林尺)昭(仲上)

聖(黃合)容(太四)

奠帛奏寧和之曲　有舞

自(太四)生(仲上)民(林尺)來(仲上)誰(太四)底(黃合)其(仲上)盛(太四)惟(南工)王(林尺)神(仲上)明(太四)度(黃合)越(太四)前(仲上)聖(太四)粢(仲上)帛(太四)具(仲上)成(林尺)禮(黃合)容(太四)斯(林尺)稱(仲上)黍(太四)稷(南工)非(黃合)馨(林尺)惟(南工)神(林尺)之(仲上)聽(太四)

初獻奏安和之曲　有舞

大(太四)哉(仲上)聖(黃合)師(太四)實(南工)天(林尺)生(仲上)德(太四)作(仲上)樂(太四)以(仲上)崇(林尺)時(仲上)祀(太四)無(林尺)斁(仲上)清(黃合)酤(南工)惟(林尺)

馨(仲上)嘉(林尺)牲(仲上)孔(黃合)碩(太四)薦(太四)羞(南工)神(黃合)明(林尺)庶(南工)幾(林尺)昭(仲上)格(太四)

亞獻奏景和之曲　有舞

百(仲上)王(南工)宗(林尺)師(仲上)生(林尺)民(仲上)物(太四)軌(黃合)瞻(黃合)之(南工)洋(林尺)洋(仲上)神(林尺)其(仲上)寧(太四)止(黃合)酌(太四)彼(黃合)金(林尺)罍(仲上)惟(南工)清(林尺)且(太四)旨(仲上)登(仲上)獻(太四)惟(林尺)三(仲上)於(黃合)嘻(南工)成(林尺)禮(仲上)

終獻奏景和之曲　有舞

曲同亞獻

徹饌奏宣和之曲　無舞

犧(仲上)牲(太四)在(仲上)前(林尺)豆(太四)籩(仲上)在(黃合)列(太四)以(太四)享(南工)以(林尺)薦(仲上)既(仲上)芬(林尺)既(太四)潔(仲上)禮(黃合)成(太四)樂(仲上)備(太四)人(南工)和(林尺)神(仲上)悅(太四)祭(黃合)則(太四)受(仲上)福(林尺)率(黃合)遵(南工)無(林尺)越(仲上)

送神奏祥和之曲　無舞

有(太四)嚴(南工)學(林尺)宮(仲上)四(黃合)方(太四)來(仲上)崇(太四)恪(黃合)恭(南工)祀(林尺)事(仲上)威(南工)儀(林尺)雝(仲上)雝(太四)歆(仲上)茲(林尺)惟(南工)馨(林尺)神(仲上)馭(太四)還(林尺)復(仲上)明(黃合)禋(南工)斯(林尺)畢(仲上)咸

(南工)膺(林尺)百(仲上)福(太四)

望瘞奏祥和之曲　無舞

曲同送神

舞譜

初獻

自　稍前向外開籥舞

生　蹈向裡開籥舞

民　合手蹲朝上

來　起辭身向外高舉籥面朝上

誰　兩兩相對蹲東西相向

底　合手蹲朝上

其　正揖

盛　起平身出左手立

惟兩兩相對自下而上東西相向
神中班轉身東西相向立惟兩中班十二人轉身俱東西相向
度稍前向外垂手舞
前向前合手謙進步雙手合籥
粢正蹲朝上
具正揖
禮兩兩相對交籥兩班俱東西手執籥
斯向外退挽手舉籥向外面朝上
黍稍前舞

師稍前舞舉籥垂翟
明舉翟三合籥
越蹈向裡垂手舞
聖回手再謙進步側身向外高手回面向上
帛稍舞躬身挽手側身向外呈籥耳邊面朝上
成起辭身挽手復舉籥正立
容正揖
稱回身正立
稷正蹲朝上

非左右垂手兩班上下俱雙垂手東西相向
惟左右側身垂手向外開籥垂手舞
之正揖朝上

亞獻

大左右進步向外垂手舞
聖向外落籥面朝上
實正蹲
生向裏舞
作兩兩相對自下而上兩班相對舉籥東西立

馨起合手相向立
神右側身垂手向裡垂手舞
聽躬而受之躬身朝上拱籥而受之三鼓畢起
哉右向裡垂手舞
師退回正身立
天起身向前轉向外舞
德合手謙進步向前雙手合籥蹲謙
樂上下垂手惟兩中班上下十二人俱垂手轉身東西相向

以轉身東西相向立
時稍前舞蹈兩班上下垂手向外舞
無合手謙進步向前垂手合籥舞
清稍前舞向外開籥翟
惟雙手平執籥翟開籥翟
嘉側身垂左手兩班俱垂手向外舞
孔雙手舞籥翟躬身
薦一叩頭舉右手叩頭
神復舉右手叩頭

崇相向立兩班上下以翟相籥
祀向裡垂手舞
數回身再謙兩班上下東西相向合籥舞
酤向裡舞
馨合籥翟朝上正立
牲躬身正揖
碩躬而受之躬身朝上拱籥受之一鼓而起
羞舉左手叩頭
明拜一鼓畢即起躬身三鼓平身

庶三舞蹈舉籥向左躬身舞
昭舉籥復向左躬身舞

三獻

百向外開籥舞
宗側身向外面朝上
生兩班上下兩兩相對交籥
物側身向裡落籥
瞻向外開籥舞
洋開籥朝上正立

幾舉籥向右躬身舞
格拱籥躬身而受之
王向裡開籥舞
師朝上正立
民合手朝上正蹲
軌合籥朝上正立
之向裡開籥舞
洋合籥

神 向外開籥舞　其 向裡開籥舞
寧 進步向前雙手合籥　止 回身東西相向手謙
酌 向外開籥舞　彼 向裡開籥舞
金 開籥朝上正立　罍 合籥朝上正立
惟 向外垂手舞　清 向裡垂手舞
且 朝上正揖　旨 躬身而受之
登 躬身向左合籥舞　獻 躬身向右合籥舞
惟 躬身復向左右籥　三 合籥朝上拜一鼓 便起身
於 側身向外垂手舞　嘻 側身向裡垂手舞
成 朝上正揖　禮 躬身朝南受之三鼓 畢起身

樂舞乾隆三年頒　舞六佾舞生三十八人

鼓聲既嚴旌節前導魚貫而進列行於陛上左右相向聽節生唱奏某舞則散而為揖聽唱舞止則聚而成列忽散忽聚部伍有法歌一闋則舞一成奠帛三獻共四成始終共六變起於中而散於中初變在綴之中東西立象尼山毓聖五老降庭再變而為佾數稍前進象筮仕於魯而魯治三變而東西分象歷聘列國而四方化四變稍退後象删述六經告備於天五變而左右向象講論傳道於賢六變而復歸於綴中東西立象廟堂尊享弟子分配

新頒祝文

惟

師德配天地道貫古今删述六經垂憲萬世維兹仲春秋謹以牲帛醴齊粢盛庶品式陳明薦以

復聖顏子

宗聖曾子

述聖子思子

亞聖孟子配尚

饗

恭惟

五王造家濬哲毓瑞文明五世其昌大儒宗於洙泗千秋不朽隆祀事於彝章維兹仲春秋謹以牲帛醴齊粢盛庶品式陳明薦以

先賢顏氏

先賢曾氏

先賢孔氏

先賢孟孫氏配尚
饗

碑文

明倫堂側置卧碑一通　科貢題名碑二通

櫺星門外王右軍書魚躍二大字碣舊有鳶飛魚躍四字碑在洄瀾石壁下相傳右軍書後碑斷半没於河僅二字移置此

名宦祀

明

胡奎　潘珏　汪深　江世東　宋文昌

游王廷　孔榮宗以上知縣

申屠鐸教諭　童天申殉難訓導

本朝

李蔭祖　丁士孔　吳琠　李輝祖以上總督

劉兆麒　石琳　楊素蘊　陳詵以上巡撫

楊宗仁總督　蔣永修　姚淳燾以上學道　劉珩守道

于成龍　李彥瑁以上知府　宋犖府判

鄉賢祠

元

王燾

明

王聰　李延芳　呂鏞　魯永清　詹易

張存禮　周瑯　胡仲謨　李宗元　程轍

朱衿　周鳴塤　李鐵嗣　王希元　周延甲

蔡斗移　周光德　閔廷甲　孫慈　金玉節

官應震　周應期　周延光　郭士望　朱期昌

姚光盟　蔡國畸　周之士　楊楚龍　朱廷錫

黎民範

本朝

楊伯廷　張問德　南有杞　李果　鄧之驥

陳璨　李成棟　畢友宜　劉同向

以上二祠同時分祭儀同兩廡

忠孝祠

節烈祠

射圃　在尊經閣後今爲居民住屋每歲納官地租有差

部頒書籍

御纂周易壹部

御纂詩經壹部

御纂春秋壹部

御纂書經壹部

御纂朱子全書壹部

御纂性理壹部

御製朋黨論壹本

資治通鑑綱目壹部

雍正年内頒

上諭拾壹部

乾隆年内頒

上諭陸部

欽定四書文壹部

乾隆十年内頒

上諭壹部

乾隆十二年内頒

上諭貳部

聖諭廣訓壹部

大清會典壹部

學政全書壹部

明史壹部

書院

孫公書院明萬歷年間知縣孫善繼建

宋公書院明萬歷年間知縣宋文昌建有鄒家壋田稞貳拾肆石每年租入散給貧士

大成書院明天啟年間知縣孔榮宗建

雲路書院明萬歷年間知縣游王庭建

蘄陽書院在治東玉台山順治十八年知縣劉佑建名玉台書院捐置田稞叁拾叁石給張王廟僧以作本院香火茶烟之費勒碑院内乾隆癸亥年知縣許騰鶴重建改為蘄陽書院至十八年知縣王棫續將易頻兩姓所争河蕩湖均屬匿賦詳斷入官今歸書院

社學在治北郭外設教讀一人今廢

興賢莊在北十里鍾師樓舖明崇禎癸酉知縣李汝

璨建捐置田稞六十一石

國朝康熙二十四年知縣李振宗續捐田稞四十二石三十八年知縣許祚遠查出學書侵田稞四十二石付莊管業五十九年知縣劉象賢重修邑國學生裴振宗之母蔡氏捐田稞三十三石共計田稞壹百柒拾有捌石每年科歲試批首輪流經管至鄉試分給正案科舉生員以爲盤費條例田圖勒碑莊内刊有紀畧一部其鋪兒畈玉泉菴閣家河蔡家洲四處田稞五十八石並宋公書院田散給貧士

乾隆二十二年十月初六日邑紳徐本仙具呈捐孟家山鋪田稞四十石以助興賢莊生員科舉之費額

俊莊在北一里許康熙六十一年知縣劉象賢創建捐置田稞六十三石爲武生科場盤費條例如文生員與賢莊

升士莊在城南文昌閣側知縣汪歆建

蘄水縣志卷之七

知蘄水縣事餘杭邵應龍纂輯

秋官表

凡奉命同蒞一邑皆有守土教養之責列而表之制也蘄自元以上秋官闕志舊志止載明以來所設名員分縣與學爲二表而武職亦闕合爲一表增立城守一列所以昭國家設官之意守土教養文武並賴焉

明秋官表

知縣一員　縣丞一員　主簿一員　典史一員

儒學教諭一員　訓導二員

巡檢二員　驛丞三員　河泊所官二員

醫學典術一人　陰陽學典術一人

僧會司一人　道會司一人

	知縣	教諭	訓導	縣丞	主簿	典史	巡檢 驛丞
洪武	朱文漢	李恕 潯州舉人	張友諒	張衡 諸暨人	馬懋 山西人	石均佐 順天人	許宗 巴司
	趙季光	鄭昌	勞謙	方處漸	梅欽	宋祥	高瑀 巴司

甲寅任　廣東人　浙江人　江西人　河南人　河南人

郭德謙　舉人　盧與齡　豐城歲貢　蘭明昌　四川人　丁顯　巴司

祖宗文　舉人　張坤　江西歲貢　陳文　王進　巴司

陳德義　舉人

張政　蘇州舉人

永樂　尹起畊　廣東舉人

曹興　廬州舉人

宣德　譚渭　廣德歲貢

鄭伯圭　江西舉人　左惟賢　武進歲貢　柴亮　巴司

王振　簡縉紳　張浩　巴司

福建舉人　臨江舉人

陳李　福建舉人　王顒　江西人　黃含觀　樂平人　夏時　建平人　劉恕　浠驛

聶明

王簡　四川人　朱友丈　蘇州人　孟宏　浠驛

韓季安　浠驛

正統　胡奎　番陽舉人　申居鐸　淮安舉人　李蔚　四川監生　王甫　綿州人　呂繼本　金華人　王鑾　浠驛

陳思傑　浠驛

李文輔　舉人　聞學　銅梁歲貢　鄭隆　成都人　王鏍　金鼎　嘉興人

蔣茂　舉人　薛謙、　武進人　宋叔昭　莆田舉人　楊貢　翟城　陳有志　廣東人　王澄　浠驛

李亭　真定舉人　趙友　安岳歲貢　楊濟　貴州人　丁顯　豐城人　孔宣　東平人

陳簠　浠驛

楊端　廣東舉人　鄭京畿　太和舉人　鄧林　長臺歲貢　錢福　處州人　胡澄　永新人　張真　段續　浠驛

劉得貴　麗水人　吳友志　四川人　黃祥　金華人　劉汝敬　浠驛

王勝　浠驛

沈清　吳忠　李經　王夢永　浠驛

眉州人 綿州人
梁漢 浠驛

張佐 浙江人
平和 桃源人
杜禮 鄭州人
蘄中 巴驛

樊士華 巴驛

石松 河南人
陳免 永州人
范銘 巴驛

謝聰 巴驛

傅信 進賢人
谷時 巴驛

天順
何實 東莞舉人

楊真

王杲 吳橋人

陳洪 新淦舉人

成化
陳興 許州舉人
李廣居 四川人
盛德 上元歲貢
張玘 蕭山人
侯爵 永成恩貢

楊復初 太和歲貢
祈盼 巴驛

鄭相 巴驛

楊經
胡廣
陳遲
林宗誠
陳廷相 巴驛

新昌舉人
瑞州歲貢 浙江人 仙居人
袁濂 巴驛

周寬 雲南歲貢
樊笄 巴驛

潘珏 婺源進士
周同綸
徐文質 四川歲貢
鄭文 漳州人
李茂 泗州人

冉磁 涪州人
郭新 嘉定人
熊寧 豐城人

謝昱昇 綿州人
陳汚

張傑 鳳陽人

閔士昌 四川人

張洪 遂寧人

宏治
余淅 綿州舉人
劉復 來安人
汪溥 南城歲貢
王相 嘉興監生
王賓 錦州監生
王恕 監漳人
吳思譽 蘭司

周睿 蘭司

黃鳳　陳訥　胡深　何倫　張明　楊中　喬玉 司蘭
袁泉舉人　江陰人　西安歲貢　秀水監生　四川人　周鉞 司蘭
張正　宋玉　夏時亨　趙林　徐懋　周崇禮
烏程舉人　楚雄人　濰縣歲貢　丹徒吏員　巴陵人
朱鈁
直隸歲貢
汪深　張澡　李班　余滔　張本根　王勳忠　王璉 司蘭
進賢舉人　德興人　英山歲貢　古田監生　富順吏員　章邱人　李璁 司蘭
李元素　吳論 司蘭
雲南歲貢

程昌　劉璧　閻端　崔嵩
祁門進士　定遠歲貢　汝州人　河南人　賈森 司蘭
何澄　麥盈之　文學　王裕
侯官舉人　高要歲貢　涪州監生　江都人　陳遜 司蘭
顏敬之　裴惟仁 司蘭
廬州監生　侯求壽 司蘭
戴允洪　談鳳 司蘭
常山監生　許洪 司蘭

正德
王伯　馬才掄　牟正表　鄭淮　郎彰　楊自明
傅瑶
丹徒監生
徐志仁
安宿吏員
張錦
陝西吏員
嚴賓
銅梁監生
王國卿 司蘭

灌縣舉人　全川人　巴縣歲貢　福建吏員　建德吏員　茂州人
謝爵　林增　余隆　劉鉞　楊鑾
寧州舉人　古田人　滁州歲貢　平州監生　鬱林監生
曹達署
傅士彥
貴溪吏員
嘉靖
徐申　李仁　梅乾　陳昇　陳鳳　凌棟梁　李森 司蘭
崑山舉人　儀衛司舉人　內江人　巫山監生　慈谿人　巴陵人
楊世相　鍾萬　官仕　袁深　萬鵠　汪仲和　張政 司蘭
太和進士　順德人　威遠歲貢　臨川監生　眉州監生　清陽人

拱廷臣　蕭璞　毋克嗣　郭冕　張堯
桂林進士　大足人　劍州監生　孟津恩例　遂寧人
王幹　高啟東　楊元　程文　黃用　黃瑶
眉州舉人　南昌歲貢　太和歲貢　莆田人　巴陵人
譙陽　施顯卿　吳臣　呂澤　羅吉　黃大綱
南充舉人　無錫舉人　華亭歲貢　麗水監生　巴陵監生　餘姚人
李佳　黃鍾　胡用中　周瑶　沈科　孫雲舉
金堂舉人　南昌歲貢　光州歲貢　舒城人　會昌監生　河州人
周慎　黃鰲　鄔元纁　周汝平　劉棟　張邦偉

高淳監生　四川歲貢　寧海歲貢　金華吏員　會川歲貢　慶符人
盛鳳　郭聘　陳吉　徐來　黃用政　楊郁
合肥舉人　内江歲貢　新繁歲貢　堰城監生　桂陽歲貢　泗州人
方玉岡　陳滌　周國濟　余材　任臣
崑山歲貢　奉節歲貢　榮昌吏員　南昌人　興化人
蕭祥庚　段盡忠　蔡仲貞　凌友序　張廷瑞巴司
太和舉人　山東歲貢　錢塘吏員　仙遊選貢　吳慶儼巴司
陳蘭化　董爵　楊應春　張世文　吳永福巴司
新建舉人　浙江歲貢　清江吏員　蘆山選貢　楊秀貴浠驛

倪民悅　陳筦　郁鏜　舒成　朱尚德浠驛
上元官生　福寧州人　餘干吏員
曹恩　李陞　張鍊　楊世相　施崑浠驛
天長歲貢　寧國歲貢　歲貢
譚汝讓　鄭文運　高儒　張均　趙仁巴司
興建人　雲南歲貢　藍田監生　宋偉巴司
謝于岡　顧承勛　徐納　張岳巴司
福安舉人　鳳陽歲貢　西平監生　謝恩勤浠驛
鄔林

隆慶

張惟孚　劉光裕　朱萬銓　潘清朝　張根

成都舉人　寶寧人　茂州歲貢　儀真歲貢　福建人
劉憲　周岱　官任　林仁聲
崇仁舉人　睢州歲貢　光年歲貢　福建人
黃日旭　劉天定
華亭歲貢
陳塤
福建歲貢

萬歷

董遴　申騰漢　李蕃　朱廷棟　孫一鵬　宋汝璋
嵩縣進士　清浪衛人　上元歲貢　餘姚人　瀘州人

尹采 大冶選貢　俞之屏 馬平歲貢

閻士選 江都進士己卯任　蕭文明 江陵歲貢己卯任　徐絨 青陽選貢己卯任　陳棕 山東歲貢　江楫 蘄野監生　史爔 金壇人

孫善繼 萊陽進士　杜方偉 同安舉人　汪楚賓 長沙歲貢　周繼春 諸暨監生　黃朝邦 順昌監生　沙浚明 長洲人

林璨 福建監生

王建屏　黃榜　傅立道　王以常　孟文

陝西進士

崔濤 山東進士　汪學海

江世東 歙縣進士　秦元祚　盧宗頤　雍學禮

涂宗濬 南昌進士　周日庠 江西進士　文在人

杜長春 綦江進士　游一清 己酉任　陳正言 己酉任　左君修　張九皋　王應試

宋文昌 商城進士　曾上哲 己酉任　喻嘉垣　陳一廉　魯舜純　范瑞辰

游王廷 臨川進士　青宗益 常德舉人　謝天植 来陽歲貢　鄭德潤 北直歲貢　張九洪 河南人　林廷翰 福建人

張邦譽 歲貢　王壁 岳州歲貢

武典　黃裳吉

歲貢

易惟時 荊州舉人

天啟

孔榮宗 商城進士壬戌任　黃問 景陵舉人　劉漸　傅汝弼 浙江人　蘇澤 霍山人　林彥鍾 福建人

房運雲　金章燦 浙江人

李大受 閬中進士　陳之恪 武陵舉人　陳佐聖 武陵人　馬錦 鳳陽人　汪泗浚 安慶人　黃應鮫 休寧人

高尚賢 霸州人

崇禎

李汝爍 南昌進士 詹在前 景陵舉人 卯巨 武昌歲貢 趙肖南 眞定人 呂承信 陳汝璜 莆田人

童明衡 鍾祥歲貢 張文德

唐之學 貴州歲貢 毛應龍 歲貢 榮端士 寧州恩貢 王明炳 山東貢生 謝獻維 浙江人

李庚 潛江歲貢 孔維時 四川選貢 毛士倫 浙江人 胡大惠 山陰人

葉春芳 浙江人

童天申 蘄衛歲貢

胡振芳 浙江舉人 王體中 雲南歲貢 孫偉 鍾祥歲貢 吳文奕 福建人 徐綸袞 四川貢生 楊明時 浙江人

孔惟時 四川選貢 癸未任 鄒應孝 臨川舉人 金音 荊州人

附

楊歷湖官三員 熊資 楊鉉 李鼎

圻湖湖官三員 魏廣 袁敬 閻華

舊志列巡檢驛丞表內今裁缺已久因出之附列於此

本朝秩官

知縣一員 縣丞一員 典史一員

儒學教諭一員 復設訓導一員

巴河鎮巡檢一員 蘭谿鎮巡檢一員

巴水驛驛丞一員 陰陽學典術一人

醫學典科一人 僧會司一人 道會司一人

知縣 教諭 訓導 縣丞 典史 巡檢 驛丞

順治

孔惟時 四川選貢

田玠 昌樂選貢 周瓊 大冶舉人 王大章 鄖陽歲貢 張楨 黃岡人奚王委用 楊文達 沈應相 巴巡

沈啟隆 浙江人 成之偉 金英 蘭驛 陳王猷 巴巡

胡璧 浠驛

高岫 寧晉貢生
倪籥元 平湖進士　段　衿 大冶歲貢　潘如安 臨湘歲貢
劉澤溍 太原貢生　李子翼 孝感舉人
李　蓀 狄道舉人　湯楫如 丹徒選貢
劉　佑　王如德

王　臨 瀘溪驛
陶　志 巴陵驛
柳彖榮 巴陵驛
王家相 蘭司
陳　忠 蘭司

曲周拔貢　陝西人
康熙
李長敏 大興進士　易永升 應城舉人　丙午裁　馮應泰 延長歲貢　楊世芳 富平人
洪理順 龍溪舉人　周　統 安陸舉人　吳世曆 太倉拔貢　張守禮 宛平人
蔣　燦 廣寧鑲白旂 乙卯任　戊午復　朱體仁 安陸歲貢　王　霖 句容人　施鳳翔 鄞縣人
李振宗 嘉善進士 己未任　金　玉 新化舉人　李之岳 大冶歲貢　李　容 榆次歲貢

李　育 任邱舉人　張　夔 桐城貢生　楊　普 華州人
許祚遠 固始廩貢　陳世玭 孝感舉人　胡爾慥 辰州歲貢　侯元勳 固安監生　雷雲鶴 陝西人
王　烈 宛平人　王　鉽 仁和貢生　費綿貞 宛平人
程子泰 霍山歲貢 甲申任　嚴自愉 興國舉人　周扶樞 寧鄉歲貢　李　給 天津衛人
侯方夏

建水州舉人
金廷襄 署
黃德巽 都昌貢生
戴紹祖 署
林緒光 閩縣舉人
田廷棟

署
劉象賢 鑲藍旗監生 戊戌任

雍正
張琳
署 楊熺 商南貢生
謝聖寵 沔陽舉人
高淳 荊州歲貢
徐世安 山海關人
汪歙 盧龍舉人
徐都士 江陵歲貢
劉光然 山陰貢生

汪歙
夏策謙 孝感舉人
謝鼎 黃岡歲貢
章紹俊 遂安貢生
慕宏道 上元人
路聲聞 安邑貢生
孟詩讃 宛平人
署 張正品 天台舉人
楊爲翔 靖州歲貢
張儁昌 漢陽歲貢

乾隆
路聲聞
陳繼成 崇陽舉人
尤士棫 漢軍拔貢
夏正位 如皋人
陳利見 巴驛

李肇梅
署
益士傑 華亭纂修
陳學沆 桐鄉舉人
李元培 聊城拔貢
黃錦王
計宏鎔 巴司
署 鞏秉鈞
許騰鶴 惠來進士 癸亥任
陳鋐 上虞人
葉爲舟 卲武進士 丙寅任
黃金縱 枝江歲貢
劉光彩 瀏陽監生
王原向 蘭司

劉育杰 泰州進士
涂天根 孝感舉人
孫泰文 蘭司
覺羅德興額 鑲紅旗人
周廷綬 巴驛
署 伍澤概 祁陽舉人
署 王棫 深澤進士
周卜寧 松滋歲貢
黃卓 南城拔貢
余宗焞 休寧人
錢鋆

常熟舉人現陞任黄州府知府即用道
邵應龍　餘杭副榜現任
潘汝鳳　烏程人現任
宋宏嵘　蘄建人署

武秩官

查蘄水縣一汛分駐武弁一員原繫黄州協輪撥千把防汛三月一換是以官無定員迨康熙四十五年後詳定嵩員繫黄州協右哨千總嵩防復於乾隆七年内詳請更調等事案内將千總移駐長江水汛城守繫把總防汛

秩官

李玉

趙禄

姜應雄

謝上簡

馬文悦

馬良伯

柳友楷以上係千總

王朝相

楊可全本姓石

王光祖

賈良柱

熊作相

蘄水縣志卷之八

知蘄水縣事餘杭邵應龍纂輯

名宦傳

名宦古循吏也蘄秩官元已闕表矣況撫字斯民而政績炳著可見之傳歟今即舊志所傳自明以來猶有古遺愛風者列於編古云安靜之吏悃愊無華日計不足歲計有餘牧民者亦可思矣

明

趙季光洪武甲寅来知縣事會勝國兵戈之餘諸務

廢弛光撫柔振興民大賴焉舊志稱其倜儻有為

胡奎鄱陽舉人正統己未知縣事邑舊學宮規模初立宣德間被震奎至撤而大之壯其殿廡立文會課士用是士多興起濱江有廻風磯矶上一港達江內通圻湖諸水水溢與磯漩洑相觸最為民患奎乃謀以竹籠篝石窒其上畚土實港隄之俾湖水他道入江工以萬計遂名曰萬工隄立廟磯上祀江神水患乃息至今便之

陳興許州舉人成化初知縣事性端方下車數月剔

蠹鋤姦犁然就理治獄抑桀扶羸吏咸畏法民不忍
欺

潘珏字玉海婺源進士成化丙午知縣事性澹泊单
騎來蘄廨宇蕭然聊蔽風雨或勸新之珏曰吾興一
事即民多一事且休置濟民倉二十四於北郭外又
增水次倉以備不秋設浮橋於城南渡往來便之

黄鳳吉水舉人宏治間知縣事性慈祥愷悌不務催
科雖冒法罰不恤也久之曰吾奈何以頭搶地乞靈
貴人遂調去

汪深進賢舉人宏治甲子知縣事性慈惠視民如子
先是倉無完堵粟無儲石深乃日夜運心勸借富户
宥罪助修旬月六倉鼎然兩歲儲粟二萬歲歉民賴
以生

曹逵太倉進士以隨州判來署邑篆甚廉大書私刻貪
酷於兩楹會南巡命下道蘄逵治乙甲甚具毫無苛
派民甚德之去之日男婦各㩗壺漿以送

蕭祥庚太和舉人嘉靖間知縣事鎮靖儉約催科有
法至今為畫一規識掖雋異遣就頗多三年奏最考
異等乃乞致事當道移檄趣其赴官終不至

黄舍觀樂平人宣德中為丞時學宫傾圮舍觀捐金
修舉甚盛士人多之嘗大書官箴於座前誓以自警

李蔚字仲文四川監生正統間爲丞品行端檢邑人
凜凜憚之邑令胡奎嘗曰仲文當不愧吾治每經畫
創建多謀於蔚

張玘蕭山人成化間由薦爲丞有殊才一言半辭聽
民惟允坐不設茵吟咏自喜勸民教士多篇什焉

王相嘉興監生宏治間為丞清慎耿介難以私謁長

吏有遺政必為白之不少避命憚多推轂相然意無
樂也竟悟退行其志

侯爵永城人成化間由恩貢爲簿多惠政尋擢鄖西
令邑人遮留之不得如鄖邑

王賓字令甫錦州監生宏治間為簿催科不用桁楊
好言誨民民喜諾期以日月靡不樂輸

冉鎡字實夫涪川人宏治間訓導邃於名理誨迪諸
生貧者資以膏火親老者為加存問月試程藝深服
士心

梅乾內江人嘉靖間訓導性謹厚教士率先躬行迺教者必面數之故士多整飭尋丁內艱去公論惜焉

鍾萬順德人嘉靖教諭其來教也融融下善持己齊肅以純質樸茂先士俾疏其穢而鎮其浮士習用振

閻士選江都進士萬歷乙卯知縣事時行方田令選與士大夫里老等制弓格計便宜度肥瘠於秋斂畢令民自丈不假手胥役欺隱杜絕民甚便之建蘇民亭作記以紀其事見藝文志尤加意風化於鄉賢中申舉孝弟忠信禮義廉恥八行各以一人當之刊刻成書家喻戶曉俾知倣法纂輯舊志開濬蓮花池及墨沼茶泉諸勝

孫善繼字邵孚萊陽進士萬歷己丑冬知縣事下車即值歲荒與庠生楊永貫計出積穀六千石四門煮粥以食城中飢者五鄉書冊造名人給穀二斗不足有素封黎朝臣乃登門拜請黎為捐金千四兩買湖南米民賴存活任蘄七載以艱去

杜長春字貞陽綦江進士萬歷辛亥春知縣事發奸擿惡起敝維風不畏強禦清覈錢糧無欺隱包賠之弊月課生童賞拔奇俊人爭濯磨

游王廷字來泰臨川進士萬歷丙辰冬知縣事端方正直才守兩全崇尚古處培養後學建雲路書院於南河岍側為諸生游息之地尋擢得兵部主事去

李汝燦字衡嶠南昌進士崇禎己巳知縣事清操勤節民情吏弊毫髮難欺兩分闈試所得皆名下士值大造黃冊編審里甲稱平行保甲嚴更漏沸民帖然雅意作人置興賢莊買學田以贍貧士至今賴之擢刑科給事去

吳文奕福建人崇禎辛巳任蘄水丞彬彬儒雅有良吏風流寇亂文奕守城南樓寢處數年三月初五寇自廣濟兼程潛渡從西門無人處攀援而上守者輒驚竄文奕死守南城不去遂遇害

青宗益字仲衡龍陽舉人萬歷癸丑署任教諭學有本源表裏洞徹教人隨材不爲一法博求精義微言以明道術為己任周給貧士捐俸修葺學宮書院及敬一亭丁巳以外艱歸

黃問字伯素天門舉人天啟壬戌任教諭論好古敏

佳初以雄奇得雋及道漸深寓雄奇於雅淡居官一
秉先型力驅澆俗甲子奉檄分校滇闈中道病旋遂
卒
董天申字祿所施州衛官籍由鄉貢授蘄水訓導流
賊入蘄以身殉難贈國子助教
本朝
李蓀字德馨狄道人順治乙酉舉人甲午來知縣事
性方嚴任事勤敏簿書裁決皆出一手每四鼓即秉
燭起視事至漏下一鼓方就寢寒暑無間為治敦大

體崇節義懲逆禁嚚以故巨奸畏懼粗知綱常名分
不敢犯創譙樓修大堂建分司催徵不擾講諭胥勸
士服民安甫十四月而去
張楨黄岡人順治二年夏五月
王師所過便宜置官授楨蘄水丞楨至不避勞苦收集遺
黎料理芻糧是時山寨竊發民甚病官兵進勦軍需
孔亟民又病楨委曲周旋浠人始定又闖逆餘黨襲
羅田斷民手足會回黥梁帥統卒數千經邑境楨敦
請協勦賊始遠遁丙戌五月征南大將軍師駐武昌

朝命班師道經浠上時楨已謝事特　酒詣軍門告以孑
遺流離新集之故帥嚴諭勿擾民蘄民得以安堵
劉佑字雲麓曲周人由歲貢於順治十三年知縣事
風雅豁達為治無擾前令葺學宮未竟捐俸落成與
邑紳楊繼經搜討散佚修集志書建梳浠閣於玉臺
山每退食乘興登臨賦詩飲酒往往夜分而返其恬
曠之性如此後遷泰州牧以上舊志
李振宗字欲仙嘉善進士康熙　年知縣事治務
寬和律己廉恕重葺城隍廟及鼓樓修學宮增預備

倉建生生礪崇上文學之士講析經藝揚扢風雅邑
士益彬彬焉留心文獻續修邑志
侯方夏字于東雲南舉人康熙四十五年來知縣事
存心慈恕著績廉明禮士卹民務循大體四十七年
歉隣邑洶洶方夏即請發常平賑之邑賴以安康熙
五十一年行取陞兵部武選司主事去之日士民號
泣攀轅遮留擁道至不得行凡數日始抵巴河鎮巴
河士民亦如是此數十年之僅聞者也
林緒光字　閩縣舉人康熙五十五年來知縣事

明敏廉潔折獄有聲一時刁蠹為之斂跡公餘以翰
墨自娛進邑之文士而禮之未幾以外艱去
劉象賢字思菴漢軍鑲藍旂人由筆帖式於康熙五
十七年來知縣事沉毅有胆識篤於造士所識拔士
多奇俊邑故有興賢莊為鄉試諸生之費象賢念文
武並重因捐俸買田稞三十石立籲俊莊為武科之
費雍正元年總督楊宗仁舉行社倉法象賢捐俸買
穀若干復勸紳士耆庶助谷若干城中五鄉共置社
倉若干次年以在部筆帖式事罣悮去尋起補江西

進賢令邑士民多往謁之
汪歆字越孫盧龍舉人雍正五年知縣事下車日正
直有聲不假人以詞色有邑豪請謁面斥之於有道
能文之士則改容以禮任蘄八年士民為賦玉台紀
績以志其事後調江陵令
路聲聞字鳴皋安邑貢生由應陞知州於雍正十二
年來署縣事才具明敏長於聽訟每兩造至任其自
訴不加以威猛故鄉愚皆得盡其顛末而無情者亦
不敢飾偽以欺明年調江夏一載復任三載案無停

牘民無覆盆乾隆四年冬以艱去
張正品字　天台舉人以試用於雍正十三年秋
來署縣事學問淵深精於鑒士識張鳳鳴於黃岡童
子試中曰熊劉後起也鳳鳴學多自所授云
許騰鶴字集之惠來進士乾隆八年秋補授沉靜寡
言樸實正直一子隨侍亦不敢干公事初下車吏請
於元壇廟拈香弗許敦崇禮學倡捐勸修興邑紳士
即桃浠之舊閣更創蘄陽書院構樓祀宋五子於上
有以文昌奎星請祀者謂不可每歲捐俸六十金延

師課士試前列者給紙筆以獎勵之蘄之有書院自
茲始也將欲置學田為久遠計因次年
文廟傾圮梁棟蟻蝕勸諭闔邑輸金重建經營伊始憂訃
適至未竟其事而去
葉為舟字濟川邵武進士乾隆十年以即用來試仕
甫蒞任剔釐奮興諸凡振作值春祀上丁先期於明
倫堂演習禮儀佾舞品列祭器致誠致敬繼前令許
未竟之緒重修
聖殿五載乃成以書院前無正門捐俸四十金撤節烈祠

於學宮之旁而以舊祠為講堂開門面南臨浠水規
模較昔有加丁卯分考秋闈所得士皆名雋庚午夏
旱至三角山老龍洞虔誠步行禱雨雨應是冬調漢
川縣去
劉育杰字凡若泰州進士乾隆十五年冬調補為人
短小精悍饒有胆略吏民讋服與學宮諸生論文則
雍雍如也壬申春天堂寨馬逆蠢動大兵往來獲解
叛犯諸務旁午育杰悉應接整暇間有叛所誣連者
廉得實情判決明白請於總督永公開釋之所賴全

活甚衆是冬調漢陽令
王棫字寧文深澤進士乾隆十八年春補授沉靜寡
慾為政務持大體不以才華自見論文章務尊經術
淵源有本蓋其家學然也乙亥以疾去
沈啟陰山陰人順治初年來貳尹事時當鼎革疆宇
未寧人心未輯五年春東山冦竊動交煽郡邑掠野
攻城啟陰從大尹及諸部調遣兵將嬰城固守有完
保之功又從大將軍安定旁邑身蹈戎馬間奉委以
數十騎入羅田即領羅印務羣情懾服事定還蘄以

軍功被薦
吳世曆字聖符太倉拔貢康熙年丞能詩善畫負才
睥睨頗有崔斯立峨松之槩
張夔字一齋桐城貢生康熙年丞廉介自守奉法愛
民尤敬禮賢士不以門第自貴留心地方求盡厥職
至今士民稱之
王鉽字　仁和貢生康熙五十七年以降調為丞
戇直有守無媕阿態嘯傲清署以書卷娛情雖餐松
飲菊晏如也有子名文璿由癸丑庶常官御史

尤士棫字　漢軍拔貢乾隆四年以州判來署丞
事廉介自守不受一錢奉差辦公之暇惟日讀書書
聲常達署外未幾調去
益士傑字　華亭監生乾隆五年以纂修議叙授
丞事勤敏辦公常甘淡泊好讀書吟嘯自得
李元培字　聊城拔貢乾隆六年來貳尹事負幹
濟才強敏練達任七載上憲多所差委兩署羅邑尹
篆正擬保題以艱去
黄卓字山立南城拔貢乾隆十九年調補為丞潔己

自正敏於辨公自奉差外不受一詞曰丞職不如是也二十一年秋調鍾祥丞

陳世玭字　孝感舉人康熙年教諭律已程士俱有法度明經術勵躬行培植學校不以位卑去岍角士由是益敬禮之

謝聖寵字　沔陽舉人雍正三年教諭甫到任課試首重古學詩賦所拔多奇俊之士不久以疾去

夏策謨字恭占孝感舉人雍正四年冬補授教諭時已膺其子力恕翰林封典親串勸弗就策謨謂教士

儒者本業內翰外翰何分乎因蒞任為學務本宋儒飭行必先孝弟接士不設城府言語平易不臨深為高衣冠自朝祭外儉約如寒素事上無便辟側媚侃侃而談鐸蘄十載與郡授彭士商齊聲乾隆元年春陞寶慶府教授去

陳繼成字文海崇陽舉人乾隆二年秋由揀選知縣改授教諭雅意作人初任時即大治具召文武國學學外諸童畢至會文課試手第甲乙一時士心翕然悅服每課必自為文以示程式又凡鄉試歲科兩試及郡邑童子試遇題輒作一日可得數十藝諸生童文字佳者即默記口誦如瓶瀉水逢人樂道每鄉試贐餞諸生歸則治酒閱文決得失無一爽其獎勵人才自其性然也乾隆十七年秋陞永州府授士戀戀不忍別去之後士益思之謂不可多得云子政清癸酉拔貢孫佾鳳廩生

周扶樞寧鄉貢生康熙五十　年訓導性和易肅容止喜培養士子貧者多解俸以資膏火勉其勵學後以憂去

謝鼎字匡山鄖陽貢生雍正七年訓導為人誠篤公正好士嗜文士來謁者不計脩脯製禮器備樂舞教育生童捐俸以周讀書之貧無力者優貢畢封斗時猶困童子鼎知其才極力成之十二年乞老去

蘄水縣志卷之九

知蘄水縣事餘杭邵應龍纂輯

選舉志

進士　舉人　貢生　應例

選舉代有異同固無俟縷述矣舊志隋唐闕然宋元來亦不多見惟明備書我
國家承明代之制春秋兩闈得人稱盛復時行選拔保舉辟薦法廣羅人才雖山陬海澨風教胥及焉矧蘄爲楚中名邑士生其間懷文抱武咸自濯磨以思奮跡觀光而吏之以勞著者亦得各奏其能若夫
榮命錫於所親
恩膏流於後裔此尤
曠典之無曁也一並表之志不朽云

表

宋　進士　舉人

李禹卿　楊葉

端平丙申科　姚彥良 治易解元　劉復心 書

甘澤

甘霖

元　進士　舉人

延祐丁巳科　李芳孫 解元

戊午科薛漢卿 館博士

庚申科　周謌 書

至順壬申科　左容賢 書

楊煥 書

至正甲申科　劉眞 易

丁亥科　畢蘭亭 解元

李希白 春秋

戊子科李希白

庚寅科　葉眞 易

何誠 詩

辛卯科何誠

丙申科　楊謌 詩

明　進士　舉人　貢 恩拔附　應例

洪武甲子科　徐福一 治易解元

庚午科　戴綸 詩山東道御史　黃紹祖 刑部侍郎
許禎 易　葉輝 鹽運同知
癸酉科　章琦 易　鄒以修 刑部主事
李思默 溫州知府
王瓚 清神知縣
程紀 新津知縣
劉粲 楚雄府同知
朱伯琦 教諭
張珩 嘉祥主簿

永樂甲申科　許禎 霑化知縣
陳賓 金壽同知
劉淳 盧州吏目
乙酉科　陳文顯 易　徐添理 浙江道御史
何進 易　劉俸 建平縣丞
戊子科　張喜 書河間府通判　張玦
馬汝賢 易　戴鵬 鎮遠府同知
甲午科　可鉞 書鄆縣訓導　徐淳 肇慶府經歷
庚子科　卯思恭 詩欽州知府　柴孟溱 河南倉大使
焦昌 詩安縣訓導　柴孟洧

宣德丙午科　彭鋐 易
何文憲 詩
呂鏞 詩清流知縣　方文質 江津知縣
黃思剛 興州左衛經歷
徐振 保昌縣丞
王鏞高 廣通知縣
正統戊午科　張詳 書　王德全
辛酉科　吳永哲 書河南道御史　張富 賀縣知縣
徐信 衡州府知府

景泰庚午科　徐溱 易饒州府教授　魯忠 鶴慶知府
陳士霖 太平知府
薛濟 易臨川知縣　王直 楚雄府經歷
癸酉科　張瓚 易閩縣教諭　程思銑 保寧知縣
方清 崇慶吏目
樂武
丙子科　鞏恭 易南充教諭　李端 序班
龔淵 鶴慶吏目
劉汝賢

范　煥（建陽知縣）
華　鏞（春新縣丞）
余　璣（易州吏目）
天順壬午科　呂　渭（詩）　戴自省（銅梁縣丞）
殷　倫（隆慶衛經歷）
邢道鑑
成化乙酉科　魯永清（詩）　彭　埛（貴州新添衛諭）　徐紹禮（典寶）
丙戌科呂　渭（行人）　瞿天柱
戊子科　程　岳（易穎州同知）　張文禮（營縣知縣）

周仲寬（成都府丞）　南太陽
庚子科　徐紹先（易十八名）　郭　奎（留齡經歷）
辛丑科魯永清（江西左僉）　卯　高（遂平訓導）
丙午科　李　汰（易義烏教諭）　周仕淵（平樂推官）
丁未科徐紹先（銅仁知府）　周　宣（瑞州府經歷）
周仲安
吳　志（金壇訓導）
樂　和（眉州訓導）
弘治己酉科　程　節（易）　徐公正　畢　鵬（知事）

壬子科　詹　易（詩饒州訓導）　南朝陽　陳　謨
王　泰　陳景文（任知縣）
乙卯科　李尚仁（禮記）　南時陽　胡　濂
戊午科　徐吉貞（易南戶部郎中）　胡宗周（酆都諭導）　畢良貴
辛酉科　程　翺（易）　萬　福（順慶府經歷）
甲子科　郭文輔（易廣東鹽提舉）　游　庠（光祿寺署丞）
陳　榮（易酆都知縣）　詹子雲（德縣主簿）
錢重器（春秋知縣）　汪　倫
錢　貢（春秋杭州府丞）　王　紳（淳安縣丞）

周紹武
正德丁卯科　呂　爵（春秋）　張　練（瑞州府照磨）　詹　瀾
周　卿（春秋十九名）　畢　鴻　程定遠
庚午科　李宗元（易沈邱知縣）　王仲正（都昌知縣）　程憲遠
操永魁（春秋長史）　陳大鵬（泗洲州判）　周　楫（任縣丞）
丙子科　程　轍（易南雍助教）　樂　悈　王承寵（任兵馬司）
蔡月徑（易）　李性文（峨嵋知縣）　胡仲方（任兵馬司）
程　衆（易）　程文遠　羅　衣（任縣丞）
己卯科　胡仲謨（易）　李延芳（大足訓導）　徐文貴

陳欽（易四十八名） 袁紹芳 周珪
張瑨（易濟州知府） 閔子厚 周策（任經歷）
辛巳科周卿（[illegible]提學道） 卯璽（長壽訓導） 程漸
胡仲謨（雲南按察使） 周臣（清平知縣） 王廷文
嘉靖乙酉科
李襲芳（易知州） 龔鎣 易文吉（任縣丞）
胡仲誥（易） 周仕哲 周璞（任經歷）
丙戌科胡仲誥（陝西參議）
卯璋 李敷芳
戊子科
殷相（易） 畢良凱 周情（任縣丞）
辛卯科
李脈陽（易） 張珏 程朝（任經歷）

甲午科
易文訓（春秋） 周制（雲南布政經歷） 程輦（定遠主簿）
庚子科
徐步雲（易祿里知縣） 朱文明（教諭） 詹元相（任吏目）
錢邦偁（春秋） 魯思 詹化
己酉科
周鳴塤（春秋第一名） 何爵（斷事） 姜朝制（任州判）
李猷（易寧國府丞） 夏尚表（德州訓導） 畢旻（任主簿）
壬子科
朱衿（易） 周玉球 周鳴鶴（任都事）
汪輔（大興知縣） 畢星
癸酉科朱衿（浙江右布政）
朱蘊祥（棗縣縣丞） 卯如山
錢邦偁（太僕寺少卿）
乙卯科
樂浹（易河南知縣） 魯辯（彭水訓導） 畢軒

戊午科
李鐵嗣（易六名） 潘瑤（沔城知縣） 周鳴東
己未科周鳴塤（三十四名廣東參政）
熊正山（安樂知縣） 卯塾
壬戌科李鐵嗣（廣東副使）
程輅（商水知縣） 蔡斗綿（成都主簿）
甲子科
朱期至（易） 周望（豐城知縣） 陳錄
胡邦謙（易） 徐文臣 陳言（任吏目）
陳鵬（商水知縣） 方兆貢（泰安知州）
陳鉞（別駕） 徐璋
潘卿 李藹（嘉縣縣丞）
游虬 劉元吉

李之實 劉元勲（任縣丞）
徐克私（鳳縣知縣） 劉元仕（懷寧縣丞）
周延士（思南縣知縣） 桂森（任吏目）
柯楚山（恩施縣主簿） 李宗孔（保定衛經歷）
周怡（合州吏目）
李崇芳
李早芳
李藪
周文

李莊 州判
羅良詔 縣丞
龔起鳴
郭洽 主簿
周鳴鎬 經歷
桂木 縣丞
周鳴篪
王廷諍 主簿
南子申 吏目

桂林 經歷
南廷佐 縣丞
楊鳴春 主簿
陳勲 縣丞
王希覺 主簿
蔡仁
胡述謙
張鳳益
周鳴遒 縣丞

程若璧
周鳴泮 主簿
楊任春
周鳴陽 主簿
朱祚
周廸 見舉人
詹元弼
程若紀 縣丞
王國仁

程評
胡在謙
李賢嗣
郭鳴彥
楊慎春 主簿
蔡斗卿
姜允恭
曾一魯 主簿
柴大梧

周鳴珩 主簿
姜允亮
柴大吉 縣丞
王希周
蔡斗煬
蔡鶴
胡行謙 思恩知縣
陳良任 主簿
曾一傳
桂三華

王希譽
楊灝春
李上華
戴秉奭
楊伯梓
潘時敏 兵馬司
程若俊 富順主簿
柴大桐
楊浩春

周鳴咸 保寧縣丞
周鳴悅
程若興 序班
徐一麟
楊化春 主簿
滕沛然
王三徵
徐漳
楊顧春
蔡著

隆慶丁卯科
李時成 易
萬良儒
郭之大
張鵬翔 易任知縣
周申
程國定 休寧主簿
徐一唯 易乙 壬右
李昉直 羅山訓導
陳王紀 主簿

庚午科
易之貞 易谷為 湖解
華邦基
胡仲合 易癸 府推官
葉廷梅
王希元 易
夏貢 任學政

辛未科徐一唯 兩淮鹽運
畢竟霖
李時成 直隸提學道
周博
王希元 福建提學副使

萬曆癸酉科

李第（易十三名 南雄）　畢良謨（訓導）　黃宗亨

石三復（易十三名 長寧知縣）　錢似邦　魯三樂（宜興丞）

何鳳起（易六十一名）　周中　劉可久

周延甲（易十二名 任蘇知縣）　陳紐（任知縣）　陳良傅（任通判）

甲戌科朱期至（懷慶知府）　王三輔

何鳳起（刑部員外）　錢邦伊（衢州府判）

丙子科

張文光（詩二名）　王希舉　湯執中

蔡斗移（春秋四名）　周鳴臚（京城兵馬司）

周迪（易…名 推府判）

周道大（易八名 任知縣）　周延大

丁丑科蔡斗移（臨江知府 陞運使）

潘學聖（易四十九名）　徐一豫（欽州府檢校）　蔡國琦（壽光主簿）

己卯科

何其宏（易十五名）　錢承斗（習春秋）

胡允寧（易九名）　王三見（耀州判）

壬午科

朱期萃（易十三名）　張㬌

馮國祥（易二十一名）　卯似山

徐存德（易五十二名）　陳王業（主簿）

閔廷甲（易五十八名）

乙酉科

周光德（易十二名 渠縣知縣）　詹大從

何其謙（易六名 攸縣知縣）

陳所志（易）　卯文山（大庾知縣）

周應期（易十七名）

桂凌雲（易十三名 任濟）　龔章

丙戌科徐存德（南部主事）

戊子科

張元碩（易十名 任知州）

己丑科閔廷甲（通政司參政）　汪文炳

何其宏

辛卯科

金玉節（易十二名）

甲午科

陳秉厚（易十七名 知府）　楊之翔（鴻臚寺序班）

楊繼哲（易二十名 大同推官）　陳王綱（主簿）

周延光（易二十三名）

孫慈（易五十名…）

朱一統（羅田學）

官應震（先籍黃岡）

丁酉科

張應奎（易七十二名）　周道行

戊戌科金玉節（南刑部員外）

張文光國子司業　楊達春通山教諭
官應震太常卿
庚子科　楊惟一易卅五名虞衡司郎
王之民易卅五名知州　徐喬齡恩縣知縣　高如岳寧州府經歷
辛丑科周應期廣東巡按御史
周延光光祿寺丞　楊伯溥衛經歷
癸卯科　郭士望易解元　易之會隨州學政　柴榮縣丞
畢大猷易卅四名按察僉事
許元卿易三十五名　周鳴鐖威遠衛經歷

孫逢時易五十九名知縣　楊伯鵬縣丞
姚明恭詩　徐學理縣丞
甲辰科郭士望福建按察司　周之祜　楊伯鶠
張應奎滄州推官
丙午科　游之英易六名知縣
己酉科　朱期昌易中閣十二名　饒正宇
庚戌科朱期昌常州知府　周延申碁陽知縣
壬子科　南有臺易十名　周延遲崑山丞
楊楚龍易十八名　汪凝撫州府判　楊伯鶠

乙卯科　朱朝熙易十八名泉州知府　楊伯瑋星子知縣　周道恭任長史
戊午科　蔡璿書十二名　楊伯廷四川都經歷　王三捷任縣丞
王覺民易十一名　楊繼祚
桂啟芳易廿九名　石中璞長洲縣丞
謝天申易廿二名西平知縣　徐步達楚府典儀
己未科姚明恭書十二名閣學士
蔡璿成都知府
官撫辰桃源知縣　周鳴服龍安府經歷
泰昌
陳于前懷慶通判

天啟
辛酉科　魯若恭易十四名歷城教諭　程九萬思恩府幕　李用賓福州府判
甲子科　畢九臣易二十名紹興府丞　李生一　周鳴度
丁卯科　周之士易三十五名州學正　錢鑛寧州訓導　周之祚光祿寺署
汪劾忠
黃耳鼎拔
姚允恭恩保定通判
楊伯賓
呂應宸瀘州通判
楊日隆任經歷

崇禎戊辰科楊楚龍建德知縣　萬事忠

庚午科　楊繼暢禮記二十名　周之倆

高洪基易二十七名　官撫極思恩府通判　徐二儀光祿寺署丞

胡三宗易四十二名武義縣　畢竟芳　周之儒武學教諭

饒應元書七十名溧水縣　郁文初思韶州牧

卯之宗易七十四名　閔以棟肇昌府丞

畢期玗易七十一名　黎宏祚恩

辛未科桂啟芳海陽知縣　王士俊乙亥特例貢

癸酉科　南居翼易七名　夏之謨

胡三順易　姚居恭重慶府丞

甲戌科南有臺南部郎中　畢祖洲

丙子科　周壽明書解元　何彬然

黃正色禮記三名蕪湖縣　王來泰

畢十臣易十一名　華于晃

黃耳鼎易中京闈　周建行

丁丑科黃耳鼎三甲陝西按

周壽明曲沃縣行取科

畢十臣崇陽縣行取御史

楊廷簡

己卯科　李見璧易十三名　游宗先易十四名本府解　劉炭

楊簡易五十八名　南山石

庚辰科高洪基大名推官

壬午科　金甌易四十二名　周從奎

謝天知易四十八名

張繼善易五十七名　徐二南

南之俊易四十五名象生

右自明洪武甲子起至崇禎壬午科止計年二百五十有九計科八十有八中鄉試者一百三十一人中會試者三十七人按洪武初年科塲興復不一後始定寅子午卯酉辰戌丑未年分今因舊志凡中試有人科分則書其餘不書若我

本朝加意作人凡

國家大慶

加恩開科廣中解額故鄉會科分悉列于表觀光欣忭蓋無窮焉

本朝　進士　舉人　貢　應例

順治丙戌科
汪文光治易平罟 徐一倬 官撫漁僉稱知縣
李生美易平名 徐二瑞
程維伊易慶元知縣 官撫邦大冶訓導
李果易平名洪雅知縣 岑柱瀾
南應建
丁亥科李生美德安知縣
戊子科
張五衢書五名 周之篆
楊繼經易平七名 周寓鹗思通判
己丑科胡三順萊陽知縣
楊繼暢拔推官
辛卯科
李之驥書魁鄉榜解首 徐學昌武陵教諭

李華書四十名任教諭 李生蹊監利教諭
陳瑹易臨潼知縣 周從文新寧教諭
駱驕易知縣 南仲拔澄海知縣
柴沖雲易十二名海豐知縣 何之旭拔德化知縣
高耀基易七十二名 夏奇男拔
壬辰科
皮浚明
甲午科
王保鼇易平九名 黃士英教諭
邢子愿易 畢瀛洲
洪一翥易 黃宗鼎

乙未科楊繼經刑部員外
張本忠詩名翰僉憲閣 楊成洪
丁酉科
胡旦
程維極詩書經陽學政 楊錄用恩州判
張邦福易五十名 王臨民縣丞
李成棟易六十名 李見瑤拔江都縣丞
徐東映易十三名教諭 畢紹昌恩知縣
戊戌科張邦福紹興府推官
鄭嗣產廷試
王保鼇常州府通判 歐陽鼎廷試
己亥科李成棟雅州知州 南之傑廷試知縣

庚子科
李報玉
辛丑科
畢鳳洲麻陽訓導
康熙癸卯科
朱國是 徐四公 張屛公
丁盛時
甲辰科
高子才 王直竑縣丞
丙午科
畢紹蘧易鄖城知縣 楊于儒 華文薰武康知縣
丁未科
陳之賓天柱訓導 陳兆玉長沙府訓導
己酉科
姚師孟 姚師譽潞安府通判
庚戌科
徐五宗石首教諭 魯僖順德知府

壬子科　周梓　徐雲宏拔　南夢斑淮安府同知

癸丑科　張問政　李見傑教諭

乙卯楚省闈軍務停科　何聖時　南夢鯉縣丞

丙辰科　周文翰　陳孫芷

戊午科　張萬選十一名　李開禧　袁瑤

畢友宜十三名　楊于星　楊動善

高鑑　李師聖副　姚師曾

呂尚傳本姓龍　李光祖副　王凱紘

己未科畢友宜知縣　徐雲宏常蘭言　楊擇善浙江訓導

龍尚傳從本姓　張萬熙

辛酉科　劉同向易十三名發　南宏士縣丞

官純貞易九名本籍　李見奇州同

邢雲易二十名教諭　鄭文華縣丞

壬戌科　嚴正忠

甲子科　閻承志春秋十名　華載勲監利教諭

袁同賢二十三名本縣人　邱銜

官純佑拔　方齡

乙丑科　官純滋拔　張覲聖臨湘訓導

丁卯科　畢元英易十七名　李向榮桂東訓導　張正翔縣丞

徐廣淵　瞿然　蔡之儁

戊辰科徐廣淵廣宗知縣　畢燦　閻承德

庚午科　胡理　畢翊祿　柴宗曦

李正達　錢從燮　華載顯縣丞

辛未科　蔡文龐副　王晁

癸酉科　田美中本姓李字綸　胡繼昌　劉漢裔

程士棟　李克馨　李承恩

甲戌科　汪芳珍恩通城教諭　南之貞縣丞

華偕寶

丙子科　徐子芳　南之祥縣丞

丁丑科　南先發拔中書　鄭文先寧波知府

己卯科　王建琰　楊仁迪拔　柴崇禹州同

鄧維翰榜姓劉　鄭毓諶拔監學錄　汪台閎

庚辰科　郁煌　華載采州同

壬午科　徐源舒易八名教諭　胡楨詔　賀其華

汪之珍禮記十九名　汪光泰恩　王世賢州同

癸未科　景士智訓導　周構國子學政

乙酉科 徐源遠易知縣 張逢年 姜鈺英高安州吏目
周節周書辰溪榜姓楊 徐璉 李祿貞州同改名河工
甲戌科 李垓 閻士魁
戊子科 徐作枚易府丞 楊乾性 蔡應椎
己丑科 葉五玉中河南副 李林茂以上舊志
辛卯科 邵日霄易 葉維藻副應城教諭 毛文埜
熊啓灝 姚謝玉 胡雍悌
楊仁迪 汪天霖 李籌貞州同
壬辰科 徐泗水 姚嗣烈巴東訓導

癸巳 徐喬綏易五十名 畢開潤 汪承寵汲縣丞
恩科鄉試 汪承恩州同
會試 徐雲文恩 顧則新
甲午科 胡承提易三名 陳作仁 張由聖貢
可二峯貢
官錄書十三名 范之則 程紹伋貢
梅琮易四十五名本姓程 潘鍾俞 鄭毓吉隨州訓導
乙未科 陳首潼 蔡光璧縣丞
丁酉科 程良開易十九名 馮之貞 可二曜縣丞

嚴繼陵易十五名 南岡 可二典縣丞
萬孝玉州判
畢封基書十一名 李崙 鄭毓揮州判
周洪邦州判
戊戌科 鄭毓時州同
庚子科 徐本僊易名雲 張承柳貢
徐立御易二十九名 胡承厚縣丞
辛丑科 楊宏謨易十三名 王綸

雍正元年癸卯 胡承揆易三十名 黃芝教習 何元鯤吳浦知縣
恩科是年四月 奚學標 高應玕恩 程學瑗縣丞
鄉試廣額三十 周坤順書二十一名 徐七辯州同
名八月會試 汪世爍州同
恩科癸卯甲辰 畢開璞 葉學成訓導
補癸卯正科 萬元常雲夢訓導 楊朝正
二月鄉試是科 蔡汞璞州同
湖北湖南分闈 蔡汞瓚州同

李能貞貢
徐之魁貢
晨補行正科八月會試　張盛文貢
丙午科徐立御三甲傳臚吉道　汪承澤
李紹度
丁未科　范徵典　孫敬承
己酉科　龍雲斐春魁十四名　徐守中拔知縣　汪玉
劉自核學案株洲教諭　蔡文浩副榜再副州判　王安泰
庚戌科　萬元文　徐潞

壬子科　張素臣五壘名　徐連極
李大鶴四十八名　李琮武昌訓導　徐立行
郭一麟
癸丑科嚴繼陵襄垣知縣　楊琪　李紹虎
乙卯科　潘伊琪十八名會試欽賜　徐明理拔　汪啟椿
葉鐘
何御龍四十二名　葉梅拔　周源
萬萬春
乾隆元年丙辰會試何御龍大成知縣　周經政恩　張紹昌

龍雲斐原名雲庭任漢陽州　范之閎恩
周多才　任光遙
周郁燦　石永錫
丙辰恩科鄉試丁巳補行丙辰正科張素臣　姚有萬　王永謨
戊午科　張聯奎五魁八名　鄧統　徐浩以上縣丞
畢志璜春魁十九名　閻國琪保康訓導　盧廣祚選縣丞
己未科　張映璜吏目
辛酉科　徐明理書三名　梅士錦拔教習　聞濬昌
汪世儀

壬戌科　張鴻文易五名會試欽賜　陳鵬翥拔教習　汪紹旦
胡應元
王士發本姓南　張旭榆
葉楷
甲子科　岑天構易十七名　南雲龍副　羅永學
瞿顯然易　華士椿　余祚宏
乙丑科畢志璜三名義寧知縣　董際旭漢陽府訓導　聞澄昌
岑天構歷知縣　李鎮衡　聞渭昌
周愷

丁卯科 劉夢鵬書十一名 瞿漢渤 闕興邦
高士傑
周象豫易十七名 盧經邦
戊辰科 徐七游 謝錫申
庚午科 周象晉詩十一名 姚可行 王宣泰
徐七游易 蕭龍文 徐宗璉
尚四嶽
范思皇禮記 蔡文泗 徐立復
辛未科劉夢鵬 徐立崧

范思皇由拔貢吏部[illegible]福建[illegible] 陳錫疇
壬申恩科鄉試 徐養忠書十六名 聞盛榆副 張旭霖
范之光易 李鍾興副 范延祚
范延文
壬申會試 徐登第
癸酉科 程應麟春秋四名 徐燭理拔 楊士忠
龍雲起禮記五名 鄭毓慶恩 萬承綸
劉祚禹書七名 張昺 可三復
徐立階書十一名 尚惇典副 周宗文

葉際昌書十六名 汪夢旭副 汪啟梓
胡本立春秋十名 汪啟樞
郭一捷春秋 郭一洵
華觀貞易四十名 周象豐
胡應元
甲戌科徐養忠 王立人 徐六敏以[illegible]貢生
丙子科 詹田瀾易十五名 徐棟梁副 徐映庚[illegible]
徐聞昌 駱國鏞候選九品
丁丑科 畢封臺 任國元州同

冷逢泰廣西州同

蘄水縣志卷之十

知蘄水縣事餘杭邵應龍纂輯

選舉志

表

元

武進士　舉人　武勲　應例

明洪武

薛天定 西淮都督討虜將軍

薛徵 西淮都統制

魯穀 參將指揮

南尚魁 南京都司

永樂

柴坤 校尉

王聰 漳國公

王誠 世襲錦衣衛

嘉靖隆慶

文質 進士第一錦衣衛都督

文應詔 錦衣衛都指揮

胡振揚

文應科

萬歷

鄧祖禹 己未參將

洪鍾響 解元

歐梅 第三

鄧祖禹

天啟辛酉科

胡承寵 三科守備

方叔壯 參將

甲子科

周碧

丁卯科

周之亮 甘州守備

崇禎

胡第

周之謨 由將材授守備

陳經邦

徐三楚 本省兵巡中軍

李師淵

雷應貴

陳經邦 守備

李師淵 遊擊

雷應貴 遊擊

本朝順治辛卯科

郭正中

甲午科

徐雲闕 衛千總

丁酉科

蔡進卿

鄭仁虎

庚子科

蔡中巒

周從奎

康熙丙午科

彭可治

韋參

己酉科　楊汞之
卯紹孔　周友 義王下一等阿達哈哈番
周提 阿達哈哈番
壬子科　葉有功　高有功 軍功都司僉書
張翀
戊午科　范貞
李之彪
甲子科　羅宏仁 榜姓詹
丁卯科　周有悅

庚午科　朱應高
癸酉科　官珍
甲戌科官珍　詹鴻才
丙子科　姚黃 本姓鄭
丁丑科朱應高 徐州衛守備　汪映湖
胡士英
己卯科　萬邦侯
余正坤
徐志遠

壬午科　陳起書
戊子科　駱尚賓 高州鎮守備署
龍門協都司
癸巳科　方成德
駱文琮 守備銜司僉書
甲午科　江成章 榜姓方
徐本任 由文舉中武滁州衛
丁酉科　駱文璜
袁之曉

戊戌科徐本信　徐本信
庚子科　任必壽
雍正癸卯科　周世麟 臨清衛
徐立正
甲辰科徐立正 桂林恭將　徐于宣
張俊
丙午科　徐本修

丁未科駱文璜涂挑源崇壽傳

己酉科汪應源

駱文瓊

饒學韜

壬子科饒光祖

李樹聲

徐立得

乙卯科方雄

乾隆辛酉科華應奎　洽文瑞由湖營係總兵　尚國柱

庚午科周必仙官著提志事本傳　周海

壬申科徐世勳　袁之明

駱朝鐘　葉之江

何電

李士瑛

徐六池

徐斌

汪啟誌

官瀇

由庠生係雍正五年撥入勇健營

附

王如川　徐朝士　程琥　周永全

陳道德　王鍾　賀宗茂　周瓚

徐友恭　夏子義　徐行中　李福元

沈文真　劉子才　蔡時　南鑑榮

吳尚義　柴杰

右舊志列選舉表內今按其行事均係輸

粟捐金以周桑梓洵爲尚義可風然非國

家應例之舉因改附於後不沒其實

元

貤封　薦辟　思廉　吏仕

李玉林　薛楚卿以父廷龍譽

明洪武

楊思義以文學戶部尚書　楊銘清水驛丞

蘓哲以儒舉華州學政　王志剛吳山驛丞

楊泰以文舉正定同知　魯必成安樂驛丞

薛均以才舉寧夏府貳

楊子昱以才舉太原府丞

永樂

王貴卿　沈傑以儒士舉汀州同知　王琰以父聰襲武城侯

以子愬貴封武城侯

張吉華　以子銑貴贈徵仕郎僉書左衛經歷

蔡鑑　以儒士舉晉府長史

王璿　居九都襲

王庸　以儒舉晉府紀善

易愷　以人才舉太僕

席汞　以孝舉倉副使

張民瞻　以人才薦按察副使

梅思温　以孝廉舉鹽運使

周澍　以才舉鹽運司

王道　以文學舉慶遠府

王如源　以文學舉鹽運判

徐麟　以儒士舉

王彬　以賢良舉太醫院判

郭闕　以人才舉禮部主事

宣德　正統　成化

曾鋼　以子永清貴贈大理寺左評事

易濬　以人才舉本縣縣丞

張存禮　以天文舉德慶知州

王玘　以人才舉按察僉事

徐溱　以子紹先貴贈主事

李儉　河間衛知事

張儁　淳安縣丞

席汞剛　宣化縣丞

王汞　温江尉

張銓　聊城丞

閔存　霸州判

宏治

游復初　以子庠貴贈光祿署丞

徐桂　以子吉貴贈員外郎

吳謨　太倉知事

徐誌　順天照磨

龔源　倉大使

胡文　工部大使

郭琅　山西按察司獄

徐喁　雅州吏目

陳仁本　婺源吏目

李林　福山主簿

聶俊　石洋驛丞

黃瑄　郴州巡檢

周星　青塘巡檢

袁鈺　酆都尉

李陽春　淮安大使

盧伯林　銀山巡檢

胡昇　武陵巡檢

孫贊　新鄭尉

吳忠　忠州鹽提舉

涂由　巡檢

正德

周紹吉　以子琨貴贈給事中

胡溥　以子仲謨仲諧貴封主事贈副使

胡潤　以子仲芳貴贈承事郎

陳厚元　以子欽貴贈文林郎

劉戚　以父蘭龍黃州推

龔志剛　惠州巡檢

蔡仲傑　驛丞

蔡時達　衛經歷

胡仲武　西充尉

胡仲哲　徐州知事

徐行化

蔡月濂　王府[illegible]

嘉靖

張大昕　以子璿貴贈員外郎

汪復榮　以子輔貴封大典縣丞

朱文奎　以子移貴封御史贈副使

周楫　以子鳴埙貴封主事

錢貢

馬訓文　滑石巡檢

李宗彬　湞陽驛丞

陳友義　水西驛丞

席上玉　四川大使

劉文虎　阜通倉使

馮懋　巡檢

蔡斗章　驛丞

李羑　以子邦偁貴贈知府　以子纖嗣貴贈郎中

朱思浩　倉大使

王珊　鹽大使

蔡際期　稅課大使

華仲義　大使

陶贊　巡檢

劉富　大使

陳賢　博白尉

詹鑾　大使

程壁霄　大使

劉相　知事

夏渭　南浦驛丞

劉元臣　典史

徐雲翔　縣丞

馮良知　大寧吏目

施恩　典史

楊伯愈　吏目

楊暄　驛丞

胥義　縣丞

馮仲杰典史
周廷貞倉大使
周鳴琴大使
楊昇大使
張恭典史
馮良能典史
馬自新大使
王紹中典史
郭廷錦大使

隆慶
王承芳以子希元貴贈按察副使
徐文言

曾一理吏目
戴應唯經歷
戴喬驛丞
南廷梧宜昌巡檢
蔡思良經歷
熊宇吉主簿
胡鈞巡檢
李宗曾省祭
周鳴廸監大使

以子一唯貴封知府
李廷誌以子時成貴封御史
萬曆
徐步雲以子存德貴贈文林郎
何大昭

胡銖巡檢
程仕遠典膳
楊領春縣丞
周鳴通平涼倉大使
易俗吏目
李凱嗣大使
熊廷相巡檢
姜朝珍巡檢
許激巡檢

以子鳳起貴封知縣
何鳳池以子其宏貴贈文林郎
朱衿以子朝志期昌貴階通奉大夫
蔡月濂以子斗移貴贈大中大夫
易任以子之貞貴贈刑部司務

畢竟和經歷
李暢然大使
李贊芳典史
畢竟孝經歷
胡端巡檢
魯宗學巡檢
徐瓚奉祠
邱鎬大使
華貞典史

楊伯貲 以子繼哲貴封文林郎

周栻 以孫延光貴晉贈通奉大夫

周鳴吅 以子延光貴累贈通奉大夫

官如臯 以子應震貴累贈中議大夫

周國勲 以子光德貴封文林郎

閔翀 以子廷甲貴封通議使

天啟

楊申春 以子伯廷貴贈徵仕郎

柴大楠 司獄

周田 知事

楊承訓 大使

湯仲堯 鹽大使

涂瓊 驛丞

賡必忠 驛丞

潘時宜 經歷

蔡斗熹 稅課大使

王紹周 大使

楊蒞 仁和知縣

高時進 翊州吏目

張問德 貴縣丞

羅之祥 典史

羅國學 典史

張所逸 泰安衛州判

羅滿金

張問仁 繁縣丞

高楫 稅課使

崇禎

楊蒞 以子惟一貴贈奉直大夫

姚子鶴 以孫明恭贈太子太保

姚光盟 以子明恭貴贈大學士兼太子太保

南邦取 以子有臺貴贈奉直大夫

楊繼周 以子從龍貴贈文林郎

畢大猷 以子九臣貴贈奉政大夫

謝魁芳 以子大申貴贈文林郎

柴登芳 省祭

王悅民 嘉定州判

涂嘉爵 廵檢

章惟賢 九州府經歷

陳任爵 增城教諭

陳一忠 開封大使

葉根高 京口廵檢

文光印

本朝

順治

黄一選 以子再旸貴贈徵仕郎

周延甲 以子之仕貴贈奉政大夫

朱廷錫 以子朝熙貴贈奉直大夫

胡銓 以子三順貴贈文林郎

官存坊 以父撫遼廕監讀書

楊伯廷 以子繼經貴贈刑部員外

周文 恩縣主簿

張問行 家雲丞

張問德 以子邦福貴贈文林郎

文之貞 海寧主簿

官應朝 福建巡檢

李多蓁 以子成棟貴贈文林郎

王三尊 以子保鑾貴贈文林郎

常廷高 以孫參貴贈資政大夫

康熙

易道乾 永寧州判

常正宇 以子參貴贈資政大夫

李嘉甫 以子果貴贈文林郎

魯一夔 以子熹貴贈奉政大夫

南有杞 以子之傑貴贈文林郎

南之傑 以子夢琔貴贈奉政大夫

徐大業 以子履淵貴贈文林郎

程宗栻 以子維伊貴贈文林郎

鄭士聖 以子文光貴贈文林郎

楊道存 以子迪仁貴贈文林郎

雍正

畢瀛洲　以子紹甦貴贈文林郎

畢祖洲　以本生子貴贈文林郎

徐五宗　以子源封貴貤贈修職郎

張鳳起　以子觀聖貴貤贈修職郎

徐寺可

王國英　由貢以孝友薦舉歷任鹿州鹽運使

江在乾　經歷

龔世麟　考授品職銜

乾隆

王啟軌　以孫國英貴贈奉直大夫

徐本僊　乾隆元年由知州任崇甯十鳩詞召試

王夢鯉　以子國英貴贈中憲大夫

南昌齡　乾隆年貢舉博學鴻詞召試文淵閣

徐梁　贈中憲大夫

畢封斗　由廩生時保和殿

徐本仁　以子本僊以孫貴累贈中憲大夫　行貢太學考校教習

李世瑞　以子立御貴贈中憲大夫　湘陰尉

洪　醫士

駱傑　以子尚賓貴封明威將軍

駱俊　以孫文璜貴封明威將軍

駱于賓　以子文璜貴封明威將軍

熊之南　以子攸瀛貴贈修職郎

龍詞共

璠　以孫思皇貴贈奉直大夫

范同仁　以子思皇貴贈翰林院庶吉士

奚濡　以子學標貴贈文林郎

潘公理　以子伊琪貴贈修職郎

李峻 以子琮貴

楊擇善 贈修職佐郎 以子朝正貴

徐本任 贈修職郎 以子立正貴

駱尚賓 贈昭武大夫 以本身貴

晉壽 古

蘄水縣志卷之十一

知蘄水縣事餘杭邵應龍纂輯

人物志

儒林

昔司馬遷作儒林列傳[illegible]申公等七人餘詞華之士不入是猶尊孔子於世家之意後來史家或列儒學或列道學名雖不同亦儒林之屬[illegible]邵志儒林止列二人[illegible]

明

李汶字清之號立菴[illegible]以眉科名與人言必涉古今關世教閭閻細務一語莫之及也修身正家獨行古道鄉人化之由儒士以易經中成化丙午科鄉試[illegible]授江西永新縣訓導立教以操存踐履爲先刻小學家禮等書俾學者講習而躬行以率之曰此吾儒務本之學也宏治丁巳陞浙江義烏教諭修縣志府僚念其清苦餽白金三百悉以修

學宮復之曰一緘之惠上及聖賢下及士類矣於吾一身何有哉甲子應福建同考聘有干以私者叱遣之刻南闈紀行詩有云豈知着力年來事正在區區善利間子究[illegible]之書畧云天地間事皆吾分內事此出門一步耳何足動心年七十有三卒祀

義烏名宦

蔡司涇號沙江性純孝少孤廿三[illegible]刲肱愈母正德丙子[illegible]南[illegible]戲動正心以求誠與[illegible]之有司請見罕搢[illegible]學者稱為大儒

程轍字子建正德丙[illegible]八性[illegible]有志節與湛若水遊雅志不仕父强命之授墊江諭墊故不學輒從容化誨每社飲以談說經籍為娛蜀人化之尋陞國子助教卒[illegible]王[illegible]其墓曰道待人行性學以明虞廷與旨亘古至今杏壇既遠異學爭鳴關閩濂洛爰續其眞江門流派乃自流清甘泉同脉澡瀹凡塵浠南程氏伊川後身泉翁一見遂定道盟回也默識參也至誠吾道楚矣墊江淑人云胡不偶梁木倏傾立志未就芳躅幸存閒道以死萬禩斯馨

本朝

徐子芳字茂孫[illegible]辛周[illegible]子誕之日家人聞墨香經宿不散父曰是兒書種也六七歲能記誦與之語即解悟父甚喜之故時語以三代後古今運會人物升沉學問源流而一要之以濂洛關閩為正子芳雖童齡能一一誌之不忘十二歲父母俱逝家既貧又時際亂離奔竄百苦倍嘗中依伯父[illegible]業學不輟弱冠入學聲譽日起是時學者沿良知[illegible]學俊傑俱被牢籠子芳獨屹然不為之惑沉潛於經史性命之文思與古人之正學有所得發憤精研夜不就寢凡七載由是胸次滔滔每一論列古今大故必悉源委而將措之實畫亦鑿鑿次第有法乃久躓場屋僅博一歲薦未竟厥學論者惜之然子芳之意弗介介於斯也年八十三卒學者稱為玉田先生

徐雲宏字元石生而端飭七齡入塾即知向學一日師出歸見手持一卷視之則朱子綱目也大奇之稍

長學日益進心嗜宋儒隨時體認由選貢魁京闈爲道州學正以師道自重守土者欲以屬吏臨之毅然曰濂溪光霽去人不遠何若爲乃作書論正之故事有儒學供億州牧催徭與請除之捐俸修文廟庠學舍進諸生朝夕討論士風丕振陞建昌令清糧折獄稱古循良太守某欲撓其法厲聲曰我輩身居民上視民如子豈可枉法哉以外艱歸起補白河令一年而卒時高安朱相國軾聞之曰吾西江清白吏也囊槖必無餘資乃爲之經紀其喪子守中以

選拔試仕山西崞縣虞鄉二邑令殁後無擔石儲可謂不愧儒風矣

官純滋字秀士一字蘭九拔貢生自幼端敏慨然有遠志恥事帖括欲爲通儒嘗謂通天地人始可爲儒家世績學乃發篋下帷取古今典制因革暨名賢博議而裁以己論復能究心儒術思通經致用覃研經傳尤精詩易嘗任雍學貴人聞其名欲見之泊如也乃以弟喪往返勞頓致疾亦卒京邸遺書戒其子正得惟惓惓以忠孝詩書爲囑無一語及私

文苑

唐李漢曰文者貫道之器不深於斯道有至焉者不也觀蘄之士孝弟忠信深醇恭雅無華綺博贍之習故其人之可傳者其文多質實近裏而不佻殆所謂有道而文者歟是亦不朽之盛事也

明

郭文輔字良弼少時家貧父使牧牛文輔挾筆硯及獨足几就巖間讀周易宏治甲子舉於鄉官鹽課提舉著清聲解官以數片石載歸家忽火文輔籲天曰

有不義物願焚之火遂滅山居一足不及城市嘗曝日中葺敝履督稅吏執之尋知爲文輔甚懼文輔曰汝非知我笑而遣之

王紳字廷章宏治間歲貢少英爽居恒喜讀易書深於名理初授淳安丞清苦聲聞藉甚上官多薦剡將擢用之而紳卒矣

周光德字翼明萬歷壬午舉於鄉授章邺教諭所識拔俱捷南宮嗣令渠縣適旱虐爲災光德設壇禱禳而有麥秀穗歧之瑞報政聞親病力乞終養杜門著

述泊如也七舉鄉賓歿後從祀鄉賢子健行字弦玉
崇禎丁丑歲薦廷試第一不就職父喪廬於殯所寇
至則伏草莽寇退即就苫凷病瀕死猶不離次四載
無異定而後已殯側古松枯幹生枝眢井冬溢嗣是
家有大故松必鳴泉涸人以爲孝思所感云故人胡
東漸居要津健行適與之俱有被逮者以千金請釋
健行曰不可出一人則入一人罪矣却之光德聞而
喜曰真吾兒也生平博學工古文辭

朱期晉字康侯邑諸生博輿多才萬歷間爲邑令闕
士遴修輯縣志後人賴焉
舊志輯於順治十四年人多其功令秋開館重修茂
才李子正國持名萬歷時闕令所修志一本示予予
見其序首云博選文學擴其詳而輯於朱生期晉始
知此志出自朱而楊因之乃檢藝文所載闕序獨無
此語豈前此胡癸[illegible]程昌相傳二志即此志歟而朱
與楊皆因之夫事因乎舊文發乎新此作志者之各
具也烏取乎陳陳相因哉獨是朱輯之後人因之顧
使其名弗彰非操觚者之過歟故亟爲之傳而附記
於此余又聞之邑人曰朱蓋貴介而多才者今清泉
碑版間猶留其墨跡云

畢大猷字在湖嗜學攻苦嘗執書步讀簷下歲暮階
陷數寸博覽羣籍寸思濬發中萬歷癸卯鄉試甲辰
春闈以本房擬元坐遺授穀城教諭時鄖陽治院黃
紀賢羅三省髦士於龍門書院屬大猷談經校藝多
士師事之凡所品題率登第年五十一卒於官子九
臣十臣另傳

魯若參字得之於書無所不讀於境無所不窺文多
奇創沉至早餼於庠列高等中天啟辛酉鄉試雄文
膾炙人口署應城諭人服其教

朱期至字子德布政朱袗子萬歷戊戌進士與江夏
蕭良有李維貞俱以佳公子登上第期至爲懷寧太
守意翩翩凌雲不有其太守也弟期昌字辰翁萬歷
庚戌進士由戶部歷任常州知府承父兄之緒於中
藥屏去一切貪書好古早年即以才名楚十二子之
一博文强記爲文務原本其所自多識古事

陳所志字見衡風流倜儻凡爲文無論古今體倚馬

立就中萬歷乙酉鄉試第十會試入彀而復失者二遂放浪山水間不求仕進云

郭士望字應璜號天谷萬歷癸卯解元聯捷授行人已酉以祠祭主事分考順天壬子以考功員外典試山西生平坦易無機械狀貌偉然才長學富爲文瑰瑋奇麗士林重之

周延奇字海尉少英穎隨父鳴瑁官越遷粵時六歲同寅試以對輙應答不移步人多奇之後見知於邑令涂某博學多才詩文並美尤長於詞賦膾炙人口弟延賡字古矜亦穎異純孝許孚遠每器重之

邨民極字廷卿督學俞某取爲通省首卷食餼二十年萬歷癸卯中副車與朱朱陵徐賓所余三槐相頡頏朱陵謂之曰君生平才敵命而見屈志歟時而受挫當爲扼腕分痛性好風雅春秋四十有二人多惜之

右二傳舊志入逸行今改入文苑

黄正色字美中以崇禎丙子舉於鄉嘗令蕪湖冰蘗自矢不可干以私又性恬退不久即賦遂初絶愛林

麓之勝茆屋數間圖書横列搜討無虚晷一二素心人外蕭然遠引而已善書人有購得其尺楮者珍於拱璧不事田產寡所營遺子祥遠能詩孫鑾皆清苦自立不墜家聲云

金甌字卜公刑部郎王節子崇禎壬午舉人少孤事母以孝聞好讀書與黄正色及同郡王一翥劉侗等輩以文章道義相期許久困諸生中晚始一遇卒年五十一甌子思黙爲名諸生長詩古文詞

徐宗齡字商賢邑庠生其弟祖齡字周史邑廪生户部郎吉貞四世孫幼孤奉孀母林教極嚴兄弟奮發稍長遂並以文名嘗借讀僧寺有異僧過之見其清苦欲授以濟貧丹術兄弟笑謝弗顧入庠每試輙聯名高等一時鄉先達皆器重之若同郡曹應昌邑人黄正色則儕輩詩文相摩切者宗齡淳篤祖齡英爽各負至性宗齡年五十六卒無子祖齡蚤卒年三十九遺孤三長琳玉次子芳次子春宗齡於兇難搶攘中悉撫教之有成

本朝

官撫邦字綏之性狷介不妄取予閉戶篤學潛心性理旁及內典三式天文地理諸書以詩古文詞自刻礪由歲薦授大冶縣訓導捐俸葺學宮日課生徒人文蔚起塑梓潼命未赴山居二十五年布衣蔬食恬如也年七十三卒子紱仍異才早卒紱滋紱佑另傳

閔以棟字石菴廷甲子少負才有聲海內明崇禎間以歲貢判溫州歷知亳州所至有聲解組歸從倚林泉三十餘載詩史自娛子孫環數十而家無擔石儲泊如也

李見璧字元瑩明崇禎己卯舉人家世績學博綜稱富洛掌故者每倚爲行秘廚前修邑乘劉令佑多所訪詢邑中往來名士無不知元瑩者七上春官不第卒於家

楊繼經字傳人順治乙未進士初授大理寺評事累遷刑部員外卒於京生平風雅磊落篤學工詞賦率筆成文不事產業悉付兄弟澹泊自守曲周劉佑令蘄購志於兵燹之餘繼經乃蒐輯殘簡得萬歷時闔令士選所輯志因其舊文而增其事使六十年後典故人物迄今得以考証者實有賴焉

陳琛字非石穎雋有異才篤學尤長於詞賦順治辛卯舉於鄉屢上春官不第授臨潼令潼衝繁琛以能遷州牧因勞遘疾卒於官

高耀基字文中幼穎悟讀書一目數行長詞賦好樂府作文每出獨見不旁襲人順治辛卯舉於鄉五上公車簡選縣職丙午春倦臥不起易簀時囑其子讀書立行未嘗及家事云

邢子愿字侗士性孝友嗜學不倦郭吏部士望嘗歎

服其爲文順治甲午舉鄉薦爲監利教諭捐俸葺學宮進諸生問難其中獲雋者甚盛子雲舉人

徐灝字若谷少爲諸生一時才名動前輩邑中長老皆嘖嘖稱不置口有汝南才子之目

國初辟薦授爲本省潛江知縣旋告歸老卒於家灝與邑人官紱滋友善紱滋叙其爲人祥風善氣盎溢眉睫間於書無所不讀尤嗜洛閩之學語學者切已近裏斷古今是非成敗若燭照數計論五經若持寸莛叩洪鐘觸

手輒應純滋固不妄言者也

畢紹昌字丹生由

恩貢廷試第一授休寧令日進諸生論文滔滔若決江河沛然莫禦吏人請以公事輒瞪目直視曰汝速去毋溷乃公爲郡守監司知其名令人喻以意益自笑乃投疾歸其爲人修髯方頤身長七尺聲如洪鐘見者無不欽其丰釆先是貢成均時以郵亭題壁詩見賞於貴人及在京卻相得歡甚貴人知其貧而欲以官資厚之而紹

昌之蕭然遠引也如此弟紹奭由舉人教諭卓異爲酃城令卒於官紹發庠生有才早逝發子開潤學行醇茂文冠一時以明經終

官純佑字鴻士拔貢生少時攻苦下帷作文原本經史宏麗妍贍一歸於宗雅自修飭進退容止矩於尺度乙丑與兄純滋同選拔姚督學淳燾稱曰校楚之役利獲二雋貢於太學未幾卒於京子劉純武昌庠生逸才傲放以能詩稱

徐暹字公石幼敏悟過人出語驚其長者年十四入泮旋食餼邃學能文喜吟咏不摹襲古人自抒胸臆先是暹父蕙映抱璞含貞僅中副車妻同邑周廷濂次女周氏父兄姊妹俱有才名蕙映閨閣之間頗多詩文唱和崇禎癸未三月五日城陷闔家殉難獨暹從書屋墜城得脫暹以名家世胄承先人遺教又濡染於母氏外家之賢其淵源蓋有自云

錢從燮字二友歲貢生太僕卿邦偁之曾孫也世承家學窮經研史髫齡入泮試每冠軍爲古文力遵西漢東南半邑率師事之

桂陵字廷陵廩生海陽令啟芳子爲人卓犖俊爽師張恕菴某少時以豪傑自命詩文彷彿眉山前令劉佑置玉臺書院聘陵主其事爲學以程朱爲的卒年四十四子曰贊庠生克承先志雖貧不易晚以詩古受知於學使繆侍郎沅年八十餘卒

朱士林字殿臣泉州郡守朝熙之孫朝熙爲清白吏數十年致仕晚益窮困惟課子孫士林幼而穎悟誦讀輒過目不忘朝熙愛之異於常兒及長博極羣書覃精經學爲文章古茂淵懿每一作傳誦徧國中以

冠軍食餼郡庠每歲科兩試黄九屬名宿既後輩請業者戶外之屨常滿笑曰塞破屋子矣他日攜几案至郡學射圃外坐而講易侍聽者肩相摩其豪邁風上類如此子俱習儒孫家兆庠生

南光發字璞予幼慧博洽羣書每評隲古人輙露新穎十二遊泮旋食餼選貢太學試高等候補中書然意不欲以他途進年三十五卒生平居里中日少從宦遊日多然事賢友仁隨地克盡蓋以虛受人而成厥德也父夢班官淮安時長沙陳恪勤鵬年被事過

淮光發訪之於夜月寒霜中投敗篷舍生折脚櫈商榷古今達曙不倦光發沒後十七載鵬年總制河上猶語人歎息不置云子昌齡

召試鴻博

徐乾文字公健邑庠生子芳長子幼端謹遵父家學以主敬為功自名其齋曰惕廬嚴氣正性動有尺寸久之所養益和父晚病偏痺艱興居乾文親扶抱拂搔油油愛日無間門多問字春風杖屨藹藹樂親也喜講說經義每敎人以深思自得或勸其著書曰六經四子微言大義吾已為汝輩縷析陳之他書亦無庸著也在諸生中數十年不第益篤志於學時弟雲文已喪偕弟時發締文督族子弟為文會雖既老披閱不倦其文醇意雅度不峭峭崿崿也有惕廬制藝藏於家年七十九卒子循理明理明理舉人孫養忠進士時發年六十三遇睢州蔣督學蔚得其卷曰此老宿何久困此遂首拔之澴川夏太史力恕延至學署深加歎賞謂後學當以為師締文早受知於李郡守彥瑒冠軍入泮生平嗜學至老不輟山居課子足

跡不入城市子待銘廩生

徐雲文字公倬甲午

恩貢生而穎敏日記千言是時其父以道學倡起後進雲文偕伯子乾文繼之一家相師友蜚聲庠序間所授生徒分國中時人咸有三徐之目與邑名宿蔡德明熊入夢及同族作枚輩聯文社潤步高驤諸人遜弗及也尤孝友天至怡怡庭除終其身無疾言遽色為友謀畫傾瀝肝胆每事機萌芽即決透本末故氣誼中尤倚重之卒年五十四牕藝試草多傳誦焉子

聞昌歲貢則理郡庠生燭理拔貢

程士棟字瑶叅幼孤家貧嗜學能文工詩下筆輒千餘言人笑其狂弗顧也登癸酉賢書五上公車不第授交城令交故晉巖邑瑶叅治之綽有賢聲未竟厥功卒於官弟士林字瓊参廪生與兄齊名數奇十入棘闈以五經呈薦三次仍不售晚年杜門著述教授生徒以終焉

汪光泰字又陳本姓周

恩貢生庠籍羅田父文生邑庠教授巴江士無不出其

門者光泰世業詩書下帷攻苦博涉經史不弋一第然窮且益堅老而彌篤士林重之奉爲典型子玥庠生現主蘄陽書院詩館

高世義字秋浦庠生姿性超邁博涉典墳落落有大概不隨俗爲俯仰能詩工書善奕間作畫得華亭筆意結廬江干每風帆上下皓月澄波則呼酒自酌興酣濡墨圖小幅以狀其趣

南岡字喈聞歲貢生澄海令仲之長子也爲人天姿英敏磊落不羣早歲冠軍入泮復以冠軍食餼博覽羣籍尤精研羲經屢爲當事推重雍正戊申邑令汪欽廷爲鄉飲大賓輿論允協年八十有六

李永治字翼斯少孤有夙慧博涉經史過目成誦弱冠補弟子員爲文深秀每下筆自謂不作第二人想工詩韵動清裔如聞秋籟閒作賦亦侘傺無聊乃天不假年賫志以没

楊時敏字若思廪生爲文章楷模先輩簡練有法蔚州李侍郎周望督學時拔其卷冠一軍後延至幕中佐校湖南閒作詩賦亦時時傳誦人口屢經當事優

舉惜爲時命所阨孫以斗弱冠入泮清才早逝士林惜之

張素臣字東野負才傲物嗜酒能詩有唐六如徐天池之風然内行修蚤孤事母以孝敬兄嫂友弟姪數十年庭無閒言爲諸生以和東坡海棠詩王壺冰賦受知於學使吳閣學家騏歲科李考古學凡五試俱冠軍雍正壬子以五經登科學使凌侍郎如煥仍以優行疏薦乾隆丁巳成進士十年需次謁選改教職遂抱痾自京邸歸卒於家

徐立蘇字醒古廩生本僊次子幼多夙慧七歲隨父滇任得侍教於江陰楊文定名時甚器許之曰此子當爲一代文學九歲爲古詩如樂府體十三爲東園賦湯珠泉賦灑灑數千言極工麗學成自滇歸應試以五經入學聞母喪奔赴滇素羸弱一痛幾毀因感羸疾送母喪歸又因父任往來滇楚以勞致疾甚臨卒時家人咸泣曰生寄死歸何泣爲年三十歲

華士椿字喬青自幼嗜學能文章師友淵源早得其正年二十以冠軍入泮又冠軍食餼數十年在庠序有聲嘗以苦學自勵愛曾南豐文論詩以少陵爲宗乃赴棘十餘次終止歲薦於學益邃沉潛義理自勗勗人至老不倦爲蘄陽院長一年當事嘗屬修邑乘以疾未赴年七十歲辛子觀貞舉人泰貞廩生

蘄水縣志卷之十二

知蘄水縣事餘杭邵應龍纂輯

人物志

宦蹟

仕宦者恒情之所歆羨而君子若弗克勝焉始也患志之弗立既也慮業之不成志與業副而時或弗遇遇矣位卑則卓卓居高則汶汶臨大節而不奪告成功而不施緊何人哉蘄自宋元以迄於今士之顯當途而傳後世者人各表見然或紀自稗官而闕於正史或志於外方而逸於本地其傳不傳正不易易也合而志之君子曰可以觀矣

南唐

陳起進士爲黃梅令時有妖人諸祐自言能使貧者富富者貧里民效之積粟數百夜行晝息取資於盜起到官數日籍祐爲里長不服且嫚言曰吾取令頭殺監子耳起聞執祐斬之由是知名遷監察御史

宋

李禹卿字君益通判蘇州隄太湖八十里爲渠以益

漕運蓄水溉田千餘頃歲饑出資粟三萬全活萬餘人復以棘寺丞出守潼川廣民多善政惠商通工市貨百物充牣而禹鄉之廣民間謠曰止飲潼江一口水其子年十二偶出遊人知爲太守子各餽獻有加子揮之去曰吾家不慣受人物其家教清嚴如此採蘇州邛州名宦志

明

楊思義魁梧奇偉有幹才太祖稱吳王以薦舉授起居注初錢穀隸中書省吳元年始設司農卿以思義爲

之明年設六部改爲戶部尚書大亂之後人多廢業思義請令民間皆植桑麻四年始徵其稅不種者罰如周官里布法詔可又請令天下立預備倉以防水旱凡所興設經畫詳密時稱其能調陝西行省參政卒於官見明史按本傳云不詳其籍里今據省郡邑志選舉表皆注蘄水年代官爵悉與史合而邑之黃草湖尚有其墓

戴綸字興邦英邁方正篤於孝友領洪武庚午鄉薦任監察御史出按山東風裁凜凜以糾刻忤時貴謫梧州通判再謫庫官尋改監倉糧歷官以清忠自持時貴欲致之死以無隙而止見分省人物攷

黃紹祖洪武中貢入胄監陞刑部侍郎楚紀謂其老成有才見郡志

薛均徵子生時徵夢人投萬鈞懷中名萬鈞後更均治五經補博士弟子性峻潔清苦敦孝誼洪武中以懷才舉上十策高帝異之會其母疾危固請放歸明年以均同知泰州除知合州治行第一文皇召爲太僕寺卿丁內艱歸起應天府尹買舍旁片地種菜嘗自芸之帝廉得其狀笑曰人皆樂惟朕與均獨苦也

頃之乞歸年七十特進禮部侍郎均性峭直不容人小過僚友忮之比歸或疑其歸裝頗重於中途發之惟紙馬板一具詰之故曰無他物遺子孫令業此當有以活矣歸剪茅搆廬僅蔽風日當事造均匿不出晚號隱林野老作望雲圖爲詩輙泣下文皇知其貧命有司賜官湖頃餘後令因名欽賜湖又曰薛家湖子孫世守之兼鬻紙馬至今巴河有薛紙馬之號萬歷中邑令閻士選冠帶其子孫匾其閭曰清白世家戶諫官應震復爲之請謚

按均爲邑之巴河人至今父老猶能述其清苦所居地曰神馬嶺即所謂紙馬之號也以高帝之奇其才文皇之知其節邑令之敬禮世裔諫垣之請復易名是其居官之品足式矣而正史闕之何也昔左氏逸程嬰杵臼之事歐陽氏不爲韓通立傳修史者誠有待於拾遺補闕也附記以俟後之博雅者

吳永喆字克明正統辛酉舉人博通羣籍事母以孝聞授南川學諭誘誨人士若不及貧者賙給之學士江朝宗方伯蔣雲漢都御史蔣泰俱出其門尋拜河南道御史蜀士至今道吳先生舊志

范煥字五雲由天順丁丑監生任建陽令禮賢重儒術廣設義學以迪蒙士在任省賦清刑百姓不見科斂追呼之擾尋行取赴京士民泣送擁塞道左建陽志名宦

張存禮字秉周由成化間天文辟舉授德慶州牧州有沉獄屢更州牧未得決存禮下車立爲剖雪歲旱累年禱雨濟民又教民修轆轤水車之具農實利之他如建學興士修理關梁善政班班致仕歸敦尚睦婣宗族稱之正言飭行鄉里式焉卒祀鄉賢

魯永清字端本成化辛丑進士爲大理評事執法不阿有諸生犯辟秋曹欲貸之永清執不可同時學士李東陽程宗伯敏政皆敬重之出知成都府遇旱糴粟賑之爲石四萬餘府故無預備乃置倉廒廣儲粟明年又饑民用不困老幼相慰曰吾等不即填溝壑太守之力也安縣賊烏集萬餘永清往善諭之賊皆散去又設八釜於公門外令訟者就爨立與判決而歸民間有魯不解擔之謠通志鄉賢

徐紹先字繼之成化丁未進士正德中知銅仁府時鎮草苗作亂紹先繕城堡備芻粟治器械練民兵苗聞而憚之不敢犯境貴州名宦志

徐吉貞字天相宏治戊午舉人守忠州催科不擾陳十事深切時艱麻鷂兒文千戶暴橫里中百姓懼吉貞計除之生平居官以清嚴律己以眞實愛民歷官南京戶部郎乞歸

孫步雲字望之由舉人令祿豐豐衛且疲一切撙節愛養鋤奸究緝巨寇毅然無所迴避邑人頌德不衰舊志

錢重器字國用宏治甲子舉人冒姓田早孤事母兄極孝謹兄卒多子割產益之晚年與子貢同舉於鄉正德中知江津（舊志作永川令今從四川通志）興廢舉䟴時有巨惡害民前令莫敢如何重器置之法民賴以安子貢字少江由舉人授嘉興府判陞絳州牧絳多宗室貢執法不頗宗人主事來州放糧有混領銀一封者主事語貢貢夜令人欵其門曰州中有事相喚其人即持銀出曰將送來矣其見憚如此宗室中有文哥武哥貧不能婚貢助之婚陞廉州府丞調杭州歷著循聲尋罷歸惟圖書數卷而已貢子邦偁另傳（舊志）

李宗元字東皐汰子正德庚午舉人除沈邱令邑當初建百務草創宗元廉以律己嚴以御下葺學宮蠲逋撫弭盜革姦鉅細畢舉臺檄有不便民者輙封還之詳理沈畧凡六年遂爲壯邑刻沈邱志攷治行居河南第一祀名宦從祀鄉賢（通志）

王中正正德時歲貢令都昌性方毅有潔操用止薪水邑有白水東薪之謠三年堅志告歸鄉閭有利病必爲長吏白之子丞芳另傳（舊志）

陳欽字石岑正德丙戌會副授新野令居官有廉聲蠲俸積粟活饑民者萬餘百姓禱頌上聞擢大理評事年餘致仕（舊志）

李廷芳字叔慶正德間歲貢師從祖汰會與湛若水講學湛書隨處體認天理六字付之爲大足縣訓導操履純正言笑不苟勤課校寒暑不少輟士賴薰淑諸生貧者捐俸助給罄囊勿計歲祲道殍相望力爲掩之陞汶州教諭致仕疾劇值父忌辰索衣冠強起力不支伏枕痛哭而卒後從祀鄉賢（舊志）

周卿字光載正德辛巳進士幼時相者奇之稍長益嗜古工著作於書無不讀而尤癖左氏與同年張治廖道南齊名廷試時咸以狀頭期之乃以卷壞列二甲補省垣陟都諫以論列抗直出守廬州守廬務爲惠愛有廉聲搜緝郡人包孝肅拯奏議序而梓之尋兵備山東轉督學嶺南率先行誼專經術而一洗鉛槧浮淫之蠹士以故彬彬多出其門然規範嚴肅從無有以私謁者卒於官初之官嶺南難與母別作嬰兒泣有依依慈母念千里憶相同之句

胡仲謨字啟忠正德辛巳進士授遂安令沉毅樸訥臨事不苟未嘗以詞色假人姦良立辨豪猾斂跡民皆樂業累官雲南按察使司浙江嚴州名宦志

李猷字顯之嘉靖己酉舉人授射洪令禦强寇使不入境創城築隄屹然保障守寧州禦寇馭邊以誠動物陞寧國丞協恭佐治太守倚之五十致仕宦槖蕭然事兄極盡友恭之禮不以老倦卒年八十有四舊志

朱衿字汝衷嘉靖癸丑進士由行人擢南御史飭監守緝盜令市肆平價官吏守法出守常州府當兵燹後俗靡凋敝吏民爲奸衿爬奸剔蠹去舊俗而新之擢陝西副使値西羌跳梁乃城金川選精騎千餘自持短兵勁其後賊盡駭散擢雲南叅政有銀場官吏乾沒則駕禍齊民衿廉得其實置乾沒者於法而駕禍悉解陞浙江按察又陞雲南右布政以艱歸服闋起浙江右布政未幾以老去送者萬計至毘陵猶弗止子期至期昌見文苑

錢邦偁嘉靖癸丑進士知臨安府慈恕得民除一切陋例尋常詞訟爲之勸息歲儉設粥救饑捐俸完民

逋稅陞苑馬卿去後民歌誦之雲南名宦志

按舊志邦偁先人於洪武初由荆州避難來蘄改姓田凡五世至嘉靖辛卯始請於朝復錢姓

周鳴塤字思友嘉靖己未進士授餘姚令姚以倭後徭役最苦鳴塤下令丈田田覈籍定按籍雇夯公私便之有官湖爲豪貴竊據核令還官歲得溉田數千頃分校鄉闈主者索所私卷堅執不與陞兵部武選主事邑人肖像龍山以祀累官廣東叅議時山海皆寇正集兵掃蕩而解調報至遂掛冠歸三十年絕足不入城市律己行事動與禮準後從祀鄉賢

李幾嗣字民欽嘉靖壬戌進士除廣信推官庇平民忤權相爲營繕主事督乾清宮工世宗親賜食卒爲嚴嵩中傷左遷漳州同知署郡半載案牘盈几片言立折數平海寇漳人德之祀名宦歷南刑兵二部郎出知惠州先是沙田陸梁民人逃散幾嗣勤招徠縱反間擒賊首流移盡復時嶺南方有事羅旁羅與肇慶相接延袤數千里剽掠不可制當事調幾嗣爲肇慶守幾嗣設方畧大破之盡平羅旁東西山升瀧水

爲直隸羅定州置東安西寧二縣隸焉擢閩運監軍副使卒於官子生采另傳

王希元號白岳隆慶辛未進士初任南太常博士序禮典樂多所建明南有富商妾生遺腹子嫡子利其貲逐之歷訟不決及訴之希元嫡子又匿以千金賄進希元直諭嫡自認弟均其財並取賄金給妾子南人頌之聲上聞擢吏科都給事時以議朝禮不合遂以直忤權貴出鎮滇南之金滄旋陞福建提學轉江西叅政因御窑作淫巧器難成糜費浚民希元疏罷之與代巡者不合累疏乞歸卒於家

徐一唯字心溪隆慶辛未進士授萬載令沉毅果決置學田以贍師生定瀏陽豪戶爭廣洞田地之亂擣大圍山巨寇李大鑾等民賴以安擢南戶部主事改遷北吏部郎歷延平潮州守陞廣東副使轉兩淮鹽運使致仕 江西袁州名宦志

易之貞字忠甫隆慶庚午舉人署清浦教諭以廉勤擢戶部郎中督餉易州奏免積逋二十萬行部至良鄉憫逋糧故官爲請減十之九且捐俸代輸之奏罷礦璫王虎卒爲忌者所中出守馬湖三月歸 通志 按之貞本舉人通志作進士悞

胡仲合字啟賁生甫七月失怙既長善承母教苦心下帷中隆慶庚午鄉試初令廣昌時方苦丈量之役賴力請於上憲得免改判通州捐俸疏所屬運道官民兩便當道由是嘉其才陞大理推官折獄平允解組後置祭產立義租新祠宇族人至今誦之壽六十二

何鳳起字近洙萬歷甲戌進士授葉縣令每聽訟不爲高聲聽民從容自理素精鍼灸諸穴法見訟者病即治之不曲事上官張居正子懋修北上所過餽遺鳳獨贈疏布居正聞而驚曰此必清操令也遂罷職居正亡於朝即日遷知廣德州三年以母艱歸十年不仕云親已就木無事祿養後復徵起仍補廣德州人喜出望外歷刑部郎轉雲南按察副使未任卒於京邸 舊志

蔡斗移萬歷丁丑進士由刑部郎出守臨江府知府以正率屬以惠字民陞長蘆鹽運使水蘗自矢課賦

無私商民頌之致仕歸從祀鄉賢

徐存德字恒菴步雲少子萬歷丙戌進士自少即落落著手采無阿徇態初授安仁令安仁小邑人易之存德矢志振厲與巖邑等邑大治政仁和縉紳持政俗刁健存德絕遠權勢毅然與之更始有座師使人致書邑即有囑使爲之干請者存德却其請而厚賻遣之乃訊其事使人猶復懇恩遂笞而逐之歲歉且疫捐俸買粟賑饑者安集癘救民呼活命官而邑又大治奏最推南戶部主事即乞歸存德六齡即孤自

念鮮民三釜不逮黯然傷懷遂用投紱也歸後唯理祠宇祀產家譜數切要事餘則放懷山水而已

閔廷甲字翼墟萬歷己丑進士常州推官以敏練稱嘗自言始至誤斷一獄至今悔不能已自茲以往或可無罪於民矣擢吏部郎中時廷臣諍建儲事忤旨戶諫孟養浩被杖廷甲坐與養浩善左遷南工部屈二十年陟通政司布衣蔬食以清白聞從祀鄉賢叅江南名宦志

萬良儒字楚東萬歷間歲貢爲祈門訓導與諸生約曰國朝因事設官因官命名因名立義夫以言教人曰訓以行先人曰導予何言可則何行可法惟忠信立辭求以盡訓字毫末之義貞廉律身求以盡導字毫末之義顧名思義不敢尸素焉有諸生兄弟爭産者召至諭兄以古之愛弟而不較其犯已者諭弟以古之敬兄而不忍傷天和者猶未釋又召兩家師諭以匡正務以誠動不則謝其子弟而去兩人慚遂棄萬金而式好如初舊志

陳秉厚字載甫萬歷甲午舉人授常山令蒞任數月

謳歌載道旱魃爲虐步禱祈雨疾癘爲災散藥救疾歷任寧國府丞蓴鱸興思兩袖清風後以覃恩晉階知府舊志

張文光字公瑾萬歷戊戌進士授檢討以論楚藩華奎事忤沈一貫謫光山丞久之遷尚寶丞每慷慨陳言述古今法戒修身講學之要尋遷少卿官至國子司業通志

按文光本邑人其鄉會中式郡邑舊志班班可攷其後遷江夏省志因入江夏今應改歸本籍再舊志載

國子司業省志官止少卿存攷

官應震字暘谷其先黃岡人萬歷戊戌進士初令南陽再補濰令有因忿殺人當辟者應震曰此非盜比而先絕祀殊不忍爲別室獄中令本婦入宿廷訊下值鰥夫怨女可婚者即諭婚之三年主循良第一召爲戶科給事於人才消長東宮國本禮儀奢儉宦豎朋黨無不陳說諫垣九年前後建白皆訏謨碩畫神宗嘗以敢言稱之光宗即位遷太常少卿尋乞歸天啟間屢召以魏閹當事不起崇禎朝數問應震爲忌者所格卒年六十八從祀鄉賢子撫極撫邦撫渙另傳

金玉節字雅初萬歷戊戌進士授長興令遇事勇於有爲禮賢下士貧不能婚者捐俸助之值礦使爲邑厲玉節繩以法卒不敢肆歲當編審立走區走田法通融均攤詭寄無所容民稱便焉見湖州名宦後累官比部郎從祀鄉賢子甌另傳

周應期字際明萬歷辛丑進士授行人司奉命冊封豫章益王擢御史按嶺南執法如山有神明之頌先

是應期祖瑯督學嶺南得士望齊山斗及應期至粵人慕如考妣同祀名宦

周廷光字斗垣萬歷辛丑進士知金華府政靜民和晉副使提督浙學春秋兩闈元魁皆所拔士如曹勳袁儼陞左布政收筦關支躬自閱視主藏吏抱牘記出納而已宿弊一清浙江金華名宦志歸里允符鄉論立賢大夫祠於雲路口祀之後祀鄉賢

游之英萬歷丙午舉人令麗水催科不擾值歲歉力請開預備倉以賑且施粥六門食之

聖殿傾圮捐金爲倡他祠廟堰埠歲久坍塌多加修葺民苦旱步禱雨降虎傷人籲神械去人謂其精誠所感云見浙江名宦志

蔡國琦字廷玉性友愛端方萬歷中由太學生任壽光主簿署縣事二載餘歲歉賑濟饑民更爲勸賑歌以示大家存活甚衆至今稱之舊志孝友今改入

謝天申字元卷萬歷戊午舉人授西寧令居躬嚴潔治尚禮教政美人和梟獍爲空捐俸創典學書院進人士面課之士因感奮於學見廣東名宦志

畢九臣字恒寧天啟甲子舉人授儀瀧令初儀被流寇焚掠略盡城皆圮壞至則招集流遺捐貲堅築又募鄉勇分營教戰寇不復闌入歷四載遷紹興同知上官知其才多所倚任凡兩署郡守四攝邑令俱稱最越中倪元璐劉宗周祁彪佳李邦華王思任以詩文氣節相爭尋調廣信府丞致仕歸生平輕財重義露溉三黨卒之日赴哭者聲震里門 續志

桂啟芳字叔開崇禎辛未進士授海陽令時海寇劉香老猖獗啟芳以計擒其黨林龍角周瑞偉杖斃之

更出奇助督府平香老等忌者奪其功落職歸益讀平生所未竟書披衣挑燈達曙不倦子陵見文苑

南有臺字南山以舉人授句容諭講學課士俱有程法崇經術砥礪廉隅崇禎甲戌捷南宮授諸暨令時當末造撫字保惠體卹多方擢紹興府司李斷獄明決民無覆盆調東昌府未幾陞南戶部員外度支部諫潔已奉公尋陞郎中致仕卒於家子州士庠生宏士縣丞

黄耳鼎字澹巖崇禎丁丑進士幼好學嘗應順天鄉試道逢老人哀泣問之乃以寃鬻女耳鼎紓途三日傾囊贖女歸之後試期弗顧會棘闈火改期再試聯捷南宮第三授中書秩滿召對稱旨擢廣西道御史彈劾不避權貴巡按陝西值闖賊破都城耳鼎赴江南尋卒 通志

周壽明字天格崇禎丁丑進士十歲通十三經以解元聯捷爲臨海令鑿東湖注大河長三里許環衛台城寇不能犯衛軍三千苛糧酷民激則走海廼痛陳軍弊撫軍立委勘兵冒免規避者從重法軍始帖然

復海門倉均里平徭值旱免袒禱雨民築喜雨臺攝海寧天台篆剔歷興除計察三邑廉能第一調曲周三月報政內召奏對稱旨擬擢吏垣都城陷遂歸入山

國初徵起壽明瀝陳親老終養親喪執哀盡禮畢生貞介自守足跡不涉城市更字柏心以見志子五構國子學正梓舉人材桐楨庠生有學行孫節周另傳 參緒志

畢十臣字恒泰崇禎丁丑進士授慈谿令遴歲饑邑

有積囤者奸人乘釁坐以閉糶聚數百人操挺刃圍其舍時變出倉猝丞史不知所爲十臣曰此欲行搶耳卽命二執杖者一門豎乘輿至圍所叱曰若等將作亂耶抑止爲饑求貸穀耶如作亂卽縛我去如止爲饑何不先告我令藏穀者借爾等乃敢如此衆皆俛伏杖其倡首者二人餘皆散去其定亂之敏决如此行取奏對稱旨擬省垣改福建道御史後歸里杜門不出鄉隣罕識其面日以課子訓孫爲娛

高宏基字元開崇禎庚辰進士司理大名值歲飢捐

俸市牛種給民山東臬賊米王逼郡諭以禍福尋就招撫時流離初復民苦俵馬費重宏基白直指疏請蠲行改折郡人德之 通志

宦撫極字建之以拔貢再任貴陽通判駐畢烏有捍衛功畢烏人肖像祀之陞平越守忽苗帥藍二率萬衆圍城七晝夜撫極力守禦之伺其懈以壯士七十人夜襲賊營擒藍二餘散去城賴以全郡人咸尸祝焉 通志

姚明恭字崑斗萬歷己未進士由庶吉士授檢討歷仕文淵閣大學士加太子少保戶部尚書其制誥之詞有曰風規澹遠宇量端宏格德明而成士遜王旦謨弼之心繪民隱而省規條李沆公忠之德祖子鶴父光盟俱贈如子官居相位一載歸弟居恭爲劍州牧作書戒其潔己愛民虛心聽獄嚴胥役禁家奴居里中亦能尊賢納善蘄之漕米先從蘄州兑軍去會城遠無彈壓者軍旂肆爲科派里甲苦之爲言於上臺改兑會城民甚賴焉旋卒黃之九屬數百年來居相位者惟明恭一人而已

郭原善字復初原理字成初故宋大理評事茂之裔也洪武初嘗負翼父母避難後歸鄉殫力經營興復舊業原理以人才舉爲南京戶部主事原善子闕才猷拔萃永樂初以人才選舉任南京主事闕子四原理子六人令郭族稱至盛云

本朝

饒應元字善仙明崇禎庚午舉人順治中令溧水天資長厚而事有執持妖婦曹氏邪術惑民應元擒其奸申請殲之編徭役立排丁法民無偏重偏輕之累

江南名宦

李生美字伯醇弟果字伯薇順治丙戌同舉於鄉丁亥生美成進士授德安令清操勁節饒有胆識草寇負嵎奮欲勦之同寅不可生美曰食國家禄膺民社任寧懼一死耶毅然領民兵摧破之以勞致疾而卒果令洪雅處蹂躪之後以辟土踐毛爲任招流亡修城葺學整理一切廢墜丙午分校稱得士勤勞十載卒於官後從祀鄉賢參續志

何之旭别字山夢爲人英爽卓犖有胆畧饒文才疎宕入古順治十五年由
恩拔
授德化令值兵燹之後民憊俗弊兇燼屢燃之旭莅任後開誠竭衷榜示曉諭緝柔撫字禁暴戢奸邑有起色作聽事堂題曰不侮鰥寡不畏疆禦不生事以擾民不懷私而忘公德人遂呼之曰不四堂莅任九載清風两袖因事制宜動見本末洵濟世之良吏也

程維伊字懷人由順治舉人於康熙甲辰春
授慶元令邑自丁亥兵火後公署久蕪莅土者率僦民居如傳舍去維伊至謂無以坐堂皇肅觀瞻失建官體乃集衆議建復之民鮮春糧維伊授麥種導植以補不足邑食鹽聽民自買輸課鹾臺奸商漁利運賣力禁其弊修葺學宫纂修邑志復捐俸置學田以贍士子丙午分校鄉闈得士六人皆名儁而平湖陸稼書龍其尤爲理學之宗一時稱爲得人甲寅致仕歸

張邦福字嚮五順治戊戌進士由主事改
授紹興府推官精明練達摘發如神訟牒悉置内署勾訊之下情僞立剖吏不能爲奸人誦公明去紹之日爲立郭山書院郭山其别號也歷官五城兵馬司乞歸居林下端嚴養重子萬選舉人有文才早逝參浙江名宦志

王保釐字東郊順治戊戌進士性孝友温厚和平與物無忤令通江縣修城垣建學宫爲政務平恕不尚苛刻民皆戴德通志

李成棟字雲浦順治己亥進士爲樂昌令畱心民瘼廉介自持懲奸究恤窮困置義倉立書院善政纍纍遷雅州牧尋告歸從容里社無軒蓋之習里人多賢

之子垓另傳 通志 按通志作李棟誤

南之傑字偉公由選貢於順治辛丑
授利津縣丞署萊蕪令值兵燹後多荒田積逋病民之
傑力請於上得除荒田三千七百餘頃蠲積逋二萬
一千餘兩民獲以甦乙巳改定海丞歷四年以績陞
昌黎令未赴丁外艱歸服闋補長山令邑漕糧數百
石例輸德州去邑五百里費數倍之傑令民就買以
兌民甚便之子夢玨令華亭十載卓有神君之號縣
試拔士多爲甲才艱歸起補武康令未二載調陞淮

安外河同知任七載著勞績
聖祖南巡賜
御筆臨米芾字以寵勵之子光發見文苑 郡志

李見瑶字仲崑由順治
恩貢授儀徵丞尋署江都令江都稱艷地而實貧瘠民
刁吏猾積逋叢蠹不可覼縷又當水陸四衝郵騎如
織城下衣帶水乃漕運要害見瑶率民夫日夜挑濬
南北交馳方員並畫常於輿中挾紅墨二筆運腕如
飛凡承讞
欽部大案無不報可後以失察屬吏去官歸家篤孝友之
行爲宗黨法孫美中舉人頴敏嗜學惜未竟厥志而
終

徐雲宏見儒林

南仲字屺瞻一字懷舫父有恒髫年工詩文爲名諸
生早逝時仲甫一歲恃母陳撫教成立以順治選拔
授澄海縣令澄海濱海岩疆又值兵燹之後仲下車振
興百度加意撫綏不期年而獷馴逋歸遂成樂土及
解組歸里士民攀轅遮道子岡另傳

徐五宗字子亢三餘孫由康熙丁巳廩貢
授彝陵州 今改宜昌府 訓導署興山縣篆值吳逆未靖招撫
流亡卓有政聲歷遷益陽祁陽後陞石首教諭俱捐
俸修葺學宮課生徒多所成就致仕歸里方嚴端重
言笑不苟雖接童穉必以禮年七十一卒子源舒作
枚源遠師齡另傳 郡志

畢友宜字見次少有至性父歿後每試藝必焚香告
墓所康熙已未成進士知建寧縣除積弊杜請謁分
校鄉闈得士稱盛其邑人士嘗請安溪李相公光地

爲文以壽有曰以名進士爲名吏持大體如山岳之不移負大才如江河之莫遏經猷恢擴皆本文章得士得民爲循良最以疾告歸杜門訓子當事罕識其面孫封基舉人爲巢縣令恭郎志

劉同向字校五由康熙辛酉舉人任新化諭訓飭多士以窮經力行爲務修葺學宮啟聖祠明倫堂皆捐俸以倡之弟子北面請業雖嚴寒酷暑無少間秩滿陞永州授新士請祀名宦至永州諸邑弟子列郡庠而遠未至者歲試之期悉名至而飲食教誨之第其文之甲乙由是士樂集其齋雖堆盤苜蓿坐客無毡晏如也年七十一卒於官永士思之亦請祀名宦康熙五十九年從祀鄉賢子自援另傳

徐廣淵字伯志康熙戊辰進士令廣宗縣縣即古沙邨地南近漳水故堤卑狹廣淵慮不足障禦稽於衆謂無患忽漲堤決城不沒者三版萬户震動廣淵痛哭籲天願以身填洪波陡平丈餘水退即日加築身親畚鍤延袤數十里居民安堵名曰徐公堤邑多陋規歲耗民財三千餘兩悉行革除宛平王相國熙聞

而嘉之甲戌擬薦卓異以疾卒於官年僅四十有九

胡理由武昌學中康熙庚午舉人歷任澧州安陸廣濟學官丁酉聘河南同考秉鐸以來克盡師儒之道養育人才增光庠序載廣濟名宦子攀選廩生學行素優前令汪欽甚奬之

楊仁廸字惠升由拔貢中京闈房魁出趙恭毅申喬門仍以遴拔教習令嶧縣嶧故土瘠民貧家無隔歲之儲仁廸多方區畫邑有起色訟者呼至階下立判曲直民咸服以爲神君簿書之餘加意文學訓士置義學延名宿主其事嘗自爲文以示程式在位六年頌聲載道年甫五旬竟卒於官仁廸篤於友誼既歿之後人皆惜之弟仁復縣丞有幹濟尚俠義

徐源舒字崑渟康熙壬午亞魁爲人落落豪邁有治才八上春官不第

授零陵諭零附郡有重鎮員弁與衿士多擾庠籍有徭生儌倖無知源舒到官後諭士子以禮自守名行伍與之約曰若輩慎勿再擾否則告汝上官於是弁丁歛跡不敢犯命徭生習威儀言辭又爲請於學政於

試卷面註明徭籍分別考試以昭
恩意又捐俸修葺學宮程課士子不計脩脯且割己俸以
周寒士甞序大振雍正丁未遵例保舉生員湯錫遴
引
見稱
旨巡撫布蘭泰訪諮風俗條陳利弊凡萬餘言布嘉納之
以疾乞歸里居二十載鄉飲正賓三次前令葉爲舟
造廬請修縣志辭復請鄉飲辭因贈以南州繼美區
其閭年八十一卒於家

周節周字成菴由舉人任道州學正振興庠序整飭
士風每事必反躬自檢學署有敬一亭嘗於暑月置
臥榻於此有貢生爲族豪誣以盜塋祖塋州牧委勘
豪賫進金求訊免勘節周叱曰此何地敢二心以服
官乎詰旦往曲直立判回署但見其亭推折榻已虀
粉乃喟然嘆曰向若不畏四知當與是榻同盡矣人
欽其有守後以内艱歸遂不仕子象晉舉人兄郁燦
歲貢生候選訓導以老未仕姪象豫舉人
王國英字紫儲兄弟有六俱著聲庠序以精書法名
里中而國英敏練條達才學素孚人望雍正五年由
增生以居家孝友例膺薦辟
世廟召對稱
旨即授宛平令於是任宛七載除民辦羊草之累罷西山撥夫之役
代完被水積逋二千五百有奇循聲卓卓　怡賢親王深器
重之嘗稱之於
朝雍正十三年
特簡南雄郡守
陛辭之日蒙
恩賜御書墨刻紫金錠香珠貂皮等項到郡大吏皆稱其爲

王宛平也尋擢兩廣鹽運使以疾致仕
徐作枚字民樞爲人沉毅縝密篤學尚古出同考宜
興儲右文之門康熙六十一年總河陳鵬年奏請各
省候選人員曉暢河務願効力者赴工作枚捧檄赴
袁浦次年鵬年卒調發北河由是累著勞績署歸德
通判及上北河同知南河督齊蘇勒北河督稽曾筠
交疏保
授兖州府黄河同知雍正七年二月七日引
見奏對河務指畫形勢極蒙

恩賚御書墨刻貂皮諸物有加到任後益竭心力估計工程不浮不刻各汛堡置小鐘夫給絮衣水發則鳴鐘集救隄少滲先以絮衣塞之孟家樓大隄外月隄積水浸没民地爲開涵洞公私便之是年秋戴家樓水發平隄雷雨交作勢幾潰役夫驚走作枚疾呼曰我等守土無可去之義如不獲願以身塞衆爲之感奮力搶救獲免其官居實行類如此越二載蘇勤卒曾筠內拜解組攜圖書數帙而已師齡子七辦効力州同署滑縣丞再補湯陰勞勩成疾乞身未抵家卒於許州

徐源遠字星來由舉人於雍正九年令肅寧甫涖事即捐俸修儒學立義館延師課業士習一新邑刁抗不法者悉按其狀弊絶風清任二年忽染羸疾已獲乞身旋卒肅中士民有遠涉黃河送至蘄畱數月不忍去者其得民心也如此子七旉舉人屢主蘄陽書院

萬元常由歲貢任雲夢訓導爲文原本六經不尚浮華訓飭士子必以篤志力行爲先務年邁乞休歸里

後捐墓田立義莊貯義穀族之貧者咸利賴焉

汪世燦字邦彥由貢生考職州同於雍正十三年在部挑選發北河効力在工勤敏著有勞績復於乾隆元年辦送山陵大差議叙借補宛平左篆辦事勤慎才具優長緣積勞成疾告歸卒年四十有九世燦生平孝友待諸弟友愛曲至篤交誼能文章成均肄業試輒冠軍乃屢蹭不第遂圖捧檄而生不逢辰賚志早殁命與才違惜哉子夢旭中癸酉副車

徐立御字從六雍正甲辰進士初令新鄉大吏慮弗勝任密偵之諸務克辦縣有殺人於道者未獲立御禱而往驗屍忽起坐曰殺人者某也語畢旋仆觀者大駭立拘某一訊即服事具行狀調滑縣有僧被殺未決株連者衆立御稔其俗多黠少飲博負則爲盜乃密諭幹役紿群黠以博盡縶之來訊羣方譁辯一人獨股慄願受笞察其有異叱曰博小罪耳汝奈何殺人慄益甚其父爲胥欲袒之是夜收父子於內署而釋羣少厥明令幹役趨其家曰某已供僧爲所殺有刀與僧衣亟持出勿累若等其家驚怖遽以刀衣

付役覆訊案遂决陞光州牧以總督王士俊薦
授東昌守鄰省有以其屬邑武城爲壑者抗不出卒得
保障内艱服闋補黎平守修城開江建學立廟躬先
勞役權鎮遠減水榷舡租商旅稱便晋古州兵備道
古近苗疆時當新闢涖任後布威信設方畧每戒僚
屬謂職有兵備之責若敢荒怠偷息國法不可假借
由是官弁爲之震肅苗目仇殺大吏議以兵勦力陳
止之是以在古數年羣情帖服然以諳練苗務出入
瘴地歲無寧輸遂致瘴疾卒於官年五十三歲立御

弱冠通籍居官近三十年自讀禮家居外里人罕識
其面然其清名則過於桑梓知身無長物惟躭古圖
籍而已初晋東昌守季父本僊以雲龍牧於乾隆元
年春同引
見
賜克食守帖貂皮藥錠至乾隆八年起補黎平守本僊又
以陞
授永昌守與之俱
天顏喜甚詢及宗貫

温諭移時洵臣子不易之遭也弟立得武魁有幹材歷仕
頼其贊襄之力乃先卒於黔

蘄水縣志卷之十三

知蘄水縣事餘杭邵應龍纂輯

人物志

忠烈

經曰士見危授命又曰以死勤事則祀之蓋所欲惡甚於中而剛正之氣遂植千古而不頹故或從容以全節或慷慨以殺身所趨不同而要不失爲取義成仁則一矣蘄自元明歷今五百年間以忠烈傳者十有三人其服官守土者識固有然矣若夫一介之士

執義不回眞匹夫不可奪志也

元

李青七青八兄弟也性剛毅謹禮好義俱以標格奕邁聞至正辛卯徐壽輝陷蘄水人多脅從青七兄弟以爲恥匿鄉人吳伯通家不出賊怒大索得之兄弟歷陳大義堅抗不出賊綁於薛東湖畔之樹殺之鄉人皆曰義士也有司謂其有功名教立廟於河中之太公石時致祭焉舊志

明

王聰城山間鄉人性謹畏有膂力時孟家山塵野馬蹄嚙不可近聰獨能控馭之善飲啖以兼人之力擔負貿易博一飽後荷大鐵具乘馬入行伍間洪武末從軍至北平靖難兵起以燕山中護衛百戶從起兵取薊州攻遵化徇涿州轉任茌平滑口破南軍獲馬千五百還守保定從次江上畧南軍舟濟師纍遷都指揮使封武成侯祿千五百石偕同安侯火眞備禦宣府屢詔巡邊從邱福出塞戰死年五十三追封漳國公謚武毅子瑛嗣聰及李遠嘗諫福故得褒卹語

見邱福傳按福傳先是本雅失里殺使臣郭驥上大怒發兵討之命福佩征虜大將軍印充總兵官武城侯王聰同安侯火眞爲左右副將靖安侯王忠安平侯李遠爲左右參將以十萬騎行上慮福輕敵諭以兵事須愼重自開平以北卽不見寇宜時時如見敵相機進止不可執一一舉未捷俟再舉已行又連敕謂軍中有言敵易取者愼勿信之福出塞帥千餘人先至臚朐河南遇游騎擊敗之遂渡河獲其尚書一人飲之酒問本雅失里所在尚書言聞大兵來惶恐

北走去此可三十里福大喜曰當疾馳擒之諸將請俟諸軍集偵虛實而後進福不從以尚書爲鄉導直薄敵營戰二日每戰敵輙佯敗引去福銳意乘之遠諫曰將軍輕信敵間懸軍轉鬭敵示弱誘我深入必不利退則懼爲所乘獨可結營自固晝揚旂伐鼓出奇兵與挑戰夜多燃炬鳴礮張軍勢使彼莫測俟我軍畢至併力攻之必捷否亦可全師而還始上與將軍言何如而遂忘之乎聰亦力言不可福皆不聽厲聲曰違命者斬即先馳麾士卒隨行控馬者皆泣下

諸將不得已與俱俄而敵大至圍之數重聰獨戰死福及諸將皆被執遇害一軍皆沒敗聞上震怒以諸將無足任者決計親征奪福世爵徙其家海南 明史

呂鏞宣德丙午舉於鄉授萬安教諭陞河南宣陽令有政績調福建清流令流寇鄧茂七寇清流邑無城郭鏞拒之力不能支具服端坐庭中抗罵不屈賊怒殺之支解其體清流人哀其忠節立廟祀之 舊志

鄧祖禹字又元家貧而負氣慷慨不耐與里中細人伍每傲視之以是每來細人之咻勿顧也舉萬歷四十七年武會試授瀋陽守備嘗出戰中矢死夜半復甦創甚告歸崇禎初起宣府游擊入衛京師副將申甫軍歿祖禹力戰蘆溝橋擢涿州參將疏請召對不許入朝上書聲甚厲爲御史所糾下獄然帝頗採其言久之赦出爲辰沅參將禽苗酋飛天王張五保斬首千五百級夷其巢擢副總兵轄德安黃州攻賊土壁山盡殲所獲爲已有當事將劾之請勦寇自贖乃令援應城是時祖禹駐孝感將往援孝感人泣留曰兵一動城必不可保祖禹因留兵一半守孝感率七

百人入應城賊大至圍之數重血戰自辰至酉僅餘七八十人祖禹哭圍保西城外賊復圍之遂被執賊愛其驍勇說之降怒罵不屈賊言之再三復罵之曰若此須換却心肝賊笑曰換不難遂剖心肝而死子天源天河覓屍以鬚長可識得歸骨先隴應城入祀之 參明史

舊志云萬歷已未邊事殊急武場會榜竣矣議者疏請精選將才科武進士一榜數十人禹與焉今按明史選舉志中萬歷之末科臣又請特設將材武科初

場試馬步箭及鎗刀劍戟拳博擊刺等法二塲試營陣地雷火藥戰車等項三塲各就其兵法天文地理所熟知者言之報可而未行故汪祖禹出身仍遵明史本傳

程爲常徐玉蘭蔡巨人胡方壺徐用極由武科舉知兵有氣節崇禎丁丑春流寇不時困城下邑令設里兵每里出資募壯丁一人共五百八十人守城以五人主五營三月十七寇至新橋爲常將兵襲賊爲賊所殺越二十七日徐玉蘭等四人復與賊戰於叢山

寇多兵少殺傷甚衆四人死縣令爲立五義士祠手書額以祀之更申詳兩院具題兼請學憲高各給祠生一人以供俎豆祠在城隍廟側爲逆獻燬今棲其神於廟之右廡庭前

程九萬字翼雲天啓恩貢初令信宜著有循績卓異丁内艱服闋起補與安州牧崇禎十三年以兵荒民逋謫池州府知事甲申署篆東流縣順治乙酉四月初七日左良玉叛將楊么兒破縣九萬死之妻汪氏弟九鴞九觀夫婦同殉邑人哀其一門忠節收而瘞之祀名宦江南東流縣志

按九萬死城之事舊邑志郡志通志俱闕未載乃前郡守關中王勍於乾隆十四年修志得之江南名宦通志其姪曾孫梅士錦復得之東流縣志始知殉難之月日及其夫人兄弟嗟乎以死城之大節而本地不知則凡隱德幽光埋沒於荒城蔓草者可勝慨哉是故搜討之功所宜亟也士錦本姓程以前人從姑姓

李師淵崇禎元年武進士授京營把總累任陝西固

原州遊擊時右叅政陸夢龍守固原慷慨好談兵以廊清羣盜自負七年夏賊來犯擊却之閏八月初一日賊陷龍德縣夢龍率師淵等禦之賊初不滿百已而大至矢石如雨突圍不得出夢龍與師淵等大呼奮擊遂俱戰死男之芳孫巍峻俱庠生曾孫琮以歲貢任武昌縣訓導

程正秩字維明勇力善射中明萬歷癸卯戊午兩科武舉授邑營官擢本府團練崇禎癸未三月流寇逼城力戰死

本朝
官撫渙字萃之以太學生丞會稽得邑人心遷寧波
經歷未赴順治初
王師至杭搜仕者徵於輿情得令會稽遇民變殺郡守及
鄞邑官渙抗節數日並遇害事
聞
賜塋祭
贈按察司僉事錄其子純心
賜名存扐入監讀書

高有功明經子才子幼時獻賊掠去及長遂籍山東
本朝定鼎以才能
授守備駐劄肇慶復防守海南九江鎮康熙十八年署
廣東虎門協右營都司號令嚴肅征勦海寇血戰死
十九年
贈廕二十一年
賜祭塋予二僑寓肇慶參通志

武勳武科附
古之有文事者必有武備自文武分途而人才不古
若夫縣弧閭左始生之日已然矣士之不能射者不
敢辭以不業古今人同不同何如也然具干城之選
而吟咏風始和性情以平壯趾腹心之寄又固有在
矣
元
薛天定生宋末會盜起里人推爲郡長募義保障寇
不敢深入至元世祖下江南手詔召拜爲防守撫郡

按伏官尋擢先鋒使從平閩定廣下越取淮功勳益
著遷滇萬戶府總管轄漢番兵馬使經畧邊疆再遷
兩淮防禦都招討總鎮江南上護軍嘗病語曰吾當
臨陣死公事安能居牖下死兒女手也至治癸亥寇
至淮力戰卒於軍事聞天子遣中使護喪贈總帥謚
威武賜其家楮帛子楚卿襲總管漢卿領延祐進士
高第授館博士舊志
明
薛徵天定之孫蔭父楚卿爵當紅巾叛授兩淮水陸

都統制提督江南兵馬總理軍國事徵髮上指揺腕勤工募兵泰淮間爲王師内應遇明高皇帝渡江大雷雨兯膠盡解人馬蹴躃容援知者移檄諷降不就尋遣左司郎中吴明遠賷手詔名徵徵望江邊王氣奮臂曰得毋眞主出乎遂跳驅渡江從太祖帳中屏語大悅令叅知幕府畫奇策屢中下吴破金華意得重臣鎮之非徵亡與遂督金華軍事舊志

魯毅定畨衛指揮洪武中月魯帖木兒反攻圍城池時新設衛百度未舉毅運謀撫衆與士卒同甘苦晝夜拒守伺賊怠擊破之圍始解陞遼東都指揮使四川寧遠名宦志　又按明史毅率精騎出西門擊賊賊衆大集毅且戰且却復入城拒守賊圍城毅乘間遣壯士王旱突入賊營斫賊賊驚遁

王聰見忠烈

文質字東進善騎射有異材由嘉靖間會試第一任錦衣衛都督子應詔由進士任錦衣衛都督僉事父子二人一封昭義將軍一封昭勇將軍應科武魁光印之貞乃其後裔也　按舊志於科名封謚俱未敘實今從明史選舉職官二志核明詳見塋墓

鄧祖禹見忠烈

楊先春膂力絶倫有大盜數十人刼其家先春以隻手托磨盤乘茶飲盜盜驚去又嘗與盜較騎射揚鞭走馬於樹下已而伸手抱樹以雙足夾馬馬懸空中不得逞盜笑而去又嘗隻手舉碾轂磙石置樹椏上戲佃者具鷄黍以爲笑蘄州大同鄉紅旂賊亂當集數千人攄羊角尖當事檄先春督勦拔樹爲挺賊鬨胆喪殲其渠魁後隨征麻陽洞有功予以官辭不受里人至今呼楊健八云舊志

程鐩字君喦崇禎末爲蘄州衛守僃佐州牧增堞鑿壕團練編戶禦寇有方

程爲常　徐玉蘭　蔡巨人　胡方壺　徐用極俱見忠烈

李師淵見忠烈

程正秩見忠烈

本朝

易應試字希臺

國初以軍功爲閩省遊擊駐防上杭順治五年隣邑武平所轄篙鶩寨界接悅洋招屯賊黨千餘與高吳土寇合夥勾引廣賊屯扎水陸要衝焚掠地方截刼商旅蓋欲阻絶杭米而積集以應賊也是時變生倉卒汀杭之不通者浹旬矣應試因漳南道移同張遊擊陳上杭畫計勦賊於四月十四夜五鼓領所部會中軍李應華統道標壯兵及上杭鄉勇同時進勦賊寨踞山巔道路險峻兼天雨難行公奮臂一呼諸將鼓勇從兩路直上砲石交下鄉兵林榮富爲賊銃傷公

與張遊擊冒矢石先登親斬賊魁陳儀元等諸將繼進斬獲甚衆掃平賊寨疏通道路乃建義塚以收遺骸發鹽賑濟招撫流亡歷有勞績以終養歸寄居鄂城至康熙四十年其孫某復歸巴河居焉

高有功 見忠烈

徐本任字仲倫幼失怙卓然自立年十八入本邑文庠五試棘闈不售逢

恩例由文生中甲午武鄉試任江南滁州衛領運千總督糧滁蘇奉公勤敏趲運無停嚴束旗丁沿途守法歷有勞績大憲深奬異之以年逾六旬告歸優林以子立正貴

贈昭武大夫

徐本信字傑倫五歲失怙幼而勤學私作文數十首師見奇之洎長典贍雄傑書逼晉法每篝燈夜讀達曙寒甚置爐足下火爇衣及半不覺久之慨然曰大丈夫志在萬里班定遠非人乎乃偕兩弟試馬山南落月凄風荒燐古墓與篝燈不寐等也一出輙冠軍鄉會聯捷竟卒京邸先是季弟本濬以詩送行有留

連暮雨憐人別西風不斷長相思之句至是嘆曰前詩讖也子立行候選州同父歿之日僅十歲執喪禮如成人及長以母年高一子遂不就仕教子世勳成名乃天不眷五十而卒族黨惜之

徐本修字佐倫雍正丙午舉人性戇直事親純篤兄弟友朋間一惟眞樸抱隱德崇俠義多早智經理戶事親疎大小罔不咸服生平義利兩字辨之尤悉有因族公事以輂金致者峻拒之兩上兵闈勉慰親志丁內艱後卽絶意名場嘗曰某馬少游云人生守父

毋邺墓鄉里稱善人足矣自此治家課子優游壽終
方雄字冠雲武科成德之子[illegible]穎悟通六藝其父因
少習韜鈐未伸厥志每課督甚相期望雄偶從童子
試騎射遂一獲雋中雍正乙卯鄉科然其所嗜嘗在
詩書也工詩猶善集唐八句未仕卒
冷文瑞字錫五本瞿姓父凝端居邑之阜城門外與
糧倉近祁陽冷成鶴在縣幕司倉廒出納夜夢黑虎
遶倉楹間晨往見文瑞在與夢符因丐其父爲已子
時年尚幼也携歸祁陽教之學後[illegible]漸窘[illegible]務農每
有輟耕太息意潛往粵西柳州[illegible][illegible]伍[illegible][illegible]千總遣
人迎成鶴成鶴盼[illegible]久欣出[illegible][illegible]是終養官署自
喜得驗所夢後以保舉弓
見授
御前侍衛外補江南狼山鎮[illegible]都司遣弁丁致書來邑迎
本生父凝端至署孝養[illegible]至陞貴州安籠鎮遊擊逢
覃恩授明威將軍
[illegible]贈三代便道歸里省墓邑人咸[illegible]之[illegible]陞黔省都勻撫
標[illegible]定恭副多著勞績

貴州鎮遠鎮總兵官鎮當衝[illegible]苗[illegible]服整飭撫
綏兵民德之署安順提督[illegible]部署空壘爲之一新
權古州鎮總兵官古爲瘴地文瑞素知醫時瘴疫甚
行心憫之令病者舁至者親診視捐藥資多所全活
因染時疫卒妻馮氏亦於是日卒於鎮遠鎮官署子
逢泰扶櫬歸塟祁陽[illegible]人倜岸材武絕倫性慈
祥恭儉居提鎮布服蔬食[illegible][illegible]已益人[illegible]心
爲則惟日不足故[illegible]後聞者[illegible]流涕長子逢泰以
廣西鬱林州佐[illegible]安命[illegible]妻王[illegible]携二子
歸[illegible]依姻家徐[illegible][illegible]祁陽嗣
冷姓

蘄水縣

蘄水縣志卷之十四

知蘄水縣事[illegible]應龍纂輯

人物志

孝友

庸行弗立而動詡名高，斯矣夫至性所感門人廢蓼莪之篇同氣相關庾杜[illegible]一秀古人之可風也是故色養無間於庭闈之暨子之一行一事[illegible]俗之敦本重倫云

蘄水縣　卷之十四

元

周古象元兵掠其[illegible]子竊詢其故曰有母欲歸省妻[illegible]以其母在嘗奉養勿以妾故復來及歸母[illegible]古象奉養盡孝母沒廬墓妻亦終身不嫁妻亡古象年四十亦不更娶淮西守臣幹克莊道邑聞古象欲見之趨而避乃留詩於壁立孝里門祀鄉賢　明一統志

明

蘇[illegible]七世同居少長三百餘口[illegible]或以其人

[illegible]一心慮生他變聞之巡訪[illegible]門見二叟
對奕適一婦抱嬰兒生二叟走[illegible]之曰此諸父行
也巡訪喜曰不謂此間尚有古風請於朝洪武九年
十一月詔旌爲孝義之門見明史
劉淳永樂中歲貢父早卒[illegible]事母呂氏惟謹母老念無
能祿養輒泣下不自已[illegible]吏部母年七十九
臥病淳刲股進復延三[illegible]歿
邑令王伯覘之以[illegible]
祀之賜祠生一人[illegible]

周寬字孟調宏治時[illegible]孝侍湯[illegible]謹母
終痛甚含殮如禮大[illegible]一[illegible]遂志
戴仲英明經勵行爲時[illegible]悲哀感慕
及老不替宗伯陶愷遺詩云憶昨干戈起白日風
塵昏子家浠水上少小[illegible]雙親生死不相知念念徒
酸辛艱難適異鄉乃謂他人昆聖人握乾符伏劍靖
妖氛思親不可見忽見故鄉人聞言隔九泉涕淚滿
衣襟茲行返故鄉累土城卯[illegible]松栢慘淡結
[illegible]常存純孝名錫類垂子[illegible]

[illegible]韶性和易善屬文母程氏[illegible]蹐廬於墓
三年父卒亦如之
可清早失父事母李氏如禮母卒柴毀骨立結廬殯
所三年如一日
詹子陵字希嚴宏治間[illegible]敬事父母父卒事母倍篤
出獲味輒懷遺母母遘[illegible]以身禱藥餌服食皆躬親
奉之舊志
南向陽宏治時人生[illegible]母右嬰兒之戀戀於
懷及父母卒思念不忘鑄銅像以祀之[illegible]丁蘭

刻木今我鑄銅世世子孫孝道攸同
李美字汝成正德時人幼孤[illegible]弟[illegible]事母至孝每以
先人世澤屬弟語輒流涕[illegible]道中落母憂
之美欣然割己產之半[illegible]芬由是芬亦樽節成家擅
麗和叶母心大慰二子長邦嗣庠生次畿嗣另傳美
歿後以畿嗣貴累贈如子官
樂淡字伯齋嘉靖乙丣舉人性純孝嘗爲西華令父
廷訓年高不欲之任每誕辰淡具冠帶拜泣曰早知
[illegible]睽隔若此不若守敝廬[illegible]也華人知其孝

曰公請迎養至華每搢紳讌飲必述之正席奉觴汝侍坐於旁侑甘旨候謦咳撰杖履則怡然而樂治華期年遂致仕奉父歸薄俸百金分以予兄終養十三載父卒盡哀盡禮既葬廬墓三年初汝爲閿縣教諭應廣東聘分考所得士黄應坤任楚臬謝三知任巡道知其貧餽以金弗受薦於上不出教子讀書嘗書一聯以勉之曰白髮無情人老矣青春不再汝知乎其胸次可知矣舊志

朱文明嘉靖時歲貢文行自勵嘗與人同□志范文

正爲人事父母極力崇養仲弟壁立與季□人奎割田十畝以周之給族里無依者甫貢將北會不秋盡散邑大夫所賸六十金於□□乃溥□□行尋卒於北子以產償其負貧無立錐舊志

蔡斗煒嘉靖時國學生以割股事孝聞任成都主簿頃即自罷

萬明善性和柔以割股凡再廬墓六年嘉靖間旌

姚永濬讀書惟能記姓名父昱早卒事母張氏夕膳晨昏靡所不至母樂輒喜母憂卬驚懼母終哀毀濵

死三年仍溫凊一榻如生時自褰臥於側不入私室一日耕歸見其妻蔡氏供饌蔡以叢綿襯其祖遺記肅禮濬大號泣謂蔡以死視母幾被出

桂友金不事詩書天性友愛兄卒事嫂如母撫姪如子築墳願與兄同穴作室畀姪以居其篤厚如此

蔡株字岐岡嘉靖時庠生嘗割股救母兄松岡病篤願請身代後遺腹力撫之□□以□產分施誠樸無譌嘗暮夜遇盜盜避去謂之善人妾涂氏亦割股瘥嫡子應詔稱盛德

柴杰嘉靖時人博學有隱德每挾蒲團坐□林中讀書竟日自經史外凡諸子百家及醫藥卜筮之書無不通曉尤精於譚易與兄木友愛最□兄三子杰一子析產爲四分語兄曰伊兄弟僅四何據有異同每戒其子曰識事宜少識人無多風趨日異甚不可以田產自累也

南邦棟隆慶間庠生至性惇篤盡孝庭闈父廷彥病篤百藥未愈邦棟割股煮湯和藥以進得愈

李生采字旨受隆慶間諸生處貴介而儉素自如性

嗜書篤於孝友父早宦仕途生釆奉大母暨母色養盡歡父廉不庇其家生釆亦不名一錢父殁卜地築塋耗竭心血手足痿痹竟以是終督學金行其行而旌之後從祀忠孝祠子見壁另傳

周易邑諸生篤於孝友父璟與從弟四世同居易兄弟十一人易母王氏餘繼母南出也南產幼子禄貌惡甚璟欲棄之易泣諫不可潛育於[illegible]氏南君革家劃產以資之長始歸璟殁事南尤謹著家箴十則喪祭樽禮萬歷十一年邑令閻士選舉孝[illegible]旌其廬

曰閔孝姜義　續志補遺

黎民範字爾瞻廩生早喪母事庶母尤謹父喪廬墓哀禮俱盡兄早逝撫孤姪[illegible]之子姪[illegible]夭為姪撫遺孤如初生平頗以文章幹濟自負亦錚錚有聲萬歷間辟賢良不就卒從祀鄉賢子洪祚拔貢祚延庠生

畢良謨萬歷歲貢嗜義賑急不責償死而露着瘞焉二姊婺而無歸迎養終志父卒誦風木之句輒泣數行下

孫慈字虛白萬歷甲午舉人性孝友初守灤州多惠政繼補無為州廉能無雙分清俸先為其兄置產居喪骨立守禮甚嚴

王之民字存初萬歷庚子舉人由河源令歷蔚林全州守掛冠歸行李數肩捐餘俸六十金置祭田數畝祀先啟後囊無長物家四壁立年七旬教子讀書敦行孝弟

許思獨與母居夜半鄰家火逼思宅[illegible]已得脫母汪氏未出冒焚哭入救母遂俱化爲燼止存其手尚抱母身云　見明史

程若召字明南母陳早寡若召事母盡孝母病斷髮嚙指血書籲天請以身代露號至夜半見月華爛爛者三次日母瘳孝友端方推重閭里[illegible]别業於龍石山下延訪才俊子弟授師肄業四方賢士大夫爭相造請饒館圖書甲於一時

李蘊字發之號梧岡鄉賢延芳公之子也家貧力學能得親心父母卒瘞宅右數年有言不吉者啟視果然時五内盡裂一慟即斃明萬歷間教諭申騰漢表以孝子梧岡之門六字

南山石字柱中性端方好讀書年十二入學二十補廩廿五父邦奇病不起山石焚香祝天刲股以進父疾愈後以壽終學使嘉其行而扁其門曰求忠蓋有屬望之意惜未遇僅以崇禎壬午歲薦歿

牛二不識字負薪傭工養母母病劇饌其雙股肉以進母獲愈邑令棹楔旌之愕眙走避邑人官撫邦爲詩贈之

郭尚堯崇禎初割股救父父甦時門生芝草大如斗邑令李汝爍旌曰孝子

王敎民大參希元孫父三捷爲樂林丞崇禎乙亥三月流賊突至執三捷將殺之敎民求以身代賊曰爾果真心替父當連諸敎民憂無懼色願死之聲震天地賊遂戮敎民而舍其父子名竤順治中爲祠生

易有象庠生年十六天啓七年母王氏患病危篤象焚香籲天割股愈母延生三載兩事後母備盡孝職又篤守遺編家藏舊志一册爲前纂修者所採

李珩玉字石公庠生節婦潘氏之曾孫庠生琯山之孫英白之少子也幼聰慧友讓孀母南氏病篤將危嫂楊氏十六而嫠珩玉甫十齡各割股肉以救世稱潘氏孀幃貞潔南氏矢志柏舟楊氏節孝完美珩玉孝德性成洵一門之可紀者也

徐文覲字信卿明諸生自幼以孝聞執父母喪哀毀骨立是時流寇衝突蘄人日數驚城晝閉覲懼以柩沒泣籲於邑令得以棺縋城時倉皇無可召役里人被其德者爲執紼以助中途遇賊衆駭走賊挾文覲要賂覲撫棺痛哭賊感之乃散去得歸塟廬墓三年因老病以詩酒自娛號浠上老人終焉

張世濟字垂雲廩生乃庠生張孝之子也崇禎癸未流寇屠蘄世濟以父櫬未葬不忍去乃囑眷屬奉母避寇身獨留寇至白刃交加世濟號泣以實告寇憐而釋之遂依櫬餓死月餘寇退家人歸視面目如生若拜跪狀咸驚異之妻胡氏以姑馬氏病癱瘓久臥牀褥患驚悸氏侍湯藥寢不解帶者[illegible]年每有所奉必膝行詣榻前恐踵板有聲驚姑寢歲久板著膝處洞二穴今家中猶存之以示子孫邑侯葉爲舟造其廬題曰雙孝故里

郭士元明末人生母曾氏早逝奉祀繼母備盡孝養其兄分居蕩產士元爲之贖取更撥產以給之前任邑侯郡尊俱贈以額子能臣亦能友孝型家

本朝

王三尊字光甫幼隸異過目成誦受知於董其昌萬寅亮之門屢躓棘闈作艮亭寓志至性尤孝早失怙恃事繼母聞庶母劉内無閒言友愛[illegible]兄刻意庭訓爲人坦易而嚴正以其子保鳌貴

贈爲文林郎

張問德字心吾至性醇篤事親以孝聞常兩佐邑猾介有聲佐貴時力爲民請蠲夙逋裕於上令乞歸終養父殁撫兩幼弟俾登仕籍邑前輩[illegible]其端方在京邸公推主理蘄水會館二十餘年人皆德之四十無子置側室廉其父因官逋鬻女立名父遣還之不責其償旋舉二子兵燹後鍵戶不出惟日課子以文行爲勵兩飲於鄉後以子邦福貴

贈文林郎 續志

畢祖洲字一洲九臣子性孝友弱冠入泮數奇不售膺恩選平居疎財仗義飲人以和自諸長者下暨晚輩莫不敬愛長子紹昌有文名任休寧令後以出嗣子紹襲貴

贈文林郎 續志

南有杞字爾楨邑諸生生而孝恭父邦取四世单丁及有杞始伯仲三伯兄有臺負雋才仲兄有喬疆幹濟有杞厚重若愚父鍾愛之嘗教之曰吾不願汝輩金玉其外有杞受教益恭洵伯兄負恂恂宗黨間初不知其爲介弟也棘闈屢躓益潛心經籍體認躬行

不以文采表見教子之傑之麟之鳳之禎之祥篤守先訓孝友無間之傑初仕誨之曰官無尊卑在於稱職事無大小要於愛民汝第誌之故後之傑居官所莅得著循聲年七十二卒康熙二十五年郡邑士大夫公舉從祀鄉賢 参續志

朱絅字自衣孝友性成嘗割股以愈親疾博學工詞行止醇謹外不忤物爲衆所推屢舉行優學士大夫咸尊禮之入棘闈十三次一時有抱璧懷瑜之歎云 續志

施惠孩提知孝隣家予以棗栗懷遺父母父亡貧不能治喪具遂傭其身主者與之食餘半養母冬母寒無力置綿乃刈艾作絮兼之薪恐妨主者工雞鳴走江干拾蘆根歸始旦夜則抱母足温之值流寇亂負母逃爲賊所執叩頭流血請殺身留母賊哀感而釋之母年九十七卒惠復廬墓三年雍正元年旌 通志

戴華凌自幼孝謹不先親食親或不懌必婉容慰解父病三年侍湯藥廢寢食父殁益竭力奉祖母與母母年逾七旬保護尤至有延之訓課者以母老堅辭不赴前後執親喪哀毁骨立廬墓六年雍正三年旌 通志

徐梁字兩州邑諸生幼孤事孀母江氏以孝聞有幹才董理家政置祀産睦子姓族人讋服邑有貧之自鬻者出資贖之惜早逝未竟其志兩世孀節表表貞珉子本僊雲南糧儲道孫立御貴州兵備道其他登仕籍者甚衆人謂梁盛德之報而節孝之蔭更遠也 參郡志

方師璟字崇友幼有神童之譽弱冠補弟子員以擬蘇子瞻與潘大臨弟兄書受知於督學姚淳燾常以父疾禱於神明至感其父於夢中與神遇曰爾子誠孝也又弟患痿疾與之共起卧調攝者三年不入房幃後父曾撥田租四十石與之以示奬勵弗受然其孝讓之行風於鄉里至今望其廬者猶輒指爲孝子田

岑世鎮字來章邑庠生性至孝侍庭闈無間言親卒友愛諸弟俱教讀爲諸生雖析箸猶以筆畊餘積置産均分從父三參貧而乏嗣世鎮捐己産約四百金爲繼立之資擇堂姪世文承祧迄今子孫繩繩不墜族里稱之子東忠庠生義另傳峯國學生

瞿世正字憲昭邑諸生性孝友居喪盡禮撫愛幼弟家資悉登簿籍綴慰我先志語於簿首及弟成立並所積贏餘悉推予之族戚嘆服子顯然乾隆甲子舉人 郡志

徐仕英字榮臻庠生孝子文觀節烈鄔氏之子也仕英承父庭訓痛母慘烈每中夜淚血漬枕邊又憂父

年老恐傷其意乃發憤讀書立行思以報厥所生遇閭閈善事必勉力成之子鳳昌克承孝志鳳翙太學生卓有文行俱逝孫立階棟梁登賢書其諸生繩繩振起人以爲孝節之報云

徐本仁字伯倫梁長子幼失怙事大母暨母備盡孝道課諸弟後先登科甲克承先志族人以家政委之年未弱冠族之長老咸推服焉以急難告者竭力濟之其見義必爲蓋生性然也以長子立御貴貤贈大夫郡志

宋士吉父國器早卒事孀母鄧氏筆耕以養備極誠孝乾隆七年與母節同旌郡志

岑義字波士邑庠生夙性孝友博學能文試輒前茅屢薦不售生平樂善綽有父風遇宗族鄉黨之急多方濟之了無德色教子天構成名人以爲不於其身於其子云

王榖宏字方舍太學生幼時以父命出嗣長房榖宏凜於大義勉遵父命降服從禮敬宗致孝思禮交至友愛兄弟兩無間言教子讀書尊賢敬士其子孫皆有家法長子永謨縣丞次子應徵增生

江有臣巴鎮江泗湄子泗湄年十六親迎十七生有臣僅三朝即出貿易湄妻戴氏勤紡績以供舅姑撫幼子友臣稍長亟謂母曰天下豈有無父之人哉母與之故友臣即日束裝出歷寒暑三始識父於四川重慶府旅舖父究無歸志友臣力請不輟遂與偕歸是時父年三十五矣復舉次子御臣又十餘年父命次子析居友臣更竭資產分潤其弟俾雙親樂享餘

年壽登古稀友臣之志有以成之也

高仲憲三歲失恃即能事後母自幼嗜書明大體因家貧廢書力田以養親然田間力作時輒携書往鄉人咸笑之執親喪哀毀逾常於後母尤孺慕難忘生平精力惟以課子孫讀書爲諄諄殁後里人稱之

王效武字國香明旌表孝義王壽之七代孫也父抱病幾危嘗父糞割股肉調痊十餘年父死廬墓三年一時宗族咸稱純孝

張宗栻字念軒號敬菴太學生少孤事母以孝聞兄

師藝早逝撫孤姪底於成立嗜典籍工詩文屢躓棘闈後値母年高備極愛日之誠母卒喪葬如禮自是哀毀骨立三年以來有如一日乃以痛劇致疾不起
夏在朝年十二失怙事母朱氏定省溫凊數十年如一日母終泣血三年足不出戶葬時依塚數月遠近賢之
張盛文貢生年十六而孤哀毀動鄉隣時祖母在堂盛文侍祖母暨母二十年備極色養延名師與諸弟讀書發憤爲文章次弟早折爲立嗣以繼之屢躓秋

試因上北闈二次亦不第乾隆十七年學政宋長洲邦綏准以優行保薦格於例撫軍唐江都綏祖以立品端方四字獎之蓋里中善士也踰年卒
可光斌字元袟庠生少有大志倜儻不羣屢困棘闈結廬山中杜門不出以詩文自娛一時學者皆推重焉兄光義分居早夭遺孤兩月光斌撫養之誠逾於己子凡家貲鉅細悉登簿籍俟其成立一一付之年七十端坐而逝
瞿嘉儒庠生性孝友兄布雲以訟誣被逮十年嘉儒奔走以理其冤至破家不惜其事當事感悟竟得昭雪遂得兄弟如常
胡其騂順治庚子科副榜孝友性成力學攻苦闔族咸推重之
胡承德邑庠生事親篤孝行已端方閉戶潛修不干外事
黎應瑚六週喪父事母盡孝因母歿哀毀成疾相繼卒
蔡永瑄國學生少孤依依母側以孝稱性尤敦義妻

亡年方壯盛絕意不娶撫二子母歿廬次三年泣慕如初喪子文湧庠生藻國學
柴寅芳性至孝父病醫藥無濟籲天割股父病即愈
徐大升字允吉性醇謹能和睦鄉族尤篤於事親嘗刲股以愈母病
徐廣涵太學生性純篤嗜學嘗刲股以愈母病
王永仁邑庠生兄弟有六父夢鯉病篤永仁禱天求以身代爲文語極懇摯蓋思父存得撫摩季也後四十餘年其孫端人得其親筆文稿於殘書中而前此

家人莫之知也

胡㑹詔居河東街康熙丙戌龍水比屋漂流時父柩在堂㑹詔揮妻子與訣以繩繫棺在腰與水浮沉適當一柱棺得有着

范同仁字純希號省齋孝友性成宗族鄉黨無間言幼穎異讀書輒成誦不忘工舉業未第年五十謝棘闈專意課子極義方督家政嚴整有法而待人甚寬和閭里有急難必極力救濟其貧困者周恤無虛歲焉有某責子爲之鞠育迨年長而厚遣之有某鬻身

察知其爲塾父還其券不責償生平濟人利物類如此戊辰舉鄉飲大賓以子思皇貴

封文林郎翰林院庶吉士

方成業字丹周國學生幼孤與兄成基事母至孝及長痛父賫志下帷發憤雞窗燈火讀書聲與哭泣聲嘗聞作也母病衣不解帶五十餘晝夜喪則哀毀柴立塋則廬墓終禮子雄庠生淮國學生

篤行

昔范史立獨行傳儒者韙之朱子論古謚法乃聖人所以取人之意蘄之人士固彬彬焉而言坊行表足閭閻式法者誠有合於范氏抑或謹身寡過設心制事無背於古人亦篤行君子也

明

胡溥字景周少篤行好學能吟以嚴謹爲閭閈師教二子成進士以恩封主事晉贈按察司副使舊志

王承芳嘉靖時人尊師重友然諾不欺延江西鄒生

爲師鄒積數年館金托寄經營鄒偶歸承芳疾不起乃囑其家人以匣貯金歷年子母纖悉登記手封鐍置床頭俟鄒來予之其生平不苟類如此子希元另

傳

何鳳池字國賓富而好施以盛德聞於蘄黃間子其宏卿會試俱以房考有異徵謂爲祖宗盛德中式時人以爲力善之報舊志

官如臯字值卿家貧攻學事親以孝稱爲諸生久躓棘闈益發憤力行績學學者多師之恒以誠恕自勵

或而折人過久之人以爲寃我尊曰古愚先生卒後李方伯維楨銘其墓嗣是子孫以文章氣節著於時古愚之澤也 郡志

南邦取字賓吾生平慎言笑嚴取予居常與人無競至義氣所激則凛乎如烈日嚴霜非禮之投不爲屈焉讀書萬卷以韋布終不求聞達教其子敦行誼務詩書以忠厚禮義傳爲家法子有臺洧裔有杞另傳 舊志

胡潤字景雨以輸粟授七品散秩爲人器量深宏議

論發發里人咸推重之子仲方由例監授南京西城兵馬司副指揮奉職勤能卒於任蒙恩敕祭追贈

朱廷錫字善吾萬歷間三舉副榜天懷樂易至性孝友十二歲通周易聲名籍甚門多問字歲入館修稍爨乃合二弟已析之爨以慰母志一室之中融融淑氣邑令游王廷舉鄉飲禮造廬敦請壽八十二易簀時招一寄金者至手付之而瞑以子朝熙貴封奉直大夫

高如岳字鎮南博聞强記學劍學書南入太學大司成郭明龍器重之就新津縣簿曰官雖卑書不可不讀身雖老子不可不教司理楊一鵬嫉之詰之不爲屈時師征劍南經津邑諸卒索醸吏匿民逃如岳出故劍技試之帥心折兵少緝遷靈川經歷投劾不仕歸來榜庭中曰籬前老子開三徑膝下稚兒捧六經以遂畊田教子初志母劉孺人在堂侍養怡如骨肉族黨煦煦相洽置義莊三十畝供祀以贍族屬天啓七年大饑烹粥以活饑者壽六十四卒子宏基耀基另傳 舊志

本朝

桂大生字元直邑諸生特立獨行不求聞達詩文書畫名重一時華亭董宗伯其昌深加器重嘗幣聘之無子止一女適邑廩生張師聖學者稱爲貞介先生云

李嘉甫字東聖邑庠生爲人敦本砥行勤學能文尤嚴家法有物有恒教二子同登科甲以次子果貴
贈文林郎洪雅知縣 續志

畢期祥字叔旋邑諸生銳志學修尤勤庭訓取重鄉

黨次子友宜戊午己未聯捷實本其家學云友宜另傳宦蹟續志

周之規字啓朴學使延光之姪也六歲父母俱喪延光教之學遂通五經諸書弱冠入泮尋食餼兩中副車從游者多列科第徐五宗其及門也年五十卒

楊繼柱字文升素性簡樸居家盡孝友之道人無閒言又樂於好士凡楚中知名者多延於館供衣食且謀安其家室然不矜不忌泊然無欲義風致足多也以諸生終其身

楊儁字儁人諸生秉公持正闔族推爲戶首老幼悅服晚築止水菴於梅梓山麓邀邑先達講學其中以教子子楚珩城俱列宮牆迄今蕃衍

程維侗字恪人邑庠生慶元令維伊弟也維伊宦十載維侗家居事親治家無私族姓咸服捐田產創義學義祠陶淑子弟歲旱米值騰湧首倡平糶當事以義重紫陽四字獎之

李見奇字仲常洪雅令果之四子也由附監生考授州同知爲人至性醇篤天懷恬靜父卒已壯年猶孺子泣事母備極孝養和睦兄弟推甘讓肥晚築亭圃植花竹奇石延名流教子讀書以繼先志

梅映雲字太璞廩生丞負文譽以冠軍補弟子員與熊入夢聯名入泮一時文字膾炙人口生平品誼端方爲人師範子琮舉人謹飭篤行孫士錦拔貢教習據家乘本程姓

方志開字以國邑庠生博極群籍善蘔書尤篤於孝友於骨月難言之處能隱忍曲全當時莫知也事後人皆咋舌無不嗟嘆丁明季之難同宗轉徙村落皆虛志開慨然念其祖自瓊州守郡以來而子姓如此凋零遂首倡義田經營團聚逃竄者得復故業又嘗以牛積廠路達英蘄河流奔肆乃捐修石橋橋成連舉二子里人以爲生平義舉不爽其報類如此長子士瓊入郡庠生有幹材善承先志斂費以恢擴義田而貧苦無依有志上達者悉倚賴焉當道採其實贈以額曰克壯先猷次子師璟另傳

范璿字賡玉邑庠生秉性孝友理家政收睦宗族樂善好施梓里咸頌其德尤嗜古壽八十餘手不釋卷

生子七皆克繼緒以孫思皇貴贈翰林院庶吉士

張師聖字念尼號凫菴邑廪生事親孝同懐五人友于無間讀書尊經術嫻吟咏步履準繩言笑不苟動以禮義自勵毎謂學者務於世有裨嘗捐金助遭水患者修築墻舍捐穀助賑饑歲買僕知爲良家子弟某焚劵不責償更予金以資其生理凡此推解之事多勇爲之並不見其有德色子旭榆貢生

汪林茂字基聖邑庠生嗜學篤行好善樂施嘗倡捐

田稞若干付文昌閣僧以爲収惜字紙之費前令侯方夏手書序文以奬之復敦請爲鄉飲介賓晚年怡情山水詩酒自娯登盤龍峯桃源洞刻石留題至今傳勝跡云五子俱嗣先志季子太學生映璋善行彌篤

李隆字齊雲弱冠入泮食餼爲文章步武先民禔躬謹飭有法度兼通繊筆丹青琴奕諸藝居城市不輕出閉門自守絶遠棼務以孝友勤儉教其子孫晚由歲貢選潛江訓導未赴任疾發卒遺命戒子孫勿作佛事焚楮錢蓋嘗受教於黄岡戶部陳大韋云

鄭崑演字汝堅邑庠世僑子也世僑素慕邑人徐子芳學臨卒遺命子崑演往受業焉崑演禀父師教厲志砥行甘貧學古不怠晚乃受知於督學繆院首㧞入庠年五十六矣居巴河闤市中士非以文事質者終身不得見其面毎授徒往還館舍輒尋後山僻徑行不一足涉市塵也年七十四卒人稱其介介云

周多才字以謙弱冠應郡童子觀風試郡守許錫齡㧞至冠軍入泮食餼乾隆元年歲貢自少至老篤學

不倦毎深思自得而確守之雖衾影急遽之地不失所秉持也蘄黄後進有文行者多出其門蓋自其父孝健出徐祖齡之門敦氣節能文章孝健殁囑二子從祖齡子子芳受業長邁才超軼次即多才尤純粹實講行於正學爲淵源有自云年七十餘卒

蔡凱字沛碩廪生爲文古茂善詩通經籍與之上下古今輒亹亹不倦年六十外始食餼八十六尚應試文皆結搆完密人稱矍鑠焉然以數奇卒不售子文禮字魯東亦廪生

萬其位郡庠生立品端重存心利濟凡邑有公務必極力贊襄如建文峯開西門闢一邑風水者皆首爲之倡又嘗經理河渡出納平允邑令劉象賢深加獎勸於康熙辛丑年舉鄉飲介賓

贈以德字卿表四字後雍正十年詳舉優行學憲凌如

煥復顏其門曰士林碩果

陳珽字石豨增廣生介直自守篤學不倦文清勁以先輩爲程授生徒嚴於繩檢由是多所成就而鄉會試獲儁者亦彬然珽生平惓惓敎人以立行爲先孝

昌貝太史力恕贈以聯曰惟恃古人意能令學者尊

李林茂字凡起太學生父反梓爲名諸生篤於至性與從兄開禧俱以孝行稱早從黃岡王一翥遊林茂奉家教兢兢懼弗克荷父卒事母色養無間友愛諸弟倫極篤摯尤守先世圖籍爲功甚勤保護一編珍逾拱璧以故出其片紙隻字皆足以資考證之博采益繼先志而守其業也如此子二長映瑚入學早逝次正國廩生

官正德字咸一廩生少孤自立奉孀母三十餘年備

極志養友愛肇從營塋祖墓悉出私橐總族政收集子姓之散逸者葺祠宇歲時聚族以祀人有過失直指無隱偶值無禮觸者虛舟其居心坦易不設城府類如此爲文辭簡古有法至老不懈於學

滕光璧字左錫候選縣丞自幼操文章工書法才情卓越儀容都雅與里中楊仁廸程正翔輩翩翩裘馬以仕宦相期許故足跡幾遍天下而長在京邸然卒不博一官晚歸桑梓篤守遺編型家訓族雍正七年汪令歙以賢良方正薦

徐本佳字俊倫邑諸生少孤力學善文辭尤工書法以屢躓棘闈寄情山水籍青囊以自娛幾遍楚中人爭迎之嘆曰吾眞金精救貧之流耶聊以廣吾足跡耳因謝之由是杜門課子讀書緝文年四十六自題一聯曰見惡又經六載知非何待三年越二年卒

黃芝字砌南拔貢生家貧力學文筆奇橫先是郡守舒士貴歲試得芝與楊宏謨卷未定甲乙貳守王鸞至質之荅曰與寒士芝遂得首拔入學雍正癸卯選貢太學考授八旗敎習積瘁成疾卒於京師塋先隴

鄭毓珠字浦九廩生尚氣誼有介節苦心力學雖枵腹而歌聲不輟乙卯首薦得而復失司衡者深爲惋惜後竟以貧死

畢封斗字星之幼孤克自立事母盡孝教弟楊楚苦志勵學同年賦釆芹旣食餼爲文章有聲與邑中張聯奎陳鵬翥名噪江漢間張隨登乙榜辛酉學使者拔鵬翥貢成均復保題封斗優行入都試教習補正白旗與鵬翥復噪名都下先是聯奎會試卒於京櫬羈未歸封斗至歛同鄉資斧附糧艘而還逾年鵬翥

卒封斗又爲之經紀其事扶櫬歸里比再入都不數月而封斗卒京邸同人寓書於弟楊楚奉柩歸

駱于賓字孚猷邑庠生父俊與弟傑孝友無間俱沐

榮

贈于賓和易坦懷不設城府性謙恭善下雖拜

恩封益卑以自牧雞豚桑柘之飲每扶杖往觀與里中年高德卲者結香山之會迄今傳爲盛事年八十四卒七子成名孫曾疊見人以爲福壽罕覯云

王大章字擔廷國學生夙性孝友侍庭闈無間言自幼苦心力學爲文章以先儒傳註爲宗處身世以躬行實踐爲本接人藹藹可親當大事則卓然不可奪人有急難則傾筐篋以周之而未嘗有沾沾之色緣善病絕意進取治岐黃術以自調攝久之術益精請診者盈門心存利濟不憚勞劇貧者則予以藥如涉嫌疑雖達人造請不出也人欽篤義君子云子永謙郡庠生

潘秉禮字鐸士鍵戶嗜學爲府學增廣生員布袍素履不乖於物而鄉里有閧者望其顏色必驚以走有

凶頑田姓者素稱不孝其父擔壇歸於路奪之父遂欲拚以死逢鐸士而止之曰豐子何敢然子必使歸若壇乃自家取壇如數以償之後凶頑聞而愧悟復奉壇於父家本多稻雖豐歲必減價焉里有栗木橋通衢也瀕於泥封險阻欲修未逮及卒命其子伊超捐金五百以葺之至今稱坦途云

劉自援字萃長雍正己酉舉人索性耿直家雖窘杜門教授怡然自得嘗爲蘄陽書院長每以孝友立品端行訓飭後輩爲文章則主經傳先儒性理若老莊

諸子則屏置弗觀人或迂之弗奪也乾隆二十二年
春選監利教諭年已八十凡學中規條悉遵學政全
書行之人謂復見蘄湖之盛焉是冬卒於官
胡迎詔增廣生赴棘十五次雍正四年條陳蘄學人
文日盛廣額二十名又條陳鄉試二三場俱用横格
免致錯悞載科場條例
姜崇昌邑庠生研田爲業從無隻字入公邑令汪歙
給以篤學善誨四字

蘄水縣志卷之十五

知蘄水縣事餘杭邵應龍輯

人物志

尚義

古者三物教民而睦婣任卹居六行之中取其有裨
桑梓也厥後俠士輕財樂予雖趨尚有别要不失於
此意云蘄俗謹淳人情好義捐金輸穀載在舊編彙
而志之亦足破慳情而敦古誼矣

明

陳運德正統六年陝西饑荒捐穀五百石往賑中途
爲難民所奪歸復載六百石以往降敕旌爲義民勞
以羊酒給復三年
徐朝士漢舉子正統間出千金穀千二百石助賑賜
敕奬諭並御製詩
蔡時成化時出穀五百石賑濟授承仕郎
南鑑榮于景泰乙亥年知縣何實立集義倉鑑榮捐
穀五百石助賑又藩司王勤借出白金一百成化丙
戌春邑大饑有司勸賑鑑榮慨然曰財雖貴積積貴

能散復出穀千石當事賢之賓禮鄉飲

徐三餘三仕副使一唯之孫也俱邑庠英年有才學值明季大亂辭城市入山散出家貲數千遍給貧苦惟擁殘書數束教子弟爲實踐之學遠近師事之

徐四方有學行喜義俠值明季流寇亂經營保障里中人咸賴之子五薰五華亦孝友型家不忝前緒

楊簡字竹間崇禎己卯舉人明季寇亂保障一方鄉人至今頌德治家勤儉傳數代尚食其福子煦善庠生亦輕財好義

本朝

徐永福字嚴公邑庠生幼孤事繼母蕭以孝聞工文辭喜扶掖後進族里英儁或貧不能卒業必多方延師傳就之有成族子某因貧鬻身捐貲贖之使還其孀子孤貧分產二十石助給之道拾遺金二百封還失者無德色其蹈義行仁類如此子四沁志遠克紹先志邑有下河坪橋尤河義渡並岡邑華岳港橋修設之費數千金弗吝也督家政以孝友爲大本孫澍績又承之諸凡收宗睦族賑孤貧成後學悉如祖所爲益三世累行源流一貫雖家素豐裕物力能給而行其所樂歷久不倦則保世持家可以風也今後嗣宗璉等猶繩繩善繼云

王夢鯉字龍友邑諸生存心剛直見義勇爲凡邑中大事必倡義首舉無所廻避蘄久苦里長役民多蕩析離居夢里深知其害同錢天用南伊水華元柄升子敬力陳當事輾轉三年擘畫條達至大憲允請始獲革除排年官徵官解民困以紓里中老人至今能言其事子六人俱列黌序季國英任廣東鹽運使

張鳳起字翊友郡庠生忠直愷切重義輕財每遇大事輒勇敢擔當不吝囊橐當邑中公舉官徵官解鳳起慨助銀三百兩以爲舟車往來之費事成人咸德之生子六三列黌序兩叨歲薦一任訓導

王國瑞字士獻好善樂義族黨推之爲分長捐銀四十兩修祠宇彭家港至蘭谿大路爲水傾頹捐穀三十石與同里買石鳩工協力修補

袁明甫字一耀居邑之瀾溪有負債莫能償者將以未婚之媳以償明甫知之爲捐金代償並擇吉令其

子成婚修青蒿港路以便人行康熙癸酉歲大旱積米飯饑者于道彌月弗怠時署邑尹戴廉其事賜額旌異之子引吉承父志亦喜施濟嘗歲施棉衣膏藥捐修彭家港路置義塚於黃草湖畔妻李氏亦施棺百二十有奇

蔡之儁字德言邑庠生存心忠厚行己端方捐資以濟族黨隣里急難每多解推邑令汪歙延爲鄉飲介賓年八十卒子孫多名諸生云

李垓字經十歲貢生勵學行卑牧自處遇義舉無不玉成戊子歲饑倡首捐賑多所全活教育孤姪如己子捐己業以活族設義塚以瘞貧善行纍纍人稱爲濟世李公子永蔚庠生大鶴舉人員文才中道而逝

張世名好善樂施康熙間邑旱捐米周給貧乏邑有橋名盡街久圮世名捐資重建有遠客其與之相善客死無所歸世名不忍置之荒野乃瘞之祖墓傍並爲立雙石以志之今所謂鼓兒墳即其地也子庚孫賡俱庠生捐貲煮粥以助賑襄立河下義渡置船租捐關帝廟香火田若干石普濟菴香火田若干石家世好善里中多能言之

陳紹伋字宣喬廩貢生九歲失怙孝事孀母爲人勤慎周密率子弟以儉樸勿事奢侈每接後輩以縱欲敗度諄諄後輩多嚴憚之然見義舉則慷慨樂施亦未嘗有吝惜意康熙年間嘗輸穀三百餘石以助賑恤今其子作楫猶率其家教云

汪時青字文院國學生遵例到監肄業擬修道堂西二班呈堂掛號期滿回籍爲人落落有氣誼雅重義不私其財遇匱之者輒傾囊以助子承澤謹奉家教乾隆十五年巡撫唐以存心利濟

旌之

何如璉字連玉國學生敦氣誼多俠義遇人急難傾囊不惜鄉曲受其益者多稱道之子元鯨元鰲倜儻不羣善承先志亦多義舉

高燦雍正二年捐穀壹百石以爲社倉公儲雍正三年穀價騰湧又減價出糶近則施鬻遠則發穀一時鄉隣感德之

汪時亨鄉飲耆賓義行甚彰康熙五十八年歲歉嘗

捐穀一百石子承寵爲汲縣丞有能聲卒於官

張承柳字重木庠生應舉之子單傳六葉積豐饒長子既娶而夭年六旬猶未舉子承柳爲人謹愼篤厚不妄語言貲財雖裕然性好施于其外兄弟程集木嘗與承柳言古人廣嗣務多行善事惟恐弗力克濟則束手無何君樂行善而力又足以濟之奚弗爲因題其齋名曰餘步承柳肯其言于是黽勉行之助棺木施塋地減糶賑貧如是者數十年有欲爲之勒石者謝曰事期于實耳毋取蹈名弗敢從至七十一舉

一子名紹昌人以爲積善所報

龍嗣恭字質先幼孤與祖母劉相依爲命艱阻倍常及壯通經濟諳練時務嘗應親友幕疑獄大案片言決之歲積俸餘悉周親故戊子饑剩米八石盡散鄉里自爨不給晏如也歿後以長子雲斐貴

贈奉直大夫次子雲起由廩生魁禮經侃侃正直不回曲惜無子而逝

吳名世字瑞人康熙己丑旱蝗施粟四百石又于歲歉時施粥共粟六十石

楊成璟字漢吉邑庠生輕財重義經理族事公正勤敏嘗以優行薦焉

龔見文字元先孝友重義急人之急雍正三年嘗客陽邏有王姓負債將鬻女以償見文解囊中貲三十金代償之王欲以女歸見文堅拒之後攜其子來縣以報此惠見文復予之銀五兩以資生理可謂爲善有終者也

姜鈺英字敏士由州同改選高唐州吏目奉公勤勞伉直好義雍正七年在部候選捐金修葺會館先是

鈺英祖所逸于明代以縣尉解餉有功陞衢州通判在京督修會館同鄉咸稱其才鈺英繼志踵巖洵義舉也邑人進士張素臣爲文以誌

蔡永瓚郡庠生讀書好義居家節儉有餘資周恤貧之嘗于歲暮作綿衣以給無衣散米粟以給無食族黨稱之

黄茂蘭在皮家河建萬全橋

秦良邑諸生本軍籍捐置承分石牛嘴田稞二十三石三斗備祀產収子姓以辦軍務子灦庠生國豐太

學生續置田稞百十餘石以贍族人孫得吉卜吉俱
監生克承先志
陳宗發邑庠生夙登孝友存心利濟曾叨優薦子希
學監生克承父志亦慕義行
盧士元字　邑庠生性本和易心尤好禮捐田贍
族分粟賙鄰修理道路多方義舉捐置義渡於上巴
河行旅便之子經邦貢生孫廣祚龍泉縣丞
任光遥字明遠候選縣丞乾隆四年府憲王立河東
書院光遥捐銀五百兩以助膏火之費
可二典好善樂施
周天極好善樂施
姜佐民邑庠生好善樂施
范國治好善樂施
高雲衢國學生好善樂施

附義僕

明

王九兒州判王悅民僕也負擔隨主與流賊遇賊探
其擔中多金問主人何在不言加之刃無懼色乘間
呼悅民使去賊劓其目次斷其手每一揮刀問主所
在終不肯言府志

王子兒諸生王三慎僕各被賊刺數鎗兩無生理三
慎欲自投水中子兒力止之遂裹創負三慎從亂尸
中走七十里竟抵家親串聚觀泣下府志

安子官氏家僮負盾守城誓死殲寇被擒不屈臂間
鐫大憾流賊四字死後乃見

天賜廩生李天植僕寇執天植欲殺願以身代遂剖
腹死

蔡喜嘗刲股肉以療主士元

鄉賓

景榮邑諸生居家孝友持已端方家雖豐饒能好行其德絶無慍吝鄉里由是咸欽慕之舉鄉飲介賓

張璘邑增廣生讀書自守輕財好義落落有氣節不隨俗尚舉鄉飲介賓

張師孔前按院呂獎勵善人以三代典型扁額表其門

徐榮彩邑庠生鄉飲介賓

胡奉詔邑庠生鄉飲介賓

胡泰詔邑庠生舉鄉飲介賓

張耀九舉鄉飲介賓

周有榮舉鄉飲介賓

李承休舉鄉飲介賓

周爲岐

羅仁則

華灼春

彭學海

徐子鳳

景可榮

何維重

余仲纁

戴宏叙

李隆吉

胡敬德

以上俱鄉飲耆賓

王大誥歲貢生前令給以三槐再植四字

高儆賢爲人端方公正篤族睦鄰族人宗元嵩子儆

賢爲之贖身使其父子完聚鄰人余玉先以聘未娶爲之助資親迎樸樹坳大路傾圮爲捐費修理前令楊焯汪歙俱給匾獎勵

何以仁諄謹篤厚雍正十年採取善行邑令汪歙給有瑞堂令範四字

艾桂先好善樂施前令許祚遠旌以守經達善郡守許錫齡旌以爲善最樂

李以眉雍正三年奉　例爲田畯給八品頂帶

隱逸

書曰野無遺賢萬邦咸寧若是乎隱者亦無庸述也然箕山潁水載籍之所傳聞甘心淡泊永矢弗諼其致亦足多矣蘄自宋以來如二林樂壽諸人樂恬退而任優游長林豐草之間吟咏太平又何莫非堯舜之民哉

宋

林敏功字子仁號松坡十六歲以春秋舉進士下第杜門不出者二十年博通五經尤長於詩元符末徵

召不赴賜號高隱處士范純仁作四字亭記有高隱集蒙山集弟敏修字子來亦不仕與敏功以文字相友愛世號二林

明

李子賢以孝聞持身謹平生雖僮僕無媟語以山水自娛鄉里重之郡志

潘彥成圓通有致每大集鄉人語以孝弟娓娓不置俗因化焉舊志

程在霄居汾流山早受尚書好古籍有關世教者輒誦之謝絕賓客朏明呼童子挾卷隨步吟咏而已晚號孤山樵隱郡志

彭垍字子厚成化時歲貢授衛學教授醇厚自持喜吟咏乞歸二十年許視鄉人宛如一家亦無姓字洛公庭舊志

程文遠字尚質正德時歲貢雅意林泉不嗜仕進築臺自娛有詩云泥塗風雨怯沾衣臺築荒園祇自宜竹放靈根封砌穩樹披清影下階遲湛若水題其臺曰樂壽贈別號曰訥菴以詩送之云天下多方巧訥

菴原不知菴中人默坐兀兀到皇羲舊志

畢鴻字翔霄正德時歲貢寬厚好學不慕榮祿少即敦行務實長益習渾噩閭井有長者之號舊志

錢仲仁習春秋有沉思雖家世通顯自視蔑如也後竟不求仕以終其志舊志

周仕哲字尚明嘉靖時歲貢性敦篤學先忠信有司雅慕其風終不一見稱真雅云舊志

樂廷訓性沖淡檀越自喜至軒軒霞舉人多謂在邴曼伯仲間舊志

柴大愚正德時人性元直不事生業事諸父至謹偶有失德即面諍之閨門肅睦頗似陳元方父子嘗值横逆不屑與辯具几席登章麓山絕頂焚香備書曰吾身直可與列宿爲伍何能向世俗論是非耶晚年家益落賓友日盛布冠緼袍遨遊諸名山蕭散自逸舊志

畢良凱嗜古多著作以春秋名世黄之士夫皆宗之立義館以贍貧士從游講學者甚衆兩中副車嘉靖間舉明經不仕生平不以私謁公門邑令慕其賢每就訪之郡志

柴大楠隆慶時人磊落英奇弱冠棄家遠游曰男兒志四方安肯爲一老博士顛倒膠庠間耶乃周遊歷覽凡一切名山大川皆足跡所必到自負多奇特偶與人議論不合輒拂衣而起曰此非吾同調也乃倣古幽居傍巖臨溪因築一室廣不盈尺山居四十年讀老子易象莊屈諸書終身未嘗出戶外

黄可久字柳溪幼從於鄂爲武昌諸生甘貧力學壯年遂恬退棄舉子業與妻吳氏偕隱臙脂山下精丹

經内典醫卜諸書自號出塵道人作行住坐卧詩曰行行行頓覺雨腋清風生毫毛柱杖桃星月到處雲山老弟兄住住住有家却在雲深處洞門深鎖幾株桃花落花開不知數坐坐坐石上蒲團鋪一個一卷楞嚴一炷香任他車馬門前過卧卧卧珊瑚枕子鶯夢破晝長日午打三更海底泥牛啣月過匡廬溢浦齊雲破額木蘭之巔皆奇跡焉後以子正色姪耳髯同業於浠迎歸居於浠流光之濱天啓二年年九十無疾而卒正色耳髯另傳

按舊志本傳後段省郡志俱逸去今核其事跡宜收入擴聞故於此亦節之

楊伯浩字洪宇嘉萬間人性端方精理學九困棘闈辟舉不就居鄉化俗後絶跡城市邑令社長春游王廷皆敬禮之舊志

陳觀峯偕妻周氏樂守泉林素封而厚德夫百歲婦百有二歲崇禎乙亥婦尚存縣令龔登堂持羊酒拜祝贈以匾曰壽母亦異也舊志

本朝

詹澍字宜振能詩文工畫有元人筆意嘗作三峽圖黄岡王少宰封瀠寶之華亭名宿吳樊桐昌祺館浠上愛其畫屬作萬里長江圖與黄鶴樓圖稱爲絶筆然性孤介聞公卿召則匿走遠引晚年杜門不出惟與老友詩酒倡和年八十餘卒

李根字美發性孤潔不屑屑與世俗交每探山水務窮其勝居近廛市焚香默坐静若深山癖嗜石竹因以名齋别號横山道人善字工詩好古圖書爐硯隨分自甘無求於世每有債識不惜多金以購之

吳振起字卿雲博極羣書目過成誦耽詩古文辭尤好搜奇討勝窮涉人跡不到之處凡斷碑殘碣剔蘚掃苔務求其源委性甘恬退喜淡泊嘗作書室於蓮塘之上且顔其額曰泊艇日與同志者酣飲以爲樂竟杜門不出以老弟振宗亦慧秀入泮早夭

金振祖字文起明刑部郎玉節之元孫幼寄於龍隱禪師名法鎧師喜其慧語以詩即解師死乞墖銘於梅川金翰林德嘉既知其爲金氏子作歸儒説貽之

令蓄髮生平能詩尤工近體於五言愛唐孟浩然七言愛王建常莊於宋詩愛范成大終日苦吟仰屋梁窮新探異不屑寄人籬下夜半枕上推敲得句起挑燈書之展玩數四異日諦思之復抹去曰弗稱心益其詩自幼時得力於龍隱者居多厥後從歸儒之説而油然忠孝之思隱隱結於心此詩之不浪作也乃竟貧死一女嫁孝廉柴承旺族人爲立嗣祔葬石峽寺之祖墓側

周起瓆字玉臺癖潔性成簡於應對好獨坐讀書興至輒飲嗜古名畫圖書尤嗜在硯嘗曰我非硯無以守其黑硯非我無以知其白作百磨硯銘每醉後濡毫作擘窠字法顔真卿李西臺一流詩幽冷峻潔性甘枯寂老死邱壑嘗居蘭谿鎮上巡檢某知其名造廬登請爲師即夜匿走邑城外南嶽廟側以居堅不就

程林字集木世居巴江爲人方熈修髯長身短視望之儼然能詩工書善畫解音律有竹則吹有絲則彈絲不如竹竹不如肉少即豪放棄功名徧遊名山大

川俗勝友操筆硯攜絲竹或詩或書或畫或絲或竹長歌短拍揮洒淋漓蓋逸才也然爲人多至性與人語必竭衷不以死生異其志卒年七十有八

方技

古者天文樂律岐黄卜筮推步風鑑以及彈碁擊劍走馬蹴踘牴觕射覆皆謂之方技蓋士不衷於儒者之道而占一藝成名者亦未可沒也蘄之方技不多表見而得載之圖史惟宋龐安時夫數百年來占藝者豈一人而安時獨傳豈非士之有遇有不遇與

宋

龐安時字安常兒時能讀書過目輒記父世醫也授以脉决安時曰是不足爲也獨取黄帝扁鵲之脉書治之未久已能通其說時出新意辨詰不可屈父大驚時年猶未冠已而病聵乃益讀靈樞太素甲乙諸秘書凡經傳百家之涉其道者靡不通貫嘗曰世所謂醫書予皆見之惟扁鵲之言深矣蓋所謂難經者扁鵲寓術於其書而言之不詳意者使後人自求之歟予之術蓋出於此以之視淺深決死生若合符節且察脉之要莫急於人迎寸口是二脉陰陽相應如兩引繩陰陽均則繩之大小等故定陰陽於喉手配覆溢於尺寸寓九候於浮沉分四温於傷寒此皆扁

鵲畧開其端而予參以內經諸書考究而得其說審而用之順而治之病不得逃矣又欲以術告後世故著難經辯數萬言觀草木之性與五臟之宜秩其職任官其寒熱班其奇偶以療百疾著主對集一卷古今異宜方術脫遺備陰陽之變補仲景論藥有後出古所未知今不能辯嘗試有功不可遺也作本草補遺爲人治病率十愈八九踵門求診者爲辟邸舍居之親視飦粥藥物必愈而後遣其不可爲者必實告之不復爲治活人無數病家持金帛來謝不盡取也

嘗詣舒之桐城有民家婦孕將產七日而子不下百術無所效安時之弟子李百全適在傍舍邀安時往視之纔見即連呼不死令其家人以湯溫其腰腹自爲上下拊摩孕者覺腸胃微痛呻吟間生一男子其家驚喜而不知所以然安時曰兒以出胞而一手誤執母腸不復能脫故非符藥所能爲吾隔腹捫兒手所在鍼其虎口既痛即縮手所以遽生無他術也取兒視之右手虎口鍼痕存焉其妙如此有問以華佗之事者曰術若是非人所能爲也其史之妄乎年五十八而疾作門人請自視脈笑曰吾察之審矣且出入息亦脈也今胃氣已絕死矣遂屏却藥餌後數日與客坐語而卒 宋史本傳

萬福敦本羅田人幼爲僧法名通璣冥解禪宗邑令徐泰命蓄髮遂號玉山尋居蘄水自茲遍遊終南峩眉武夷天臺懷玉王屋五嶽之勝遇緇流羽客一語會心輒究然有得善踵息不噉秫麪鹽酪深味丹經旁通風角堪輿孤虛旺相而尤聖於醫繪竹蘭清逸有韻其他譜琴槃劍蹴踘蹝蹻襍技種種入能品語

人禍福多奇中人問以故曰太虛無纖雲誠則明矣方外從遊者輒先塞之而後教之不責一錢家不殖產置黃崖山數十弓營蘧廬焉年六十始娶生一子正德乙亥時遊霍山約其徒方大旺偕行方以乏嗣對福敦曰汝好留矣今年某月可結胎明年某月日時當產男乃獨偕一僕往明年方果生子福敦在霍山一日忽心悸偏左次痛占曰塋地當君窆者吾弟福厚殆將死矣即奔還其弟果以是日塋山之左福敦愛青龍河有佳氣復至霍山明年庚辰四月十日

謂其主人江曰靈鶴夜且至倘余假寐幸亟呼出戶也是夜風聲如驟雨甕盡鳴主人舉炬視之則羣鶴集竹稍仆壓墻屋呼福敦不應入戶見正襟趺坐即之已化矣年九十二黃岡陶仲文嘗從福敦符水能白晝招鶴仲文貴上問其師以福敦對贈清微神霄演法真人子僕方仲文將引薦辭以疾舊志

易坤字本厚以醫名家早業儒善吟咏成化乙巳應取至補太醫院醫士不競時好時人重之

本朝

嚴楚璧瞽者也康熙年間以星卜名海内本省巡撫某夫人將產問之曰美璋美瓦楚璧屈指筭對曰璋也美瓦也美果產一男一女巡撫大奇之或以爲不學而妄中者蓋疾之也由是公卿交聘殆無虛日竟以術致貲巨萬雲間許觀察纘曾滇行紀程内載其人與語

流寓

古有寓公之號，志流寓，其遺意歟。夫賢者之至人國，高風亮節，懿行嘉言，可以法人步趨，雖杖履暫駐，居停有餘慕焉，故不忍等之遽廬之過客也。

宋

程居，字隱谷。咸淳三年授漢陽簿，有惠政，遷廸功郎。由漢陽至蘄，占籍直山之東，迄今子孫稱盛。

明

[illegible]其先姑熟人，學士常之後。[illegible]武初徙居蘄之[illegible]

[illegible]孤廬母墓三年，一日之野，[illegible]遺金數百，守之以還[illegible]。[illegible]有司以孝義旌其門。其子後遷黃岡之[illegible]傅村。

胡之驥，字良伯，蘄川人。高祖西林，曾祖半山，祖孝先，叔祖武先，父大彤，皆以能詩名。萬曆初與故懷慶守[illegible]至善，因家焉。嘗與客燕趙，南浮江淮，北出雲中、上谷，與諸鉅公遊，而瀟湘雲夢猶同堂也。期至卒之，驥爲序遺稿行世。生死交誼，每抱濟冲河山之感。

熊文燦，字心開，四川瀘州人。萬歷丁未進士，由黃州推官歷任兵部尚書，總理南畿、河南、山西、陝西、湖廣、四川軍務。先是天啓甲子憂歸，徙家於蘄。子檜、柏、椿皆以文燦軍功得錦衣千戶、知府，入監讀書。癸未城陷，賊盡索熊宅人誅之，惟檜得免。當熊氏居蘄時，家蓄壯丁，皆四方勇健，不下千人，流寇犯蘄，亦藉其力；而寇之屢犯蘄者，亦以熊氏之在蘄故耳。以上俱舊志

補帽匠，不知何許人。嘗擔補帽具往來蘄黃間，以所得值[illegible]擔頭小鐺作炊，或煎火爲茗飲。嘗舉[illegible][illegible]和逆旅，攜書數帙、琴一張，時讀書，亦間爲操琴。問[illegible]

[illegible]一生名，漫云姓何，字白雲。其在黃[illegible]時，李之沁嘗作七言[illegible]贈之，極珍重，不輕示人。後寓邑[illegible]山之[illegible]陳家塔數千[illegible]廟[illegible][illegible]何廟[illegible]

國朝

吳禄詒，先生黃岡人，由名進士官毘陵司馬，政治嘖嘖人口。歸時家無長物，愛浠川風景，遂家焉。結廬邑之西境，閉門卻掃，與農隱李恕相往來。邑歲貢馮之貞、諸生周世濟，乃其得意弟子，俱以文名一時。生平著述自任，嘗輯郡志，簡峻有法。

李想字相如肇慶人能詩善書畫精於琴理始來邑之金谷山間作詩畫鮮有識者同時有僧大農稱其書畫與詩而人猶未愜及鼓琴有攫鼠捕蟬之異始詫以爲神某年叅政李寫霖至巴鎮見行署供具屏障有想畫跡諦視之曰此吾友某筆也胡在此亟索之邑令訪求興致之握手道故泫然出涕由是絕筆不復作[illegible]畫[illegible]日醉[illegible]焉[illegible]或稱之曰十洒[illegible]生[illegible]鄉

流寓

[illegible]雞字鶱公黃岡諸生也幼穎[illegible]之青經曾受知於陳名夏八[illegible]被惜[illegible]頭也輒飲酒賦詩自娛甲申三[illegible]都城[illegible]之[illegible]亦於邑之山山居授徒者三十餘年每因事能導人於善年七十有二卒無嗣其門人陳汝鱗輩以其行似林逋私諡曰和靖先生各捐貲建杜師祠置田奉祀春秋不懈

蘄水縣志卷之十六

知蘄水縣事餘杭邵應龍纂輯

人物志

[illegible]列女

昔劉向作列女傳義取勸懲匪但稱述懿美也後之史家則惟錄賢淑節烈之事近又專採節烈中之蒙旌者[illegible]一[illegible]方[illegible]天故[illegible][illegible]員[illegible]以全節抑或以舅姑之無養或以[illegible]嗣既斬而立繼以延或百[illegible]矢靡他止欠一死豈復有[illegible]旌[illegible]者[illegible]意中而主持風教者則不可沒而[illegible]所以扶[illegible]倫常之大節得全於[illegible]苟悉其實何嶄於此故余作列女傳於既旌[illegible]外又采其實跡可[illegible]遡暨一切淑配賢母以為閨中之範云

元

武氏趙正二妻夫卒年二十二家貧守節奉舅姑尤謹[illegible]聞旌表

明

王氏甘原禮妻夫卒年二十四茹貧守節五十三年洪武初旌表

[illegible]氏李渭妻永樂時人年二十三夫卒七月生遺腹[illegible]守節歷五十九年終

呂氏劉汞釗妻年二十四夫卒父母欲奪其志引刀破面乃[illegible]壽[illegible]淳事呂甚禮[illegible]子傳

胡氏汪粥繼妻年二十三夫卒妾[illegible]氏生遺腹子某而[illegible]誓死共守勤紡織自給事姑孝謹不賣人稱雙節[illegible]邑志止載妻某氏郡志[illegible]女是從之

楊氏王仲謨妻九歲通列女傳十五適仲謨二年謨卒父强之再適斷髮自誓敬事二姑撫遺孤以完節終舊邑志遺氏姓今從郡志

袁氏程祉妻有懿行奉舅姑適其意相夫無違人號女君子

胡氏周道妻宏治時人年二十夫卒子鳴球在襁褓姑舅憐其少令再適以死辭守節六十年如一日

楊氏周鳴復繼妻宏治時楊景春女年十九適周僅一年無出夫故撫前妻子延祚如己出敬事舅姑至老不渝

徐氏李黄妻鄉賢李宗元之冡孫婦儒林程轍之長女也年二十五夫歿治塟卹戚二卿虛右自待氏言動一秉於禮簾幃肅如遷塟舅姑定立嗣子俱竭心力家有餘貲施[illegible]二六神巷石橋邑人韙之有司屢旌其年八十九壽終

鄧氏庠生張存貴妻貴家貧好學卒念餘卒氏苦節孀居其舅時年九十病篤氏夜夢神告之曰何不救汝舅氏忌家貧無從得藥餌乃齊沐籲天刲股以進時室有異光舅[illegible]蘇者五年氏年亦八十二終

何氏庠生蔡寵妻十六適寵十八生男際盛甫百日寵卒氏撫孤守節甘荼如飴歷五十九年終闔族欽之

楊氏庠生徐尚國妻贈徵仕郎楊申春女也性嚴毅有丈夫概年十八夫卒遺腹生子鉉氏泣血撫孤後補邑庠生姑病刲股以救守節五十年萬歷乙卯事

聞奉旨建坊題曰純孝完節崇禎癸未獻賊屠城邑諸坊俱燬此坊獨存

劉氏周鳴洛妻正德時人年二十餘夫卒子延甲方[illegible]歲次延第尚襁褓氏撫二孤課之有成苦節四十餘年延甲中萬歷癸酉鄉試孫之士亦中天啟丁卯鄉試

楊氏周延祚繼室[illegible]時年十九[illegible]守節父母欲奪之以死自誓氏無出撫前孤如己子人無間言

胡氏李彰舊邑志作彰郡志省志俱作李彰芳誤妻知事胡仲哲女嘉靖壬戌夫卒氏年三十次子僅二齡誓志撫孤乃家季[illegible]叔欲廹遣之母家亦恝置不顧艱楚萬狀氏益激勵茹苦誨子勤女紅自給以老壽躋九十學師青邑宰游咸以節孝上聞云按郡志載年二十二夫卒子二齡誤今從舊邑志

莫[illegible]以舉人易文訓妻文訓以嘉靖辛丑會試卒於京櫬歸氏哭泣治喪塟祭悉如禮尫羸嘔血濱死者二十餘年訓弟文誥妻李氏李春之女也誥亦早卒子偲生甫八月家甚貧兩人誓死靡他人稱雙節

廖氏袁正魁妻年十八夫卒撫藐孤禎方襁褓誓死泣血至七十六歲終萬歷末年邑令具詳申院署云白屋甘貧青年砥節引繩却聘猶存項上之痕拾穗[illegible]常洒指中之血受盡五十八年之苦方成七十六歲之人事聞奉旨建坊

潘氏李學妻年二十一夫卒家貧守節終身躬紡績撫從子某業儒[illegible]後從曾孫李世太列邑庠生

羅氏郭廷庠妻年二十八夫卒家貧撫二子親操井臼織紝供養舅姑至六十八而終孫士望官嗣部時以

祖母羅節三疏迄旌情詞哀摯奉旨建坊曰天彰節孝

湯氏庠生楊伯亮妻湯仲華之妹也嘉靖時人年十九夫卒矢志冰霜撫孤繼震有成後補邑諸生壽七十五卒

畢氏庠生李泱嗣妻貢生畢良謨女年二十七夫卒畢矢霜操力承先業延師課子歸令背誦不能則夏楚之若嚴師然以六十五壽終邑游游學師青俱表其門

烈女王夢禎王論女也字某氏未嫁曾祖母喪女翁牽婚行奠女守禮不出有輕薄子讀祝歸嫁言得覩其女女聞之怒曰造言嫁污寧可受其疵耶遂憤自縊死嗟哉夫以一言之污而不受甘心就死非義烈者不能也其父論以女附塟於妻錢氏墓側鐫詩碑陰云自古皆有死吾兒死可傷已知讒口誣誰識鐵心腸氣薄雲霄暗名垂草木香祇憐遺史筆刻石樹塋傍時嘉靖三十七年戊午季冬至順治丁酉歷百年遂修邑志掘得殘碑始爲表彰

林氏徐存念妻戶部郎中吉禎曾孫婦也幼嫻禮教于歸奉孀姑陳敬順相夫勤謹居家嬪徽必飭存念歿氏三十遺孤三長宗齡八歲次祖齡六歲季猶乳抱氏痛其夫以蚤孤廢學賫志沒曰汲汲教子讀書復世業晝出就外傅暮歸卽篝燈徹夜躬紡績課誦不[illegible]或燃膏不繼責令拾薪葉供夜燃母子同照各業也後宗齡祖齡以學行深儒食餼爲諸生氏稍以自慰年六十一卒孫子芳爲邑名儒今後嗣詩書科甲繼美云

李氏南邦鴞妻貢生李汢女年二十六夫卒無出誓不二天惟修齋素以自持撿崇禎癸未死於流寇之難時年已六十矣稱完節云

徐氏庠生楊學溥妻年十八夫卒苦節五十年終

畢氏王堂民妻年二十五夫卒遺腹生子宗竑辛勤撫育萬狀艱難歷五十餘年不以爲苦孫士廉補邑諸生

陳氏庠生南有恒妻萬歷戊午夫卒遺子南仲甫八月氏苦節撫之有成歷二十六年崇禎癸未流寇難遇害子仲膺順治戊子選貢爲澄海令

烈婦徐氏程安國妻徐景位孫女也年十六歸安國嫻禮義事姑至謹夫暴病外戚家有張君者爲力求醫藥不愈竟卒凶聞至氏慟絶不欲生姑勉諭強起營葬爲兩壙虛一以自待悉檢什器奉姑曰媳不即死者爲夫疾時勞張君未謝也頃之張來吊氏備酒饌拜謝畢遽投夫墓側池水死時年十七

烈婦陳氏甫十四歲適鐵匠周世文姑寡贅夫蔡鳳鳴寵氏少艾挾姑勢百計迫之堅拒不從告太姑曰兒不能爲狗彘矣夜自縊死隣黨喧傳聚觀烈日中面色如生耆儒謝朝宣皮子恕撝文祭奠進士何文興爲作傳舊邑志遺載郡志

烈婦申氏李新期妻夫死土人李豺恃爲宦戚且積役也漁色強委禽焉氏斷髮不從豺劈門縛至其家乃自縊死明季喪亂無敢白其寃者

尚氏詹某妻貧家女卓有丈夫概夫家衆凡事取平於尚尚識足以服人也值流寇突至不及避踞坐大呼曰死即死耳不能向汝賊求生遂遇害

袁氏程若召郡志作沼誤繼妻夫卒奉孀姑盡禮冰雪自持四十餘年前妻周氏遺一子氏出有五子俱撫之如一夫遺業緒半予周子半食五子人稱其賢後五男皆庠生孫維伊曾孫士棟元孫應麟聯綿科第

吳氏蔡應兆妻夫以繼母苛嚴逼之自縊氏年二十二痛憤死守姑復逼之萬狀啜粥茹蔬雖兩飡亦不飽也冰操歷三十一年癸未獻賊屠城遇害卒

孫氏張邦恆妻年二十五夫卒遺子五衡甫四齡氏

茹蘗自甘躬紝織給五衕書有成中順治戊子鄉試年五十卒

洗馬畈婦崇禎間流寇充斥寇往兵來婦爲兵所執迫不受汚兵刃其腹婦一手抱嬰兒一手捧腹使氣不即盡以待夫夫至付兒放手而斃載明史時官兵駐蘄不能殺賊往往取民首級以獻俘郡志作賊執誤

李氏庠生何之旦妻李大魁之女也崇禎乙亥二月流寇至蘄被執逼之去不從則衆挾之氏罵益厲奮臾嚙賊求死賊怒刺之創徧體無懼色賊斷其頸乃

死從婢阿來抱李幼女守側哭賊奪女將殺之婢不與伏地以身庇女賊刺數十創婢女俱死載明史

畢氏徐一三妻邑孝廉畢期玕妹也崇禎丁丑正月十八日流賊突至執氏以威刼之氏大罵曰我夫若父兄皆何如人而爲爾汚自已達午罵不絕口卒不能屈乃殺之邑令詳申學憲王題貞烈二字以旌異之其夫一三雙目爲土寇所刺猶吟咏不輟每有作旁令一人書之以自怡適蓋亦有積學焉

李氏庠生南有杞妻崇禎丁丑避賊寨上寨破被執促之上馬去氏厲聲大罵賊乃刺殺之邑令申文巡按林請旌其詞有曰欲斷李媛之臂毋慚南八之心後以子之傑貴贈孺人

本朝康熙二十五年撫軍石琳贈以貞烈風世四字旌之之傑妻周氏癸未獻賊陷城亦以烈殉後以之傑繼妻高氏子夢班貴

贈宜人通志

柴氏庠生郭肇妻柴美之孫女也流寇至氏被執欲

汚之氏罵曰余家累世清德安能從狗彘求生可速殺我賊就臂間砍之見肝而死

姚氏庠生南士華妻姚相國明恭姪女明季避賊于寨寨破見夫被虜痛哭號救賊以兵威之氏曰吾以得死爲幸遂死之

孟氏王靈妻崇禎乙亥二月初四日流賊突至團陂執氏以刃刼之氏奮聲罵賊抵死不辱賊忿甚遂殺之是日與王教民以子代父同日死邑令爲立王氏表異傳

朱氏華甲妻年二十二夫歿守節至五十四卒

南氏庠生游文錦妻庠生南望斗之女適游生子一値流寇掠野猝不及避與婢一兒匿林中囑夫曰子去且與訣萬一被獲誓不與賊俱生賊果搜獲逼之據樹罵賊不從賊怒殺之後文錦尋於匿處氏死兩眼俱淚手猶抱樹不解一兒身被數創氣未絕 載續邑志

補遺 列傳

繆氏庠生戴天眷妻年十七夫卒無嗣栢舟自矢事舅姑極謹性儉素惟一老僕傭菜以給饔飧親姬之

宅一足不履言動秉禮者數十年初寄居姪孫之廊房及疾革謂姪孫曰爾遷我于正寢使得正而斃焉壽九十一終邑令李大受李汝燦劉佑李長敏俱爲表額

王氏蘄水人劉氏黄岡人相國姚明恭側室也俱室女歸姚王生二女子各有家劉生一男子名師道敏達而殤順治乙酉楚兵亂從家西江之信州道經潯陽都皖兵士雲屯鼓行刼鈔適放舟利鏃如雨明恭躍入小艇得脫王劉兩人爭赴水死邑人周壽明以詩弔之曰只今遼亂泛江濆鼓刼中流車騎軍月照雙雙湘女淚波翻片片石榴裙匡巔木土難消怨水底魚龍共御君黄閣玉琴攜不去年年兩鶴哭潯雲

貞婦周致柔字德芳邑名士周延廉女之篆女弟也博覧經籍工詩文適邑諸生朱期晉子朝吉朝吉母微初有娠爲其嫡所嫁嫁踰月生朝吉長於農家後期晉無子知之始認歸年已十七矣氏歸朝吉數年朝吉卒以栢舟自矢年未三十亦卒鄉里惜之

烈女周氏副貢徐蕙映妻周延廉次女幼與其姊德

芳兄之冠之篆俱有才名長適徐相夫子以學聞閭閭積書連屋値獻賊亂癸未城陷與夫俱死之遺一子暹好學自書屋縋城脫出暹原配卯氏亦自潰城避走度不得免投溪潭死

徐氏蔡國嵩妻幼失明外舅欲議毁氏時年十一聞之泣訴于父曰女無再許曷爲寒盟議遂寢後歸蔡鴻案相莊生子二長光輸次光馥俱補弟子員

孝婦汪氏孺人壽光知縣蔡國琦妻姑病劇氏侍湯藥不倦兩次割股以愈族黨異之

吳氏庠生蔡應渚妻崇禎十年陷賊不屈投水死繼廖氏崇禎十六年城破抱子同溺

蔡氏孝廉楊簡妻十六適簡襄家政有賢聲值明季寇亂倉皇多故癸未簡携二子避賊江南留氏在城臨行囑曰吾婦可出則出毋蹈險以自危也五月初五城破氏謹奉夫言遂以身殉

烈婦胡氏錢應運妻崇禎末流寇屠蘄氏抱幼子避之相遇青木畈寇令去子以從氏指罵不輟誓死不污寇怒兵之既死而子猶在抱僵立不仆人咸異之名其子爲成節

烈婦鄧氏陳所望妻鄧子受之女也崇禎末流寇突至所望以搬糧入城未出氏急挾子心壽匿河岩中被賊搜執推兒入河挾氏上馬氏堅不從投地者數次賊怒曰不去即殺氏大呼寧殺不辱賊遂殺之越二日賊去所望乃歸收瘞焉

鄔氏徐文觀妻崇禎癸未流寇襲蘄文觀父母新殯見賊勢熾城且晝閉不敢啟因縋柩出城安厝囑氏偕子媳居守朞以瘞畢來携三月六日城陷賊衆提刀入室逼氏欲擁之去氏紿之與俱至南關外湧月臺下投河死媳張氏亦隨死鄔氏年三十三張時年十五

本朝

毆烈女黃岡毆燮臣女性端厚每樂誦貞烈事幼許字蘄水徐基盤年二十聞基盤病篤私憂不食及基盤沒女自縊死父母舁而合葬之康熙五十九年旌（省志作廣濟徐基盤妻非）

江氏生員徐時可妻姚氏生員徐梁妻江年二十一適徐生子梁年五歲夫卒撫梁年未弱冠爲諸生復夭偕媳姚氏撫育諸孫備嘗險阻卒全其志今子孫文武科第蟬聯咸以爲累世苦節之報康熙六十年旌

龍氏張登翼妻年十九夫卒舅姑俱老一子在襁褓家貧勤操作課子永綏爲諸生年八十卒雍正元年旌

郭氏周有繼妻夫早喪孝事舅姑撫孤廷德有成廷德能文工詩饒有晚唐風韻皆氏教督之益也苦節

五十餘年壽九十六歲雍正元年

旌

張氏高元哲繼妻年十九而寡未生子撫前室二子如已出年五十卒雍正元年

旌

烈婦吳氏范彩雲妻歲饑隨夫乞食至黃岡宿賀家坳涼亭夫早出乞樵子田士義過亭見氏獨處欲犯之氏大罵不從田以斧砍之創甚越五日而亡田後伏法雍正二年

旌

汪氏戴三祝妻年二十七夫亡舅姑未葬氏力舉三柩無缺禮幼通經史親教其子縉雲成明經纂先賢嘉訓垂為家範年八十四卒雍正三年

旌

曾氏戴晉宗妻年二十四夫沒哀痛慘切每一哭即暈絕事舅姑盡孝撫孤子成立雍正三年

旌

梁氏戴起源妻夫病年餘扶持無倦色夫卒撫遺腹子性至孝祖姑年老畏寒每晨必以身溫衣而進晚為薰被代覆俟安寢乃退飲食起居皆適其宜舅姑以是益愛之雍正三年

旌

易氏程朝爵妻黃岡易某女年二十二夫亡僅遺二女立從子枚為嗣力撫成之娶室生子社仁又絕嗣氏惟二女是依長適恩貢徐雲文次適庠生楊椿齡氏素介性守貞足不越戶閾必二女強迎之始一至壽八十有一卒前數日在徐氏自知將盡謂外孫聞

昌曰我程氏婦也當終程氏速送我歸歸遂就逝雍正四年

旌

南氏高啟疆妻年十九夫死撫遺腹子至十餘歲而殤觸柱幾死守節三十餘年雍正四年

旌

聞氏程楷妻聞啟謨女年二十二夫卒立從子志道為嗣復夭氏寡居無依堅貞不渝苦守數十年又立從孫基繼志道之後七十餘歲卒雍正十一年

旌

蔡氏楊成雲妻庠生蔡國蒲女年二十四夫卒孝事舅姑立從子性傑爲嗣苦節五十二年雍正十一年

旌

江氏監生袁其珸妻年二十六夫卒撫二孤之明之曉俱成名雍正十二年

旌

楊氏李藻妻年二十二夫歿撫孤永治成名孤卒復撫兩孫雍正十三年

旌

張氏鄭文衡妻年二十七夫亡奉事雙姑撫孤毓珠成名守節三十四年雍正十三年

旌

楊氏監生李幹貞妻封翁道曾之女年二十三夫卒無子遺腹一女適蔡立從子紹總爲嗣方嗣之未立也氏孤撑獨立支持先業修理祠墓苦節二十八年閭黨稱之雍正十三年

旌

鄒貞女麻城舉人鄒汝治女幼許字進士徐廣淵子如樸未婚樸卒女年二十聞訃號泣力請於父母往吊之遂茹素奉姑立從子爲嗣從子復夭與媳陳氏依姪以終乾隆元年

旌

華氏王涉瀛妻年十九夫卒無子撫從子爲嗣守節三十三年乾隆元年

旌

汪氏徐如梅妻年十八夫沒立從子爲嗣守節二十

七年乾隆元年

旌

戴氏徐基美妻庠生戴士桂女年二十八夫亡僅一女撫從子清緒爲嗣守節二十六年乾隆元年

旌

何氏畢開祐妻年二十九夫卒孝事孀姑撫二子成立守節二十九年乾隆元年

旌

朱氏萬永慶妻二十三夫卒奉瞽姑至孝撫幼孤成

名守節六十一年乾隆元年
旌
李氏胡潤詔妻年二十二而寡立從子爲嗣守節四
十四年乾隆元年
旌
程氏李開璠妻年二十四夫亡一子旋夭撫從子爲
嗣守節四十年乾隆元年
旌
王氏蔡友仁妻年二十夫沒矢志從一孝事舅姑姑

失明兼患瘻疾常卧床褥氏御衣進履寒暑不輟者
七年撫孤以位爲諸生邑令李育劉光然皆額其門
一曰雪古瑤池一曰陶孟芳徽苦節六十一年八十
有一卒乾隆二年
旌曾孫媳范氏清德之妻也年二十一而寡無子柏舟
自誓人以爲有曾祖姑之風焉
揚氏畢開疆妻封翁道曾之女也年二十八而寡捋
茶集蓼撫二孤慈嚴兼至長封斗優貢生次揚楚庠
生苦節二十五年乾隆二年

旌封斗以教習卒於京遺孫從乾六歲氏與媳李氏復
撫之十二年氏始卒楊楚亦先氏一年卒
袁氏黄從震妻年二十夫亡家貧竭力撫孤復憫堂
姪幼孤無依鞠養授室苦節五十四年乾隆三年
旌
江氏監生方師璿妻年二十二夫亡奉事舅姑孝養
備至撫兩孤成美成傑俱列成均氏中年得疾幾危
成美由是精岐黄術調痊三十餘年壽八十有五乾
隆四年

旌
王氏生員楊永焜妻馮氏生員楊元昊妻李氏楊永
煜妻夫俱早卒娣姒同爨共矢栢舟王李撫字遺孤
馮氏立嗣奉祀一門三節乾隆四年
旌
周氏生員程正炳妻陳氏程士豹妻蔡氏程正煒妻
周氏年二十八而寡撫孤士豹復夭媳陳氏十九矢
志無子炳弟正焴妻蔡氏十八守節撫孤學瑗成立
候選縣佐復卒僅兩孫以一孫庠生繼東嗣陳氏後

一孫應麟癸酉經魁三孀同節乾隆四年

旌郡志

張氏國學生徐與參妻邑庠生張師藝女夫病侍湯藥者三年夫亡欲以身殉號泣幾死姑抱遺孤強起之年二十八以夫未了局自肩事舅姑逮祖舅姑皆盡禮撫五歲孤宗璉成立守節二十四年乾隆四年

旌

高氏周耀先妻家貧姑老夫傭莫給氏自餐野蔬紡績以供姑養夫死鬻敝室以殯矢志奉姑及姑死殯

畢痛哭自縊死年二十二乾隆四年

旌

柴氏周洪惇妻年二十三夫亡家貧奉舅姑盡禮遺孤死繼復夭立孫以祥承祀苦節二十九年乾隆六年

旌

徐氏監生張永年妻夫亡守節一子早死以族子爲嗣乾隆六年

旌

龔氏生員周漢昭妻年二十八夫亡無子越六年夫兄舉子氏立之月餘抱養至於成立守節三十六年乾隆六年

旌

周氏郵世松妻年二十六夫亡立從子爲嗣事舅姑守節三十五年乾隆七年

旌

鄧氏縣丞宋國器妻年二十八守志奉孀姑孝撫孤士吉成名守節六十一年乾隆七年

旌

曾氏劉邦正妻家貧夫病割股以進及夫死撫兩子漢裔王全皆成名守節五十四年乾隆七年

旌

尚氏生員萬永芳妻年二十二夫亡撫九月孤苦節六十一年乾隆八年

旌

胡氏王天祐妻年二十二夫亡無子立從子爲嗣守節三十年乾隆八年

旌

蔡氏武進士徐本信妻夫卒京師氏聞訃幾絕事兩世孀姑盡孝撫遺孤立行迄有成守節二十七年乾隆九年

旌

曾氏石永銓妻年二十六夫没事孀姑盡孝撫五歲孤桂濤迄于成名乾隆十一年

旌

陳氏可光羲妻年二十四夫亡舅姑垂白在堂氏奉

事甚孝撫兩月遺孤啟棟棟成立能恪遵母教繩尺不渝中年以疾卒囑子燦顏懇上憲爲之表節乾隆十一年

旌

孔氏儒士可啟謨妻年二十五夫亡家素貧苦撫四月孤一煜事舅與繼姑以孝著後一煜成立與媳徐氏經營拮据誓爲建坊表節於乾隆十一年

旌

徐氏徐魁舉之女孝婦也卧病血勞建坊時猶強起餉工姑令稍休答曰此兒媳生平願也雖死何辭未

幾坊竣氏因旋亡族里深爲悼嘆云

旌

李氏范家槐妻年二十三夫歿遺孤四歲旋夭撫從子爲嗣與孀姑同寢室奉侍勤謹乾隆十一年

旌

翟氏南風高妻年二十七夫歿撫孤娶媳而夭立從孫承祧守節三十年乾隆十一年

旌

徐氏李達妻年二十七夫卒甘貧矢節孝事舅姑撫遺腹子有成乾隆十一年

旌

盧氏張碓壽妻年二十五夫歿貧甚女紅自給孝事孀姑撫二子慈嚴兼至乾隆十一年

旌

張氏華濟川妻年二十八夫歿甘貧矢節孝事舅姑撫三歲孤將及成立旋夭立從子爲嗣乾隆十一年

旌

徐氏李長郁妻年二十四夫客死氏迎柩歸塋無子忍死二十年俟弟弟啟昌舉子立爲嗣苦節六十餘

年乾隆十二年
旌
王氏監生鄧應善妻年二十四夫卒撫五歲孤朝棟至二十八歲棟復死氏與媳尚氏同心矢志寘族孫爲嗣建祠宇捐祀産守節四十餘年乾隆十二年
旌
趙氏生員楊承材妻年二十九而寡事舅姑盡孝撫兩孤成立守節三十二年乾隆十三年
旌

倪氏姚玉麟妻南漳令桐城倪灝女年二十八夫歿遺一女復殤氏侍奉孀姑孝謹姑没喪葬盡禮人稱節孝兩全乾隆十三年
旌
南氏庠生周郁仕妻國學生南璹女年二十于歸夫病頗割股以療絶而復甦者數次二十四夫卒一子夭亡立姪象乾爲嗣乾隆十五年
旌
象乾亦早卒僅生一女遺媳王氏年二十二與姑同志撫從子搆雍爲嗣

項氏袁士龍妻年　夫卒守志上奉翁姑下撫遺孤守節　年乾隆十六年
旌
林氏郡庠生徐士俊妻羅邑庠生林奎女幼明大義適士俊篝燈佐讀勉力名業不幸夫卒氏年二十九竭力奉舅姑存歿備禮撫子應魁鵬飛成名守節二十六年乾隆十七年
旌
余氏孔世璲妻年二十二夫歿無子立嗣承祧孝事

舅姑守節三十年乾隆十七年
旌
王氏萬維藩妻年十九夫没矢志守節三十六年乾隆十八年
旌
蔡氏姚承典妻年二十二而寡柏舟自矢守節三十一年乾隆十九年
旌
陳氏儒士徐澤揭妻蘄州庠生陳于庭女在家即嫻

母教甫十歲事父母溫凊不懈伯叔咸稱孝女十九
歲適徐奉姑
旌節貞女鄒盡孝盡禮夫病親嘗湯藥禱天求代二十
二歲夫亡幾從地下貞姑勸慰乃茹痛強起立三房
次子七義爲嗣撫養成立苦節三十年巳請
旌
南氏饒訓世妻庠生南之麟之女
贈文林郎南有杞之孫女年二十六歲夫歿長子上湖
甫二歲次子有年尚未週氏誓志撫養和熊勵學至

於成名守節三十七年巳請
旌
朱氏監生張能行妻武進士朱應高之孫女年二十
四夫歿撫孤孤旋夭立姪宏勳爲嗣守節三十二年
巳請
旌
余氏鄭紹利妻年十九夫歿孝事孀姑撫遺腹孤邦
英甘貧守節歷四十五年現在請
旌

李氏閻源昌妻李世蕃女二十四歲夫亡時源昌祖
母年八十氏與姑奉事日夜匪懈撫孤子盛棟成立
娶葉氏期年而盛棟夭無子立姪大勳爲嗣與媳撫
養教讀撐持家計年七十二守節四十六年巳請
旌
程氏監生李楷妻年三十夫卒守志歷三十八年乾
隆十四年請
旌
周氏歐成栻妻年二十八夫亡撫兩孤年八十二守

節五十五年乾隆二十一年請
旌
程氏儒童高佑琳妻年二十一歲夫亡撫遺腹孤啟
賢成立娶汪氏孤子尋夭又撫孫大昌成立壽七十
三歲守節五十三年巳請
旌
陳氏監生周建子妻儒士陳文生女監生周天極媳
建子繼祿失恃繼母南撫之如巳出年二十娶氏氏
甫十九建子慧而好學致弱症卒遺子世堂僅弱齡

氏栢舟秦舅姑無遺息踰九年舅天極復卒氏與繼
姑南延師課教經營家計俾世堂得以成立已請
旌
翟貞女生員翟廷謨女幼許饒上池未婚上池死女
時年十八聞音哭暈投地數次請于母同赴饒弔撫
棺泣血絕飲食者三日諸姑強論起之乃進淡粥自
是居深室不出户歷今三十年
郘貞女父德崇幼字監生安撫邦子士賸未婚賸卒
誓欲往弔父母不能止因同母赴弔撫棺痛哭矢志

苦守立姪正壁爲嗣守貞四十六年
烈女俞氏巴河高渭璜之子之聘婦也世居黃岡陶
店祖章燮與渭璜訂盟未幾高氏貧子得痼疾梟唇
俱無流爲汚乾隆十七年渭璜見其子殘廢無生人
理之俞氏面顧退婚立寒盟約女聞趨出碎其約流
涕叩渭璜曰女生死高氏身雖富族不忍適也渭璜
亦泣諭以殘廢之故女曰是皆命定欲易之安知將
來不乞丐乎議遂寢次年夏渭璜與其父議決再字
殷族將聘女聞之默無一言是夜沐櫛歛裳自縊而

卒一時姻友隣里咸哀嘆之
高烈女高一崑之女也幼字夏觀籍子國傑未婚傑
卒女年十九聞音痛哭誓不願生至晚更衣自縊死
宗族憐之舉棺與國傑之柩合瘞焉
高烈女高時憲之女幼許李飛熊之義子招兒兩姓
俱貧未婚招兒死女有殊色人爭以兼金啖其母母
亦利其賄矣微示意於女女佯諾之恐變生不測也
夜半自縊死
韓烈女三家店韓國貞女幼許方開述之子先岱未

嫁岱死女年十八聞音欲奔喪母以未婚諭止之女
泣告以有姑可事必終志母堅不許女素衣日夜泣
誓不生越某某日先岱瘞女聞之即于夜半自縊死

蘄水縣志卷之十七

知蘄水縣事餘杭邵應龍纂輯

人物志

列女

吴氏庠生郭琯虞妻武昌縣貢生吴汝揆之女也琯虞家曾家寨離城十五里許順治戊子春東山土寇數十萬將攻蘄城聞寨多火藥圖索之營主曾雙南誓不與寇攻破之遇害寇往攻城不克會賀營官兵且至寇奔竄琯虞等恃我實拒寇還寨中不避無何

兵不知疑爲寇殺琯虞挾吴氏上馬去氏曰吾夫死矣吾爲爾辱耶願與夫死一處所兵殺之琯虞蓋郭士望之孫

周氏王三尊元配也幼穎慧言動莊雅于歸後恪守婦道事姑無閒言持身儉勤御下嚴而有惠蓋恒資内助力焉猶夜課其子不倦故諸嗣皆有聲黌序以四子保釐貴

贈孺人

廖氏黄寶臣妻年十八夫殁家徒四壁苦節自守撫遺孤孔訓又早夭無子苗媳王氏二十三矢志栢舟立從子朝相承祧姑婦相依織紝度日廖年九十有一卒王年六十有六卒

里氏儒士李仲參妻年二十三夫亡守志歷六十五年壽六十有八

孫氏陳宗高妻黄岡孫厚菴女年十七歸陳無姆娣值舅姑久病氏謹侍湯藥無倦舅姑殁氏力襄殯葬悉如禮明季流寇亂陳族衆俱殁于賊户勢單零遭强鄰搆釁侵其祖墓宗高冒死争勞鬱成疾不起時

氏年二十有六也遺孤作仁甫五歲宗高囑氏曰以一婦人當逼讐敵能撫吾孤守吾祖墓有濟乎氏吞聲曰憑陳氏世德以死繼之必有濟自是延師教子讀書力禦外侮濟之以才百折不回每事窮勢蹙人咸以爲憂獨從容整暇成算然後應之其後讐悛悔子作仁學成明經蓋必濟之言有終也苦節六十五年享壽九十有一鄉里既嘆其節尤服其才

王氏游琬妻年二十四夫故一子文翼甫六歲家徒壁立勤紡績自給教子貽孫卒年八十有六

徐氏儒士畢開奕妻庠生徐應辰女年二十二夫亡遺腹一子封理苦節撫養封理年十八娶婦吳氏甫十月封理夭族人覬其産蜂議承繼氏言新婦有娠姑待之彌月果生一孫名從佑姑婦閉戶守撫備極艱辛從佑年十七娶李氏年餘復夭族人復理前議婦詢李氏云有三月娠族衆未信強爲爭繼届期産男女各一徐氏吳氏哀喜交并寶爲命脉因李氏無乳倩媪哺之媪于夢中壓斃其一驚起視則男尚存也吳氏痛心不敢他委乃親爲撫哺涕泣祝天吳孀

居近二十年忽兩乳如注遂得哺孤成立三代遺腹獲存禋祀闔邑神異以爲節孝所感云雍正丁未公籲請

旌徐氏吳氏以婦職當然堅辭不許從佑子名運泰今生四子

范氏儒士王士亨妻

贈翰林院庶吉士范璹之女年二十二夫亡撫子成立守節六十餘年苦節自終

鄭氏錢宏沛妻年二十三夫歿家貧撫孤守志孤復夭撫孫八十有二卒苦節六十一年

戴氏江純貞妻年二十三夫卒撫一子宏波苦節五十六年

余氏汪基賢妻年二十四夫亡遺子應璘甫一歲復早夭氏立姪孫啟誌承祧營塟夫柩苦節五十六年壽八十有一

張氏龍雲登妻

封翁龍嗣恭之媳年二十四夫歿家貧無子僅一女適戴立姪漢才孝事舅姑備嘗辛苦後女與婿並夭氏

以憂卒守節二十七年

張氏陳啟貴妻年二十一而寡撫孤守節五十五年

李氏周有資妻年二十五夫卒柏舟自誓上事孀姑下撫孤子廷烈廷佐守節五十二年

王氏邑庠生馮傑興妻年十五歸馮孝事孀姑年廿五夫卒苦節五十二年

李氏胡承揩妻年二十六夫歿一子時選復早喪偕媳蔡氏撫孫楚治成立苦節五十二年

張氏熊青蒙妻年二十夫卒無子立胞姪正蓄承祧

正蓄亦早卒妻操氏年僅十八撫從姪學山爲嗣姑媳共守計張年六十操年五十有一

南氏潘宗海妻庠生南之遴女年二十二夫卒家徒四壁矢志柏舟撫孤名楷等成立守節五十一年

吳氏彭文炳妻年二十八而寡歷今五十一年

王氏庠生張家深妻年二十四夫亡撫孤自珠成立守節五十一年

萬氏蔡應義妻年二十夫卒志堅從一孝事舅姑立從姪亮衡承祧守節五十年

汪氏高兩儀妻年二十一夫亡家貧勤紡績以養舅姑撫遺孤爲娶室孤夭復撫孫歷五十年

黃氏庠生萬景煦妻年二十夫歿遺孤甫十日氏撫入泮守節五十年

石氏陳延泰妻年二十三而寡孀姑在堂且喪明氏克勤婦職孝養不衰撫孤宜萬成立守節五十年

鄧氏王際泰妻舉人鄧之驥孫女年二十三夫歿遺子基幼家故貧氏泣血支持躬藝園蔬寒冬龜手拾蘆炊爨以供舅姑養舅歿奉孀姑范年逾八十病足卧床氏吮咀血污寢不辭帶者三年教子基有成爲邑諸生撫遺姪如己出守節四十九年

蔡氏胡倉遴妻生員蔡永敬之女年二十一夫故孝奉孀姑立姪楚瑛爲嗣守節四十九年

王氏國學生李紹麒妻邑庠生王渙女年二十夫亡無出苦節四十九年

袁氏李以書妻袁楚望女年二十四夫卒撫一子立人亦早逝氏上事舅姑下撫幼孫守節四十八年

桂氏邑庠奚禄達妻庠生桂和雲之女幼通女史在

室即以孝聞年十八歸奚值戎馬蹂躪之際奉事舅姑悉能致孝備禮三十夫故氏勺水不入欲以身殉或勸以夫亡子幼後事誰屬乃強起視事營塟舅姑及夫櫬且誓曰身爲奚氏歸使子弗讀父書則生不如死也後子滔等果成名孫學標中康熙癸卯鄉試卒年七十七歲守節四十七年

張氏舉人張萬遴妻郡庠張鳳起女年二十八夫卒撫孤瑛珂成立守節四十六年

王氏徐紹緒妻年十八歸徐兩月夫故矢志從一孝

事孀姑撫姪七棠成立後姑與七棠之生父母繼亡氏經營喪葬貧能循禮守節四十五年

詹氏庠生柴文貞妻遭家被盗夫亡回禄盗復攻摟氏恐被汚墜樓幾斃時年二十有六撫遺孤甫六歲守四十四年

彭氏庠生范可孝繼妻年十八夫亡遺孤璋甫週夫前室陳氏遺二子氏俱撫之有成守節四十四年

袁氏姜崇炎妻年二十夫卒撫孤成立守節四十四年

蔡氏郡庠生官諫妻庠生蔡光翰之女年二十而寡矢意柏舟孝孀姑撫長子銓次子鈴成立守節四十三年

周氏周廷梓妻年二十三夫亡子洪舟撫一週氏撫之孝養舅姑俱壽登八十守節四十三年

陳氏熊菁莪妻年二十三夫卒撫孤一張守節四十二年

姚氏邑庠生林天植妻年二十八夫卒無子守節四十餘年

游氏太學生趙藻妻年二十餘夫歿無子柏舟自矢撫立子承祀歷四十餘年

岑氏姜封湄妻年二十五夫卒矢志不二事舅姑十餘年如一日撫四歲孤承璧成立守節四十年

畢氏邑庠生張宏功妻舉人畢元英女年二十三夫卒栢舟自誓事繼姑孝撫遺腹子聯奎苦志讀書守節四十四年卒聯奎中乾隆戊午科舉人

吳氏奚孔文妻武昌庠生吳森女黄岡進士奚禄貽之孫婦禄貽本清白吏流寓邑西孔文竟以餒卒裸

塟氏痛泣曰苟以自贊豈不能覔一棺垢獮甚矣欲即從夫地下以有遺孤子一女三勉存活撫之隣張念祖者通家子義行于色每多推鮮氏誓不受憐後因張禮甚恭受穀屑糠以餐日止一餇爲度女嫁子能食力仍辭不受歷四十年苦節以終

高氏南連祖妻年二十聞夫抱恙而歸奉侍八載夫卒守節四十年

葉氏凃際雲妻年二十夫故撫遺腹孤方潤成立苦節四十年

徐氏蔡永珩妻徐師齡之女也年二十一夫歿矢志
柏舟孝事舅姑立姪文法承祧守節三十九年
陳氏庠生徐雲範妻黄岡進士原任福建學政陳瑾
之孫女貢士、援
例候選知府陳際亨之女性頴慧克承家訓嫻詩禮工
文墨年二十歸徐二十一夫卒矢志栢舟立姪定中
承祧以母道而兼父師與姪守中同殷教誨後定中
援
例入成均守中以選貢任山西平溪知縣皆晝荻丸熊

力也未幾定中故遺媳周氏江西建昌孝廉撫卅教
授周大勲之女與姑同志撫一子宗正有成陳守節
六十二年壽八十有三周守節三十九年
楊氏盧坤載妻楊成永之女也年二十適盧年二十
五坤載死誓守柏舟養孀姑撫弱息撐持家計俾子
學孟得成之苦節三十九年
徐氏王博仁妻儒士徐鴻女
旌
表孝子王教民之孫婦也年二十二夫故遺腹生一
女撫姪學淵為嗣守節三十九年

陳氏郭應得妻年二十四夫亡撫孤時憶守節三十
八年
陳氏監生吴從佑妻年二十八夫歿矢志栢舟勤紡
績事公姑以終餘年撫子兆猷成立守節三十八年
楊氏蔡永瑢妻康熙五十八年夫故哀痛急切勺水
不入幾死者數日凜公姑之命立子文游承祧親紡
績氷雪自矢苦節三十八年
陳氏汪焕湘妻年二十二夫歿無子僅一女氏撫之
孝事衰姑時有欲勸其變節者氏斷髮毀形誓之乃

止守節三十八年
畢氏國學生李士鵬妻舉人畢元英之孫女幼端詳
通書籍年二十三夫卒撫姪樹勲為嗣慈嚴兼至工
侍髦姑曲體順承壽六十卒苦節三十七年
周氏李聞振妻夫病篤刲股以進夫歿年二十四上
事舅姑下撫孤子守節三十七年
郭氏徐五序妻年三十而寡矢志從一孝事舅姑撫
孤洪德洪業成立守節三十七年
李氏袁用文妻大冶李又思女年二十四舅姑及夫

俱歿矢志撫孤苦節三十六年長子嗣潘列郡庠
盧氏仐金蘭妻庠生盧士元女年二十四而寡生一
子任撫子成立清操勵節歷三十六年
張氏華殿英妻四齡失怙守母教友弱弟在家即以
孝聞十六于歸二十八夫故值染急症倉皇無資氏
盡脫簪珥以爲喪具事舅與繼姑維謹撫兩孤文煜
文炳成立守節三十六年
王氏劉世鏡妻年二十四夫卒撫子本源本亭未幾
亭卒遺媳張氏年二十一立源子承祀王守節二十

八年張守節三十五年
潘氏程元義妻庠生潘生榮之女年二十四夫歿撫
孤良楷守節三十四年
葉氏黄子壽妻年二十九夫故矢志從一守節三十
三年
邱氏庠生程之英妻蘄邑丞卯宗麓之孫女年二十
六夫歿遺孤元乾甫數月氏矢志不二撫子成立歷
三十四年
顧氏龍雲從妻

封翁龍嗣蔡之媳年二十三而寡一子漢章復早夭撫
孫惟光守節三十三年
徐氏楊炳性妻庠生徐師齡之女年二十二夫卒撫
遺腹子一辰成立守節三十三年
蕭氏程良佑妻年二十五夫亡矢志撫孤成立成立
歷三十三年
葉氏監生汪承天妻年二十八夫卒撫嗣子成立守
節三十三年
蔡氏國學生楊登雲妻庠生蔡汞琳之女年二十五

夫卒無嗣殯畢氏以身殉家人密防之乃絕食悲號
勺水不入者七日謂家人曰吾得從夫地下矣
王氏周忠妻年二十四夫歿無子撫姪宗伯成立守
節三十三年
奚氏馮大恫妻奚祿貽之曾孫女節婦吳氏女也自
襁褓至于歸盡忍飢身無完布常勤紡績易剩米零
錢上以膳老姑並饋孀母夫貧病連年服事惟謹年
夫卒子女俱無或勸以他往氏誓死不易終三
十餘年人以爲祿貽清勵之遺云

何氏秦安吉妻年十九夫卒孤子可權未晬一週氏撫養成立上事公姑曲盡孝謹歷三十餘年如一日

樂氏生員李瑾妻年二十三夫卒遺腹生子文密家貧氏勤紡績事舅姑無缺嚴以課子守節三十二年

王氏高正簡妻年二十一歲夫亡守節三十二年

孫氏易克全妻年二十一夫卒撫子燕貽成立守節三十二年

潘氏陳心懔妻年二十七而寡撫五月遺孤璟庭甘貧守約苦節三十二年

汪氏邱璠妻年二十七而寡撫孤良材歷三十餘年

李氏涂元亨妻李開同之女年十九于歸生一子崙水方三歲夫卒氏年二十一事姑教子志節彌堅守節三十一年

周氏庠生姜世鐸妻周卜周之女年二十二夫卒生子女各一孝奉舅姑撫孤娶媳身卒以償歷三十一年

方氏監生周恂命妻監生方成美之女年十九夫卒矢志柏舟撫姪必興承祧苦節三十年

周氏郭塈臣妻年二十五夫歿家徒壁立撫孤守志苦節三十年

王氏南應朝妻年十九夫卒守志歷三十年

余氏南嘉漁妻余正坤姪女年二十七夫卒矢志孝事舅姑備嘗辛苦守節三十年

孔氏黃宗堯妻年二十七夫卒守志事衰姑孝歷三十年

鄧氏李紹泌妻邑庠鄧之華女舉人鄧之驥姪女年二十九夫卒遺孤聞弛甫四歲柏舟自矢孝事孀姑撫孤成立歷三十餘年

余氏陳廷輝妻年二十九夫卒生一子序恒守節三十餘年

汪氏蘭溪余仰高妻年二十三舅夫俱歿撫兩孤長二歲次月餘家徒壁立氏以織紝奉養孀姑既而姑與長子俱逝氏經營拮据乃自蘭溪移四棺于城東之祖塋安葬計守節二十九年

鄧氏汪啟謨妻年二十四夫亡蕭然四壁衣食無資氏拮据經營奉事舅與繼姑姑患癱症常卧床褥氏

侍湯藥朝夕榻前者八年撫孤萬銖等成立守節二十九年

袁氏邑庠生李暎瑚妻瑚少聰慧沉酣六籍下筆千言壬子獲中見遺遂幽鬱成疾死時氏年二十八歲無子立姪含興為嗣撫養教讀守節二十八年

陸氏張聖修妻年二十二夫歿撫遺腹子文蔚守節二十七年

李氏鄧思魯妻年二十三夫卒一子殤立姪承祧守節二十八年

張氏何芝亭妻年二十九夫故遺子三氏撫之歷二十五年

聞氏庠生蔡應賡妻年二十夫卒事舅姑孝教子有成紡績度日苦節彌堅守節二十四年

徐氏胡珂選妻縣丞徐七辨之女年二十夫歿無子立姪承祧守節二十三年

鄢氏潘德友妻年二十六夫歿無子立姪三元為嗣守節二十餘年

游氏官潢妻游聲翕之女潢以奉例入舅健營効用

卒於營氏時年二十七聞訃號泣誓不欲生舅姑抱遺孤桂強起之守節二十三年

余氏葉毓華妻家甚貧夫兄弟八人嗷嗷者眾氏困頓萬狀年二十四夫歿氏盡脫簪珥營塟事遺孤甫九月多疾無從覓藥餌常拾市中棄鰕尾鬚瀹湯飲之後孤卒益耐饑寒行年七十餘白髮蕭然蘆扉土鍘終如故也

王氏胡賡詔妻年二十四夫故守志歷三十年

舒氏團陂王兆恒妻舒天爵女年二十歸王不數年夫患癱疾幾瀕於死氏為親吮焚香禱天者三年

熊氏陳子獬妻年二十餘夫故守志撫遺腹子孔占娶媳南氏未幾孔占故一子隆世甫七歲姑婦相依撫孤成立娶媳何氏未幾隆世又故一子對輯甫三歲何撫字娶媳易氏未幾對輯又故一子二長早殤止存一女歸徐姓

袁氏萬仁壽妻年二十九夫歿無子矢志冰霜孝事舅姑撫嗣子如已出塟夫茅坪即豫成二壙以自待後卒附塟焉

張氏蔡士楷妻訓導張親聖女楊氏庠生楊士楠妻庠生楊成玟女張年二十三夫卒一子世隆甫數歲楊年二十七無嗣兩寡相依勤紡績養孀姑張年六十有四楊年五十有二人稱雙節

何氏縣役何人碩女適王某年二十一生一子夫亡撫孤居河東街河水漲溢居民逃避氏以姑柩在堂堅不外出水勢益盛氏手抱孤兒繩繫姑柩輓于腰升屋抱棟號呼願以身殉隣屋盡毀氏室獨存姑柩飄搖水中一晝夜賴繫得免淪沒水退謁十指以

營塋孤復早夭撫孫艱險備嘗後以壽終

范氏儒士陳哲時妻年二十三夫故孤子濟雲甫八月苦節堅守撫養成立娶媳徐氏未幾雲歿氏時年二十七一子榮方四歲氏撫之鄉里咸稱雙節

雷氏孔世璵妻年二十四夫卒撫孤承模孤復夭撫叔世琪之子承楷世琪亦早逝遺妻馮氏青年矢志兩節相依

瞿氏彭冠群妻徐氏彭二璋妻瞿年二十二夫卒撫一歲孤三畧歷三十三年徐年十九夫卒無子立從子三揖爲嗣歷三十一年

易氏南爾箴妻國學易儲升女年二十二夫卒家貧遇蹇矢志氷堅孝事孀姑撫遺腹子成立守節三十一年

范氏監生潘成學之妻年二十四夫亡撫孤存樸苦節以終

甘氏李昆儒妻年二十五夫故無子越數年夫兄舉子承貞氏于襁褓中立之撫養成立苦節以終

程氏楊成翺妻舉人程維極之孫女庠生程淳女年

二十一夫卒生子臺性復早夭止撫一女家貧矢志守節二十餘年

詹氏徐七正妻年二十二夫亡無子撫姪八師成立苦節以終

楊氏程元鵬妻年二十五夫亡遺孤良俊甫四歲氏撫養成名守節三十五年

張氏胡以郁妻年二十六夫亡守志苦節以終

潘氏胡楚昶妻年二十四夫亡家貧氏盡出家貲殯之父母憐其貧欲爲改轍氏搶地呼天誓不生議遂

寢苦節以終

王氏胡禮府妻年二十四夫殁遺子待詔甫五月氏守貞不二事舅姑撫孤子苦節十六年卒

張氏周振洛妻年二十一夫亡家貧勤紡績妾姪宗旦爲嗣娶媳楊氏甫數月宗旦夭氏更立姪孫定邦爲宗旦後

陳氏李公錫妻年二十三夫病刲股以療仍不起氏欲以身殉舅姑抱月餘遺孤勸之乃止撫孚成立

楊氏瞿條有妻年　夫卒遺孤甫數月氏撫養爲

之授室孤復夭更撫幼孫守節以老

楊氏瞿君厚妻年二十夫殁守志壽九十三

宋氏馮大遂妻監生宋永清女年二十三夫殁一子已先殤氏號哭暈地誓不欲生姑楊氏泣勸之乃隱忍相依楊氏大遂之繼母也初大遂生甫墮地而母呂氏亡楊撫之如己出其待媳亦如親姑越七年楊卒氏痛甚絶粒以殉張兩目血淚並隕氣息奄而死族黨咸悼嘆之

馮氏蔡永法妻年十八歸蔡後夫故氏誓從一撫遺腹子相依爲命矢志不移

尚氏國學生蔡文瀾妻年十七歸蔡夫故氏撫孤守志不二所天

萬氏庠生蔡文洙妻夫以赴試卒於齊安氏時年二十聞音泣暈倒地半晌方蘇往扶櫬歸里至渡口號哭躍江家人強禁之乃免於難苦節以終

陳氏貢生周聖甫妻年二十六而寡撫孤成立苦節以終

范氏李紹稷妻以康熙辛卯六月適李年二十二歲

次年壬辰二月夫亡氏痛夫早逝願以身殉自經而獲救者兩次父母聞之勸令歸家倍加防護是年十一月初七值伯氏誕辰乘閒登樓自縊死

陳氏周延僴妻年　夫亡苦節撫子之赤之眞吉甫皆成名

陳氏徐受中妻郡庠陳守嵛女夫以遠幕卒於山西太原氏時年二十九聞訃痛哭幾絶稍甦勸者咸以家貧子幼爲念因忍死茹氷撫孤鳳臺入泮守節三十二年

司氏庠生李聞楚妻年二十四夫卒無子矢志不二
孝事繼姑立姪承祧苦節二十六年
胡氏郭正魯妻年二十夫亡守志撫三月孤一毓成
立
程氏邑庠徐師齡妻貢生程宣裔女年二十九夫卒
孝事舅姑撫二子七辦七稽有成七辦爲河南滑縣
二尹時知縣桐城姚孔炳爲之傳
張氏庠生楊吉泰妻年二十五夫卒誓不二天立姪
以德承祀躬操作以養舅姑守節二十餘年

樂氏郡庠生程開儀妻年二十二夫卒遺腹生子光
瑹甘貧守志孝事舅姑歷二十五年
何氏庠生樂則韶妻年二十六夫卒家徒四壁茹蘖
萬狀孝事公姑課子教姪苦節五十六年壽八十有
二
陳氏郭一得妻年二十二夫歿撫孤莫邦成立守節
五十三年
李氏庠生吳學禮妻年二十八夫歿撫孤開璠成立
守節二十八年

張氏庠生周學正妻貢生張由聖之女年二十三夫
亡遺孤邏芳三歲氏撫養成立邏芳甫婚又早夭媳
程氏遺腹生子繼發氏策勵孀媳共撫孤孫守節三
十三年
張氏應應麟妻訓導張親聖女十九于歸二十三夫
歿無子家貧守節藉針黹傭工事老姑無怨言夫櫬
久停度日之餘積數文歷二十餘年拮据安塋人咸
哀之依母家以終守節三十九年
畢氏蔡國崐之妻崇禎十六年夫故氏苦節自矢环

瑱不漸家財分給諸姪不留餘財生無間言享年九
十有七前縣許聞而異之謂其青年矢節白首完操
贈匾柏節松齡
周氏儒士李爲崑妻庠生周膺公女也二十于歸越
兩載夫亡並無子女貧無半畝乃鬻嫁衣備瘞臨穴
之時嚙指血流棺爲之赤斷髮置柩前絕而絕而復
甦者數次以此哀感族人各出己分田稞三石立胞
姪貢瞻爲嗣以完全節現今七十八歲守節五十六
年

熊氏郡庠高如岱妻庠生熊棫紹女也夫亡僅二十三歲一子襁褓柏舟自矢艱苦備嘗歷今守節二十八年

張氏儒士萬民則妻進士張素臣姪女十七于歸二十四夫亡一孤在抱矢志靡他現年五十守節二十六年

陳氏監生胡成棟妻十八于歸二[illegible]五歲夫卒遺孤志鼇僅三齡氏誓死守節撫孤成立娶婦汪氏乃完娶數年志鼇復夭無嗣氏[illegible]憐鏡破更痛珠沉與婦

汪同志茹荼柏舟自矢姑[illegible]節氏守節四十四年

汪守節二十三年

汪氏儒士徐坤緒妻監生汪士倫女[illegible]二[illegible]歲歸徐一載夫亡遺腹一女氏矢志靡他苦節自守紡績度日孝奉公姑族里賢之

賢媛

華氏國學生王宏穀妻華亨洋之女幼淑慧十歲失恃事繼母如生母年二十歸宏穀宏穀乃故候選州同世賢次子出繼伯父庠生世聖氏事姑及本生姑甚孝兩得歡心姑素患羸疾竭力奉養歷十餘年如一日夫卒教二子有成長永謨候選縣丞次應徵邑庠生乾隆十二年邑侯葉[illegible]詩[illegible]淑孝可風匾額旌其門黃岡孝廉周茂建爲之[illegible]

李氏郡庠方師璟之妻蘄[illegible]生李方淑之女幼讀經籍曉大義年三十一而[illegible]門祚凋殘氏孤掌獨撑守志皎日克盡母道撫兩孤子[illegible]十五[illegible]食飄芹宮以優行薦大部次成業入成均博[illegible]推重士林是皆氏教也壽七十一而終鄉里稱爲賢母而嘆其格於年例未獲請

旌云

貞壽

王氏副貢周之規妻壽登百歲

彭氏鄉魁張聯箕之曾祖母壽一百有五歲

袁氏方子魯之母壽百歲

甘氏張國通之妻壽一百有二歲

蘄水縣志

項錢糧

年縂名

蘄水縣志卷之十八

知蘄水縣事餘杭邵應龍纂輯

藝文志

山川靈秀鬱爲奇特文宦游此地者名流鉅公題記贈答主賓交倡美不勝收也茲於前志所載别其膺删其繁文補以前之所遺而增以新之所擇得如干首務存縣[illegible]作古[illegible]之[illegible]文[illegible]華非前[illegible]貴矣

宋

書

答龐安常三首　蘇軾

久不爲問思企日[illegible]之厚[illegible]承手聞起居佳勝感慰兼集惠示傷寒論眞得古聖賢救人之意豈獨爲傳世不朽之資盖已義貫幽明矣儻當爲作題首一篇寄去方苦多事故未能便付去人然亦不久作也老倦甚矣秋初決當求去未知何日會見[illegible]書惘惘惟萬萬以時自愛

蘇軾

人生浮脆何者為可恃□□能□書傳後有幾念此
便當為作數百字仍欲送杭州開板也知之

蘇軾

端居靜念思五臟皆止一而腎獨有二蓋萬物之所終始生之所出死之所入也故太元罔直蒙酋冥罔為冬直為春蒙為夏酋為秋冥復為冬則此理也人之四肢九竅凡□□皆水□□□□兩外腎兩手兩目兩鼻皆水之升降出入也□□□□腎舊說固與腎相表裏而鼻與目皆□之言也豈亦有之而

僕觀書少不見聊以理推□兩者其液皆鹹非水而何僕以為不得此理則內丹不□□入未易以筆墨究也古人作明□□□□□□□火暖之脾氣盛則水不下泄心氣下則水上行水不下泄而上行目安得不明哉孫思邈用磁石為主而以朱砂神麴佐之豈此理也夫安常博極羣書而善窮物理當為僕思之是否一報其書

寄龐安時聖散子

蘇軾

昔嘗覽千金方三建散云風冷痰飲症癖瘧瘵無所不治而孫思邈特為著論謂此方用藥節度不近人情至於救急其驗特異乃知神物效靈不拘常制至理開惑智不能知今僕所蓄聖散子殆此類耶自□論病惟傷寒最為危疾其表裏虛實日數證候應汗下之類差之毫釐輒至不救而用聖散子者一切不問凡陰陽二毒男女相易狀至危急者連飲數劑即汗出氣通飲食稍進神宇完復□□□□者其餘輕者心額微汗正爾無恙藥性微熱□□□每發狂之類服之即覺清涼此殆不可□□理詰也若時疫流行

平旦于大釜中煮之不問□□良賤各服一大盞即時氣不入其門平居無疾能空腹一□則飲食快美百病不生真濟世衛家之□□□方不知所從出得之於眉山人巢君谷谷多學好秘方昔此方不傳其子余苦求得之謫居黃州比年時疫合此藥散之所愈活不可勝數巢初授余約不傳人指江水為盟余竊隘之乃以傳蘄水龐君安時安時以善醫聞於世又善著書欲以傳後故以授之亦使巢君之名與此君同不朽也

序

贈麗安常序　　黄庭堅

麗安常自少時善醫方爲人治病其生死多驗名傾江淮諸醫爲氣任俠鬬雞走狗蹴踘擊毬少年豪縱事無所不爲博奕音技一工所難而兼能之以醫聘之也皆多陳其所好以順適其意其來也病家如市其疾已也君脱然不受謝而去已[illegible]折絶戲弄閉門讀書自神農黄帝經方扁鵲八十一難[illegible]靈樞甲乙葛洪所綜緝百家之言無不[illegible]其簡策用以視病幾

乎十全矣然人以病造不[illegible]貧富便齋曲房調護以寒暑之宜珍膳美饘時節其飢飽之度愛老慈幼如痛在己未嘗輕用人之病[illegible]其所不知之方蓋其輕財如糞土而樂義耐事如慈母而有常似秦漢間游俠而不害人似戰國四公子而不爭利所以能動而得意起人之疾不可縷數他日過之未嘗有德色也其所著傷寒論多得古人不言之意其所用意於病家之陰陽虛實今世所謂良醫十不得其五也余始欲掇其大要論其精微使士大夫知適有疾未能然未嘗游其庭者雖得吾説而不解誠加意讀書則過半矣故特著行事序之

明

誥

城隍廟誥命

帝王受天明命行政教於天下必有生聖之瑞受命之符此天示不言之妙而人見聞所及者也神司淑慝爲天降祥亦必受天之命所謂明有禮樂幽有鬼神天理人心其致一也朕[illegible]方[illegible]明智弗類代天

理物之道實罄於衷思惟[illegible]此神所鑒而簡在帝心者君道之大惟典神天有其舉之承事惟謹蘄水縣城隍聰明正直聖不可知固有起于高城深池之表者世之崇於神者則然神受於天者蓋不可知也茲以臨御之初與天更始凡城隍之神皆新其命睠此縣邑靈祇所司宜封曰靈察司民城隍顯佑伯顯則威靈丕著佑則福澤溥施此固神之德而亦天之命也司於我民鑒于邑政享茲典祀悠久無疆施行

記

修學記　陳循

學校自京師以至天下府州縣莫不有
至聖廟其從來遠矣蓋
至聖之道如天地之化無不覆幬持載蒙天地之化者皆
知感荷於俯仰之際學
至聖之道者孰不欽從于瞻仰之間天地俯仰有象
至聖瞻仰無方此
廟所由建也黃之蘄水縣學在治東之高阜前臨大溪
元季

廟學並燬於兵國朝洪武甲寅知縣趙季光始復建於此歲久日就朽壞宣德癸丑縣丞黃舍觀主簿夏時共恚之始勉新禮殿未幾被震正統己未番陽胡奎以戎臣爲來理縣事下車之初即謁
廟學而周覽之大懼無以稱瞻仰之盛心謀於僚佐師儒曰爲政舍此曷所當先於是縣丞李蔚主簿王輔典史金彝教諭申屠鐸訓導簡縉紳左惟賢僉曰可後相與市材鳩工撤其舊而大之爲禮殿凡三楹東西兩廡戟門外楹各視殿之數有差備享有廚藏器有庫楹皆如之蓋經始於明年之春落成於是年之秋既成胡奎兩以職事至京求記興畢之歲月於戲爲政以興學爲先惟令克知教化之本紀事以滋美爲戒然不沒人之善況求之篤如此遂爲記

聚民倉記　李承芳嘉魚人

孟子曰五畝之宅樹之以桑五十者可以衣帛矣雞豚狗彘之畜無失其時數口之家可以無饑矣管仲曰守國者守穀而已某縣之壤廣幾許某縣之壤狹幾許則必積委幣重之相因於時之化舉無不爲國

筴後世之爲治者心於爲人用其法而良焉心於爲己倚其法而姦焉民之生死國之興喪實係之水旱不問豐凶並誅用其力不遺其時盡其求不遺其法吾楚茲數年民之困苦可勝道哉雖然爲國家培植根本而講求王者之所天者果無人哉而所以啟之者何居衣帛食肉不飢不寒而使之者何居新安潘君珏以甲辰進士宰蘄水至今乙卯九年于茲矣予嘗道蘄蘄父老相率而告予曰吾令其養民也能其取民也不能吾生實賴之其公帑之間毫積寸升貴

則吾與賤則吾收義以入之仁以散之禮以守之智以藏之倉以舊開廩以日實乃者又於治所之北郭門再開而再實爲屋若二十有四間扁曰濟民内外完密不啻大賈富豪有成令之守法勸民上下熟知是舉也籓臬林公臬僉張公實有以成主簿王賓闞端徐懋典史王恕恭趨所事惟恐後而令之志得以行焉吾民相率伐石請能言君子而文之以辭期法於遠敬以屬予不敢辭記其大較

重修學記　王鎔

蘄山之陽南溪之滙古建學宮焉負崖抱流探奇挹勝其左則鳳樓玉臺之廻翔其南則登瀛天馬之拱向風蕤萃止靈光俱存斯以文藻淵源簪纓聯續樂育餘音庶幾鄒魯善乎作者之遺也嘗考邑志國初祠宇迄今僅一再修棟橈榱折瓦甓零籍配席享禮無所於依久之未有克振者走以展謁因論其不飭而諸生亦奉以告敝焉此有司之責也夫墜而得舉者亦難矣謀貳則不協數因則厭衆計處稍濫則財用不給任事者惰則鮮克有終今播庶同聲不可謂貳三紀而後葺不可謂數度支簡節不可謂濫師賢而丞廲不可謂惰夫鎔也會其謀而達其幾者也乃裒金於束矢取材於廢寺鳩工於比閭鍰不滿百工不踰月作而新之以求安妥聖作鍾焉豪傑興焉茲非文運之一助與夫吾儒誦法者夫子之言所推行者夫子之道瞻宮牆而弗肅者非禮也逢祀怠而弗加之意者弗義也禮以成敬義以孚信將令德之保膺而協和在位者慎矣將帝學之緝熙而敬恭明神諸士子亦進於是矣事已而竣敎諭李仁偕其僚

友來重以文請因緒書其概以識歲月云

修學記　胡仲謨

聖天子御極二十有三年實天下臣工述職之期吾邑長吏以去歲之冬北徂臺省諸公謂蘄孔道政務旁午選于屬僚檄判黃陂江君文煥署邑事至則檢身心設條約嚴吏胥之防寬里甲之役滌煩譁杜需求享祀克虔征斂未嘗擾豪右屏跡小民無隱懷前此妙齡清擢久於厥官莫之或及也維邑廟學歲久就圮聖賢無安靈之地師生無棲止肄業之場江君

見而憂之謀諸邑判黃君國政志同力協俾民犯輕科者贖以木石諸材躬自區畫夫匠並興頹者立之敝者補之陳者新之事半而功倍焉茲固斯文之公樂也微江君則圖難于易將誰任之予觀老佛宮牆溼于天下黃冠緇衣者皆其徒也往往節衣食求施舍時葺而日新之崇本始也凡今誦詩讀書典司學校者非孔氏之徒耶乃恝然不爲之所此無他故矣網羅民財以爲已有惟恐身之不肥家之不富又安肯出錙銖爲學校計耶由是觀之今之誦詩讀書典

司學校弗若黃冠緇衣者亦多矣而江君其賢矣哉抑學校所以養才六經之道炳於日星師之所以教弟子所以學朋友所以切磨率不外是而已若夫模範不良志存溫飽非教也文藝是攻氣質弗能變非學也相與以善柔相率以豫怠無匡失輔仁之益非切磨也今日之士習他日之官箴係焉可不慎與予時丁內艱家居無陟陟考課之責姑爲是矯俗之論與吾黨商畧焉

衡水縣重建三賢祠記　胡仲謨

古人之登秩於祀或忠信孝廉祀於鄉或從政樹勳祀於國其或高風遠韻身經歷處郎祀之不以遠近爲限隔也邑南郭石岡之顛舊有祠祀晉王右軍逸少唐陸處士鴻漸宋蘇文忠公東坡三賢皆嘗遊涉茲土王之洗筆池陸之烹茶泉蘇之綠楊橋與河厓所刻擊空明泝流光字相望俱存祠則久而殄廢遺址裂爲民居正德初府倅龍渠謝公移建於南門外右區淪于河厥後鮮有議及者新建斗墟陳公來牧是邦才敏急先務况值歲豐人和凡學廟壇壝衙署

坊巷咸振飭改觀下令復石岡祀地民悅而從之撤屋墮垣拓地愈廣于是歛財鳩工構正堂三間東西廊房各三間大門一間內飾丹青外甃以堅甓題稱暈飛周遭繩直俯長河於一帶鍾蒼翠於千峰雖狂夫稚子亦知其佳麗而稱賞焉筵日列三賢木主以世之先後爲倫次牲用少牢率師生父老駿奔處告仍請於當道載之典籍蓄將與廟社之祀相爲悠久者也三賢有神歡然萃止於斯無疑矣夫以右軍之文雅清眞處士之奇雋沖淡東坡之文章氣節妙悟

慈良均之爲古今所向慕顧予於東坡有偏嗜焉前此已卯歲夢謁東坡於赤壁祠肅揖東坡荅揖贈以彩箋一疊是秋遂領鄉薦明年捷春闈登進士嗣是副臬司於蜀每廵行至眉州必宿於祠修葺其傾圮更新其祭器而惓惓之私未已也迄今歸田欲建一祠而力弗給謀於斗墟者數矣兹恢復故祠乃一舉而三得因併記彰予莫大之慶幸焉

重建社稷壇記　錢邦偁

邑社稷壇舊在郭中制也前侯方君縈遷焉又在西

北隅亦失辨方正位之義頻年水旱相仍若有由然蘄父老率請於今侯陳君期改建侯曰立社稷以爲民也而責在有司敢不矢心力以求利爾民蚤夜詢謀捐貲買地鼎建聞諸監司允爲量出鳩材周繚以垣外爲門内爲齋居爲省牲室其壇壝悉如制以嘉靖庚申九月肇工越月而事竣文物更新輿論快之君子曰是役也陳君可謂有功於社稷者矣右陰而尊地於北義也圖事而敉卜告虔禮也心怵而惠下孔殷仁也三者備矣明德馨香以祭神其以之乎是

民之庇也國之貞也若侯其眞社稷之臣與余江右事竣便歸梓里樂觀厥成敬爲之紀其他建制未暇悉書侯新建人諱蘭化號斗墟嘉靖丁巳任今陞北太僕寺丞云

厲壇記　朱袗

蘄邑舊有厲壇民居焉諸六博鞦韆蹴踘鬭雞走狗之儕事於此紛囂相攙門垣俱圮莫或主之水則浸大河若旱則木益槁死亢陽之氣焦金若蝕蠡間之父老竊色懼陳侯以故侯惘然事蜎亡反也乃庚申

吉遂易建朱子曰庶有豸乎是役也夫侯也帝以氓授之旅而氓之是用撫柔明惠也而悍者先祀爲氓也被髮如野海若祇惴惴乎假手是皇而曰神將不逞於氓若其以禍悔福於蘄毋寧茲而厲也曰茲蔓無能奚事饒危而臘爽塏而憶寧我其有辭于靈靈將蔓露草間大地之泣若置焉奚厲後哉而不爲氓急侯爲政鷹擊而惠捷而執事平振覆亡蘊年以病不立下氓欣焉爲氓急而厲明德而羞厲將蔑焉其吐之乎而壇且圮操刋從事亡能靈是妥焉靈即不

言非制也梧邱沈首也鵲亭厥骨也俾有依也茲有
祐也侯爲祇修祀事匪遺而厲而且也重而壇方閟
月奏成崔蔚矣觀美矣而其要之無驚其爲佐我祇
時則秋不時則不秋而厲若尸之亡令吾祇瘁而重
侯歷則壇之于侯也不虛矣壇建於嘉靖庚申九月
十月事竣地在北門制如故南北一十二丈東西八
丈七尺周繚以垣外爲門内爲宇爲齋居爲省牲室
庋于大卒之居焉是爲記

修城記　朱衫

天子銳精圖治尤加意邊圉疆宇詔兵部行撫臺都
御史汝陽趙公既當巡諸屬訪民疾苦備知其縣某
縣可城因麻城黃陂工方興暫爲停待其夢寐固長
在江漢間也今遵新例復伏鉞而東熟爲巡閱與按
臺侍御史豐城李公會行左使嘉定徐公副憲長洲
馬公而按境躬親相度劑量務求於民暫勞而永逸
者則我郡侯上海潘公及我邑侯崇仁劉父母也議
定於今四月二十八日經始方垂成間僉以成記謀
于予予弗敢承乃邑侯劉公固謀于予予弗克讓竊

惟蘄水之地李勣謂其濱帶江淮張耒謂其一大藪
澤當稱劇盜出沒之衝孰不知其爲當城乎而向未
有舉者功匪易也乃今一旦議建計成周圍七百六
十丈樓高三丈五尺濶四丈工不甚小公廩提編價
不甚裕侯且懼下人浸漁募民自出納分築以城工
付戶長城樓付義民不數月告成雄壯堅緻悉合程
度偉麗岑巍甲于他邑每登四樓而覽焉祇見其護
峰俯揖歆朝宗于北斗浠水前抱迎豐樂于南薰而
玉臺呈瑞玉鏡迎禧猶藹乎東作發舒之氣西成康
阜之景行且置壺漏以授時樓譙鼓以驚怠多捕壹
以備硯儲兵甲以示威可以嚴平時出入之防可以
禦意外倉卒之驚拱環揖秀啟他時築巖物色之光
不少厥功良亦懋矣畧以致哉易稱說以先民民忘
其勞詩咏庶民子來今日之功之速夫固有以感之
也後之涖茲土而專城者得無同諸大賢締造初意
而心民之心乎後之產茲土者得無先懷諸大賢締
造始功而恒心上之心乎乃同志合川錢君伯谷周
君會川李君白岳王君九疑李君郢白蔡君心溪徐

君近洙何君暨予子計部與諸士若民誤以陳於當事者採之以志天假之靈困尚有怓廓恬養而表章之者

蘇民亭記　邑令　閻士選（江都人）

天子御萬年之歷九年方宇大安思以加意元元勅所司議寬恤時下方田之令蓋始于閩而遍于天下云選釋褐授蘄方蘄田歲值夏仲禾黍遍野民稱不便爲請緩其期臺使者報曰可而日夜與邑士大夫里老等制弓格計便宜度肥瘠秋杪促民收斂始興

厥事郎以製定弓格先令里役設之里役稱便而令戶自爲丈也諸外境持弓伺民募者悉竄出境積算吏卒閑弗使出聽民自丈隴陌之間有主督其佃者有父率其子者有兄令其弟而夫挈其婦者間有左右田鄰互丈而更番以息息而起丈者丈畢則又對相語曰某寬某縶某可無疑于官府之抽丈而某尚致恐于左右之連坐審使人察之得其情狀如此選溦切自慶仰天祝曰蘄民之易爲感也蓋風行于廟堂而草偃于隴陌即一邑而寰宇可知已時出而按其所親供畝畝合也選感蘄民之不欺即不過疑其民而據刪以報蓋開丈於是歲九月之朔而報成於十年春正月望是須也得田五千八百四十三頃一十六畝七分一釐五毫塘六百六十四頃四十一畝六分九釐地一千五百六十五頃三十四畝三分三釐七毫畝盈於舊賦減於初選揚言於衆曰爾父老子弟知方田意乎粤自后稷畎田其制大約謂一夫三百畝而播種于畎中量人畫野已肇於此井稅之興其來日久而田萊之賦後世修稱漢云攷漢史書

賜民田租半三十稅一者不一禩豈漢德隆於桑井舊哉法不立而煦煦之惠易窮也史稱其歲賜田租半則歲之不賜者多而其歲三十稅一則不減者何可勝書荀仲豫常嘆官收百一之稅而人輸豪強大半之賦惠不下逋而威福分於豪人彼漢儒習漢事已扼腕言之矣爾父老子弟令試度爾土地之毛斂於私者何輸於公者何間有隱於豪強而拋於狡詐者浸失制賦初意令一釐而正之細入獲資生之利豪右靡餘地之盈無私之澤乃播均于兆庶如阜如

山不井稅其制已井稅其意矣故丈事方畢而蠲逋之命隨下廟堂之微意豈不以今斷自丈事之始宇內悉以均平庶幾古所稱無怠無游者乃責之共哉漢德不倖矣諸父老子弟咸曰唯唯是不可無記余為記之且奠告于後之蒞茲土者披圖按冊當知茲方土穀盡括之無遺而愛惜之因記其亭取曰蘇民明此為蘇民舉也

衡水縣會館聚升樓記　　鄭士望

蓋邦畿千里惟民所止止之言萃也聚也萃之詞曰

利見大人又曰乃亂乃萃無亦惟是聚則升禖則麗與去鄉三日見所常見矣而喜矣衡所以有館也頃歲名酛猾胥窟穴其中為囊橐寢失初意會閔異墟先生其銀臺余丞之吏部郎兩人目擊愀然者久之作而曰若是可毀也已又曰若是可廓也其毀也其薰屋灌社之意乎而廓者譬之解酲以酒也夫衡之人寧不可勸誘去安宅而甘剝廬以是知宜廓矣暇日步出後庭得隙地可方幅瞿然曰是地旁都城尺寸千緡詎宜鞠為鼠壤與蠨蛸虺蜮分此區區也且

室無陪貳勃谿嘈踏患是以生是地既弗饒果窳芟芟則當巍然再耳於是焉大庀材鳩工閱三旬樓以成樓成而軒楹之所值與目境之所到若預設以待而位置勻停心意怡適者嘗試思之文正岳陽紓去國懷鄉之想眉山遠景慕黎侯愷悌之遺王粲以離家作賦劉琦以問計出梯古人有是心則有是感情隨事遷感慨係之吾安能必今之登樓者強合於古人又安知古人不如今人之心故或朝暾夕曛出入敝虧則傾葵炙背之心也怒飈狂颶裂楣度幔則大

王庶人之風也煙霾曖曃曉昏千變則白衣蒼狗之態也素娥孤冷以窺人黃竹颼溯而委戶則捫椽效棹之思也他如紫烟低於蝸雉微風高乎燕雀有鈞天廣樂之象焉青牛白馬如龍如水縱橫絡繹有五侯七貴之豪焉塵闐撲地歌吹沸天卷柝夜舂與人聲相亂有煙火萬家之槩焉至若東瞰滄海雲霞之所沃盪旁瞥西山爽氣之所暗通又此樓之所駭矚而不可備窮者也夫茲領多美以恣人之挹取而人翻會之無心攬之不盡是造物以自然之玩供人而

人不有也非情也吾知周章遠望必有舒人之鬱寬人之鄙害焉頓去戰蝸潛銷而得意於茲樓者是樓之有造於蘄人不淺也此此為萃是所謂集以正者見大人則利抑何亂之與有是役也板幹瓦石傭僦約費百五十金經始於萬歷癸丑之九月初三日落成于十月初八日

邑令孔惟時 四川人

癸未殘罯紀畧

余自崇禎十二年季夏筮任佐尹沛上遭西北寇起所在充斥江以北無寧宇也余帥士民嬰守者數載

旋得北中城兵馬因僦屋於縣之阜城門家其父母妻孥隻身赴都及抵都而邊寇益急天子殷憂詔舉堪任殘破郡邑者御史黃以實專疏蘄水以余來試疏上報可蘄即報陷余御君命來實念父母妻孥來也至白下始知家變計止存萃茂兩兒急泝蘭潞殘黎環余哭曰今年癸未三月初五夜獻賊襲城僵屍遍城野迄今骼珊珊骴纍纍且燒官民廨舍無片瓦寸土掘城為平地言訖復哭余喉哽不能哭詰黃直指前號乞終喪不得經衰到城東隅倚殘壁蔽席而

廬焉見白骨朽胔果珊珊纍纍也睨視泚流又隱隱疑有聲斯時也秋杪霜凝陰燐淒慘悲風木者哭於寢悲棠棣者哭於荊悲斷絃與西河者哭於枕余煢煢一身諸哭畢集病幾死思瘞焉而乏費茂兒前席曰昔祖父藏有膳俸銀百餘兩兒尋拾貯之可佐用遂捐若干金付老成吏事者募收盈原之骨厝塚于南河之南覆以白石丹土俾勿壞亦倣古作大坑埋髑髏三萬餘之遺意耳又見衙舍盡赤果無片瓦寸土也夫邑無廳事民將疇依行見頹垣碎礫之地終

不室不廬矣即于是冬措貲鳩工因官基之舊建樓二座平房三間原堂大堂及儀門傍屋共十五間未嘗空役一夫妄派一錢而落成焉又見城堵果掘為平地也蘄邑係吳楚咽喉城既成墟萬一狡寇復東嗟我孑遺不為獸散與然而興茲大役勢必輦石誅土疲勞民力余欲逸人而事就化絕業之無用者為有用詢諸紳士詳諸院道于甲申春便糾人處事量址計城給工合計周圍八百餘丈雉堞樓櫓一一修葺約費若干金四閱月告竣堅穩嶒峙庶可恃以無

恐夫城堞屹如衙宇煥如萬塚奠如余初願期至此今乃幸至此是縣尹當盡之分也是天子命余之志也是余飲痛終天之微忱也嗣是事有宜爲而未及爲與夫爲之而不易爲又不得不爲者竢余次第徐理云

蘄水縣志卷之十九

知蘄水縣事餘杭邵應龍纂輯

藝文志

序

贈謝爵來雨叙 （爵寧州舉人正德壬午知蘄水）

王廷陳（黄岡人）

謝君令蘄水壬午春三月不雨民戚曰何以播君步自邑壇禱焉雨越四月不雨民戚曰何以植君步自邑壇禱焉雨越五月不雨民戚曰何以穫君步自邑壇禱焉雨邑人歌之爲來雨之章王子聞之曰歌也足爲長民者風矣帝也豈民棄夫錫蕃育庶靡不民焉供是務殖也或雨蘄焉食且不粒以甦務殖之而復以棄也其否也矣是孰用棄棄吏也吏也者旋民而臨之殆爲帝殖者乎不德而賄帝其曰吾且氓殖不有於民之室而吏橐用盈是以吾殖賄也故蘄焉不愛棄民昭吏棄也君之政聞之矣敏而思達而執肅肅而惠法不右貸其仆也勁者先茍民庇焉不惜冒罰邑人宜之乃大吏亦靡不禮帝其曰令良吾氓殖焉令不有也禱輒雨豈惟置民不吏棄焉昭其良

也傳曰禮有祈焉有報焉夫傴僂而趨匪其衷也即湯焉以其軀犧巫也感而酬豐品是事而幸帝之私也謂帝需乎君也不然乃不雨曰予也帝何意焉其雨矣曰帝也予何力焉夫始不奸帝之命既也不有帝之功是謂對帝之休帝其永庇之矣

贈胡奎叙　劉定之

聖天子紀元正統之十年天下藩省郡縣臣咸以職來述既預期集闕下每旦隨文武常叅庶僚入覲仰瞻清光侍象魏左右凡都俞吁咈之旨禮樂文物之盛獲聽見之元會之朝復入奉天殿廷鳴玉秉笏用展臣敬大駕出奉郊禋禮成旋蹕則迎鑾稱慶均沾廱澤共際盛矣已而公卿侍從風諭綱紀天子若曰其勿深咎俾歸供乃事以觀後效賚之勅戒勵使不怠嗚虖其仁又何至哉於斯之時蘄水縣令胡君奎景綮實與胡君始由科目任教事於閩凡兩易任既以知者薦得陞今職至則能治其民化其士類詞訟清簡之餘用其心于學校躬其程業弟子員蒙誘掖者成材膺貢異於昔時蓄匪徒政足觀抑不隳其宿

學非泛乎爲令比也於其陞辭以行邑人士友乃來徵言夫胡君自詩書出宰民社則於爲理之術既監於古矣況身當盛世沐聖主深仁其自今感發又何如也士學古而不遇時或時遇矣而學于己者不足故歉焉有不及未光君子責焉胡君其思自重以求見於世尚無安近小以苟止則豈惟嗣膺寵渥抑聲光之垂未有涯哉

傳

易中齋先生傳　易侗

先生諱文謨字汝顯號中齋居士余祖槐軒翁仲子也槐軒翁生四子長爲余大人次先生曰瀾川曰少槐則又其次者余大人少游燕畿故檢蠹搜索之功先後有差先生幼小不爲嬉戲偉與成人稍長與弟瀾川下帷嗜學博通經史以春秋補邑弟子員亡何瀾川領鄉薦去先生屢科不第時春秋亦漸高乃幡然嘆曰吾縱不貫于當身倘課子侄與里中佳兒輩釋經校藝令得蜚聲以竟吾未竟之志亦足了此生平安能兀兀久困壇車也遂卜築於鳳棲山臨湖書

室子侄輩及二子壻咸隨之蘄與羅之士嚮風仰止執經問難者履滿戶外數人不爲章句之學嘗曰讀得一尺不如行得一寸每講罷日西率諸及門散步山水商搉古今得失輒指示之曰某良士汝等效之某憸夫汝等戒之故其從遊者或析圭擔爵或崖居谷棲率多端人碩彥卓有西河泰谷之風先生事大父母孝視聲華世味甚疎其家務悉付余大人不問錢穀出入所獲束修儲之公錙銖不入私槖雖毫墨書楮不以自匿用則向余大人取之視侄輩若子鞠

誨一致嘉靖二十三年蘄苦旱民人流莩其弟婦鄭氏李氏早寡罄懸無依先生曰二婦爲吾弟抗節何忍坐眎困危遂鬻服壞越隣邑貿粟英山以全之縣北有村名三店俗尚慓悍先生徙居此慨然有移易之思因與三十里衆約爲社會取聖諭刊刻俾家喻戶曉揭之堂壁每于二八月社令爲首者執簡講讀更序禮雍容少飲而退行之三四年人咸憬悟穀粟斗馬之屬即遺之山郤無隱匿者間有不若於訓則私相語曰毋使易社長知之其令人嚴憚如此易族生齒頗繁或有爭訟難解者咸就先生分理悉平反無冤人人帖服無後言先生自諸生時與邑之名彥約有文會惟先生氣節自好不邇封殖以故家亦蕭然身沒之日有貸及子其會友姜沙溪者倡言曰吾儕與中齋交生不周之死不能賑困異日何以見吾友於地下可如約分償勿令爲若後累也衆皆泣下踴躍唯命雖姜之好行其義亦先生之景耀休光足以動人心也先生內行甚修燕居不苟雖盛暑未嘗褰袒冥冥不至墮節故學牒紀行家譜載德子侄十餘

輩彬彬雅量有先生之遺風其二壻有聲庠序一上春官取高第皆先生切磨之力先生卒于嘉靖之季享年未及六旬其後門人周少泰伯谷子壻蔡太守郢白撮其素行聞於學宮欲令從祀竟爲某沮惜哉余小子疾沒世之無稱痛哲人之長萎故敢闡發幽光表章梗槩倘懿德之好終未泯于人心則不朽之傳猶可俟夫來禩

又嶷李公傳　黄正色

公諱生采字白受號又嶷憲副公九嶷先生之仲子

也生而循齊諸子競宦橐公獨取載籍憲副公笑曰孺子似我務冠補諸生思憲副公宦東粤頻年兵旅不休大母及母俱在萬里外不獲躬溫凊於是犯瘴嶺涉鯨波擔簦覲宦憲副公謂其荒于學而遠遊不悅公不敢留未幾憲副公乞歸不起哀毀骨立謂吾父自守惠肇遷監粤東君數年間決策征猺獞討平羅旁千里地陞瀧水縣爲羅定州始設東安西寧二縣有恢疆拓地之績而掩於大吏功不得上聞位不過常調天下之功名竹帛安足若耶吾其爲政於家

乎事大母終天年遷葬大父以大母祔色養母黃恭人三十年如一日畢弟妹婚嫁兩營父母元堂杯土拳石必誠必信家有閱墻者上下劻勷俾無相尤憲副公故舊門人多官楚者人謂公從俗俯仰以鄉賢從祀請度無不得公曰求而祀不如無祀且吾以賄營而辱先大夫之名其意于草木腐者有幾生平嗜古樂道集書盈鄴架陰陽醫卜百家之學無不泛覽獨指經生帖括爲無益曰是於聖賢理道固遠也庭訓其子無督責但曰不忮不求脫凡近趨高明而已矣歲時饗祀率宗親子弟序昭穆謹儀節豐粢盛均餕餘有爭者平之所居種竹萬竿名曰寧靜取武侯寧靜致遠之意瀟然自適飲人以和居恒野老與爭席傭豎樂惠愛浮沉諸生中年六十有八而卒彌留之際取架上野史小說叛道不經之書盡焚之曰勿以是亂後人耳目也子見璧者財行絕人幼以童子應博古試補諸生性至孝嘗于友人家得橘見其鮮香急馳致又嶷公公食而甘之後久困諸生不卽售自念未能累茵列鼎事其親而含悲風木乃泣然曰

吾生平所上食於先人者止吾友之一柑君子嘆其言之哀深而意苦也崇禎己卯登賢書出蜀念恒劉先生之門壁既請先生誌又嶷公墓而更丐其友黃正色傳公特立獨行之致以聞於世古之君子父母既沒必求仁者之粟以祀之李子有焉贊曰人爲世舍而終川淵木無匠顧而終天年如又嶷公非欲用於世而知者希蓋亦不屑屑焉與世之人俯同其方圓不然豈其羞請謁之俎豆而陋干祿之篇夫士之功業不彰而正身修己者其道闇於世風最急而有

時或失於傳故掇擷其言行使有以箴末俗而勵後賢非獨吾友之不忘其先也

御史公放庵畢先生元配魯孺人合傳　王一翥

放庵者侍御史協公之别號也公出於太封君諱大猷公之次子性英敏端方嚴厲不可以犯善言語多血性爲文雄肆明懷宗丙子科鄉薦十一名丁丑聯捷成進士筮仕浙江寧波府慈谿縣宰慈在浙爲大邑薦紳如林復多疆禦公理煩賑荒造士惠民崇節孝除奸弊無不畢舉癸未秋入覲都門上以考選諸

官能命出撫綏公補河間之吳橋九月召還甲申春召對中左門公侃侃讜論指陳痛切上嘉納之長嘆欲起者三隨授福建道御史

本朝

世祖之十有一年未幾假歸自是林棲淡約把酒鼓碁自娛春秋八十五度矣飴五代兒孫受

敕命文林郎太夫人魯氏孺人性慈孝能逮下歸於放庵止二乳一女一子女適于郭子即歲薦廣文鳳洲也年高放庵一週越一期而卒計八旬有七也闔蘄稱之曰全人

疏引題詞

龍洞寺建石門引　　錢貢

予嘗北走南旺而東游於浙西見河海之濱皆有龍王祠蓋龍爲靈物藉之以拒泉流而通漕運殺潮勢而奠生民非諸淫教類也蘄有三角山之勝蛟龍宅焉歲旱則近者候風而雨遠者負水而雨然絶頂多虎穴人不可行自五代時慈蔭祖師居之虎遁去民無旱憂故有伏虎禪師之稱歷宋及元代有封號賜

寺額曰龍洞蓋因龍而有寺也兵燹輙廢宏治中僧廣智者嗣焉漸爲修復今年七十有五語其徒曰吾老矣寺頹矣野燒之延而及者非力所禦山風之烈而頻者夜不可燈惟石其門焉乃可爲佛庇乎執募册乞予言予曰佛善人也其心主於濟物龍能變化性雖莫測而澤亦及人二者固相遭而不相離也石門之設豈徒爲佛庇耶民之急旱而來者望門而趨叩洞以入得水而歸各遂其所求庇佛固庇龍庇龍固庇民也四方仁人寧無起而佐其費者乎予因論

龍而及佛如此若曰四萬八千門之廣大其問諸學佛者

南河官渡募文　　黄正色

南關一渡兩蘄之通津五鄉之孔道也輶軒絡繹車馬交錯鄉市貿遷莫切於此曩者浮梁橫水上車騎經過如履平地亂後浮梁盡廢川漲則行人坐立兩涯待居民摇扁舟以濟人有廢時失事之嗟濟又横索人錢米柴薪不滿其意則怒辱加之鄉人以爲患苦水落駕單板渡深淵揩負往來相值不得避中河

而返者有之且衆步起落板作上下顫少不戒即溺於水不得已而以衣涉之寒泉透筋骨如割邑有好義者憫人之病涉而思爲之計余以爲法不善則不可以久欲善其法非吾儕小人之所能必也羣請於大父母劉侯顧自捐貲兼募闔邑漲則造兩槳船一往一來俾無坐而憂不濟者水涸則架兩杠串大木爲級使不得動摇亦一往一來而不相碍募津卒人使終年操舟守杠不得營他業募置公田付津卒使收其歲入半以自贍身家半以爲每歲修船修杠之費乞五鄉帶派公田糧差使津卒不得藉口鬻田而廢斯渡大父母義其説而許之欲申請於臺司和伯以圖久遠蓋因民所利而利大父母之美政與邑人之公願適相符也時即有願捐已産以成斯舉者諸好義之家更以募文見委謂費繁計遠非一手一足之力所能辦余以爲邑之義舉大父母之深仁當與衆同之力雖可辦亦不必有獨爲君子之名用是序募渡本末普請於仁人長者願共成其美焉

墓誌銘

周雪窩墓誌銘

王廷陳

君童父遣就傅傅讀或誤輒撻焉以難傅曰童惟訓何難也君曰竇疑焉其敢弗難且訓以開慧而務閑之閑慧以訓何傅之有傅聞而駭以辭父許業成父曰何弗試也君曰兒聞之積之如淵流之以涓不然且竭兒虞竭也父聽久則請曰可試矣父廼曰已淵乎君曰即弗淵當無竭憂一試而廩食既屢試弗第君色愠或曰達生無愠君曰豈一第之留焉父老矣而不務以寬之懼乙丑歲以次當貢強而就曰童而業何期也茲之就也何卑也復曰賢而抑者豈不繁哉何有於予而以慰己爲慈谿丞慈谿饒國也國重賂吏當其甫至百金作四籍手稱覿令不有始國人作例君曰卻焉昭令之愆其閎卻焉廉不吾有也昭愆匪仁捐廉匪智弗卻以卻吾是用思首營學宮士也朋從繼給孤窮民無煢煢末耀以克委吏則綜費不帑出晦以爲公邑人悅焉按者爲賢政不可選甫三年以疾卒於官君諱紹武字大烈生以天順辛巳卒於正德辛巳嘉靖甲申葬地名小嶺銘曰澤儉厥德予也實惑不軀而裔爲我民悅妥厥居寘懷以舒矚後以娛

朱公浠桂墓碑

鄒廸光 梁谿人

方伯朱公戊子春卒距今廿三年至庚寅冬而葬距今亦廿有一年墓之木林林矣而公之次子期昌越數千里持所爲狀請文勒之碑以公曾守吾郡余方髫年爲門下士又公伯子期至與余爲同年友又余亦曾領郡郢城習公桑梓誼弗克辭按公諱移字汝衷別號浠桂其先世居江右樂平從樂平徙蘄者曰顯卿公自顯卿八傳一溪公生公公生時有僧持鉢過其家曰三日後當產異兒既產覓僧則已化去又異兆云公生不大露奇穎年三十尚未領青衿仲弟已試茂材異等一溪公令去伊吾而穮蓘公讀自如隣盜起比閭鳥獸竄公擁敗絮讀亦絕不爲意尋補邑弟子應省試有兩狂生輕詆之既省試第七人兩狂生匿不見公踵門報謝其凝重如此尋登癸丑進士授行人時分宜相張甚公劇去舊籍不爲其鄉之

人若引避之同郡陶羽士被肅皇帝寵倨甚公遇諸塗不少加禮皇華所歷日惟取風俗利害収之奚囊倫採擇而已其操持如此以行人高等擢南御史會沿江多盜繇伺盜者餌而縱之公移書監守以下曰伺盜養盜罪不在盜勿謂御史懦不敢吐舌幸善為計書去監守以下屏息乃條畫方畧授之有司盜一平諸捕逐少年亡命至竟其黨與平市肆物價令官吏不得低昂悉著之令其風裁如此以御史秩滿陞常州太守常故饒富兵燹後俗靡不止郡以凋敝公

身先率約大筵不過十簋公庭讌饗酒三行罷去一切庭實悉貯外帑以備酬往不入官廨而俗用醇以凋敝故吏與民因緣為奸輕嘗三尺訟積無筭公為爬奸剔蠹去其舊而新之民重捍法即有捍大辟者公慨然不懌曰之生而求之死求死非吾意也觀於囹圄而地湫隘則屋之餒則食凍則絮病則醫藥曰之死而又求之生求生吾意也用此率五屬邑必惟命乃已不或面斥或容諭不少作模稜態至以絓誤觸長吏以質直犯巨室必曲為覆護故人人自感發

期無負公其廉平如此以常州守擢陜西副使人以為遠曰人臣憚遠乎既至西羌人以為難曰人臣避難乎乃城金川選精騎千餘格鬬之公自持短刀勁其後虜盡駭散獲牛馬以谷量上壓天子賜金幣文綺加等然陜實難於餉以吏胥與諸侯王官相率漁其中莫可究詰公詰得請於上寘之理官吏無赦即諸侯王亦無赦餉獘以除至巡茶御史每得一小醜輒附之法往往就斃公力請御史此輩無知入井大可憐惜因多調罷又未嘗不從寬恤也其方畧猷為

如此以副使秩滿擢雲南叅政往藩臬初履任必謁黔廟謁必叩首階下公謂我與若咸臣事君而又欲臣我乎不屈黔國度不可強第延入廟門頫首而已其疆項與行人時道遇陶羽士同湞有銀場所委官多乾沒自膏其橐事發則駕禍齊民逃罪公於諸乾沒者悉三尺從事與陜西時逮侯王官吏同所駕禍齊民盡尋繹生路輕其爰書如千人得免於死與守毘陵時生活人同亡何擢浙江按察使又擢雲南右布政使而姚恭人訃至矣居恭人喪公已六十作孺

子慕柴而立亡何一溪公又逝居一溪公喪亦作孺子慕柴而立當此兩喪時掩骼施樓賻葬粥饑療病好行其德絶無小草意而兩浙之命又下不得不爲一起時江陵相有父喪衆率百金賻公獨兩縑又與行人時引避分宜意同乃分宜安之而江陵甘心焉竟以老去也豈江陵比分宜較甚耶天所成全公至矣公去而錢塘送者萬計經昆陵送者又萬計至上金焦公徒步若飛送者曰大夫何老老以不屈耳坐客有試江陵者公噤無語曰吾眞老矣又與諸生時

忍兩狂生意同公歸復好行其德所爲掩骼施樓賻葬粥饑療病亦與居喪時同而晚年更好養生家言人謂公可不死死之日有深衣元裳環床而請者其去而紫府玉虛可知又與初生時遇異僧事同大都公生平不偲偲示牙距而才見不亟亟織聲譽而名章不沾沾博歡娛而惠普不斤斤傳檢押而守堅若濃若淡若執若通而束於大中於鄉爲長者於國爲老成入於士林爲君子故其與有異數生有異兆其没亦有異徵豈偶然哉公生乙亥七月初九卒戊子正月廿三元配張夫人生長子期至登甲戌進士官河内守遷滕安人生次子期昌登庚戌進士官司農尚書郎孫男女若干人載顧太史起元誌

易瀾川先生墓志　胡仲謨

先生姓易氏諱文訓字汝式瀾川其别號也曾祖諱澄祖諱永聰崗德冠帶父諱晉世爲蘄水縣北鄉城子里人母張氏先生生宏治甲子年七月十一日巳時幼靜慤不妄笑語七歲通小學孝經愛親敬長卓然成人弱冠補邑庠弟子員治春秋存心應物謹於

公私邪正之辨文學馳騁古今詞致清麗歲時廩餼專爲二親甘旨之奉與兄文謨合志齊名時人稱爲二難嘉靖甲午郭子兩山視學先生試第一郭命諸生進講中庸首章動止安徐敷揚明悉郭大奇之是歲先生領鄉薦以兄下第甚弗樂所得金帛咸歸於親錦衣食肉沛然有餘而錙銖不及妻子其入太學也感斯文之勝集邇師友之淵源慨然有扶綱常濟蒼生之志邑諸生多從遊先生大書博文約禮四字揭於齋而躬行以率之故當時士氣文風磨濯一新

至今言教化者必稽焉三上春官弗第卒於京師時辛丑二月二十五日也壽三十八癸卯十二月初四與弟文詰合塟本鄉清水里磨家冲山娶鄭氏子便娶袁氏侄聘殷氏予内子先生從妹也予每謂諸子曰汝舅友孝端方吾實與之同道汝舅早世妻子不免饑寒吾則久叨官祿俯仰有資所異者幸不幸之間耳人顧自處何如耳窮通壽殀萬變不齊要之非在我者何足爲欣戚哉先生已矣其遺方餘烈固在也況妻能抗節綽有古風而其子又皆雅飭好學他

日所就吾不得而稱量之也天之所以厚先生者其亦有在於斯乎

袁母子墓誌銘　黄正色

母蘄庠生袁昺石諱廷讃嫡故太常寺卿樊公友軒諱玉衡女幼敏通孝經誦唐詩百千首太常之所珍也適袁又愛於其姑以修名勉昺石之爲諸生也而相之學丙夜揣摩則刺繡侶之倦則舉詩詞列女諸昔誦記以節其勤豐饋贈贊昺石交遊昺石之業進矣歲歉出蓄藏作糜粥饑饑人給棺斂瘦死之孤施

筏黄蘄界津間以濟涉生也貴而諸艱習絺綺縠之不事而事袁氏之希疏也愛於姑孝成其夫順惠於人仁質其身儉孝而順仁而儉君子是以知袁母之宜子也子康伯爾佾字自號大洲袁君昺石之嫡冢子九歲不鞠於其母母之者張既長也渾渾乎如孩爾康自始交於人至於卒雖暱親者不聞其非張出也故張亦不知其非已出也爾康既雋才昺石復厚其資糧以教之因于良師友而聞擇日益加篤文証嚮特別踔厲晉宕自取浩上足屈其儔人譽悦者

衆矣錢塘葛公屺瞻督學楚合九邑童子大試之與是役者凜衆比之難才爾康是時年十八黧然總髻婆娑高蹈一再試千萬人千萬人無先爾康士遂補諸生榮之者曰葛公之所賞士也後學使無知爾康者雖殿置之不以隕其聞人曰非葛公之鑑裁也歲丁卯與全楚士從事棘闈蔣食以入登牘萬言而出出而以腹痛卒于旅不及二試之期死之日戚之者哭之友之者走哭之比聞於人驚哭之觀而歸扶送者又哭之歸于里里之人同哭之於戲許男之卒於

名陵也而俟禮之加等也祭法祀以死勤事者故有社稷之役而不殤汪錡君子之於人也若是乎賤汶汶之殁而重其公四體於國者也三歲一賓興國需賢能於是乎出有如不幸而勞於其役以殂君子謂是死於其志者矣母生萬歷癸酉卒戊申年三十有六男一郎康伯女二長適故進士南刑部主事金公雅初子邑庠生甌甌字卜公有文學詞章以爾康益厲爾康始死至於殯卜公皆襄其事爾康生萬歷庚子卒天啟丁卯二十有八娶何氏爾康之卒于鄂也

何舉子於家三歲而夭子其媵姬之子也爾康之生之也少母賤故隱於僮僕而不子爾康卒而衆建之茲十餘齡矣既石以崇禎辛未十二月某日塟母暨爾康於去家之幾里某山先事卜公屬志於黄正色曰子爾康之事友也誌爾康孰如子予誌爾康郎反其母無取名位之言矣遂銘曰折之猶昭終永焉撓泉壤陶陶子仍母胞苟虞於漠而食之求其尚抒此杖碧

王希元墓志　　李維正京山人

公諱希元號白岳楚浠川人也少而明敏長以文章德業自樹年十四補弟子員隆慶庚午登賢書辛未成進士初任南太常博士多所建明於禮樂嘗不受人暮夜金事聞上擢吏科都給事以議大禮斜冢宰直忤權要出顛滇南之金滄禦罕酋不用兵威陞福建督學每以功名著聞所識拔士多爲上用轉江西參政因御窑作淫巧器難成糜費民膏與代巡者不合郎掛冠歸纔五十有一也居鄉恒樂易至有便於

民間者無不爲有司請郎一條編之行皆公堅請於陳開府以利賴至今者也議論丰采後學爭尚之公享年七十有八生子六以明經仕至郎官者三孫十四人登賢書者二列青衿者八皆公目擊公以萬歷壬子歲卒葬蘄北七十里東隆沖山之陽余居同鄉仕同寅與公交甚深知公亦甚悉天啟丁卯余馳驛過浠上奠而哭之遂題其墓而去

胡公懷野神道碑

國家養士之法備矣然士之成材也實難成固固難

而人之知之也尤難吾鄉懷野胡公其不謂之人望
也乎夫士之材者其生也必本於氣運之盛故元凱
之出以有虞八士之産於成周自漢而下乘盛時而
炫燿者益累累也我明誕膺景運列聖丕承至治薰
融太和感召天地靈秘眞淳之氣所以茂發而宏敷
者在物莫不徵之況士乎哉況士之成材乎哉以是
知公生之不偶而爲成材士也有由然矣公之初生
也母有靈鶴入帷之夢髫從塾師遊姿表秀特穎敏
嗜學坐立屹然不與羣兒狎塾師奇之既長入邑庠

每試冠多士正德己卯舉於鄉庚辰中會試遇武宗
皇帝南巡明年辛巳賜進士第授浙江遂安令以治
行㮴行取公方正不阿遂得南京戶部主事嘉靖丁
亥考績勅有公廉勤勞之褒歷本部員外郎郎中凡
政皆精慮而果行之尚書秦公奏公殿最擢山東萊
州府□連值旱蝗公徒素以禱蝗遂投海雨大降公
自奏免歲賦十分之七時巡按御史檄諸有司自考
公考云操守施爲存乎己是非予奪聽乎天一時以
爲名言公閒父病四疏乞休終養不允甲午充山東

鄉試簾官所取皆名士擢四川建昌兵備僉副萊人
思公爲立生祠建昌值地震大變公至救患卹災身
無寧處又接歲採取大木軍民鮮不罹其害者公申
飭號令經畫得宜地方不擾而士民益聚上嘉公弭
災採木之功降勅溫諭有白金文綺之錫尋以奔走
冒瘴勞瘁成疾乞休不允丁外艱起補雲南瀾滄兵
備土官世驕恣公勘問不數言而服兵息民安邊境
賴以寧輯繼丁內艱公兩以憂行番酋土裔感公成
德咸盛具賻遺公先後一無所取居憂之際哀與禮

晉盡焉再起補河南信陽兵備僉憲度道不拾遺
公凡三被命爲兵憲十年不調處之恬如會浙江左
參政缺擢浦之視司篆者一年錙銖無染清聲愈著
遼東缺巡撫都御史會推二員公次之已而有不悅
者以資轉雲南按察使冰霜銜鑑察采以爲師模尤
折奸洗貪風力凜凜難犯未幾有歸志戊申冬遂懇
疏乞歸允致仕公天植既淑輔以問學以己心爲嚴
師而期造於聖賢在浙及陽明先生之門在留及甘
泉先生之門二先生皆󠄀與之是以設歷之年而聲

實茂著德政輝映如一[illegible]也公居家以孝[illegible]稱歷官
俸餘盡以給父母兄弟而盡家無私藏建家廟置祭
田享祀惟謹又創宗譜立規條以垂久遠族人死無
所歸及貧不能婚餓寒無衣食者貴出尤鉅雖稱貸
亦所樂也其他操履可誦法者不能殫述然公內剛
而外和德修而迹晦惟實行之是務未始徼赫赫名
似知之矜鮮矣而致仕以來民人戴慕撫按論薦建
匝亦屢有推舉夫豈無知之者哉大學士毛公紀萊
人也謂公方介識治體學士廖公道南著楚紀以公

爲人物之綱督學顏公鯨修楚實錄稱公孝友清修
循良異政不可謂不知公矣資望彌深而未竟鈞衡
之任[illegible]知之者有未盡耶抑定於數而人不能[illegible]耶
在公則修於已得於天加於民者亦睨卓乎度越人
數等矣故曰人望也公致政優游林壑者三十年養
高自重德尊名顯凡諸當路及有司求一見公不可
得性喜山水春和秋爽則約朋侶時一遊覽此外惟
杜門展卷泙然怡適無纖毫塵俗於胸臆隆慶戊辰
奉詔進中奉大夫壬申[illegible]詔進[illegible]大夫[illegible]秉賜勞

禮晚年爲沐殊恩回聖天[illegible]優[illegible]者[illegible]甘然非
公之德之[illegible]昌克至是哉公[illegible]謂獲天全而爲有道
充福矣公諱仲謨字啓忠號懷野其上世屢有貴顯
公生於成化丁未十一月初八日卒於隆慶壬申十
月初四日壽八十有六先是公寢疾時語諸子曰顧
曰匡知我吾沒後以墓文屬之吾無憾矣萬歷元年
九月[illegible]葬公於蒿墩之碧蓮山長嗣行[illegible]懷
經號毀持徐竹峯僉憲所撰行狀過余并述治命請
余題其神道碑余惟公實學實政元光自[illegible]矣俟於

言而子若孫皆才賢且衆必紹家聲而益[illegible]大之其
[illegible]表公若愈於言多矣況自有不朽者存乎余
[illegible]述又公治命其敢辭愧病[illegible]不[illegible]言敘
次其大槩以慰孝子無窮之思以昭示於將來之君
子萬歷二年歲次癸酉孟冬月吉旦

蘄水縣志卷之二十

知蘄水縣事錢杭邵應龍纂輯

藝文志

記

國朝

六神港修建大橋記　李見壁

……雨可水暴下與江水之逆漲恒爲民涉苦
縣西蘭鎮之中爲六神港則邑東西南之人必
由之曩有橋創自余家先節母程載郡邑志見今……
餘年橋之趾以隨腹背以裂面以欹傾蓋瀆乎其不
……曾昔清河之橋固無恙也以乙亥流寇之禍毀
……橋計夫長江且可飛渡而何有於一橋
徒苦避寇者臨河嘆耳今喜重新矣然而爲清河喜
者亦即爲六神港慮余爲耿耿者久之而未敢易以
舉也念自世局滄桑我輩全餘生於兵戈之交幸無
死以爰須臾尚偷有盛舉而莫之繼是自負也衆有
公議而莫之倡是負人也自負非也負人亦非也今
踵門而告之于若半焉……于……半焉心

目問不儼有成橋在乎及　橋之未毀……之無廢
材及其時之少安而圖之無……日其較便者也獨人
情之難一也橋未毀不免處堂時少安亦復築舍可
奈何仲秋朔筮得無妄之初曰无妄往吉程傳謂以
无妄之道而往則吉也先是余不自量初募之數十
人人各募數十金謂可咄嗟辦而不意有從不名一
錢者有即以塞責者有廣募而未見一金者有鉅富
也有口而謬不然者甚矣余之不足於誠也然猶幸
捐數金募數金者有十餘輩焉此十餘輩中有同心

又不下數人焉義至高也抑或捐少而慷慨不吝合
衆而積聚成多高義何嘗絕於世乎此外則不倦前
役之所負而捐者誠不敢妄矣是役也倡議於順治
庚寅八月經始於其冬苦雨浪費至甲午而橋成其
董役者蓋難也區區之心則有如此水矣是爲記

重建蘄水縣儒學記　劉佑

順治十四年
上允科臣奏
詔天下郡邑咸修學宮不佞佑濫竽浠案……督撫監司郡守

撽躍然興起曰是可以崇享祀隆師儒端士習彰
聖天子右文之深意矣夫浠之黌宮經順治丁酉已十有五
年前此令浠者蓋五人焉非無修復更新之志而卒
不克舉者無
詔令於其前良大夫率先於其上耳於是集紳衿於庭告以
捐助建修之諭皆曰
余我士民無禮無學有年所矣育之於前而教之於後
堯舜之仁也然自兵興以來浠人之家在在懸磬非
衆力之合其能濟乎議里甲爲均輸庶可以應

上旨而成盛化因上其議於督撫監司咸俞允以從事顧西
南之戎馬未寧荆襄之轉輸日亟踐更往返水陸交
弁上徭繁雜民膏欲竭下吏有方圓並畫之難而盛
事多鞭長馬腹之憾越三年乃始立廟貌列俎豆釋
奠於
至聖先師又踰時乃始就東西兩廡大成門具宮墻可望
矣是役也學諭李君以端雅鎮士彙司訓潘君以多
才精幹董工役而善撙節多士歸其鞠瘁不佞佑賴
以免於戾獲覩成功爪期將及宜記其事以授後人
俾勿壞已成且踵前事而增華焉故敢爲之言曰浠
固黄之才藪也自余莅任登賢書者四捷南宮者三
余得分榮焉至賓賓雅雅以六義相質使余得效古
之良吏相從於事友之間者不爲無人黌宮既成正
互相諏諮之地矣夫古之爲學以六德六行爲治身
之根本今之爲學以詞章制藝爲進取之先資然修
文者源本先明而身治者英華自出今古一揆也浠
之庠序昔者蓋大備焉冠以一炬灰之竭歲月之力
始具規模何其毁之易而成之難也君子之修身樹

德亦如是矣齋祠庖湢籩篚樽爵之未備不能無待
於後賢何其獨任之勞而共濟之逸也君子之觀摩
借助亦如是矣假令過此以往城闉之佻達未還風
雨之摧殘不戒何能保其無敝君子之學有堪而毋
落富有日新之不倦亦如是矣余願二三子去華而
就實慎外而修内使
國家取賢斂才於是中若挹水於河而取火於燧不其
休歟敬相期於斯記

玉臺山記

劉佑

不遠鶩而得溪山之樂一投足有餘情莫若也蘄之勝在水石間水源於英羅英羅不能有其美而美於蘄穿雲裂石垂虹懸練矯矯然含水之常性而超於西傲倪自得行百里然後肯與江合水所同而所獨也十里一澄淵五里一環碧曲折有意而橈之不濁水所同清所獨也中水之百里而爲之邑邑不能有其美有其美者莫玉臺若也始玉臺之上闤闠雜居山情隱而不現世亂居民之棟宇廢獨神光一觀雎陽一祠存荆棘中余令斯邑修邑志問山川得玉

臺於郭外而樂之於是剪惡木剗奥草除瓦礫有洞穴棄井出莽莨中傳爲仙人張道陵遺跡而余觀玉臺之妙有不以古人爲輕重年代爲存亡者乃糾工庀材創閣於其上曰枕流右俯觀而左瞰於祠閣中邃宇使可以徘徊偃仰固留雲月於其間亭於閣之左曰春曉虛牕可啓使有以受四山之情而不相蔽作書室數椽使邑之俊人佳士弦誦其中是令職也經營相度開徑治畦滋蘭植竹無勤於民而役以竣間嘗與賢士大夫過賓僚㕘持山蔌野酌登覽其巔

長川東來碧波渺渺天光雲影獻媚於席前去則迴瀾遶郭蕩漾漣漪漁人網集驚鳧奮鷺種種生其情態明沙鋪兩岸雁遺爪指人留履跡步步可得靜觀而有時山漲排空浮漚似雪一轉眄間撼山觸石聲作雷鞫動心駭目凜然掠玉臺而西也左顧則蘢蓯嶙峋鳳棲競秀如持如翼如倚如扶右眺則烟火萬家山樓粉堞鬟宮縹緲上接層霄又有空明石上之書隱隱若相拱揖遠山如黛澹與雲同千重百疊四顧皆成圖畫一坐其中樵蘇入市牧馬飲河鳥過夕

陽船回渡口歷歷皆可指數至於市散人歸川虛谷靜暝烟欲合山月將升疏鐘聞於隔浦欸乃發於扁舟於斯時也有不令人心曠而神怡者哉夫天下之物皆有所欲托而常患受之者無其他故玉臺未脩凡可觀可感之情莫不散爲風雨蕩爲寒暄相泯於無聲而人不覺及其既修則環流百里之内山川雲物草木禽魚含靈氣而具性情者雖欲不以玉臺之亭閣爲歸不可得也由是流連咏歎篇章唱和所以受此一段幽奇者不止在區區亭與閣之間而亭與

閣則其始基之者矣予故詳記王臺之勝以告來者而且以爲蘄之山川水石處處有足觀接應不暇不必在山陰道士也

文昌閣記　　　蔣燦

蘄邑舊有文昌閣建自萬歷癸卯閔令將及百年頹塌已久不可復問矣余甲寅秋甫官浠上越二年政事稍緝乃於催科之外譬藝之餘而更留神興革之事見其基址徒存頹垣敗瓦野草荒壠不禁低徊感嘆因思復其舊制擴而充之度財計工動以千萬而

俸薄不贍乃請資於紳士侁侁而至故無財匱之虞擇諸生中才而賢者董其事故有出入之稽令胥吏之勤慎爲公者司催辦故有應時之用訪大匠於豫章彭澤間故有層搆之巧余亦時至其地慘澹經營期年而落成其閣制三層而爲堂以副之奉梓橦於絕頂置僧以供香火置稞以給蔬食立碑以禁侵犯栽木以期永久於是相率瞻拜俾蘄之士子知文教在茲而忠君事親敬上慈下之心油然而生將見大儒碩彥聲動寰區其有裨於

聖世文明之治夫豈小補哉若乃長河繚繞秀岫逶迤前有橋横沙白之致旁有面郭臨流之觀春嫣夏緑秋黄冬花四時之景樂亦無窮比之齊雲落星井幹麗譙徒取高華而無關世教者相去逕庭嗟乎昔之頹垣敗瓦野草荒壠今且粉堊丹塗雕楹繪棟矣使後之令此者能繼余之志葺而新之俾不復爲頹垣敗瓦野草荒壠庶斯閣之不朽也歟

重修儒學記　　邑令　李振宗嘉善人

邑之文廟學宫宋元舊址也元季悉燼於兵洪武甲

寅趙尹繼光重建之嗣是圮而復葺者凡四興工役至我

朝順治庚寅倪尹篇元修之甲午李尹蓀又修之李尹之未竟者劉尹佑竟之歷記其事者則陳公循胡公仲謨黄公閎周公壽明咸有文載邑志中又載文一篇則前人之無名氏者余於康熙十八年秋捧檄至蘄時歲在己未回溯甲午越二十有六年日月既遠水旱薦臻學宫頹廢固宜而明倫堂爲尤盛余不敢辭責爲之亟講修葺其爲殿廡也欲承其舊而增飾

之若明倫堂則欲擴舊模而高廣之焉歲庚申捐貲百有餘金用未克也惟水與藥不可以貨訟獄衰息贖鍰幾何及謀之邑人則僉曰軍旅之事不能供億爰及俎豆未遑也余乃集五十八里直年之長而告之曰儒學之未畢工也與爾輩商之可乎爾不覽邑志乎前人有言曰自割俸餘不敢不勉者先乎其自責也卿大夫之與乎此者不忘乎其所自出也農商之亦與乎此者云有後也士其本業也無富貧一也此合宦紳與士與民而言之也黄公問有言曰諸生

中有祀仙佛者矣爾輩讀六經呼夫子以求衣食佛無鼓吹六經之功而尸祝之丹青金壁畫輸禪院何顛倒耶爲士言之也胡公仲謨有言曰老佛宫墻淫於天下黄冠緇衣皆其徒也節衣食求布施時葺而日新之崇本始也誦讀詩書典司學校非夫子之徒耶此則爲士言之而竝及在位也凡此皆載爾邑志中者也非余之臆説也藉爾五十八里爲五百八十里勸爾五百八十里之長有卿大夫有士與民毋異同人各二錢可得一百一十六金足畢工矣貲小功巨無妨爾供億也而有裨俎豆亦何所吝而不爲乎言未竟衆咸踴躍從事焉勸諭於壬戌之二月落成於秋七月於是美其事效前人作記之意書而鐫諸石並別立一石鐫各輸助姓名以誌不朽

重造分司記　李振宗

朝廷既郡縣乎天下復遣臺使者廵歷屬邑察吏治觀民風宣布德意周悉下情所至治官廨具供張一切器用飲食之物行旅騶從之衆靡不奔走恐後是以所屬俱設有憲司也蘄有兩分司一府館按藩臬二

臺無廵行外屬之例此之以布政按察分稱者盖指各監司而言之也癸未之變悉遭燔燬而此則舊所稱按察分司者也建自有明洪武中邑令趙公季光後胡公奎程公昌皆相繼修之城陷後越歲乙未李公蒸因其故址而復葺焉然規制卑隘陳題圮甓椽櫨棖闑之屬俱惡陋不堪不久日就朽頓也余下車以來目擊頹廢之狀思欲新之會軍供絡繹未遑更念蘄民兵燹之餘家室漂揺未盡完復顧兹公署盍緩須臾況廵方之缺久奉裁撤逼時諸上官仰體

聖天子加恵元元至意單車過歷唯恐騷動里民少駐輙發遇有供張悉令罷去是以毎僦民居倉卒權爲頓節也然而邑處淮壖之上腴實南朔孔道凡官府阻風江上者未嘗不舍水從陸使行臺之設闕焉未備能無獲戾也耶癸亥冬余畧乘其暇而經營相度之去其土礫益其垣墉鳩工庀材凡兩閱月而竣前後廳事堂廡房舍曁左右耳房大門儀門共二十餘間門外置鼓亭二東西柵門各極丹青黝堊之勝費錢二百餘緡實於舊制相逕庭云方余之經始也議者哎哎然以不獲落成爲慮郎成亦茍且塞責工必不固迨余躬自督察凡位置繩墨高卑濶狹之數莫不斟酌得宜且復堅緻非僅僅華好以取美不纖悉累行鋪及白役一夫匠也則議者又從而歡幸嗟賞之且曰今而後可無僦民居以勞動我爲矣可無因民居以干上官之譴矣則茲役也允爲公私兩便之至計豈直修復舊制延佇輶軒而已哉若夫以時補葺并取他所而增復之則姑以竢後之君子矣

生生橋碑記

李振宗

昔蜀費禕使呉諸葛武侯送之橋上歎曰萬里之路始於此因名萬里橋唐雍陶典陽安送客至情盡橋左右曰迎送之地止於此故情盡陶題詩云從來只有情難盡何事呼爲情盡橋今日改名爲折柳任他離恨一條條遂爲折柳橋云邑之郭外北街盡處有橋邑之長幼卑尊以及官茲土者咸憩集於此街盡於橋名曰盡街而不知萬里之路方始於此送者迎者綢繆繾綣之情方始於此也剏盡街云者文不雅馴余思有以易之思夫盡者生之始也陰盡則陽生冬盡則春生夜盡則旦生因改名生生邑人不以爲不然新斯橋而立碑焉今而後邑之長幼卑尊之往來於斯也夫豈無北望

帝京睠懷君父而生忠愛者乎豈無言歸故里繫戀庭闈而生孝友者乎而官茲土者則有覩荷鋤之苦辛覩力役艱難而生父母斯民之念以至贈行送別勸酒賦詩而生如蘭斷金之誼者等而上之而刺史而觀察而牧伯而大中丞之或至於斯也采風問俗而恤殘黎憫勞吏之政生焉是猶外焉者也天地之大

德曰生仁是也仁人心也人而不仁如生何如生生何余猶欲於治政之餘與二三父老同登橋上以畢其說覽斯文者毋迂視此言哉

澄懷軒記　邑佐張　夔 桐城人

憶余庚午量移從毘陵溯流而上艤舟蘭溪見羣峰環抱一水瀠洄山川之勝差堪彷彿三吳吏也可以隱矣惟是官齋數椽風雨不蔽求一容膝處不可得署右古桑濃陰四覆爰構屋二間於其下顏以馴雉苦屋為樹碍不能窈而深僅可冬日圍爐不足爲長

夏追涼地也左側隙地約畝許荒榛茂草中向有方池已淤塞過半每當新雨汎漲時水流亂赴有淲淲聲微波蕩漾猶覺漣漪可人欲漸次修築之以哦松官冷木石維艱逡巡不果越二年春蒼頭來自故鄉携租錢數緡用佐食指余不禁躍然曰吾願遂矣於焉選材鳩工不旬日而軒成軒列三楹寬以二丈許計截竹爲椽誅茅代瓦中設榻一几一詩書筆墨外概不置座右池畔圍以短籬覆以垂柳間種芙蓉十本與池蓮紅白相映且也郊原山色凭檻時看兒女書聲隔簾可聽昔陸放翁有常倚曲闌貪看水不安四壁怕遮山之句殆隱合焉因題其軒曰澄懷是軒也三年來花晨月夕溽暑清秋以時坐卧其間塵襟盡滌今者新命初膺行將問渡滻沱矣樹花手植未免關情魚鳥相依能無眷戀因濡筆而記之後之賢者或開軒呼酒或臨池賦詩當念修築之功爲不可没云

浠水浮橋記　董維祺

余自癸亥之冬奉尺一命佐郡來黃隨以公事經由

浠上訪古遺蹟而得躬歷夫右軍墨沼蘇子綠橋及丹井茶泉諸勝又從城南紆廻度河舟人指點岩壁擊空明三字云係坡公所書蘚剝苔纏雖眞贗不可辨而風流蘊藉迄今猶可想見也考蘄之南河每於水涸時架木爲梁漲則濟之以舟前成化中邑侯潘玉汝更以浮橋橫列巨艘上用木板聯以鐵維相水之平漲以時斂放行旅便之迨其後官司不加意隄防旋至頽敗莫可收拾今李令君欲仙蒿目利濟之艱慨然有慷於浮橋遂謀之紳士僉曰誠善於是捐

金百餘又多方設法倣潘侯遺意而踵行之余度越此河數矣不意今竟若履坦道焉則土人之與四方來者其德侯宜何如是烏可以無記

聖祖頒賜御書刻石紀
恩恭記　臣南夢班

康熙四十二年癸未春
皇上以河工告成南巡臨視三月初四日
駐蹕御壩
玉趾步觀北岸即陶莊引河皆賴

睿謨指授克底成功臣夢班分職外河跪迎
聖駕奏名甫畢
温語垂問伏思臣卑末小吏五年之間三覲
天顏臣子遭逢榮幸已極今茲黃水安瀾清流暢出
皇上俯念河臣宣力微勞
特賜御書以宏獎勵
命總河尚書臣張鵬翮頒給臣夢班叩荷
臨米芾行書一幅謹望
闕九叩祇領欽惟
皇上御筆挾翔鸞翥鳳之勢煥星鉤日珥之文冠古軼今人生罕遘臣既庸陋少効胼胝特其常分乃蒙
宸翰寵賜殊恩異數感悚交深雖益加黽勉未足仰報萬一敬用勒之石俾世世子孫永奉
鴻寶以彰
君賜云

修興賢莊記　邑令劉象賢鑲藍旗人

嘗考王制先王命鄉論秀士升之司徒司徒論秀而升之學大樂正論秀而升諸司馬司馬論賢以告於

王而定其論論定然後官之任官然後爵之位定然後祿之先王求賢之心至殷而進賢之階必循序有次鼓舞造就之意即行於選舉之中典至隆也迨漢唐以後天子每三年親降制詔策天下士其先必鄉舉於賢書然後由南宮而召對猶彷彿古者賓興之遺意士之懷瑜握瑾者莫不洗濯磨淬上應制科由來舊矣

今天子御宇六十餘年尤孜孜勵精夙夜以教養儒生爲急務其壽考作人之化遍及寰區而菁莪棫樸之才蔚

然膠序詩云師師濟濟今且不啻什伯何其盛歟惟是儒者砥節礪名從來難進易進及公車就道又往往顧行李而踟躕則邁往之氣不堅功名之心或沮英雄不免撫膺而太息也余不敏自己卯入闈後屢躓科場親歷艱難備知辛苦常恨不克操尺寸之柄爲天下韋布稍進一籌區區此心藏之已久丁酉夏奉

命除蘄令戊戌二月捧

檄來蘄下車伊始聞城北之十里舊有勝蹟與賢莊一

所創自前朝李令迄今垂百年矣問其舍有堂宇可以聚俊彥習課藝問其產有義稞可以資卷燭給舟車竊喜古人先得我不覺素懷之大慰翌日詣莊所巡視諮考備悉其制作精詳但日遠年湮棟椽傾圮惴惴焉恐勝事且將復墜於是經營逾歲首解薄囊蒐集衆力共得若干金以付紳士之賢且能者董其事鳩工於庚子之春即落成於是冬楹廡櫨欂煥然改觀規模雖不侈於前人而完固可垂休於永久莊之堂宇不即鞠爲茂草者未必非幸事也若其義稞則李公汝燦原捐買六十二石於崇禎之六年李公振宗續捐買四十二石於我

朝康熙之二十四年許公祚遠查出學書侵稞四十二石付莊管業於康熙之三十八年今有國學生皮振宗之母蔡氏捐稞三十三石余復捐找田價銀若干兩計在莊之稞凡一百七十有八石其日新富有之盛更足肇丕緒於將來多士之進德修業者庶幾感激而興起余得藉以仰報

聖天子教養人才於萬分之一而念年宿願一旦少酬耳其

於三代養賢造士之典抑或有當乎是則前賢創建之功非余今日所敢竊附也事竣而書其年月因授筆爲之記

記張東野始末　周茂建

余友張東野名素臣蘄水人也長余十歲雍正辛亥余年三十四矣時少司馬凌公視學湖北余與君同在幕中君善飲余不喜飲君喜談笑余善言古今奇事理無而事偶有者君作七言詩嘲余幕中轉相傳述幾遍湖北矣壬子君留幕余館臬唐公幕八月君

舉於鄉癸丑君北上余舘黄陂幕寄君書末云有詩文未鮮可寄一商君置余書於案頭見者大笑皆稱爲狂生乾隆丙辰冬余北上君自山東來下車即謁余丁巳君成進士余額上生疽君朝夕來視辛酉君縣人南君念貽昌齡徐君仲光明理約余至蘄是後歲一二至每必劇談數日君家貧而二三孤姪依君食食指既繁而蘄風俗最厚富家大族常周其乏君得不飢君喜賓客客至必酌掀髯大呌聲聞戶外客素貧者君分富家所贈物少與之余亦時受其惠年

六十一不能得官以疾卒嗚呼君貧與余同而蘄之風俗既厚又例可得官故餽遺相繼君既可以無飢而乞憐之與又可以周友人之急君既卒而君家之貧又甚於余矣哀哉

聖祖仁皇帝御書記　臣邵應龍

皇帝二十二年秋臣應龍知縣事二載訪求文獻重輯邑乘凡邑之居官有績沐

聖朝寵賚者例得具其事以載於志有原任淮安府外河同知臣南夢班於康熙四十二年三月內恭逢

聖祖南巡臨視河工黄流安瀾

親洒宸翰

頒賜羣工臣夢班領得

御書唐袁暉奉和聖製荅張説扈從五言排律臨米芾字一張夢班摹搨泐石恭記紀

恩迄今五十餘年矣夢班孫太學生臣昌齡嘗被

召試今與纂修恭捧以示錦函象軸輝映五雲臣應龍恭設香案九叩仰瞻不勝敬悚欽惟我

聖祖仁皇帝六十一載之厚澤深仁淪肌浹體

翠華偶駐萬姓嵩呼

睿藻焜煌分給河臣以宏奬勵夢班以河上微員遭逢及此此誠凡爲臣子之所鼓舞傾心感激思奮以圖報稱者也況在其子孫身沐

恩榮世世無已者乎昌齡跪請一言以表

君恩以光志乘應龍職在守土書其始末如此且語昌齡曰爾其勉旃期無負於

天恩祖澤也記云良弓之子必學爲箕良冶之子必學爲裘謂貽謀之善宜繩繩弗替也以爾祖之宣力效勞

沭

聖朝之寵異若斯爲子孫者宜如何振作以繼前休歟況

覩茲

鴻寶

聖祖之靈爽實式憑焉爾先人之靖共亦於是見焉

天顔既不違於咫尺祖訓如親承乎提命忠君報上之心

與夫無忝爾祖之念其有不油然而興耶吾願爾勉

之吾願爾之子若孫共勉之昌齡　唯唯再拜恭捧以

退

重建春曉亭記　邵應龍

玉臺山向有春曉亭係邑前紳楊菊廬先生所建取蘇文忠公綠楊春曉之意而名也菊廬官刑部特與吾鄉顥亭嚴公顧菴曹公友善曾爲此亭賦詩備載前志藝文迄今披閱陳編流風逸韻宛乎可接惜此亭荒廢已久徒存仰止之思焉丁丑秋延孝廉徐澹山徵士南樗野纂修邑乘設館於斯山側因謂舊志係菊廬手編菊廬已往菊廬之亭已廢而留此斷簡殘編手摹神追令人弗釋乃知萬物之代謝無常而惟此鴻文鉅筆可流傳於弗替有不覺感慨係之矣今者志已重修菊廬先生之著作爲之一新而斯亭不建湮沒於荒烟蔓草之間非惟於志典有缺而前哲流風任其沉淪亦非所以昭示來茲振興後學也爰謀於邑茂材張大鵬汪啟詠徐開渚等各解囊金鳩工庀材補建於玉臺之東偏登斯亭也聽杜宇數聲既可懷蘇仙之遺跡復可緬菊廬之遺風藝文所載嚴曹諸名公題咏亦並可與此亭垂之悠遠爲吾邑新一勝槩所關寧淺鮮歟如僅以此亭爲登眺遊

覽之所則視同河漢矣

重修尊經閣記　邵應龍

黌宮之有尊經閣由來舊矣乙亥冬因蟻蝕復緣雨雪遂圮予與司鐸涂君司訓周君各捐廉費爲倡謀所所新之邑紳士亦欣然解囊共襄厥事閣成諸生乞一言以爲記予不敢辭夫六經爲載道之書學者載籍極博必折衷於茲自實學不講士人徃徃以弋取科舉之文爲捷徑通經好古之士求什一於千百蓋亦難之我

國家重道崇儒尊經法古頒賜經籍於學宮俾士子咸知誦法學臣歲科按臨首試經學有司務以實應雖舉者不多而聖天子尊經造士之意典至渥也乾隆十六年復特諭內外大臣保舉經學授以顯秩然則爲士子者躬際聖朝崇尚經術之日其奮勵振興殫心努力以思報効宜何如哉吾願諸生顧名思義因此閣一新而更新之夫溫柔敦厚詩之教也學詩而必深於詩疏通知遠書之教也學書而必深於書潔淨精微易之教也學

易而必深於易廣博易良樂之教也學樂而必深於樂恭儉莊敬禮之教也學禮而必深於禮屬辭比事春秋之教也學春秋而必深於春秋勿徒呫嗶勿掠聲聞勿舍本而務末勿遺實而遮華博求而精思身體而力行由是以之立德立功立言皆可垂不朽所根之深者其實遂膏之沃者其光燦也非然者口誦先聖之經或計功而謀利或窮高而騖遠是之謂離經離經者畔道是之謂荒經荒經者蔑古其何以仰副我

國家尊經造士之至意乎吾知諸生必不然也願共勉之庶斯閣之不徒新爾諸生避席而前曰謹受教即請以斯語書之壁

重建迴瀾亭記

邵應龍

出城南十數武溪岸左山石嶙峋石上鐫激湍二字相傳蘇公謫黃時所書而或以爲非是明縣令潘公珏建亭於上名之曰迴瀾今久廢矣余蒞是邑於戊寅夏捐俸以補建之嗚呼此豈徒爲勝跡云爾哉今夫逝者如斯往不返來不竭者水也而不僅作水觀

也波濤澎湃瀠涌洄潏而莫可遏者水之瀾也而不僅作瀾觀也人心胥視此焉何也人心而靜水之止也動而有行水之流也動不知戒則狂瀾四出也本心漸失流蕩忘返猶得曰水無有不下乎浸假而爲風俗淳者澆厚者薄矣浸假而爲學術誠者僞敬者肆矣浸假而爲文章光昌者入於幽怪正大者流爲奇衺蓋由人心之流而不返其弊必至於此今欲挽漸失之心而返乎其靜無潰厥動使澆薄者還乎淳厚僞肆者歸於誠敬幽怪奇衺者趨於光昌正大不

有中流之砥柱亭亭於此以稍傍其一往莫遏之勢不可得也是在主持風教者操其柄耳然則前人之作是亭寔僅作亭觀也哉昌黎云廻狂瀾於既倒意葢深遠矣則余之建斯亭也又寧爲徒詡勝蹟云耳哉至蘇公筆跡之眞贋吾不得而知也是以畧而弗道

重建青蒿橋記　邵應龍

蘭溪古名鎭也其東爲青蒿港港有橋橋長十餘丈下環三洞以殺水勢葢拆湖諸水俱由此港北入於河以達於江凡蘄州廣濟羅田並江南英霍二邑出

入必由之路非爲蘄邑之通津也然離大江不遠外受漾水之泛浸內有谿谷之激衝是以修葺未及數十年今復又見潰廢丁丑秋予道經斯橋目覩傾危之狀爰召鎭內士庶耆老而諭之曰雨畢除道水涸成梁令制也十一月徒杠成十二月輿梁成善政也爾等生長於斯往來於斯盍修是橋以便行旅歟有耆士叩首而前曰我公之言誠善矣吾儕小民何敢一日忘此哉但是橋之舉工費浩繁非二千餘金不能蘭鎭士庶號素封者不過十之二三其餘皆業耕漁僅糊口朝夕安得餘貲以治此是以有志未逮觀望歲月焉予曰否否不然此亦爾等因循畏難無必爲之志耳如有必爲之志天下何事不可成千仞之山始於一簣萬里之行起於跬步費雖莫措積少可以成多人雖不一合衆可以集事予以五十金爲倡爾爲我立簿勸之耆士唯唯而退越數日余以他事至鎭耆老士庶遮道而請曰橋克濟矣前所發勸簿來鄉士民踴躍爭先某某捐銀若干某某捐銀若干約計已及二千餘金可以鳩工興作矣予初聞之而

疑繼而驚疑則疑夫不若是之多驚則驚夫不若是之速終乃慨然曰此皆有志事成之一言感之耳設當耆士進謁之日任其因循畏難而不以有志激勵之安望其今日之有成哉是以君子不可無志也工竣書其顛末以記之

序

南贈公崇祀鄉賢録序　王廣心

記曰聖王之制祭祀也法施於民則祀之以死勤事則祀之以勞定國則祀之能禦大災捍大患則祀之

祀所由來久矣考自大司成論說在東序以教國之子弟没則祭於瞽宗斯釋奠之禮行焉至唐太宗以左邱明等二十餘人從祀孔子天寶七年復詔歷代德行之士令郡縣長官隨其所在立爲祠宇春秋以時致祭後世沿而習之凡鄉之以德行聞者許上其事於有司俾得俎豆學宮亦由行古之道也祀禮不綦重歟故古者論秀書升必本於鄉始乎近也慨自三代之直不作汝南月旦不無濫觴潛德幽光所俟核行而表彰之者其實良未易副矣我郡華亭霽岑

邑侯出乃祖贈君崇祀鄉賢錄示余覽之不禁喟然興歎也夫儒者澡身浴德篤行而不倦今世行之能令後之人奉爲楷式斯足尚耳今觀鄉人士之稱述贈君也其孝於親則芝生泉湧也悌於兄則姜被田荆也撫從子於襁褓則如劉平夏侯氏棄其子而存弟後也厚故交則解衣推食班荆贈縞不數古人之金蘭膠漆也是以里黨得之薄俗化之士林稱之雖贈君皓首一經窮年矻矻十赴棘闈罣中副車卒不獲一第以酬其平生讀書攻苦之志其遇可謂窮矣然而困頓於生前者未嘗不食報於身後所以再傳

而哲嗣宰長山

恩綸

褒錫

榮施泉壤繼以賢孫霽岑邑侯堂構克承家擅治譜其涖我華也清剛明決濟之以仁鎮之以靜而且興起教化躬先倡導有古循吏風非上繩祖武深有得於孝友睦姻之訓者烏能若是哉然則士君子懷抱仁義使奕世而後饗祀妥侑廟食百代非苟焉而已也余

於南贈君之祀於鄉而益信積善之必不爽矣爰泚筆而爲之序

勑贈李儒人南太母節烈詩序　王鴻緒

余讀禮經至內則一篇未嘗不歎古聖人之垂訓女子者其於婦道至詳且盡而獨死生節烈之際未之及焉非從略也夫事所不恒有者道其變聖人誠難之也間考女史若敬姜之貴不忘勞孟光之貧而好禮可謂賢矣以迄緹縈救父絡秀許身續東觀之書咏謝庭之絮非不代生名媛籍甚香閨而殉難捐軀

寥寥天壤雖所遭不同亦可知其概矣節母李夫人以隴西名家女作嬪於南南爲蘄水望族夫人婉嫕莊敬執婦道惟謹房中林下綽有賢聲顧當前明之季所在盜起民皆不免於兵夫人以一女子身攖禍難罵賊不少屈守正以死嗚呼烈矣夫膏劍不惜鞭期速盡古誠有之傳諸史册未嘗不咄咄稱異以視夫人其後先之同符何如也吾思古昔忠義之士當其至性激發一旦冒鋒刃蹈鼎鑊而不辭者夫豈樂有身後名而浩氣丹心彪炳千古今者旌揚盛典猶待舉行而稱述之下自今聞者感憤噓唏無不發之詠歌傳爲僅事秋霜皎日凜凜猶生其於古聖人之所謂婦道者寧稍有遺憾而顧與石火電光同焉飄忽哉余用書而序之以告當世之採風者

待旌姚貞婦王氏節孝序　王澤宏

天下忠孝貞懿之行雖曰學習豈非天性哉而或者不察以爲可相勸而成也可勸而成則亦可誘而敗惡在其爲天性矣以予觀於姚貞婦之賢益信天性之足恃也貞婦吾王氏之所自出而字於姚爲今元

魯公之冢媳姚爲崑斗相君之後而吾宗亦世爲右族方其結二姓之好而觀百兩之迎其王女有琴瑟靜好之樂姑嫜得棗栗奉事之勤佩玉鏘鏘德音不忘何其樂也及一旦蘭摧玉折誓天斷髮淚下沾襟指同穴以爲期惟藐孤之是屬又何悲也當是時婦之信於婿者可以泣鬼神感金石而人之信婦或不如婦之自信則稍慮其年之甚少也顧能執志不移獨立不懼與其為春花毋寧為秋柏與其靚粧艷服於一朝毋寧白髮青裙於百歲子死而婦存克供子職者婦也夫亡而婦在訓以義方者婦也以其一身兼爲子爲父之責使其翁若孫竟忘其無子無父之憂即古烈丈夫之托孤寄命炳烺丹青者何以加玆而不播諸敲歌列之女史其何以厚人心而敦風俗乎此諸學士大夫之所以樂爲揄揚而不能自已者正子輿氏之所謂至誠而未有不動者也而吾獨以爲由於天性者夫誠者天道婦既得全於天道而又能不壞於人其所樹立固非世之博習詩書口譚忠孝者所得竊附而僞托也而又何疑夫所立之卓絶

如此哉吾聞元魯之孫才異常兒他日名成而俾其母節孝之名得芬芳史策則後之採風者其必以是婦比之衛共姜敖流千古亦可少挽元魯西河之痛即予亦與有榮施矣

蘄水縣志卷之二十一

知蘄水縣事餘杭邵應龍纂輯

藝文志

序

本朝

重修興賢莊並新立續俊莊序　黎致遠

今
上御極之元年春二月余膺
簡命按臨楚黃校閱士子每見蘄人踴躍觀光爭自濯磨亦

似大有助籍者間接蘄令劉君輙詢所以造士對曰邑舊有興賢莊創自前令李君許君累置田畝積三歲士之録科而試于鄉者得取資焉歷今百年莊房傾圮康熙庚子春躬率紳士捐清俸擴院宇增田産以勵文教又慮年來武生爭控另立一莊名續俊田畝院宇悉備嗣是文武各止其所矣旋意去冬劉君申文乞言並具所製諸碑記文詞就正於余余不敏謬職學政竊以為學校之設有屬州縣者有屬鄉黨者州縣之學有司奉

詔旨所建掌其事者廣文也鄉黨之學則賢士大夫留心
斯道者所建如宋之石鼓白鹿岳麓應天四大書院
是也昔人謂州縣之學或作或輟不過具文鄉黨之
學前倡後隨皆務興起故土田之錫教養之規往往
盛於州縣此固其遺軌與朱子記崇安學田云周衰
田不井授人無恒產而士尤厄於貧上之人欲聚而
教之彼又安能裹飯而學於我嗚呼此造士之所以
廣設學而設學之所以不可無田也蘄人士居則肄
習有地出則行旌有色青青子衿尚何憂焉乃劉君

之汲汲於此首務興賢殆知所先哉然吾聞唐開元
間議立武成王廟配享名將六十四人儀制亦如文
宣而宋樞密上言古命將出征受成於學文武張弛
其道一也顏後之創豈直息爭訟毋亦兼收並蓄以上副
朝廷崇文重武之至與雖然致此有本劉君蓄道德而
能文章所來諸著作原原本本湛深經術其學之也
裕故其教之也切其教之也切故其計之深已遠而
其防之也周以密所謂有立於成材建學之先者也
豈易得哉因擊節而爲之言

壽蓮使王心齋六十　　　　潘思榘
嘗謂易之同人利涉大川言所同合於君子之正道
乃為利也又曰同人于門無咎言同之初無所偏黨
自無所咎故曰同人親也有親則可久焉古之人傾
蓋如故白頭如新殆必其志同其道同有所以固結
而不可解者是豈投縞贈紵之節乎哉余與鹺使心
齋王兄交有十四年于茲矣憶歲戊申余以假滿赴
闕下授宛平令時研友莊君書石令大興莊君書年試北
補雲司兄適以孝廉方正貢

雍同年王君述文直史館數君者皆子戚里舊好嘗
相過從爰因兩大令之間寅同契也乃得共識心齋
兄于書石所僉曰風度端凝君子也賦性倜儻卓犖
多節概及與上下議論窺見底蘊又浩浩乎淵博無
涯涘且由其敦倫力學積數十年一旦膺
鞏轂重地即以釐剔為已任故上爲
聖天子所優眷下為名公卿所器重相視莫逆之下尤心折
而佩服之計予在比部二年間遞主心齋書石以閑
良晤晤則相勗以道義相礪以廉隅聯床夜話翦燭

淋漓雖旬日不厭數數見幾於晦明風雨共之矣越庚戌余先出守淩江燕麻嶺雲正苦岑寂未幾王君述文視學廣韶得相握手乙卯予承乏海南兄適來則雄前後得相代益快昔之同道同志仕亦同方予三人欣慰望外猶恨予官海外不獲共晨夕迨歲丁巳予奉

命守糧驛駐羊城明年兄亦擢東鹺政於是公事之暇晦明風雨復得共之會己未述文報滿回京予亦入

覲同時受

恩命予忝量移司臬述文觀察興泉閩與粵壤相接也而各

官守各指分襟已二年矣回念在都時知己五人書不自庚戌別後旋出守東甌今巡淛海不得見者十有一年書年今蜀自甲寅晤里門後又六七年惟兄與予鮮守相望得登通家舊好無間夙昔久而彌親何天假之緣于予而人獨厚耶五人中惟兄齒為最長予與述文暨書年昆季俱兄事之今辛酉秋七月十七日為兄六十覽揆之辰詩曰樂只君子邦家之光又曰既見君子令德壽豈惟其有是德故壽而且樂也余素不工祝嘏之詞然與兄交最久知兄深知兄之政績卓卓彪炳人寰又無俟予之贅言第縷述今昔聚首之樂為兄侑一觴且冀異日予五人者老而復聚聚而竊倣前人故事相與話林泉誇矍鑠即謂之同人于野不亦宜乎數予睽隔山海當必聞予言而軒渠以笑云是為序

陳南皐歷試草序

彭士商

艾東鄉自序歷試草云小試甚苦作文甚甘東鄉試有甘於此者在也余沉淪諸生中二十三年可謂苦矣而于東鄉所甘之趣味未之有得也今老矣凡所

剞劂皆雞肋耳而門墻有人其所作每唫諷不置最浹者則有蘄水陳子南皐應縣宰童試冠軍洎府試適余居府幕中置第二以郡守嫌與縣試雷同故也歐陽公不第二東坡乎文震孟不第二大士乎而南皐之文則真翹楚於黃矣嗣列弟子員中歷試無不冠軍每試竣學憲皆面獎禮數有加丙辰戊午鄉闈皆護薦既得復失三院廉其文行兼優召入江漢書院肄業時掌院者孝昌夏太史也太史故名士改試為課得南皐之文評隲歎賞不爽銖黍可謂具眼矣

先是戊午冬余析柬聘南皐課訓子孫南皐義不容辭謁夏太史後因以余學署爲西河益肆力于學舍英咀華刮垢磨光聲名大噪黄郡生童有不得見其試卷者心輙嗛之南皐年方二十餘而其爲文嶄然日上其誠有甘於此者乎食甘蔗者漸入佳境優而游之饜而飫之其所至詎可測哉東鄉瘦勁南皐溫潤而澤淹滯與逢時當於此乎辨之余其甘爪抱苦蒂耶然終不能無屬望於南皐其捲帳序以貽之

贈淑孝王母華太孺人序

周茂建

華太孺人者吾友王述文母也述文與南君念貽交好念貽以宏博有穀余因得交念貽念貽不妄許可嘗稱述文余因得交述文述文弟佩文與其子巽懷從念貽遊余至蘄佩文巽懷又以文請質衣冠整飭言動皆有禮法望而知爲念貽門人也述文命其弟與子師於念貽又命請質於予則述文之所以教家者可知已而述文又皆受命於太孺人則太孺人之所以教述文者又可知已念貽曰述文尊人方翁先生少時即以父命爲其伯父仁翁先生後華孺人歸

事其姑孝篤逾於所生昔房彦謙傳序其事所繼與念貽語同余時以爲人情之所難不足以見信於後世然以魏鄭公極力諫諍元齡又素所交遊不敢直斥其非及讀荆公世家其母能使夫之子忘其爲繼而夫之子之妻族其一切禮數視夫之子之母皆有加又會文定諸公所親見者夫子使父忘其繼母使子忘其繼皆仁孝之大衆人之所不能而二人獨能勉强而力行之則元齡之所以爲名臣荆公之所以爲大儒有由然也余至蘄主念貽家述文必設饌凡予所嗜者述文必備其物予以爲過于豐矣而其家則一絲一粟皆儉而有節也念貽又云孺人愛其子甚佩文巽懷讀書夜分孺人不假寐夫華氏之聲陳氏之愛雖各行其意而史稱兩不失其雍熙則莫不以慈爲根本之地然治家無節則慈祥或失於嬉嬉今述文伯仲之守禮法而不敢過如是兄弟友愛如是則孺人之所以愛其子若孫有子輿元方足以垂其世家之典則者決不偏于姑息之私也蘄山川人物秀麗而文不異他郡而淳樸深厚藏之久蓄之大則

吾楚有獨鍾者方翁先生志大而慎微謙而有禮爲後生所矜式七十護福之隆必有不於其躬于其後者今孺七十初度念貽命予爲文以壽因本其平日所聞於念貽及所登堂親見者以推其德之大小福之長久若有浮誇以獻媚而欺世則無以對念貽矣余則何敢

傳

蘄水周氏世傳　顧景星

蘄水周氏吉水文忠公周必大之後明初徙蘄隱士允清治家於大營山麓三子仲宏太學生仲寬副榜恩貢成都府同知仲安廩生仲宏生環與其同堂弟瑄珊珏璽不析箸歷四世如初事聞旌表環賜冠帶環十一子初娶生易邑學生餘皆繼出易友愛周摯謹事繼母萬歷閒舉孝子縣令閻士選署其門曰閔孝姜義易生國勳郡學生以子光德貴封文林郎光德本

名于德萬歷十一年舉人更名光德字翼明教授章邱講學興行課士以德行爲甲乙所識拔輒多鴻儒有士黠訟令移讞於學光德曰明倫堂乃斷獄地耶裂其狀用是人愛廉隅章之人爲構周子講堂焉升四川渠縣令氷潔自持公服絳皁皆用布夏稼害於雹跣哭社壇偃禾復起麥秀兩岐巡按以瑞聞明年報政聞父病投劾歸巡按御史求鄉賢令游王庭以光德對乘輿迓之輿夫蹶光德墮池中胥走報令光德趣僕夫浣水馬腹令至光德笑曰馬逸耳令乃隱謝

家居無疾言而僮妾謹肅嘗寒夜燎爐火熱戟一婢
就觧攜去得童子乃觧踝已爛膚七尺鄉飲大賓崇
祀鄉賢二子長健翀次健行健翀稍愎健行益讓以
是翕好無間言光德臨卒命絳布公服斂健翀易以
繪不瞑健行爭如命乃瞑當寇亂厝於走馬岡兄弟
結草為厝廡寇至則伏荆莽寇去返卧苫由閲四年
窆而後去之厝側枯樅復生眢井泉溢嗣家有大休
咎樅必喈喈作穀泉始一涸云健行舉止方嚴衣多
隱德光德家食時操江都御史胡東漸舊出其門使

來逆焉命健行往報有盜橐千金請釋叱擲之蕭然
而歸神旺也甲戌歲廷試得第一主司愛之酒罷遣
妓侍明燭坐徹旦妓後語諸貴人諸貴人目為周迂
平居烈風震電夜亦顛倒衣裳而興日月食則亟拜
鼓救復明乃已堂中書范魯公家誡命子弟旦夕雒
誦苟燕坐閑丞尉導呵殿輙起立曰父母官過此邑
有貿子鬻兒償逋鏹健行贖其兒而告于令令感動
盡除案之貿而逋鏹者年七十値歲凶親交多筥粳
菽為壽可十餘鍾悉鬻糜卧餓者存活無算惟樸魯

然能强識遂博極羣書棘闈十數試竟以明經老子
壽明貴封文林郎壽明字天格十歲屬古文詞補郡
弟子員甫弱冠䕶崇禎丙子首鮮丁丑進士除台之
臨海令台常苦寇壽明鑿渠引東湖南注河迆三里
許深廣三丈環台如金湯始無寇警海門衛額軍三
千皆仰食縣令一不應則譁輙走海為盜廵撫檄壽
明勘軍裨將皆袴韡執戟郊迎壽明從容蒞閲察濫
免捕脱伍者寘之法軍乃不為患彝剔倉櫃平里徭
積竇盡除辛巳三月不雨至七月疫殍横枕賑禱不

遺力臨民為築喜雨臺嘗涖攝寧海天台三篆盤錯
而繁務具舉薦卓異第一僅調曲周令曲周先此失
守壽明鳩集流亡築濬城池三月報竣上奇其才召
入中左門問禦闖幾宜同對三十三人壽明與滋陽
令黄國琦特加納旬日間京師陷壽明乞丐南歸奉
二親入山蓑笠麻鞋二十年間足不渉城市乃更其
字曰柏心以見志
世祖章皇帝詔舉遺佚巡方以壽明應壽明具呈以懇請終
養情詞哀婉竟得請健行卒壽明執親喪一如健行

巳年三月病將屬纊引其子手摩膺曰痛予未得早死顧畢星曰予聞之鄉父老崇禎末流賊屠蘄水周壽明二親得不死者以賊知臨海廉吏也周氏世有儒行其感賊宜哉壽明召對祕不傳辭徵終志盡傷可哀時人罕有知者豈不可痛哉予懼其湮沒因爲周氏世傳貽後之君子

易楚衡先王傳

李見璧

易之禎字忠甫中隆慶庚午科鄉試第八人司鐸青浦與屠赤水遊補長沙學學兩生爭貢梁富而魯貧然魯直而梁曲公竟予直者太史莊天合時爲諸生親奚故贈有句云月冷宮墻夜却金再補海豐學冢宰楊二善理學先生也雅重公其子領鄉書矣遣之受學陞國學學正陞刑部司務又陞戶部員外郎轉郎中隨督餉易州時積逋米粟三百六十餘萬身家盡矣公爲之奏免二十州邑其蘇行部至良鄉廠後旅襯不一逋糧官屬也公惻然請減其什之九且捐俸多方償之內璫王虎開鑛榷民奏罷之自是豪貴人憚之而思以中之矣出知馬湖府萬里孤臣三月典

郡而返其初服矣有子八人而數畝薄田不能營其溫飽萬曆己未庚申間有銅梁李公長德來理黃郡李公父竹野故與公同寅戶曹俱以布素相尚李公襲父清風每加餽問周其不給於遲暮以八十二終馬雅善詩詩宗工部邑僉議祀以鄉賢先是青浦以名宦祀矣

贈文林郎張公傳

方象瑛

癸卯之役象瑛護受知於吾師蘄水先生追隨杖履得與聞家世甚悉癸亥秋奉

命蜀試歸次蘄春謁先生里第受先生命撰述先贈公文林公傳公姓張諱問德字心吾號瑞肅幼凝重不凡讀書通大義以古賢豪自命年十五時季父原碩公以孝廉授州倅將謁選公父原正公携公同赴京師公性純孝請于父奉母氏偕往時明神宗在位日久長安中習尚華侈人爭機巧公獨卓立不與儕俗伍視躬濟物必期承親志對正人原正曰兒制行如此又饒有才畧可出爲世用矣循例入太學筮仕得山西蒲縣二尹蒲地狹民貧易于爲非公潔操董勸多

所匡贊邑以大治未朞以內艱歸宦槖蕭然晏如也服闋補山東費縣費魯之巖邑也俗慓人詐其難治甚于蒲公煦斷並行却糧例斥贖鍰邑中當興革事必得請乃已輿論翕然稱賢亞尹而原正公年已踰七十矣會歲大旱民飢夙逋不能償公力請蠲不得拊膺歎曰吾介在參佐志與才俱不克展上無裨于國下靡益于民且吾親老不得專奉養何戀此升斗為遂投牒乞終養歸原正公沒兩弟尚幼公策蹇扶櫬還里拮据卜拔樓山南道人場園地奉考妣襄事

兩弟成立公為擇聘攜之仍入都仲弟問仁狷潔博覽善書季弟性醇厚公因材教廸俾各成就問仁仕至繁昌丞問行歷官保定郡幕皆能其官比觧任同居京邸數十年公和樂無私稱孝友者首推焉當是時蘄人士宦于朝多顯達公築會館一區以公明德推為長公力任之更建聚升樓葺堂廡廣廨舍置旅塜鄉人有公事悉咨公後行廩困乏扶煢弱頤仕路者多方曲成之其有相告訐或鷙悍不馴必正色督過繼以婉語觧之館中人來往懽愜忘其在客也年

及四十未有子元配魏孺人為公買妾已畀聘矣乃聞于公公曰汝意良善然須密細訪之比詢諸隣黨則其女父果以逋賦鬻女償官方相持哭不忍別也公大驚曰吾為育子計顧使人父女離散如此其忍之耶立遣媒謝卻之並不索原聘金聞者莫不歎孺人之賢而尤服公之至仁且義也已遇相人者謂公有大陰德後必顯公笑而謝之越三年舉長公歲貢君又三年舉先生稍長都人士咸賀公得令器宜及時課業公乃治裝歸卜居邑西偏延良師訓誨先生

幼慧敏浹旬通一經公督之不少懈凡宴會交遊禁不得與池上一樓柳陰冪冪中時聞誦聲耳崇禎末流賊躁蘄黃破城砦公一夕夢神絜公父子及幼孫藏石室中覺而駭異之及三月邑城夜陷先生兄弟及幼孫各倉皇縋城出公獨坐門外日過辰始徐登城見堞間倚長梯緣之下得脫當是時冦十餘萬布城市殺人如草菅公所歷獨不見一賊乃知疇昔之夢神實默相之非偶然也賊去廬舍盡焚公仍葺居舊址獨處斗室足不履戶閾親友至有罕識其面者及

時平赴賓飲禮先生兄弟文名噪甚試必前茅煞連困棘闈公曰汝毋愠後必成名顧我老恐不及見耳七十有七偶遘微病而逝先生終制即薦於鄉明年成進士高等當授部員以新例除浙江紹興推官仁恕廉明政事文章聲蜚一時皆本公庭訓遺命未敢一日一事有忘也

覃恩贈文林郎浙江紹興府推官後先生遷西城金吾加級陞任待贈奉政大夫子二長歲貢君諱屛公丙中副榜以明經候選次即先生諱邦福戊戌進士歷任

紹興郡司馬孫四人逢年廩生逢元歲貢君出萬選戊午科舉人萬熙膺

恩例貢生先生出曾孫映珂等五人象瑛反復公之生平竊歎之爲人其孝友醇謹似陳仲弓其剛方質直似王彥方其排難解紛似魯仲連而還妾一事尤人所極難古惟唐宰相裴晉公近世則再見公傳曰積行之報不于其身必於其子孫今先生既光大前烈而庭階濟濟興未有艾天之報施善人洵如左券云象瑛于公爲門下士敬述所聞序次之以備信史之采非敢阿其所好也

南母陳孺人節烈傳　　柴仲雲

南母陳孺人者吾友懷劬公之母也孺人生名胄爲邑庠生陳公諱斯猷之女庠生諱希舜之妹性端莊靜默陳公嘗取列女傳授讀之長適南時之先生先生篤志勤學負笈曇林有太翁翼衡先生暨太夫人在堂孺人晨起盥漱問衣燠寒及所欲敬進之嘗而後退時之先生無內顧憂益得肆力文學博通經史乃茗穎方擢早賦玉樓是時孺人年方二十有奇生

懷劬公甫週歲孺人因自歎曰昔人徹環瑱以養父母吾脫簪珥以事舅姑兩無憾矣況呱呱孤兒得保一點脉不有以慰夫子於地下乎于是盡去其故飾椎布澣衣其事太翁暨太夫人益見周謹閱十五年太翁暨太夫人相繼没始專家政教子義方身先篚績操一切會計出入家奴莫敢抗耳時懷劬公年已弱冠應縣試列前茅王滄川宗師拔取游泮軒軒有凌雲志今而後孺人喜可知也無何時處明季寇賊窃發懷劬公奉母寄居城中時往鄉效百里負糧意

不期流寇侵城狼烟四起邑人各鳥獸散毋顧侍婢馮氏曰寇深矣可若何死而死而汝抱幼孫潛行或得圖存萬一耳言畢投井而死及寇平亂靖都人士傳頌其事邑侯聞而賢之適友人楊君諱繼經者董修縣志俾載其事以垂不朽然紀載甚略不及詳也予與懷劬公同事丹黄晨夕相依稔知孺人令德令儀表而出之為孺人傳非以懷劬公故傳孺人也

贊曰古有介推范滂陶士行諸公之母人皆稱其賢敬之慕之今蹈常履變慎始全終如南毋者何多讓也惜乎豐其德而嗇其遇所謂天者誠難測耶雖然男子抱七尺之軀混迹塵世而節義不立身名不彰若孺人之天性激發與日月爭光矣

徐氏雙節傳

楊名時 江陰人

乙卯初夏蘄水徐子佑倫自雲龍抵滇省將北行詣予邸舍持其祖毋暨毋雙節行實丐余為傳余覽其辭而詢其詳乃知兩世之以節受

旌有非尋常鄉邑節婺可等埒而觀者其祖毋江孺人之以節稱也生平懿蹟卓乎可紀馮方為女時隨父居山僻值寇亂抱巨絮越壘墮田澗中數日得不死後父遭寇刼走毎西望泣輙幾絕及長聰穎至性過人孺慕終身是其克篤于孝也言歸于徐夫子庠生徐君時可慈惠倜儻性樂鮮推婦克佐之執勤女事不辭劇易婉順潔齊樹德不倦邑有負官逋鬻妻者妻難其訣泣達市徐君止之歸謀諸婦竭粧資代償之鲁湖水漲渡者時聞没溺乃勸夫作二舟歲給操者谷石咸利涉焉順治末邑連旱人苦飢合量家儲給口食外盡貸于比落以及遠鄉能任者償毋貰不能不責償也是相夫之義也生一子名梁五歲而夫遘疾亟期不瘳毁容侍養勤不告勞旦望禱以身代遂失所天遺孤在疚矢死靡他宗人有沓沙以射者煽羣盗而肆行刼掠伺寢息而思刈根株歷紀罔有寧居舉首惧投飛鏃毋氏翼厥孤雛心危慮深得全無害無何操戈之計未遂復為扳棺奪穴之舉婦呼號搶救宛轉穴中斧刃入額及寸命告絕矣七日復甦其人旋行賄當事業有成言江防道于清端公察知其事易服微行身雜致賄者間盡得其情實証據立為讞

鞫定案人咸服其才足鋤兇權足濟變極弱扶危患及矜寡也旁觀者以為適有天幸而孰知婦氏之至誠所結足以貫金石而動鬼神與于公之仁心直道有默相感召者耶是其保嗣禦亂激烈忘身尤大彰明較著者矣至其訓子也課學不輟居業有常戒驕佚而敦古誼周貧乏而輕財帛子用克自樹立名冠膠庠方壯而邑推宗匠後復誨廸諸孫俾成偉器重維家道老勤壯業七十餘猶紡織終宵年八十卒其敬教育才整飭禮法嚴慈備至垂範後昆者又如此

此其祖母氏之賢也厥母姚孺人之以節稱也其相夫之恭順事姑之誠孝持身之勤儉秉心之慈惠歷有足陳者氏幼習閨訓肅慎柔和先人後已端操執勤容工胥飭父愛逾諸男教之經義豁如也年十六賦于歸夫子梁姿穎異英果殊絕于人常畜冠雞二于寢室與與鳴俱每晨攤書以巨鍼力刺之隨所至為度輟久不忘所著詩文雄健鴻博類成同父行已在儒俠間敬事孀母躬孝行置祀田谷石承先世任卹之誼而尤務廣施冬日行田間見僵死者挼之微

有溫息因輿至家謀活之復償其亡貲終其後圖又有鬻身某等為出貲旁贖凡所給施甚夥里中謂之徐倉以明友聲氣自喜座中之冠若簇也婦主中饋潔齊酒食以奉賓客專靜敏飭未嘗以廚割聲徹户外且居恒謹順罔不合調同心是其佐君子之行義施惠以及恪恭婦職者克嗣徽于姑如一轍也建夫早世後鞠子五人有娠未誕後遺服誕本仙即佑倫衛哀撫字惟恐傷孀姑之心深死者之憾一身之責愈重諸艱之集備嘗先是姑嚴氣正性課子婦以禮早夜劬心

專任勞役单身曲從常若惴懼以得姑心姑以恒疾作則卧經旬時侍疾牀下衣不解帶者輒累月計窮至刲股以療籲天叩禱雖然朔令節常屈跪俯首不弛勞一昕夕也其奉姑之孝發於至誠久而逾篤者如此家貲足自贍而衣惡衣飯素食惜物力務女工老不告衰乃加意如貧親弱族鄉里無告者人有乞假各護其意以去慈畜諸子孫殫劬勞俾咸得專攻于學年七十有三卒子若孫曾孫二十餘人靡不敦榮櫂秀日熾日蕃仰受護庭垂蔭之澤是又其勤儉

慈惠貽謀者遠集慶者長也余既備聞其事瞿然興曰徐氏兩世俱有美才卓行而不永其年乃並得賢配相繼以貞節著克維其家克昌其祚允足樹巾幗芳型詎止增輝譜乘已哉爰採録而爲之傳

徐暢廬先生傳　周茂建黄岡人

南徐爲蘄水望族南念貽昌齡徐仲光明理有道而文者也念貽祖父有政在江淮間無可考者作暢廬先生傳先生仲光父也諱乾文字公健顔所居曰暢廬人皆稱爲暢廬先生祖周吏公邑學生考玉田公

明經先生年十九補邑弟子員先娶南生循理後娶鄭生明理卒年七十九仲光曰先君子長眉大耳坐立進退皆有常度家事悉委先鄭孺人自五十六以前侍先大父循循守其家法雖過子弟奴婢未嘗有疾言怒色而子弟奴婢亦無敢踰禮者性喜客有過者先孺人爲酒殽盡歡而去以文事接見則留數日語非久與處者莫知其嚴氣正性也及先大父卒而先君子亦無意于進取矣以汲引後進爲已任至老不倦又曰先君子讀書無間寒暑家藏書少凡吾邑及他郡有書者皆借讀讀而記記而思人所難曉必條分縷晰盡其義而後止或勸其著書先君子曰吾于易詩書春秋四子精義所注已反覆爲諸公言矣他書亦不必著也念貽曰余少孤寄食外家年十八未知書歸蘄見先生先生述予先人一二事志意悲動予爲泣下遂感憤問治經法先生云束去傳註獨抱遺經閉戶深思久而自悟後或數月一至或一月一至鄭孺人愛予甚先生講誦孺人未嘗不在側而飲食教誨予未及事吾母不知吾母又何如也孺人卒

子姪姻婭及所往來門下者莫不盡哀如哭其師年七十二嗚呼昔揭傒斯誌定宇墓云澄居通都數登用學者四面歸之故其道遠而章櫟居萬山間與木石俱故必待其書之行天下乃能知今先生既不克著書以自見而史稱王會之爲院長雖鄉之耆德皆執弟子禮國子祭酒楊文仲薦于朝謚文憲今世士大夫以勢力爲事雖深知其學問人品亦必勢力兼具而後推之而仲光念貽名位不著世無重其言者余至仲光家見其隣里農夫牧豎皆謹厚揖讓不敢

笑言而仲光出先生所批閱卷中闡會知其淵源有自云

徐母程太君傳

姚孔鈵 桐城人

太君姓程氏明經宣裔公長女學博蕙山徐公之子婦文學漣漪公元配仰郇若錢兩君子之母也康熙癸酉太君年十八歸徐舅姑在堂善承志事夫子以敬佐讀宜家多賢聲丁丑歲姑南氏病篤夜焚香願以身代及卒哀毀踰常節越七年甲申漣漪公以毋故內愴于心年三十一抱病不起太君時年二十九

哭之慟几從地下蕙山公遠宦持書慰之曰教子報夫徒死無益也且子女俱幼汝死其誰依因復廣集古淑媛賢母二十四則命仰郇日陳述毋前題曰承志錄益訓孀婦以教子實訓孤孫以奉母也太君則辛苦備嘗躬機杼課兒書以母兼父不敢過慈如是者十餘年仰郇昆仲漸次成立授家室兩女亦先後嫁先是蕙山公年六十六投簪歸來太君事益勤不敢懈至乙未蕙山公捐館舍太君之哭視昔尤悲裊之無姑者尚有其夫今之無夫者更無其舅煢煢母子淒然欲絕時太君所處亦痛矣哉未几又十餘年鄉黨戚族憐太君之苦節貞志不可無報欲請旌達之仰郇太君呼而告之曰汝獨不記承志錄中語乎守節婦女常事何用此為再請卒不許且曰汝諸伯父俱登仕籍汝宜努力功名繼父志留弟養我汝去勿顧由是仰郇凜母訓効力河工勤慎自持大憲嘉之今

上之九年辛亥授滑縣二尹與子同舟政治之平如止水焉聞其遺人歸省太君謂之曰傳語爾主我健飯毋相

念但得為賢能吏即孝子矣仰來仰郇跪受之如其教豈知太君中年以兩女孀居傷心愈切遂遘疾彌留于壬子三月卒於家苦志二十九年壽五十七歲予溯太君自于歸以迄于終四十年間以孝而言則沔陽之任氏也以節而言則孝感之王氏黃岡之魏氏諸人也以教子而言則孟母之講禮陶母之封鮓不是過也然則太君之節孝慈固不必因承志錄而始全而未必不以承志錄而益勵太君能以遵蕙山公之訓者報其夫則仰郇兄弟之異日必能以高大

門閭者報其母與父祖矣予拭目竢之是為傳

引

募建張王行宮引　李振宗

士之有節孝忠義者其生也精誠可以貫日星則其死也雖千百年之久而英靈爽氣歷世彌光至於匹夫匹婦猶知敬奉而闡揚之豈上之人諄諄誡導之使然哉亦秉彝好義之良發于其天而益徵正氣之不可磨滅也唐張睢陽殺妾饗士以死衛城苦節丹心凌轢天壤迄今血食徧兩間而蘄之廟祀尤多明時黃州守盧濬不辨巴河之廟為誰將欲毀之神降筆作歌有厲鬼明神之句得不廢固知洋洋之靈無往而不在也城北向有神像奉虔弗衷今都人士將就護國蘭若鼎建行宮善信李啟宇富宇仝其母助稞一十一石為香火計悠長可謂始事之有基矣第營構之煩非一二人可以獨舉住僧照華因以募文為請余既歎神之赫聲濯靈能天下後世如是其不忘尤嘉李氏母子不靳所施善于倡始以視席豐厚操贏絀但知綢繆室家而寘大義于弗察者其賢不肖之相去何如也昔狄梁公毀吳楚淫祠千七百餘

獨留夏禹吳太伯季札伍員四所則知廟貌非容濫創而創之殊不可苟也張王為國全其節為臣子立其模為千百世之人心昭其名義宜乎廟祀之廣而凡有血氣者莫不同風而興起景慕之當不待予言而後樂從也矣

修昭化寺引　　李振宗

楚地山川奇勝往往異人多托迹焉若慈忍盧尊者之于大洪靈濟祖師之于花山與大醫之于破額妙濟之于白兆所在結為道場代傳衣缽蓋名山如是

其多也蘄之昭化寺肇自李唐咸亨中五祖宏忍禪師開山結界聿成叢林歷宋元明屢經興廢癸未之變刼火燭天將千年絕續之緒幾委于瓦礫蓁蕪幸
定鼎以來僧人天起炯若醵金庀材恢宏舊業殿閣規模約畧布置而工作繁浩費且不訾一切鐘樓藏閣雲堂方丈以及象座蓮臺闕焉未備乃知勝果之不易圖而莊嚴之難就若此迺稽曩軌固屬高人說法之壇而近又朝賀祝釐習儀行禮之地非與尋常香刹幽僻可與可廢者比也予雖意宗門蕭然冰署弗能厚施爲衆倡惟願宰官長者暨迦羅越蘇弗室利須達多諸善捨輩發廣大圓滿之心轉相勸募使萬緣同力共扶法寶烏知不更邀震旦靈光還來宣化耶昔明初重建斗方梵宇感降輸般至今山頂有石梁石柱各具雕龍繡鳳之形斗方為無着駐錫之所其感召猶然況茲實五祖手澤所垂能無爭效布金以祈靈於永永也哉

舊縣城隍廟重修募引　　周梓

盈天地之間者由舊物也微廟祀然也其新故之存

乎天其廢舉之存乎人若其世莫鐘虡千祀耿耿能使新而故故而更新廢而舉舉而長不廢者其道存乎神吾蘄舊縣墟距今治三十里許延袤可千畝三峰屏其北白石諸山扃其南浠流東迴瀰淪瀠曲而西之其西則平河蜿蜒巔有月明山刹相傳古城隍廟在焉今者縣舊矣廟且舊不知凡幾易矣予家世於今之蘄耳庸詎知所謂蘄之縣之舊蘄之城隍之廟之舊而能歷歷道其何以新何以故何以廢且舉者哉猶憶鼎遷初城郭蕩然喪家而徙其山之隈會歲

大饑廟大圯先子杞菊不充猶能輸貲勸首卓卓落其成余時年未總角從遊婆娑其下宛昨日事也不二十年而廟浸非故址予亦復家於今之蘄矣里人告予曰廟改作旋又傾陵谷變幻何太疾耶吾聞城隍廟之典祀吾蘄也當年怒濤千里翰飛六軍晉陰牖宋孝武手定江州以此晉封蘄羅血食不祧迄於今縣舊矣廟且舊不知凡幾易矣而今之蘄之廟還比諸嶽視公瀆視侯皷光炳耀胥壞間又何問乎臺隍變置松柏萎摧漫謂神所憑依直在斯乎雖然舊

不有舊蘄胡為乎今之蘄舊不有廟胡為乎今之蘄之廟請為邑大君子諸父老告曰棄舊不祥惘神不德有能陝陝登登大啟而飛革之者尚毋狹小前人為其將振古於茲焉嗟乎嗟乎城隍自古耳廟自今耳余年忽壯矣且僕僕東西南北人矣顧安得更從二十年前總角從游婆娑其下耶里人屬余引余非能領袖也聊志滄桑以俟後之求舊者

紀畧

玉臺書院紀畧　　桂　凌

人以地傳乎地以人傳也雖然要必人與地交相勝夫乃可以交相傳玉臺城南近地也山川奇秀邑志首稱諸文人墨士靡不至至則或題之或記之或咏歌之輝映棟宇間蓋其盛也向者曲周劉父師簿書之暇登臨選勝惟曰玉臺每至輒低徊留之不能去顧瞻風景有菁莪棫樸之思焉爰建書院於其上仍顏曰玉臺夫書院而玉臺焉書院猶賓之也玉臺而

書院焉玉臺似乎不得而主之也從地乎從人乎大抵皆師意也是役也吾黨諸同志實勷厥成爲邑巨觀至於今稱道勿絕也迨燕山李夫子繼蒞茲土教澤化雨浩乎無既而應城易師又訓迪之兩師仰體
聖天子右文至意修黌葺序文治日益盛蘄人士蒸蒸然向風唯謹兩師顧而樂之登臨選勝亦曰曰玉臺玉台於是乎益重諸同志奮然興曰上作下應如是其盛且美也玉台如是其足重也其會同心講習其中歷寒暑勿怠相與以有成焉庶無負三先生作人之盛

乎夫乃知麟必於其藪鳳必於其梧竹諸同志微此
玉台弗顧也雖然玉台誠足重乎非有人焉重之亦
烏能亭亭物表傳之無窮乎哉爰述其概俾蘄人士
識取指歸云爾

玉臺書院條例

一定交

朋友之交達道也然樂羣敬業非良友不爲功凡我同人組織仁義琢磨道德終身以之

一敦行

學人器識爲先故易慎樞機禮坊表尚其則古昔稱先王實言實行有爲有守

一修業

昔人謂文章經國大業不朽盛事遵功令以正文體

道學問以接淵源榮世傳世吾輩事也可勿勉諸

一尊賢

友天下之善士貴切仰止之虛懷弟應求宜廣擇交亦宜嚴繼自今毋黨同毋伐異毋涉比匪

一會文

講習所以成麗澤之美也雖居止有遠近不可以數亦不可以疏每歲以四仲望日爲期期齋赴玉台書院課制藝詩賦策論各一通相與訂疑晰奥毋私毋僞其支吾不至者有罰字畫譌謬者亦如之

一用財
凡會期須晏集費猝辦為艱同志各捐貲預為會計
每歲公議二人掌之出納惟允罔或有利心焉

墓誌銘

桂闇菴先生墓碣

湯來誠 盱江

先生諱啟芳字叔開闇菴其號也先世為我江右臨川明初來蘄遂為蘄水人以耕讀世其家傳八葉曰近湖公諱友金贈文林郎樂善好施生三子長曰木山東武城令次曰林貴州鎮遠府經歷三曰森是為先生曾祖以明經任四川忠州同知有政績創桂氏書室延名人以誨子生楚亭公諱三秋萬歷巳卯副榜養高不仕贈奉訓大夫誕映虛公諱凌雲萬歷乙酉舉人歷官重慶郡守以卓異晉越參藩致仕即先生之父也先生穎異絕倫早歲善屬文而蘄水為楚名區代鍾俊哲與畢公九臣張公瑚何公彬印公之宗金公甌程公惇互相砥礪號浠川七子觳藉甚先生年二十四舉於鄉時維萬歷戊午計偕數刖益刻苦下帷古今書無不讀崇禎辛未成進士授海陽令其地濱海難治百獘叢生先生下車悉得其情發奸摘伏命出維行遐邇震懾無何歲凶先生捐俸賑糜設四門以飼飢者更請台司發倉粟三千餘石鏹二

千有奇民乃大濟簿書之暇進諸生論文月行課季行試誦讀者爭濯磨掇巍科濟濟分校已卯粵闈最得士先生又以表微闡幽始裨於名教故蘇烈婦有旌吳節婦有旌而邑之先儒廖德明者裔孫焜貧懦即爲之乞衣冠奉其祀典當是時海寇劉香熾甚土豪林龍角周端偉內應外聯子女玉帛惟其所欲少失意立糾香血之郡邑吏胥皆其耳目凡一言一動必偵報報即爲備少急則變生測從前守令以是惴惴然先生密計擒之立斃杖下然劉香數萬莫可誰

何一日詐降制軍熊公文燦遣兩叅將同二道員往撫之香曰必錫我美官畀我土地乃返四公駕久之不得遂狂逞百粵皇皇先生時攝湖州府事夜半馳籲制軍制軍移檄閩帥鄭芝龍往討之仍命先生協謀先生曰兵貴神速與芝龍部署諸艘戴星鼓枻另設疑兵伏兵摵于岸使其莫指先是海有苟酣老者與香忤不相上下我軍以數小舟示弱賊望見以為苟酣老也殊輕敵禦之俄大軍突出香所部倉皇失措直搗其巢而香就擒迎兩叅將二道員以歸還所

掠輜重無算其苟酣老亦俯首降矣是役也先生之力多焉粵人為立祠勒諸貞珉台司上其功擬擢吏部丁嗣母憂而返服闋赴補柄臣忌之復任海陽先生笑曰窮達命也惟君所使豈百里非王事哉抵粵童叟爭覩曰桂公重臨矣居二年竭力興除召入都以科員用先生見時不可為遂告休避地白門日與文武官吏籌度國事四方志士往往就史公可法薦於朝將以僉都起用終不應抑鬱旋楚不匝歲而亡距所生萬歷乙未僅享年五十有二先生賦性孝友

念叅藩公未盡祿養抱憾終天春露秋霜享祀泫然泣下其里居磊落光明人有急周之惟恐不逮有不平力為排之雖權貴不避也子孫甚繁中有名曰顴者以詩文交予頗深屬為之傳予朽劣不能文然大司馬為辛未會副與先生長安叙同年友今垂八十年而先生丙戌之沒亦幾六十年矣曰顴尚惓惓表彰烏敢不一言爲慈孫慰哉其孫沒年月子孫若干人久詳傳誌不復贅銘曰盜不息民不安公靖萑苻綽綽無難使其早得志於時統六師而秉節鉞彼闖

賊之流亦不至於猖獗天生斯人困諸海濱迨其將
用國步艱辛拂衣歸来悵悵何所息影玉台行吟浠
水浠水洋洋牛眠孔臧象賢踵事奕葉鍾祥

桂蓮坡文學墓碣　湯永誠

余少時交楚一二俊人而知桂君蓮坡為翩翩佳公
子也今戊癸秋來浠川其令嗣名曰馥者手邢孝廉
誌銘而来予讀之則有云蓮坡讀盡天下人共見之
書又讀盡天下人未見之書其下筆有神與風雨爭
響日月爭光而僅以觀風受知于大中丞徐公僉憲

徐公壬子入闈以爭元抑副卷老於諸生其為人卓
犖俊爽當幼失怙恃即能支撐本生長富貴及其中
衰布衣蔬食泊如也性不嗜飲然貰酒娛賓則呼盧
浮白皆搜極經史未嘗一語及時事惟如背理事嫉
之如仇髮且豎嗚呼吾聞邢孝廉俯視羣倫多否少
可而推崇一至此也令嗣曰不寧惟是再出前休寧
令畢冉生先生紀畧則有云蓮坡師張恕菴先生以
豪傑自命為詩文彷彿眉山筆意試輒前茅曾講學
於宅後長庚菴從遊者衆當是時邑之邢侗士楊傳

人諸先達偕劉雲麓明府建玉台書院蓮坡主馬與
同志諸君子賞奇析疑必期無疑義而後已設條教
立文社所學一以程朱為的斥象山姚江之非狀如
是嗚呼善屬文者未必砥行砥行者未必優於文僅
探風雲月露之奇豈其殫力於濂洛關閩而蓮坡遂
兼之若然則翩翩佳公子之譽夫豈誤耶蓮坡諱陵
邑廩膳生先世由我臨川徙蘄水四川忠州府諱森
者其高祖也副貢贈奉訓大夫諱三秋者其曾祖也
大父諱淩雲重慶郡守晉淅叅藩父諱啟芳崇禎辛

未進士海陽令内擢歸隱毋奚孺人蓮坡享年四十
有四娶高氏子三長即曰馥郡庠生工詩與文次曰
逢辰三曰滋蔚奉祀生女一適庚午抜貢生蔡文龐
孫男入為梁邑庠生枝岑枝崧為采馥出枝崑枝崇
辰出枝華枝隆蔚出長君以予有世締屬為紀之夫
月旦之真必本於閭里今觀兩誌狀其稱之也不啻
出諸口則余甚以蓮坡之不及聚首為悵然也況乎
俯仰今昔百感縈懷寧祇一端歟乃予濡毫甫竣而
長君復泣而告曰吾弟逢辰通五經融貫子史古文

風雅亦既研精昨甲申劉撫臺觀風拔冠一邑乙酉應童子試一日七藝不售吾方與其同紹箕裘也丙戌二月俄賫志以沒僅得年三十有年五矣天乎天乎悲哉予聽其言而益長君之孝友也例得附載而為蓮坡碣銘銘曰公子之生門庭奕奕旋而乃翁馳聲仕籍席豐履腴童稚誰如邦家板蕩內外欺孤貿同吾輩長物安在維彼鴻章家毀弗潰弗潰家聲再世鍾英君雖不永其慰幽京

蘄水縣志卷之二十二

知蘄水縣事徐杭仰應龍纂輯

詩

周

古歌

江上漁父歌　伍子胥自楚奔吴至江江上漁父渡之乃作歌以相約渡處即今伍洲

日月昭昭乎寖已馳與子期乎蘆之漪

日已夕兮予心憂悲月已馳兮何不渡為事寖急兮將奈何

七言律

送蘄春李郎中赴任　劉禹錫

楚關蘄水路非賒東望雲山日夕佳薤葉照人呈夏簟松花滿椀試新茶樓中飲興因明月江上詩情為晚霞此地交情長引領早將元髮到京華

七言絕

蘭溪　杜牧

蘭溪春盡碧泱泱映水蘭花雨後香楚國大夫憔悴日應尋此路達瀟湘

過清泉寺　劉禹錫

珠浦遨歡興未賒[illegible]何[illegible]坐蓮花上人我亦忘機者歎枕相將到日斜

宋

五言古

咏張牧之竹溪　林敏修邑人

幽閒古城陰結屋青溪曲溪流堪回映上有青青竹漫郎欣得之緣髮詠空谷高風及前修勝趣隨遠矚[illegible]客徒攙人立談非我欲麾去寧汝嗔真意聊自足或言不當爾往往相謗讟答云豈吾私恐作林泉辱源流別涇渭臭味同草木肯當百事勝容此一物俗獨餘嵇阮輩蕩臣僕臣僕濁醪澆古胸日没還秉燭僕忝瓜葛後意氣頗相屬平生幾兩屐共老三徑菊行年事無定此計諾已宿徑須買斗衣間亦荷書簏從子竹間遊溪魚剝寒玉

曉至巴河迎子由　蘇軾

去年御史府舉動觸四壁幽幽百尺井仰天無一席隅墻無歌呼自恨計之失留詩不忍寫苦淚漬紙筆

餘生復何幸樂事有今日江流鏡面清烟雨輕冪冪孤舟如鳧鷖點破千頃碧聞君在慈湖欲見隔咫尺朝來好風色旗尾西北指行當中流見笑眼清光溢此邦疑可老修行蔕泉石欲買柯氏林茲謀待君必

寒食日雨　蘇軾

自我來黃州已過三寒食年年欲惜春春去不容惜今年又苦雨兩月愁蕭瑟臥聞海棠花泥汙臙脂雪暗中偷負去夜半真有力何殊病少年病起頭已白

其二　蘇軾

春江欲入戶雨勢來不已小屋如漁舟濛濛水雲裏空庖煮寒菜破灶燒濕葦那知是寒食但見烏啣紙君門深九重墳墓在萬里也擬哭窮途死灰吹不起

弔徐德占有序　蘇軾

余初不識德占聞其初為呂惠卿所薦以處士用元豐五年三月偶以事至蘄水德占聞余在傳舍惠然見訪與之語有過人者是歲十月聞其遇禍作詩弔之

美人種松栢欲使低映門栽培雖易長流惡病其根

哀哉歲寒姿骯髒誰與倫竟爲名所誤不免刀斧痕
一遭兒輩污始覺山林尊從來覓棟梁未免傍籬藩
南山隔秦嶺千樹龍蛇奔大厦若果傾萬牛何足論
不然老巖壑合抱依山樊死者不可悔吾將遺後昆

離樊口宿巴河遊馬祈寺　張耒

扁舟下樊溪江南正清澌曉登巴河岸極目望春野
步尋修竹寺古木爭偃亞云昔孫仲謀刑牲致師禡
雄圖邈已矣英概足悲吒石梯造雲霧丹白開廣厦
山安寂寞畏冷不出舍勞生渴閑境頓使我心寫

晚江平若席風勢欲相借

七言古

有贈予以端溪緑石枕與蘄州竹簟皆佳物也予既
喜睡而得此二者不勝其樂奉呈原父舍人聖俞直
講　歐陽修

端溪琢出缺月樣蘄州織成雙水紋呼兒置枕展方
簟赤日正午天無雲黄琉璃光緑玉潤瑩淨冷滑無
埃塵憶昨開封暫陳力屢乞殘骸避煩劇聖君哀憐
大臣憫察見衰病非虛飾猶蒙不使予罪去特許遷

官還舊職選才臨事不堪用見利毋懸惟苟得一從
僦舍居城南官不坐曹門少客自然唯與睡相宜以
懶遭閑何愜適從來羸薾若瘦困況此煩歊正炎赫
少壯喘息人莫聽中年鼻鼾尤惡聲癡兒掩耳謂雷
作竈婦驚窺疑釜鳴蒼蠅蠛蠓任緣撲蠹書懶架拋
縱橫神昏氣濁一如此言語思慮何由清嘗聞李白
好飲酒欲與鐺杓同死生我今好睡又過之身與二
物為三爾江西得請在旦暮收拾歸裝從此始終當
卷簟攜枕去築室買田青潁尾

次韻歐陽永叔端溪石枕蘄竹簟　王安石

端溪琢枕緑玉色蘄水織簟黄金紋翰林所買此兩
物笑視金玉如浮雲都城六月招客語地上赤日流
黄塵燭龍中天進無力客主歊然各瘦劇形骸直言
坐棄忘冠帶安能強修飾恃公寬待更不疑箕踞豈
復論官職笛材平瑩家故藏硯璞坳清山新得掃除
堂屋就陰翳公不自眠分與客知公用意每如此真
能與物同其適豈比法曹空自私却願天日長炎赫
公材卓犖人所驚久矣四海流聲名天方選取欲扶

世豈特使以文章鳴深探力取當不寐思以正議排
縱横奈何甘心一擲上欲卧頽尾無潔清賢愚勞逸
非一軌顧我病昏雖未死心如萬事久蕭然身寄一
官真偶爾便當買宅歸偃休白髮溪山如願始看公
戮力就太平却上青天跨箕尾

與廖開府自淮南同行赴舉相别五年復相遇於蘄
水為詩贈之　孔武仲

來書吾初走怡門傾蓋淂君恨不早蘭溪駐馬復相
逢二紀飛馳如電掃惜君憔悴力不任顧我滄桑髮

先曷憶昔同行氣頗驕青驄馬快鞍韉好荒山破屋
風豪横大澤長堂雪傾倒高談灑落見天機健句縱
横攄腹藁辛勤始得到京邑文詞不入春官考可憐
六翮委泥沙坐看羣仙上蓬島壯年多難寸心折勁
鏃已衰難破縞而君施設有餘才西佐元戎奪城堡
牛刀拂拭試一懸如引滄溟灌行潦歸來赴愬天子
庭正欲披腹呈瑰寶片辭未吐疾先入藜杖扶行色
枯槁籃輿復指天涯去長川横溢聲浩浩驊騮不日
歸玉闗那久低摧卧霜草

寄蘄簟與蒲傳正　蘇軾

蘭溪美箭不成笛離離玉箸排霜脊千溝萬縷自生
風入手未開先慘慄公家列屋閑蛾眉珠簾不動花
陰移霧帳銀床初破睡牙簽玉局坐彈棊東坡病叟
長羈旅凍餓饑吟似饑鼠倚賴春風洗破衾一夜雪
寒披故絮火冷燈青誰復知孤舟兒女自嚘咿皇天
何時反炎燠媿此八尺黄琉璃願公淨掃芸香閣卧
聽風漪聲滿榻習習還此兩腋生請公乘此朝閶闔

王齊萬秀才寓居武昌縣劉郎洑正與伍洲相對伍
子胥奔吳所從渡江也　蘇軾

君家稻田冠西蜀擣玉揚珠三萬户寒江流秫起書
樓碧瓦朱欄照山谷傾家取樂不論命散盡黄金如
轉燭惟餘舊書一百車方舟載入荆江曲江上青山
亦何有伍洲遥望劉郎藪今朝寒食當過君請殺耕
牛壓私酒與君飲酒細論文酒酣訪古江之濆仲謀
公瑾不須弔一酹波神英烈君

七言律

題浠川八景　王禹偁

蘭溪時雨和甘棠石壁廻瀾映塔光陸羽茶泉金骨
冷右軍墨沼兎毫香龍潭澈底澄秋月鳳項當空背
夕陽乘得綠楊春暁興玉臺井畔泛霞觴

自巴河至蘄陽口道中得二詩示仲達與秬同賦　張耒

落月娟娟墮半環嘔啞鳴櫓轉荒灣東南地缺天連
水春夏風高浪卷山旅食每愁村市散近秋已覺暑
衣單自憐老病思兒女三日離家已念還

其二

浩浩渾流卷白沙中流鼓楫思無涯喜逢山色開眉
黛愁對江雲趂砲車雨足川原豐稻菽日斜鷗鷺滿
蒹葭長年怕作帆舟客賴有高談一笑譁舟人占雲若砲車起輒急避乃大風候也驗之信然

和秀野蘄簟之句　朱熹

使君兩鬓尚青青學道仍抛後院笙溽暑快眠知簟
好晚涼徐覺喜時成人從蘄水當年寄句比韓公此
日清坐對更深誰是伴唯應闕月共長庚

雨中尋清泉寺　魏了翁

征帆百尺艤江臯小棹短移到野橋為愛清泉禪境
勝不知冒雨客途遥千尊石佛藏山霧一派珠流湧
海潮坐對高僧清話處胸中塵想覺全消

七言絶

寄夏倪翁　林敏功邑人

嘗憶他日接緒餘先生落魄我迂疎溪橋幾換先前
柳僧壁猶餘醉後書

陸羽茶泉　王禹偁

甃石封苔幾尺深試嘗茶味少知音惟餘半夜泉中

月留照先生一片心

詩餘

清泉寺詞 浣溪沙　蘇軾

黄州東南三十里為沙湖亦曰螺螄店余將買田其
間因往相田得疾聞麻橋人龎安時善醫而聾安時
雖聾而頴悟過人以指畫字不盡數字輒了人深意
余戲之云余以手為口君以眼為耳皆一時異人也
疾愈與之同遊清泉寺在蘄水縣郭門外二里許有
王逸少洗筆泉水極甘下臨蘭溪水西流余作歌云

是日極飲而歸

山下蘭芽短浸溪松間沙路淨無泥瀟瀟暮雨子規啼誰道人生難再少君看流水尚能西休將白髮唱黃雞

綠楊橋詞 西江月　　蘇　軾

春夜蘄水中過酒家飲酒醉乘月至一溪橋上解鞍曲肱少休及覺亂山葱蘢不謂人世也書此詞橋上

照野瀰瀰淺浪橫空曖曖微霄障泥未解玉驄驕我醉欲眠芳草　可惜一溪明月莫教踏破瓊瑤解鞍欹枕綠楊橋杜宇數聲春曉

右唐宋詩二十二首較舊志所錄增其十簟詩疑借蘄春然爾時蘄水屬蘄春皆產簟舊志既收王作則詩例可並入寒食詩蘇黃州作也按年譜載太守徐君猷分新火蘇以詩謝之有臨皋亭中一危坐三見清明改新火之句但舊志沿傳已久後人復有和韻者仍存之而徐德占詩亦黃州作也德占名禧洪州分寧人宋史禧本傳載元豐五年九月戊戌永樂陷給事中徐禧死之蓋以三月過禧於蘄故知是詩非在蘄作也然所以存之者實由此過則亦存之王齊萬以嘉州人寓武昌劉郎洑郎車湖地與蘄隔江然以其詩語及伍州即收之亦可特舊志沒其原題竟以伍洲二字目之則不可耳今改正王元之八景亦以舊志相沿存之宋詞錄蘇二首涪翁西塞詞地不涉蘄故刪之

五言古

明

秋日送直虛上人還蘄水　　晉嘉猷 華亭人

浮杯渡江來遠自齊安道錫嶺雪堂雲名山恣幽討南遊朝補陀還謁雲栖老袈裟傳鉢香骨相烟霞好舌吐青蓮花泠泠發要渺閱茲中下根迷津苦浩淼願以一鉢緣琅函儲法寶手持尺素書叩我元亭草趺坐宣妙諦塵襟淨如掃雨霽天初涼西行大江表一葦龍神技海濶孤帆小安得從師遊火宅離煩惱譬如野鶴飛高翔上清曉

清泉寺和蘇長公詩 有序　　劉應昌 桐城人

癸丑秋七月二十三日余與宋德夫往黃州餞熊司

馬是夜飲司理宅漏下二鼓德夫先拏舟歸余有他飲復留半夜天明風逆甚湖水不可行行大江中四十里浪聲如雷舟中動色相戒庖人具盤餐進不能食為啜一杯羹而罷巳刻抵巴河德夫尚在遲余因同飲姚孝廉明茶宅午後別孝廉兼程至巴水驛德夫治具暑甚不能飲飲數杯去昏黑至蘄水縣不入城繞城行數里憩清泉寺德夫已有他貴客至邑不顧追余寺中痛飲達旦因得長公詠歌盡讀之夫長公先謫黃後乃遷粵余先謫粵後遷黃余才視長公天壤而蹤跡畧同三百顆荔枝兩碗豬肉年來受用亦畧相似因援筆為和逆志以意詞雖不工可也

寒食日雨二首　劉應昌

今朝歷江陸日已五飲食夜到清泉寺清泉良可惜涼風起庭樹樹杪聲瑟瑟僧盤簇野蔌銀藕爛堆雪交南好犀珓與君賭酒力後醉者先去東方月初白

其二　劉應昌

月白星欲稀天鷄鳴不已忽墮英雄淚數下沾衣裏採芝或採菌刈蘭豈刈蕭透札利在鏃鏃撇不穿紙自我苦役三年二萬里不忍見此老一嘯揮衣起行弔徐德占　劉應昌

我聞唐虞閒求賢闢四門輔車必顧僕潤葉迺流根天生賢哲人師表在人倫而使竄遐荒雙踵生繭痕用詘國何利遒時道愈尊奸回與忠貞每自爭籬藩日月自西沉海水東南奔為龍與為蛇難向世人言陛下神仁武千億長子孫願作百年計寶臣貽後昆

汲陸鴻漸第三泉遺譚友夏泉出蘭溪石下　黃耳鼎

溪南亦有蘭溪北亦有蘭吹香入石腹石下亂流泉長河來無際肅耳不可干河水如眼胞瑩兕徑寸閒陸子著茶經妙鑒水史遷懷山行天下一朝題其三衆人莫敢議亦莫測所然予觀陸子意不以色味談君與同鄉里寘心寄水山往來從嶽歸衣帶銜與參君當洞水魄遺子以一瓻

縣西二十里有太公石屹立河心廣惟數武高不踰尋洪濤激湍永無懷襄患相傳與水沉浮此亦一奇也曾未有節狀表目者偶經賞感而賦之　周健行邑貢生

平河突素邱脅水柱中流矚覽環襟帶遥看一繫舟波湯高峯没此石昂白頭不知涔洞日可能汨陳不漫言怪石供疑是小羅浮羅浮竹八圖巖筍瘦如荻

聊堪釣渭老幾著鈎當年洛令在肯教跡空留

題五義士祠五人程爲常徐玉蘭蔡巨人胡方壺徐用極　謝天知邑孝廉

千古無死士君父復何恩軹井易水上抉月弔哀猿戎馬躙我郊五士爲之籓一旦爭赴義唱和如箎塤用士用其死不屑卹寒暄忠烈凤成性感激奚足論英風壽俎豆五士爰一軒武侯廟前栢至今霜雪根

送戴仲英還蘄水　陶凱臨海人

憶昨起干戈白日風塵昏子家浠水上少小失雙親生死不知念念此徙酸辛艱難適異域乃謂他人昆聖人握乾符仗劍驅妖氛思親不可見忽見故鄉人聞言隔九泉涕淚滿衣巾茲言返故鄉壘土成邱墳墳前植松栢慘淡結愁雲常存純孝名錫類垂子孫

同金卜公遊嶮上寄題石壁　劉侗麻城人

高泉汲危石一拳弗得遡白日流其巔古今故渾渾薪者行復歌遊子去來坌寄題壁間字會令塵骨潤

登官暘谷先生閒雲樓　黃正色

蒼蒼城外山有樓踞其卓下瞰百尺崖常疑鬼神鑿四峯以情來碧流自天落登樓想主人寄意何淵邈十年近君王諫草如山岳一旦泉石遊對人還退却坐卧狎鷗鳥去來忘踈數醉夢山水間虛舟寄寥廓山雲尚未閒沉潭非漠漠獨有君子心閒哉倚雲閣

七言古

贈李節初兄弟　邑學博簡縉紳江西人

我時守制歸林邱重攜書劍來黃州放舟赤壁泝蘄水緬懷盤古多清幽山前喬木青峩峩山後流泉傍溪滴有時採山美可茹有時釣水鮮可食我時訪舊曾經遊暑往寒來經幾秋高歌空谷留餘響夕陽野蔓凝寒愁鄉家兄弟真豪傑文采珊珊好標格出門握手歡相迎笑譚綺語霏晴雪開筵晏客情懷舒葡萄不惜千金沽杯行令急鳴絲竹酒酣醉倒黃公壚須臾風起聲蕭瑟籬菊花開增行色明朝走馬天一方千里相思共明月

九日奉贈斗翁父母登城山歌　周申

金風裊裊天初霽沙渚遥聞鴻雁唳紫萸黄菊送清秋吏隱官閒當半世郭外有峯青掃天公餘躡屐挹雲煙冠蓋直從蘿薜轉珠宮還占芙蓉巔憶共仲謀城此邱東風一炬舳艫休兵進爭傳磨劍石凱旋猶駐散花洲江東虎踞憐英偉伯氣無端同草卉寞寞殘壘啼寒鴉隱隱荒基嘯山鬼莫因臨眺欲沾巾勾漏仙人是爾身凫舄翩翩時謁帝丹砂爐内有長春九日欣從懷抱開雲山隨處遊人來樽前萸菊民同樂作賦還推大夫才

清泉歌　錢貢

大夫公事云粗了拂袖歸來白髮少黎燈課子有餘閒木屐尋山無昏曉清泉古寺少年遊浮名牽出二十秋重來相見親雲水不是當時舊衲頭同袍王子人中妙綦酒追陪及夕照山林朝市俱夢中今日幸逢開口笑君不聞丈夫進退須及時莫教兩鬢如新絲轅彭若似張子房何須役役待封王陶潛折腰不知止那得工夫書甲子

偕徐副憲心溪遊清泉寺　楊百亮邑人

朝登鳳栖山暮飲清泉水泉水冽且漣涓涓流石髓古樹躍虬龍亂卧白雲裏老僧合掌前飄飄西竺紫爐鎖香霧半横空靜裏天龍示一指木鳴金亂散清梵五欲水消谷神死鐺煮雲根無纖塵一甌一甌香沁齒罷遊更索陸羽泉山骨响韻生踵趾

清泉寺　瞿汝稷蘄洲人

清泉何湜湜峨眉仙人曾賞識仙人騎鶴去不返清泉委翳蒼崖側仙人雲笈紀神樞我披雲笈問瓊液白沙皚皚溪流碧曲徑久蕪没行跡剪萊試問轉盻

得招提齋廚一垣隔漉囊不重八功德五熟那從法流滌古來好惡每如此何獨寒泉使心惻我掬一飲百神適飄飄如欲奮羽翼拂衣更躡靈山巔落月照曜佳山川千峯秀削四望旋簇簇宛敷千葉蓮孤頂中踞翠房圓誰移蓮舵來眼前寶光交羅意泠然匡坐勝樂超四禪與君流覽不辭暮邱壑難逢會心處君不見昔人松下歌蘭芽此日幽蹊無昔樹松年猶自不能持況復人非幽幹固世上浮名空竹素轉頭勝賞今猶故君當行酒我當歌遇合悠悠何足顧

贈易大夫楚衡出守龍湖　張文光

漢武昔通西南域戎瀘千里就羈縻龍湖部落最向化郤開郡縣雄西陲山中處處產神木曾聞效靈出深谷只今藉此資大工干霄拔地或黃屋兩宮已就矗礴砌三殿將茲擬紫宸勞民不擾重此郡輯安徧擇循良臣君為司農經國久嘉績時時在人口公廉無乃世無雙善計由來復稱首當宁思賢守遠疆大才翻使臨遐方高車五馬出帝里幨帷道上生輝光君行定不尋常調美政流傳滿四徼治行何論渤海

龔頌聲不減甘棠召他年超擢柄斗樞舟下瀘江經峽走萬里輕裝圖書還何異當年鬱林守

祝清泉守心上人　邑學博　詹在前 天門人

閑來每去尋師語拋却浮生話終古偶因盛顏問其年自云今歲七十五山岳亭亭項上峙寶珠瑩瑩身間吐脫帽開襟使我看能言能笑一活祖長松古檜以老娟白水蒼山待雲補勿謂我遲我尚早下界薄暮上界午

五言律

登三角山絕頂刻石題名　錢貢

掛冠歸四載乘興到名山江海目為界星辰手可攀龍行天下雨虎伏石中斑老衲遊何處他年再扣關

遊清泉因過茶泉墨沼　胡仲謨

郭外清泉寺遠遊策短筇殷紅千萬葉寒翠兩三松對酒新聲合觀山夕照重古來多勝蹟莫遣紫苔封

清泉寺詩二首　周卿

山郭探奇勝梵宮地自偏山光圍樹彩潭影溢蛟涎禮足懷真諦皈心種福田坐來塵慮遣日晏已忘旋

其二　周卿

春風拂巾舄春日麗溪山金界珠光動禪庭鳥語閒抱官慚佛性聽法解塵顏誓結西方社吏公共往還

遊清泉寺　朱衿

清泉標勝地蕭寮藉為名僧汲供烹茗人遊愛濯纓入雲金磬窅遠坐佛燈明欲證無生理都超世俗情

昭化寺　周申 邑貢生

佛坐青蓮宇僧依白社堂龍降珠自抱鶴懶夢偏長帶雨看耡藥裁雲學補裳晚風吹月色裊裊度名香

石嶮　袁福徵
農霖川作信谷怪水為梁俗以觀風覽林因避暑荒
子魚供取次明鷺犻廻翔鐃鼓當流咽停樽且問航

秋日過清泉　朱期至
古寺齊梁舊河沙遶至今高松歸瞑鶴荒砌啄寒禽
欲證無生理空談不住心老僧閒卧聽吾亦擬投簪

過清泉　周道大 邑孝廉
古寺山深處尋幽客屢過高林常宿雨虛壁自縈蘿
八水通津遠三乘演梵和空門餘浩刼人世總蹉跎

登鳳山因過清泉寺　蕭良有 江夏人
拾級層巒迥憑高積氣深片雲攢壑秀環水滴松陰
畫棟從崖借疎櫺任竹侵即看茗椀色吾輩合投簪
翡翠森千尺琳瑯簇萬竿澗寒清几席雲潲濕衣冠
佛骨藏龕古山腰置閣寬坐來忘世慮次第幾凭欄

題函三閣　閔廷甲
巍閣搆山椒芝窓卧寂寥天香飄石室仙梵度雲韶
木葉秋吟露松聲夜帶潮相看萬里意若個阿龍超

遊清泉寺　汪元英 新安山人
古刹臨幽境烟霞到處生山春衆木秀石冷一泉清
鳥下宜聽法僧來故問名虛堂齋磬響延坐共青精

由清泉過茶泉建亭其上　卓世彥 大梁人 邑令
浠水多泉瀑茲泉獨擅名先賢風漸遠而我感常生
煮茗何年事開亭此日情枯腸煩渴久一掬有餘情

玉臺山睢陽廟落成　胡鎏 邑庠生
背閣琳宮起精英俯碧潯江淮障孤壘今古立天心
遠檻浦爭白垂簷樹積陰鐘聲徹河水悲感百靈深

送春又送官六　劉侗 麻城人
客窮兀何事春去始驚春柳色寬塵土花辰促米薪
夢鄉君漸近歌市我誰親一食迎長日家人問苦辛

白荆山寺同官綏之作　黃耳鼎
竹栢團荒寺高寒予與同江烟望去白山果摘來紅
月守談經夜僧歸落葉中秋神如此向鐘磬亦鴻濛

月坐白荆山同恒度綏之　黃耳鼎
山靜餘蛩響冥觀生衆音高天肅白月寒露淡空林
迥覺孤峯上蒼然太古心長河烟一片對此各蕭森

七言律

贈應天府尹薛均　　周　源

鍾阜雲開霽景鮮暖風楊柳拂銀韉金臺鵬路三千里紫極龍光尺五天行卷揮毫詩似錦離筵飛斝酒如川歸朝入奏豐穰事為說羣黎樂舜年

迴瀾亭　　邑令潘　珏婺源人

顛崖欲墮障溪濆助得迴瀾似轉輪怒氣洒飛千點雪浮花團作一渦銀憑虛俯瞰臨無地濯足高歌興有神憶昔觀瀾人去後倚亭今日又何人

畫街橋　　潘　珏

新甃長橋似底平畫街還襲舊時名水流川字環中過人在三生石上行半夜星河虹影靜四時風雨馬蹄輕肩摩踵接應無數誰復逡巡滯去程

書福泉寺壁　　錢　貢

十載江湖無定巢脚跟重寄此山坳地幽去郭二十里僧少寒鍾百八敲石器尚存唐晉刻遠公曾與陸陶交燈窗遺興多詩句付與童徒次第抄

樂壽堂　　程文遠

泥途風雨怯沾衣臺築荒園祇自宜竹放靈根封砌

穩樹庇清影下階遲雲山對我情懷好鑑水涵天景色奇野興濃然時未晚從容典則話羣兒

送長孫守高郵　　李　湍邑人

天寵分符喜作州慇懃贈汝宦南遊牧民須信知民苦報國還當為國憂孔孟文章宜再讀龔黃事業合全收而翁素守清貧慣肯怪歸囊祇敝裘

朱侍御沛桂招飲清泉寺　　邑令倪民悅南直人

憑空寶地足幽棲乘興探奇路欲迷幾點蒼烟連楚岫一灣秋水自曹溪開樽幸以追先達問俗還須借杖藜莫道巖城更漏起蘇公遺蹟尚堪題

和伯兄遊鷄公山作　　周　申

秋日登山秋氣清乾坤着眼趁秋晴鴈回湘浦人無信地入紫桑菊有情一路曉嵐生兩屐萬家烟火起孤城弟兄不共茱萸約惆悵峯頭酒獨傾

送斗峯李公致政歸　　盛　唐嘉魚人

羡君種德邁青緗高尚清名海內香滿篋圖書舟載穩隨身琴鶴劍生光鷗浮赤壁三更月楓落筠樓兩岸霜曠世蘇公應作伴舒心多在水雲鄉

浠川八景選四　易之貞

石壁廻瀾

空明一望思悠然野徑渾疑碣石懸入夜濤聲翻絕壁當前雲影度晴川月明倍覺滄浪曉湍急猶看鷗鷺聯為泝流光仙蹟遠孤亭空在好誰憐

羲之墨沼　易之貞

一掬寒泉石徑幽千年無減晉風流涼生野竹竿竿碧雨過林塘樹樹秋揮翰猶供書帶草看山如在會稽遊有誰勝跡長懷古我亦臨池愧白頭

陸羽茶泉　易之貞

獨憐石壁引芳泉野客臨流意爽然玉乳茶新行汲雪胡麻飯熟好餐烟歌殘桂樹能招飲看罷曇花欲問禪鴻漸不來新月上天風吹度白雲篇

玉臺丹井　易之貞

縹緲仙臺何處尋丹房長秘白雲深洞開不隔真人氣瑤水偏饒珠樹林落日時聞童子汲秋高忽聽老龍吟何人白日能翀舉我向烟霞結素心

春日過函三閣　王希元

一望平川暮靄收千家城郭月華流人知蘿薜知幽處燕啄香泥過畫樓洗藥經年泉石碧譚禪終日雨花浮坐來自許能忘世野鶴孤雲任去留

登函三閣閲李太史記　周　申邑人

梵宮新閣此攀躋石上驚看太史題漫盥清泉參法相頓令凡臆悟羣迷依依河柳風烟古没没溪橋歲役暌我欲叩師傳淨業遥看長白湫天西

贈清泉釋堅公　周道大　邑孝廉

買山支遁剡中居浠上高僧別結廬古樹罶雲棲鴿靜寒潭浸月伏龍初繙經常閉燃燈室補衲偏依壘石除何幸有緣瞻道氣苾芻巖畔問真如

萬歷庚寅夏五月暑中榴花盛開蕭孝廉含譽載山人道中過飲賦此　汪廷元　新安人

檻外榴花映暑開一樽招客數能來種分西域懸珠實色借南方妬玉梅擱管漫裁潘岳賦臨風還憶夏侯才陶然列籍清陰下不羡當年河朔杯

過浙流光訪同社黃美中　周廷廉　邑名士

趨來一室面潭居潭水深深碧未如閒敞階庭看與

氣靜披籬影對扶疎縱任絕不希嵇阮篆刻何當論
子虛為問揚雄文似否門前休泥使人車

遊宮太常如是菴二首　周之訓

如是我聞開淨土羣山合沓湧珠宮白雲斷處偏多
嶺溪響不來忽聽鐘竹院陰晴分曲徑夾天氷雪下
高峯叱年怯試登山脚此日因藉列衛風

其二　周之訓

何年鷲嶺獨飛來列嶂崔巍面面開寶地五丁多護
惜深山三伏半風雷前身識得高僧是小品時將新

義栽見說曇花今已長祇林樹樹手移栽

和宮建之小齋看菊韻　劉榮嗣

閒官常以客為家短鬢秋霜漸次加孤韻自憐虛九
日閑情聊復醉流霞但聞高士增蘭譜如共東籬對
菊花海內知名原不少感君臭味思無涯

送王五岳 名三知邑庠生工詩字　桂啟芳

千載交情數日疑相逢相別歲寒時禪林夜月星河
覆宦海春風嶺檄馳草聖羲之原好道彈琴摩詰總
能詩負君車馬南來意一片氷心韓水知

餞金卜公　桂啟芳

江上風霜海上城離筵千里意偏親青雲再世相師
友白社當年共苦辛鷄黍未須酬往約笠車似可愧
前人蕭條彭澤多歸思後爾冥鴻鄭子真

浠川八景詩選五

空明水石　黃正色

空明一碧水沉沉欲覓蘇書石上尋却得風壓來短
棹不須幽討入長林月生自醒巉棲烏雲到常連亂
竹陰高閣已灰潭未改夜深還似有龍吟

川上流光　一　黃正色

弱水廻環片石宜流光川際意遲遲尚多野色邀行
步何獨曉風吹釣絲鷗影浮沉新漲後山容紅紫夕
陽時年來古渡喧聲少一艇無心上下移

浠源峻險　黃正色

沙明泉碧舊蘄封浠上尋源百里逢石界東南橫割
地水連江漢直朝宗風煙草笠無懷客鷄犬人家太
古農歷盡世途還坐此何曾有險怕扶笻

三泉異味　黃正色

河流西畫碧潭潭陸子嘗時水第三高士古多留異賞邑人令遂有常談舟經小阜汲朝氣載向空江夏讞夕嵐世味不勞頻竹與一杯清澈此中含

仙臺藥茂　黃正色

遠入崔巍石澗迴仙家福地好徘徊丹爐無恙萬山靜碁局未收孤鶴來藥圃尚肥當日草春雲偏上昔人臺龍沙八百相傳久只待碧桃花一開

余自黃岡遷於蘄北之龍山偶至蘭溪品陸鴻漸第三泉因而賦此　奚元吉

探奇幽賞訪名泉溪水蘭香別一天絡石經山穿隙古奔濤噴雪捲花圓盛來玉椀珠光燦注向銀屏碧彩鮮習習清風生兩腋翩然直與陸生仙

遊城後菴　邱民悅 邑庠生

大都薜蘿多祇是車馬少倚桐看石澗時時下鷗鳥

習靜芰湖別業　邱民極 邑庠生

蕉影覆長廊葉葉秋堪數伏杖即箬莓欲話還無語

七言絕

贈薛公均　趙良

三月都城景物饒繡衣疋馬出東皋羣黎拜首無他事好把丹衷佐帝堯

宏治十七年甲子應聘福建文衡閩人有干以私者叱而絕之作自着詩　李汰

見我寒酸故易看手書相誘共為奸豈知著力年來事止在區區善利間

其二　李汰

平生自誘欲何如今日吾心敢負初暗室廣庭原不易孰云仁義可蘧廬

其三　李汰

一讀軻書一厚顔我身空自老塵寰直須私曲都忘却此氣方能塞兩間

答楊驛丞　李汰

義利從來識欲真黃金難換腐儒貧莫言暮夜無知者柏塞乾坤是鬼神

送方大尹入覲　錢邦楠

驛柳蕭蕭驛鳥飛慇勤送客覲彤闈君王若問東南事莫道湘江赤子肥

登擊空亭憶倪紹江明府　蘄舊令　李幾嗣

漠漠寒潭徧野花空亭猶自鎖殘霞何如潘令栽桃日飆得河陽萬口誇

其二　李幾嗣

一水環臺兩岸花夜深燈火散雲霞風流人去高碑在熟得兒童信口誇

神光觀前書壁　周申

坐破蒼山碧草茵玉簫聲斷月移輪鳴花不識榆花落閒吠桃源洞裏春

訪古心上人其徒海印送茶至茶泉口占一絕　徐一唯

攜茶送客過茶泉清興擬同釋皎然莫道東林人去遠南州今已學逃禪

題溪塘寺　邑孝廉　何其譓

溪水長流溪寺側面臨山勢如弓月老僧真樸渾無事敲得鐘聲送遠客

過清泉寺贈守心上人　徐存德

橫江何日浮杯至户外探奇錯趾來顧借息心通慧覺耳邊一指喜如雷

贈古心上人　徐存德

笈杖經過履未西泠泠泉畔草萋萋憐予不奈文園渴好為紫桑渡虎溪

題李獻齋三當堂　邑庠生　周延奇

駟馬高軒意氣新出廛街楲入廛偵寧知拾蕙行吟者搔首田中體自清

其二　周延奇

黃獨無苗雪正深鐺中白石煮靈根先生舉舉黃昏後未許金齏比玉羹

其三　周延奇

清獻時常一瓣香每於衾影細商量烏紗頭上無相負不數悠悠趙孟良

過清泉寺作　顧東明

一池秋水冷無聲閣殿層層影自生翰墨尚存蘇子蹟幾經烟火未曾更

咏東門池荷花　邑令　孔榮宗

翠蓋佳人臨水立檀粉不勻香汗濕風來一陣碧波

翻珍珠零落難收拾

題松山精舍　　王之佐邑庠生

翠到茲山欲盡收一窩松竹野雲留老僧披衲搥鐘

磬聽斷無聲與鶴幽

蘄水道中　　劉若宰安慶人

籐花歷歷水潺潺無數閒雲腕上粘忽到遠山愁閣

筆却橫秋色在眉端

祝清泉守心上人　　熊文燦

不羨人寰幾百年茶鐺石罋愛清泉分明記得前身

事也是蓮邦一老禪

題斗方寺　　紫以榮

何年開闢此山來巉石凌空噴雨雷最是白雲娮客

跡只教烟霧鎖寒苔

詩餘

和蘇綠楊橋詞　舊志並載有和清泉詞誤押韻不錄　　劉應昌

漠漠野雲生竪亭亭岸柳干霄秋原粟熟雉囮驕夜

半猶啼芳草　　共是風塵小吏桃李難比瓊瑤披

襟舉幘過溪橋人醉蒼莊天曉

蘄水縣志卷之二十三

知蘄水縣事餘杭卲應龍纂輯

本朝古今體詩

五言古

午日赴郡至巴河過姚生叔莭　　邑令劉佑曲州人

午日巴溪雨數騎抵居舍多君款夕扉設榻花間榭

溪堂雲母屏衣冠舊王謝世講情依然歌舞歡入夜

明晨欲東裝山黑雨如瀉客坐集幽齋雲光滴盃斝

久厭簿書勞暫給琴樽假品茶復題石剪燭西窗下

意淡適有餘古道照顏也

送張郛山之浙紹司理　　徐東昳邑孝廉

禹越舊山川海上生黎庶清迹在蘭亭鑑湖秋靜處

所以甲東南長才足其御棋聲應鴒巢休矣刑法署

側聞泣罪仁茲土盛傳語西蜀琴鶴風吏此曾先著

皇王志康民急採當塗譽當塗亦何譽越中士與女士女

異天楚天楚當平恕六月發江濆坐看江流遠旌旆

古人心樽前誰借箸送君以三泉君載三泉去

玉臺丹井　　徐惺

郭外玉臺山仙人煉丹處人生天地間蔬水亦可茹
有所自而來如所自而去天亦假人爲會心嘿無語

右軍洗筆　徐　惺

右軍肆文藻洗筆豈成沼才人固有根墨華亦何旨
或者山川靈烟雲自迴遶我以詠兹池月出羣峯小

文昌聳秀　徐　惺

天中
紫微垣文昌居其前星躔忠孝宗照耀山與川蘄春昔
兵燹舊閣實遷焉我來在庚戌結閣浠水邊馮高望

玉臺俯瞰臨清泉爾來文風蔚孰非天所全從此倘
未衰人物斯綿綿

擊空明遺蹟　徐　惺

茗菴古邑治危巒來自東蜿蜒南以西下臨三尺洚
舊有擊空字厥書惟坡公吁嗟天地間浩浩本虛空
我亦慕公意引領來清風

秋影樓同等觀夜坐　王豫嘉扶風人

出門無遠近乘興起尋幽不謂囂塵內結兹方外儔
人與地亦迴締搆如林邱橋長從拂水山小不藏樓
憑眺睥睨外軋軋浠上舟清夜發淨理揮麈湯惠休
柳月墮南塘搖光亂沉浮鍾梵集天香俯仰慚勝流
蟲聲一何急悄然楚江秋涓涓梧葉落爲我洗離憂

姚貞婦王氏節孝　王澤宏黄岡人

翩翩雲中雁雙飛集清池雙飛且雙宿兩心不復疑
一朝衝風起死別而分離死抱比翼痛生含交頸悲
豈不念單棲摯性不可移月明三繞樹四顧巢中兒
父翩若摧折羨子好容儀羽毛既豐滿鼓翼如雲垂
奮飛上阿閣百鳥不敢窺竹花如竹實銜歸作母糜

雄者橫四海雌者守中坻恩勤鬻子者誰能辨雄雌

清明偕等觀上人游清泉寺二首　周斯盛蘄州人

出郭暢幽尋沿流振輕策春風散餘清浠河蕩浮碧
飛花時點衣鳴禽如笑客遥山亦含睇歷歷見白石寺後有白石山
入寺雖不遠已與人境隔草木各有能泉聲
自軌辟以兹冷冷心滌我營營迹澹漠無終窮幽潔
信足適奈何好奇者探源強別擇寺外里餘相傳有陸鴻漸第三泉

其二　周斯盛

旅次昧節候懶懷怯步屧湯休招我來遂得山心接

僧房不種花往往雲如葉葉新雲亦澄坐久映眉睫
緬懷黄州老曾此一登涉桑海變無常墨瀋今猶浥
遊覽本偶然但取意所協奚爲行坐愁擾擾如亂蝶
余亦白髮生誰能對鏡鑷東坡遊清泉詞有休將白髮唱黄雞之句寺額東坡所題

和李明府捄木葺文廟二首　周斯盛

梓杞生崇岡亭亭孤且直沐浴日月姿欝紆霜雪色
不知幾年歲幽貞善默默良才古所稀知已不易得
運會誠有時一朝遭拂拭恭承明信意懷抱不敢匿

知君郎瓊樹爲君成羽翼文章世已驚剪伐固所亟
良驥九方過神劍風奚識契合非徒然顧言保令德

其二　周斯盛

足民本農桑厚俗敦學校農桑化輓輸學校廢弛盜
草昧蘄春城講肆迹如掃從來綰符綬不暇謀德造
今人重催科古人重文教惟君識本源勵志在化導
陽崖旣晨擊陰谷亦夕到以玆匠石意登頓非所悼
直爲東真心豈獨覽山貌蜀郡美徽音奕代廉同調

浠川憶山中茆屋　李恕四會人

崇巒吐清氣邃室延幽光松風亦多情瑟瑟吹草堂
偃仰遣棲遲詩卷娛丹黄豈無饑餒來孰使娛中腸
枯桐發新聲四壁皆陶唐騎驢入城市昏昏惟酒漿
長揖別臺榭茆茨吾敢忘不見陶元亮終日守柴桑

巴河舟中　顧景星蘄州人

河聲帶大江秋水稍欲落南風擁高浪崖竇轉滗潏
前山上霽日宿霜倏如削應知夜雨來飄灑向豆藿
炎歊不肯退時值三伏末俯舷愛清流庶以療肺渴
江湖葦清晏腐儒老邱壑浩蕩宇宙間猶然殊生活

客言五月中岳陽雲氣惡千里巴陵湖波心涌城郭
五月二十五日憶在庚戌秋此怪曾一作山靈亦蒿目人事
卒焉託望望西風塵雲中眯黄鶴安得起謝公風煙一清霽

蘭溪

飛雨自東磵湍流抱西岡原自英六合衆溪西流過浠水入于江沿河
聽汹響曲折通舟航旭日水上出澄光蕩青蒼石壁
閱人代流傳半荒堂陸泉旣已失丹井安能詳筆沼
訪墨竹圯橋猶綠楊向非蘇黄輩佳境何繇章空明
四十里三月春草芳撫影歎變化懷賢多感傷

登石門山尋陳匪石何小皃子雋諸同學　楊繼經

杖策遵修垌紆巔尚陵緬嶇嶔巖徑仄流漱露光泫
羣峰既我從曲折勢難辨殊響忍鏜鞳亂流正清泻
白日麗原隰倒景翳陘峴嘗懷丹卯生自結青霞探
羽駕不可從遂使術阡淺拊兹由獨往乘月謝偃蹇
雲際暝當還落木下苔蘚

初秋晚投友人竹林　徐進 邑庠生

饑來迫我走欻然值初秋曉雲澹遠岫飄颻忘所求
此行猶在伏亭午仍汙流少憩投所契竹杪殘陽浮
開門相顧笑子亦為食謀浣巾拭其簟汲井滌其甌
坐我修竹下竹暗風颼颼歸鳥四面落鳥喧竹更幽
如碎萬竿玉雜之以歛謳萬音響若一不辨鶯與鳩
騣聽嫌其聒聽久心悠悠

姚貞婦詩　郡守 張良嗣 遼陽人

巖巖浠川山浩浩浠川水山水毓靈奇相業傳姚氏
文孫挺異姿佳配難為擬瑯琊本世家有女才德美
願言締百年琴瑟靜蘭芷春風拂鏡臺秋月照書几

韶光轉盼非中道催難理化石望不還泉路期相俟
仰顧堂上親兩兩差衰矣俯視懷中兒呱呱襁褓裏
俛俯各誰托何敢遂一死擊髻謝鉛華竈手脫簪珥
代子勤溫清課兒飽經史兒以毋兼父翁賴婦如子
卓哉稱未亡三世一身倚貞心氷雪同勁節松筠似
只今里黨間姆儀咸仰止巾幗而烈裳鬚眉較多耻
表彰曰予責持獻需年歯我詩備採風更以勸百爾

六神港官克之山居話集 克之名燃敷邑庠生　張鴻道 慈谿人

乘春恣遊眺言歷清溪濱山山舍蒼翠曲曲流漪淪
漁舟還上下炊火吸烟雲石橋架懸崖山市臨幽津
水廻岫復青依依殊可親哲人秉元鑒卜居為比隣
寂寞桑牖間書卷縱横陳足跡遠城郭蕭散絶囂塵
昔常剡溪去乘興不嫌頻滿載餘杭酒多邀曲水賓
我家越東鄙未獲接清芬偶然成遇合相對寫懇懃
烹泉復炰炙洗爵抒妙論所嗟投分晚倉卒逼斜曛
感嘆獨歸來怱怱如飲醇

採木山中作　邑令 李振宗

採木南山下斧斤以其時晨行宿霧中披荊路逶迤

林壑如有靈受此雨露滋覰彼衆材妙一二多瑰奇
工師慎取擇聳幹忍棄遺直道古所貴大厦惟共支
屈曲幸自全棟梁媿非宜嗟哉松栢心千年今見知

遊浠川月石巖有謝女飛昇石　陳鼎元 蘄州人

南風不吹平五丁亦未闢致令亂山中聳此千仞壁
造極無人境邪經謝公屐我來爲探幽攀蘿恐一擲
墨雲蒸古松白晝昏如夕相傳月石巖云是飛仙宅
一團蒼老色不似廣寒碧謝女杳難尋空留一片石
豈亦竊靈藥徃步姮娥跡削成青玉峽湧出白虹脊

試問過來人相去還幾尺

蘄水士民爲其令尹侯公乞詩予耳其政聲舊矣因
賦一首　陳大章 黃岡人

爲政若馭馬調人譬治絲馭馬無竭力治絲勿棼之
令尹親民官厥爲慈惠師上以經
國本下以郵民私藴黃與卓魯寬猛各有宜悉心求人
瘼實至名亦隨頃歲三吳災告糴連尻脽泛舟急飛
電一利百害滋吾郡當其衝刮地無留遺頗聞浠川
宰次第能張施憂國如憂家哺民如哺兒輸轉多實

惠散歛匪虛縻一方訖安堵觀聲達四陲我聞重太
息救荒寧須奇斯民今猶古莫謂無秉彜因之訪餘
政道路多口碑隴雉馴拊翼村犬臥生氂此亦豈異
術誠心念在茲士人未入官飭古尊筌蹄高談陋世
務蹙頞視有司一行綰半綬初心日已非縣令古諸
侯萬衆所瞻依祿入已過優名位不爲卑鼂君守初
服努力匡盛時

王心齋由宛平令出守南雄行次里門過訪寓齋詩
以送之　夏力恕 孝感人

君昔起諸生
召對明光殿一語動
至尊綰符守赤縣強項一時開丹心乃益見京洛諸貴人
往往爭識面側望好鬚眉心醉瞻亦願天欲老其才
七年事
畿甸非拜嶺南
命道出楚江岸閭里望歸人五馬桃花片車服固改觀鄉
音仍野諺我待蘄春間兼尋採藥伴憶昔送君時敝
麗鎖黃巻今朝

帝錫多委巷光如電昡匣内府盤辟壓揮寶扇螭頭蜀錦
來馬背吳綾薦卽事感行藏顧言申繾綣自古報稱
難況當酬
帝眷敢辭良藥言聊作醇醪餞生平最朋交孤立絕黨援
豈有七尺軀寄人籬落畔斯語舊諄諄再三忌聒亂
蹞步趺衢途濫觴起河漢萬事多儻來百年惟内斷
胚胎一以成霄壤從兹判器大人用爵公輔等曹椽
不聞權衡心可以輕重變器小爵用人有若丸常轉
小覺聲章移昏腸胃換

廟堂資股肱誰弗操左券器也幾如君所期在拜獻暑雨
惕征途行矣戒昏旦京我舊時書滌我窮時硯經綸
貯腹中載之一欵段丈夫策勳名事須留簡汗賢良
二千石允爲天下勸桀桀羅浮梅折枝休折幹團團
合浦珠還去均非願楚材世所稱要君一敵萬姓字
紀屏風早晚慰宵旰我趨十駕塵常苦二監絆一事
差情怡老親猶健飯

綠楊橋遺址　張素臣

名勝久荒蕪蕲陽有遺址春曉亭畔橋綠楊三五里
清泉鳴芳蘅墨沼滋蘭芷一片杜鵑聲淒淒沁人耳
自昔坡公來明月爲知己醉依綠楊根欹枕卧不起
勝地以人傳留藏在
國史至今問前蹤荒烟迷離爾綠楊橋上人綠楊橋下
水橋水日夜流橋人不再矣

三鳳咏 為蕲水徐澹山黄岡周展野張虞溪送行作　莊有恭 番禺人

楚黄有三鳳曰徐曰周張淳精稟朱行五色成文章
食粒豈在亭致身千仞岡偶集鳳麟洲得一愜所望
余始識澹兄於京師 噰噰相應聲虞溪來沅湘比翼各交輝

小山誇女牀周也禮不致隴蜀心倀倀類集未卜時
分飛何太忙不集鳴歸昌翻舉鳴上翔固知非梧桐
篠簜蓋筥筐安得貢阿閣睽翩鳴朝陽

丁卯六月茂建過蕲謁履謙五兄出其所藏圖書令
客觀之茂建以匆匆欲歸未能盡領其妙也因記一
首而兩人之性情學術針芥之合亦槪可見已

周茂建 黄岡人

長日長芝蘭圖史分天巧碩鼠飲其餘欣然得所飽
畫師悟前世追逐出奧窅道人愛神駿飛騰勢却掃

美璞山生輝奇情世之寶怪變峰多立應接割未了
雲心天際留風篝月中啟
贈周宗魯　周茂建
君以儒爲俠山海皆能涉富貴若浮雲詩書存本邑
昔赴蒲輪徵要路得肩息長揖無將軍不來有王式
如彼西來馬羞受金玉勒如彼陸漸鴻偏使羽毛匿
千金既已散斗酒無所得故人招之飲狂態不能默
人皆惡其言我獨飲其德清泉白日間位置當爾特
閒雲閣題贈僧人　邵應龍

依山架小閣時有閒雲宿我來窮眺望溪山入畫幅
迢迢浠川水環繞如往復鸂鶒鳳棲巒煙霞籠翠麓
山僧掩禪關靜坐忘寵辱雲來任無心雲去歸空谷
長松修竹下楞嚴卷一束朝魚暮鐘時爐煙香篆曲
物外空諸有無求心自足愧余塵埃中若爲浮名逐
山雲如有知應笑余碌碌何時得暫閒來此結茅屋

七言古

慈烏行詠姚貞婦　姚淳燾烏程人
虞淵燀赫西日燻長松下摧青桂焚啼烏啾啾泣夜
雲將雛含哺恩斯勤泉下有穴地有門今欲從之靈
恐嗔雙九東西跳亂亂秋霜既零春露翻雛飛蹁躚
喙緣芹鶯鳴求友鳳求臣月朗中天照重閽堂上羽
衣白如銀南山石爛浠川乾斑竹生汗萬古新
寫寒山圖題寄蘄水程尼城元宣　李恕一
二十年來滯雙趾拓落論交少知已削迹難投逐客

書獨採江蘺向湘水一杯對飲哭燈前搔首捋鬚吟
可憐半夜開門問山鬼山鬼不應星河懸且喜蘭溪
入金谷修竹池塘帶書屋無端移去傍他人不見鳴
鶯見檟木買山卜居逵亦窮老僧沽酒酣老翁只言
方外得怡悅誰料逢君蕭寺中逢君索我寫詩句又
索枯毫寫枯樹英年意氣干霄雲邂逅之間已如故
何不結交尊貴人老夫耄矣病且貧安得爲君致高
譽世人寶玉君寶珉王屋歸來未相見一瘧再瘧長
瞋眩欲往從之霜露繁咫尺金牛隔鄉縣寄將一幅

寒山圖紅樹蒼松無處無請看別有歲寒意腕下毫端無老夫

憶玉臺山春曉亭　楊繼經

玉臺芝老狼煙矗三十年前山盡禿玉臺花發春雨深又向巖邊結茆屋屋前寂歷春曉亭春花爛熳春山青春泉欲斷不復斷春鳥未聽時可聽三年此別意長往石門苔磴隔塵壤昨夜燈前夢落花依稀似到山亭上

楊菊廬索題春曉亭　華亦祥無錫人

蘭溪之水清且漣兩流汨汨稱名泉屹然有山在東郭昔人丹竈今依然流泉斷石蒼翠合綠楊橋亘連山巔山曲有亭傍閣立萬象森然一眼集村村雲樹錦屏橫簇簇園籬花雨濕猿蹄萬壑楚山空燕集沙堤江水急水濱漁父棹歌來樵叟提壺戴雲笠遊人相見不相識無端邂逅相憩息高懷寄物惟楊公前與髯蘇趣畧同名亭春曉春常住此亭千古來薰風

春曉亭歌　查培繼海鹽人

春曉曉春春欲曉枝頭宛轉啼山鳥山鳥流紅春不知飛花如霜春已老蘄陽達者獨憐春每踏深林散襟抱玉臺山畔探幽奇蘭溪岸曲騁窮討玉臺蘭溪隱聖靈仙蹟羅羅紀玉清蒼虯夭矯凌碧漢石羊紛披走赤城翠壁丹梯儼天洞蘚床石竈離塵纓猗蘭十里香濃郁羽士烹芝調玉羹俯瞰長虹吸波白瀛洲學士寄幽情搆之傑閣寵以亭亭名春曉春風生春風冷冷春月明尋春士女擷芳蘅豈無白鹿駕仙人霞光絳幘駐山楹縱遇羨門人不識蕭踈漁牧自寒溫

勅贈南母李太孺人節烈詩　潘士謙黃山人

故明末祀現欃槍黃金亦眉肆縱橫廟堂聚訟無定見徒將撫勦相譽爭勦不討賊但戳民撫惟射利功罔成蔓延日盛勢莫制君子皆為小人輕楚黃被禍尤慘酷僵尸載道遭荼毒阜哉蘄水南太君從容殉義無瑕玉少小何曾出繡閨天傾地坼避崖谷鋒刃臨頸白如霜強項罵賊皆刑戮猛拚一死樹風維孝子仁孫恨難贖至今長江萬里流陰雨常聞鬼夜哭彤管千秋姓氏香

國史鄉評紀芳躅

王氏節孝歌　李振宗

蘄春八月初停轍採風待欲披貞節縣譜猶傳宰相家潯陽江上留雙烈烏柏紅經三十霜懷清遺事今堪說有子趨庭讀賜書門高交滿公卿列李心然諾重當音塵世涼蟾幾圓缺北風蕭瑟撼西河素幃幾度相辭訣只爲縲絲養大家兼肴荻管存瓜瓞綰離琵柱調孤鸞春隅空庭花百結祇今玉樹漸菁葱祖摩心頂翁心悅能把氷心護茁蘭誰言巾幗非人傑

生女猶將節義持王家那得淮流竭愧余守土有成規表章未使幽芳擲惟期教子早知名壽母高題貞孝碣

宛美歌為黃葱雲先生作　畢紹昌

不見先生已六年先生之去蛾嵋巔夢中數與先生遇醒時先生若幕煌田仙閣上雲依樹紫雲庵下石流泉嗚呼先生去不還長安哭兀見一士鬚眉語笑幾宛然乍疑遊戲向燕市平生學仙今果仙使我雙眸不能轉淚斷西卅忽覿面生寫一卷小像圖穀城片石猶幻變昔者孔北海沉思蔡中郎瞥見虎賁肖引生話高堂雖無老成典型在痛哭無如此語傷百歲千秋幾知已大雅淪亡賴有此昌也今爲潦倒人窮途廢學生吞鄙嚋昔手澤留丹鉛開篋發歌時徙倚世間流水亦能西

送南偉公之任長山　李見瑤

鷄火吹煙午晝長危映榴花琥珀光使君持節君門別行行東出泰岱旁岱北岱南舊花縣棠陰閣上顏生面手種桃李百千株至今春路猶爛熳昔同待聘

長安道致身雲霄均不草橫才八面首推君匣裏光芒聞雞早留牧中原十二年簿書歷練波瀾老君家民部起上第小試烹鮮越諸暨南山先生益仕浙之諸暨咫尺瑤堦旦晚過拊循妙得仙人意即今

聖主念蒼生簡拔華簪寄崇城於陵第宅聯鄒魯採風莫負絃歌聲鳴君撫琴溢君土文正祠堂循吏譜二東立望起瘡痍與爲父也寧爲母典型不遠古人師壘書飛下白雲塢

閒雲閣宗印上人作題徐顛客浠川縣圖顛客名琮蘄州人

夏力恕

我聞昔者有二顛在唐曰張宋曰米墨花淋漓酒氣
濃石勢突兀筆鋒偉今之顛客何為哉風流與昔相
鼎趾高懸鐵畫凌漢秦恣意蒼練倒山水解衣盤礴
天地間白眼科頭冠蓋裏浠城川外閣最高我時廵
蹬跨其渓山禽入座明幽香老樹浮天塌素紙壓市
聲常渡水來踈鐘亦逐漁歌起老僧示我卷軸佳彈
九城郭論萬里遠觀不暇視標題顛氣勃勃來口耳
貼水雙橋兩岸支摩霄一塔半山倚雲生衣袖朝雨

青霜過秋林暮霞紫此閣飄然入畫圖最幽最僻最
中峙參差巖壑橫兩頤如左右手護唇齒滄桑兵燹
與絃歌浩刼荒城幾屈指萬竹叢陰硯先香顛翁意
匠此間是前年我寓鄂州城邂逅見翁之二子長
磊落尤好奇一身飄泊身如洗只餘顛氣酷似之高
士箕裘乃若此夢隔鄉關遠別離眼看邱墓生荆杞
蒼涼遺跡滿江湖珍重搜羅光
國史即今展圖重慨慷南州榻在空爾爾今人不復意
古人三顛名謚從茲始老僧若肯繼大顛參五以變

亦奇詭

遊清泉寺　　周茂建 黃岡人

浠川居士何勞勞指點頑石飛雲霄我欲圖繪仙風
飄黑雲影落西江蛟摩天古劍揮冰綃涎洗巴化流
腈膏鬼神呵護走猿猱潺湲滴瀝來顏歠洗滌五臟
除煩囂纖纖盥手盍溪笔李伯卿芻烏牙聲知味辨色
非吾曹山林無復符來要富貴致物何矜驕

贈方紫山　　徐立蘇

古稱鄉國多善士眼中誰哉奇男子結交之道重金

蘭與其為醴寧為水我有懷人姓者方家居小巷城
東裏檻外橫塘清照心門前稚關森如齒蕭踈楊柳
自生風淡鴿閑雲眠不起興懷安道輒相過到門欲
扣還自止徘徊躑躅久不去戶內書聲尚徹耳我感
此意良太息城市杜門廼如此丈夫生不上堂揩囊
空四海惟經史爲想酣歌嘯咏情胸中當復無餘事
勞人日夕薄言歸歸馬斜陽墜如矢願言假寤託通
誠未到神仙風輙馳晨起披衣坐未安叩門云有青
鸞使啟函上言會晤難下言屬我書箋紙遂潔何爲

點染生渣滓傾垂事業揭休風一洗鉛華爭糠粃何
時竹榻掃松陰揮翰清譚發妙旨却愁此身似飛蓬
計日將復行萬里聚散風雲難遽量各期無負於知
已

乙亥臘月舟泛蘭溪有客餽茶清香甘美詢之乃陸
羽第三泉也拈筆漫賦　　邵應龍

我從京口泛江心第一名泉光皎潔又從錫山挹惠
泉泉石清漣香且洌二者之外不聞他茶鼎松風稱
兩絕今逢殘臘赴蘭溪醉後紅爐煮氷雪氷雪之味
若太寒好水難於求趙璧忽有人兮餉龍團瀲灧杯
中浮嫩白枯腸頓得三椀澆真得清風生兩腋異哉
此味從何得頗似金山惠泉液細詢父老所來由云
在此間近咫尺茶經陸羽第三泉瀰川勝地名籍籍
朝來泊棹上山崖特爲前賢覔遺跡泉源半畝蓄方
塘荆棘縱橫連阡陌瑩湫偏不受塵污鏡面平鋪照
眼碧持得清泉數甕歸活火煎烹快吾膈蟹眼初看
魚眼生妙法欲傳鴻漸脈

洗墨池　　邵應龍

右軍昔日傳妙書揮毫定用蘭溪水試看波浪鬱蒼
蒼尚有墨瀋餘水底豈爲墨瀋餘水底滴瀝琅玕竹
尚紫

五言排律

楊傳人夏非熊諸公雨中邀遊清泉寺

劉　佑

近郊小歇處香刹隱層巒一宿堂何在三賢跡未殘撥雲捫峭壁俯石吼驚湍綠樹攢雕拱青山倚畫闌竹風經帙亂花雨磬聲寒潭靜留天影泉甘試月團溪山誰作主詩酒未妨官苔嫩真堪畫嵐輕秀可飡高譚驚野衲小艇渡逢灘落日漁歌起閒情愧釣竿

步劉雲麓父母遊清泉寺韻　何之旭

雨餘溪響發出郭渡層巒字古苔生綠池深墨未殘蒸松雲到缽枕石夢闌湍饑鳥時窺戶潛虬欲上闌山樵桑桂賤泉沸酒歌寒坐對漁燈渺行看月影團文心如舊約詩思自忘官畏陸驚先着依劉且勸餐琴敲花似落凫動虎過灘何日得樽酒重來問釣竿

溪水廻瀾　張師聖 邑廪生

矗矗層巒廻溪長疋練縈清潭翻絕壁急瀨繞山城石曲濤旋轉岸斜水縱橫潺潺搖日影浣浣漾星明漲起魚驚躍風和浪欲平晴空雲氣淨遙映碧波清

辛卯公車道中作　李　華

細雨流新響鮮鞍倚石橋遊情知澹澈語笑半飄搖日近鄉思遠雲橫雪影消殘更猶未夢忽報已來朝

坡公遺碑　高耀基

原是佳山水因公始一名以知千古事不在數行爭歲月流如駛溪雲度處輕有言慎勿記且與澹秋聲

閏七月初八舟出浠河夜泊逢大雨距蘭溪尚二十里　徐東映

蘄邑吾將老浠川此夜舟枯蓬逢雨急細火傍沙留

壯志猶桑梓飄蹤半渚洲明晨堪放棹一望滿江秋

朱泉詩 有序　何之旭

花埠之南去余宅數里有地曰朱隴中有磽田百頃其間湧然有泉仰出夏涼而冬溫有芹蘭生其旁其甘美異常土人名之曰朱泉或曰先有隱者朱君居之或曰昔土人耕於此見大石釜覆土人百計出之震霆立至大雨雹泉沸高數尺見小龍十數皆尺許倏忽游迅泉邑赤如硃因以名焉此地無名山大川奇木怪石又無騷人逸士往來遊賞而此泉遂泥塗

汩沒於荒草中嗟乎世之不遇青雲之表彰以自湮沒於世者豈少也哉因詩以紀之

獨守谿田洞澄澄久不更交遊蘭蕙重代序燠涼生禽鳥曾何跡風雷總未驚無人還自潄古道照蒼秔

舟中送別姚元魯相國之侄　徐惺

擁被扁舟卧凌虛聽大風夢迴殘夜墨心憶小春紅飄泊眞無計離愁轉似蓬故人今欲別前路惜西東

雨中泛浠水過陳氏山齋　周斯盛

到此忘孤客眞堪卧一邱漁舟來檻下鳥語落墻頭夕雨飛仍急村春響一幽怡然人境外無事更埋憂

其二　周斯盛

杜宇催春去提壺喚酒來入都臨水坐簾爲看山開暮靄當門樹輕寒蘸甲杯客懷殊未已欲去更徘徊

同等觀上人過萬兼山秀才山齋留題二首　周斯盛

別業依城曲清陰面面開檐虛初日近地僻晚雲迴叢菊枝仍潤垂楊手自裁閉門稀剝啄只有鳥聲來

其二　周斯盛

荷芰紛斜徑藤蘿覆短墻偶隨方外士閒過讀書堂山色東來滿溪流西去長茫茫夕照外極目楚天荒

送周既樸孝廉下第南還名梓　郝惟訥霸州人

多材推楚國模楷在先民射策經綸古傳家衣鉢新十年工一賦六翮養三春無限青衢路行行尚自珍

揭菊廬索題春曉亭　徐元文崑山人

四眺雲峰合千迴石磴開丹巖臨綺榭錦渚傍層臺曙覺春禽好吟生灌木哀何人會此趣獨愛草元才

和李父母賑饑原韻　張屏公

叔度來何暮今方樂辭懸荒村咸帶月冷竈復含煙春色河陽滿歌聲越水綿輿人欣化日直足駕三賢

迴風磯　張鴻道慈谿人

危檣休漫掛此處獨迴風亂石攔江半狂瀾潄壁空長携雲作伴時有雁來同已識隨波意興懷轉不窮

送李欲仙之蘄水　彭定求長洲人

君才非百里捧檄暫南征驛路秋雲與征飄漢渚輕綠楊敧枕畔丹井拂泉聲仙吏忘憂去輿歌次第鳴

偕等公遊清泉　周綱

郭外尋幽徑春風引路長飛花縈客袂小鳥說年芳
修竹團清影孤松盪日光遥聞鐘磬響山曲是僧房

其二　周綱

雲門遠市闠泉碧映遥天芳草無人跡斜陽何處烟
引遊隨老衲流墨想前賢亦有干戈擾殘碑欲悵然

和外舅蘭溪月下還署　丁棠發 嘉善人

衝寒當歲晏況復戴星行欲作循良最須令訟牒平
氷霜威自霽剝啄吏難驚飲水知公信壺漿野老情

溪上和別張岳耕　丁棠發

山縣同爲客關心君病多蕭閒商藥裏眠食減愁痾
神遠交偏淡途窮志不磨曲江風度在青白眼誰何

其二　丁棠發

一從仙蛻去山冷鳳難棲樹老嘶官馬城荒報午鷄
紙窓風自語泥屋雨常迷歸去江南好花蹊與柳溪
別如鬮宿巴河懷箏師曁官鴻去鄭存樸

向古

浠水連雲鴻輕颿不暫停鷗浮沙渚白烟亂暮山青
江接巴河市人依帶草亭醉鄉昨夜月獨寐嘆晨星

春曉亭　沈令式 德清人

蘄春佳勝地百尺玉臺山背閣寒煙繞臨流落照閒
幽棲躭逸侶獨寤惜韶顏丹井知無恙何當鍊九還

秋日和李雲浦送酒　方舟 蘄州人

天涯無箇事埨影伴窓斜刺史王宏酒龍宮慧遠家
孤踪隨野鶴詩卷對秋花一水東南隔荒城返暮鴉

湧蓮菴　李振宗

清池蓮湧處小築勝名流松徑清殘暑僧房入早秋
霜前新菓嫩雨後晚苗稠自笑多迂拙乘閒欲解憂

同友人飲文昌閣　李振宗

臨水紆岐路憑山聳翠樓榴花猶照日踈竹已迎秋
詩酒牽鄉思嫣歌管客愁倚窓登眺絕千里暮雲浮

宿太乙閣　李振宗

江雨常作雨況復是春寒捲幔風增怯添香話未殘
思因愁病斷夢藉客杯安待月瞻牛斗空天放眼寬

贈浠水金亮言 思默故人翫之子　顧景星

友道觀生死凡情殊不然爲憐任昉子欲著絕交篇
但豎凌霜骨仍存舊日氊青山作屏障好在枕書眠

尋第三泉　　顧景星

分茶陸處士戴笠老坡仙荒草迷前路名山伏後賢
莖蘭空磧裏烟雨大江邊誰道寒㲉失廉泉在目前
欲仙求之五年不得其處

尋綠楊橋　　顧景星

悠然今古事杜宇一聲中誰卧橋亭月偏當酒旆風
舊堤無老樹野店發新叢往蹟知何在溪花處處同

洗筆池　　顧景星

文竹留餘墨千秋照水涯如何右軍意獨許此君知
老筆孤鴻爪前賢一字師接羅堪倒著日日醉山池

秋晚行蘭溪道中　　王風嶶 黄岡人

山行十里許幾隝桂香來何墅卧高士孤芳送小嵬
螢飛路不暗鐘度寺難猜晚色多幽異漁舟喚渡開

飲桂延陵宅時延陵入居邑城有厭煩更遷意故慰之　　徐子芳

城市亦幽逸入山何必深有光能自匿無物復相侵
以此安時論知君同素心相逢關損益不在酒頻斟

酬崇山和尚惠硯　　鄭文光

片石端溪種由來不計年禪關深歲月碧沼起雲烟
經濟從中出文章賴汝傳感君持以贈寶作子孫田

由斗方寺西細路入羅漢洞　　李見傑

疊巘青霄出到門雲亦歸風霜摩石老今古歷人稀
窟轉循旋塔蘿牽作薄幃下方空視此誰識我依依

上巳登天然寺　　李見傑

三日驚春暮天臺危路通江明西塞近雲淨上方空
貝葉翻初地幢幡曳大雄山僧忘五蘊何處會宗風

三泉異味　　畢紹昌

吾愛陸鴻漸評泉復著經千岩知茗性一艇入蘭汀
標我雲潭味懷君古宅星松風鐺裏出已覺似中泠

贈詹宜震　　南光發

詹尹稱高士傳神更絶羣胸懷隱岩壑點染起烟雲
茅屋山中卧丹青天下聞桂花香正滿來共醉斜曛

贈李美發石竹詮 名根　　梅舒 邑人

雅道誰能識唯君覺自然到門人似玉默坐意如禪
竹植王猷韻石經米芾傳百年同醉賞樂此續前賢

湧蓮寺和韻　　李根 邑人

蓮湧當年寺佳名得久畱村烟依夕照江籟渡新秋
楓葉紅初染蘋花碧自浮扁舟尋勝跡盤礴足銷憂

過如是菴坐御之上人方丈　李　根

古院濃陰裏坐來山外山路通松徑曲扉轉竹林環
天影峰頭濶雲光几席閒境幽人寂寂悠意竟忘還

古愚上人邀入山不果詩以答之　周　尚　邑寓

風塵雖久厭山水待知音如可尋芳草因之寄遠心
嵐封青嶂密路入白雲深虎嘯東崗下蕭條坐夕陰

再至龍窩菴　程元宣　邑人

再過橋邊寺到門見遠峯隔林惟聽鳥近岸忽聞鐘
曲水通三徑空山列幾重誰知今寂寞斗室卧愚公

乙亥九月過訪李二世兄山居拜謁十潭先生遺像感賦三章之一　程元宣

十載依金谷何年到玉臺腸迴溪上水淚濕嶺南梅
桐葉悲秋暮猿聲惱夜哀重泉一片月空對楚蘭開

立春夜宿葛洪山　程元宣

披衣當靜夜倚竹聽東風寒景何時改春光到處同
隣鷄催曉月松梵雜晨鐘山色明如許令人憶葛洪

登玉臺山　張師聖　邑庠生

曲水環城堞烟光望裏奢遠山懸暮雨嬌鳥囀春花
井畔芳踪杳洞門石徑斜丹成曾化鳳何處覓仙槎

周省吾王心齋過訪畱飲即席漫賦四首之一　夏力恕

落落看吾屬行行匝此庭草吟詩裏綠山酌酒中青
婦拙堪同隱兒痴且一經碣來論往事百念盡消停

浠川文昌閣六首之二　夏力恕

閣自何年創僧居老欲仙未嫖偷半日難了第三泉

古木平鋪地踈鐘遠接天此身慳羽翼迴望逈翛然

其二　夏力恕

萬山圍不住眞宰意森森塵土憐朝暮生涯夢古今
美流因洗耳看竹亦虛心別有無窮趣蒼茫未可尋

同佑倫諸子遊文昌閣次舊韻六首之二　夏力恕

春郊浮暖日溪水卧危樓屈曲如相抱清空若未流
亂山蹲虎豹交樹挂猿猴到眼仍城市將毋負此邱

其二　夏力恕

聞道今何暮吾生已厚顏醉醒多少事夢覺幾重開
落日空疑海浮烟遠作山箇中凝睇迥此意莫輕删
徐佑倫赴滇南送行六首之二　　夏力恕
天語誰當宿嚴冬正遠行夕陽紅樹盡衰草白波平
有歲隨人望無紘解獨鳴文章與經濟翹首自公卿
其二　　夏力恕
莫薄官為宰須知國重民萬家能穩卧一路是陽春
天地存吾屬山河惜北身道旁相借問辛苦讀書人
石泉精舍看梅四首之二　　夏力恕

野趣躭幽地寒重入洞天水隨三徑繞山个一城巔
氣肅當簷雪光融薄暮烟等閒成小集尊酒玉堂前
其二　　夏力恕
往歲經元暮慇期未得看即今花事好自古盛名難
勁節隨修竹天香任牡丹飄飄衣袖裏歸去襲輕寒
蘄春佳勝地次沈韻　　徐本任
清韻隨風發春光倩酒銷亭招浠水月歌壓綠楊橋
翠竹一床近青松萬古遥沈公遊覽去勝槩自寥寥
遊清泉次方五濤韻　　李大鶴

沿山尋仄徑微雨洒松枝寺以泉稱勝僧因老更奇
烟霞情似我水月更忝誰面目眉山叟風流應在茲
石潭月夜泛舟　　汪世燦
高秋逢好月巨浪涉滄茫水底驪珠湧空中桂子香
扣舷揺玉幌擊節散晶光不淺今宵興乘槎想漢郎
蘭溪　　周起璸
半掬蘭溪地人烟出綠楊沿門齊見水避圻每移堂
日落船依市江溢藻在梁三冬收潦日一雨亦徬徨
罧潭　　周　璸

極目寒秋浦中流見石門河魚排鴈字[illegible]下雲根
西塞煙波遠名泉古碣存悠悠何所際新水倚潺湲
和南樗野遊仙女廟原韻五首之二　　余華國
白雲空去日黃鶴返無時但有名難村何須其在斯
陸龍誅旱魃水可靜馮夸誰見桃源畔於今尚架犁
其二　　余華國
聞説遊仙路崎嶇最膽寒懸崖無雀過深洞有龍蟠
藥舊搥霜冷丹爐候火難怎如仙馭穩鸞鶴往來安
訪蘓長公綠楊橋遺址　　邵應龍

蘄春名勝地蘇老有流風醉月眠芳草臨溪解玉驄
小橋何處是綠柳幾廻空唯有子規鳥聲聲春曉中

偕徐達夫潘鳴虞南樗野張扶九方紫山汪園小飲兼懷徐澹山　邵應龍

公餘饒雅興載酒聚嘉賓座擬南皮盛園如金谷春
一溪羅帶繞千嶂翠眉新無限蒹葭思夕陽回首頻

丁丑秋初中尊雲谷先生聘徐孝廉澹山句徵士樗野暨諸同學開局修志喜而有作即疊汪園小集元韻四首　貳尹烏程人　鳳

仙吏才名重曾傳觀國賓栽花來楚甸，　潘蘄春
次第勳猷集輝光志乘新好將班馬筆留照古今頻

其二　潘汝鳳

著述誠難事徵修禮上賓提綱先體例詳校閱冬春
鐵筆霜凝冽鴻文膺化新鑒裁歸巨手末誼不須頻

其三　潘汝鳳

南徐兩學者應不愧賢賓自受文侯聘難安少室春
籍開圖史古藻發歲華新餘子能搜採無嫌問難頻

其四　潘汝鳳

大邑遺文獻名山館列賓玉臺爭吐彩班管自生春
往籍百年晦幽光一日新哦松慚謝劣頌德敢辭頻

蘄水縣志卷之二十四

知蘄水縣事餘杭卲應龍纂輯

本朝古今體詩

七言律

春日飲雲路賦得晏黃花限韻一首　畢十臣

一片冰心對物華半隨流水半隨花與君但不嫌名
姓念我何須問室家蔬圃藥欄長自在芸香野綠等
天涯放歌自省生來癖不寄籬邊學押衙

贈畢生　[illegible]

滿樹紅梅欲放春相邀促膝共談祕千[illegible]
勝萬字揮毫世共傾雨色一天簾外影茶香盈室座
中薰低徊日暮身千里剩有斜暉對故人

祝清泉守心上人　金甌

青山亭畔見幽人相對惟餘元度親自是空門忘歲
月況兼遁跡遠風塵長年振鐸天花落百代傳燈貝
葉新若問個中誰悟得蕭然一衲老江濱

咏銀杏樹　程維伊

登龍山麓程杏亭宅右有銀杏一株傳晉杏山葛
仙翁常留此種宋郭侍郎手植也歷今八百餘年
高百尺枝葉扶疎重陰而益肰如亭盛夏日不穿
地爲一邑喬木之冠異鳥時巢其上程因號杏亭
處士

誰云一木所關輕八百年來事幾更勝蹟爭傳仙葛
種遺風祇識侍郎名歸雲常擁遊人意過雨翻迴宿
鳥聲笑傲荒亭閒自適時來樹下問流鶯

贈黃美中　劉佑

江夏無雙道自尊羨君白髮老蚲樊孤[illegible]羅

徑五柳何年蔭竹門白練題詩驚北里青[illegible]邀友過
南村但期叔度頻相訪小閣秋高聽夜猿

贈邢個士　劉佑

雞林文價重浠川俠骨奇情只自憐山色凭欄青入
座湖光載酒綠沉船臨池筆洗羲之墨留客茶烹陸
羽泉待我簿書稍屏却杖藜踏破一溪煙

題蓮花山　山去蘭溪三里許高數十丈　高耀基

蓮花穿易逗嵐光此則居然君子鄉翠嶂嶙嶙泥不
染蒼煙冉冉艷非香雨來夏際青疑蕚雪向春消粉

褪房玉井不須開十丈奇英已教滿桑滄

夏日城南晚眺　　陳琛

由來此地泊煙篔城析漁舟隔岸和積翠尚留芳草

媚流光難覓小舟那月生南浦深千尺山隱東門緣

一坎何處愁砧沙際起可將高致等学蘺

丙申春日眺蘄上諸勝跡兼寄菊廬　　顧成泰

浠河鳧燕自飛翔天下三泉映綠楊誰謂約茶惟往

跡君能携我泝流光解鞍堪擬坡翁醉洗墨幾成陸

氏莊獨有蓮池相對嘯他年圖閣寄徜徉

偕登三角山時黃慈雲初歸里　　徐文觀

參差數里入雲峰尋得三山次第從星月偏宜腰半

繁靄霞不似頂間縫幾多雨液肥新藥無限風濤刮

古松想是巨靈虞折足倒將黃耳副泥封

送侄康孫鳳凰山館　　徐宗齡

踈茅小葺可成廬風雨相過接席初但喜朝陽山有

鳳休悲彈鋏食無魚田家炊早猶篝火野寺鍾遲好

讀書生意滿前皆自得青青牕草不須除

送侄茂孫往箓山館　　徐宗齡

花市未停春酒巵殷勤遠赴借稱師溪雲蒸濕侵行

袂山雪瑩寒照客姿童子知名嫌去早丈人輸欵惜

來遲但逢有道須深拜執敬常如侍我時

和黃美中浠上八景之四　　夏奇男

空明水石

天生孤峙不消沉時引幽人載酒尋空翠野雲穿石

竇玲瓏潭月映瓊林水深沓没千年字巖老亭含萬

木陰不負靈山全賴賦東坡去後聽余吟

清泉梵響　　夏奇男

去城三里問清泉古寺蕭條章未然幾處殘碑零野

露獨留孤磬戀荒煙譚經僧向三生石弔古人逢九

月天滿目悲凉秋漏永歌聲恰共梵聲傳

仙臺藥茂　　夏奇男

巖洞嶔崎澗水廻小橋石磴任徘徊山僧扶帶孤雲

去古寺花隨春瀑來靈藥幻紅傍老砌毒煙浮綠上

丹臺牧童笑指天台路劉阮時時待爾開

巴河宿江山書屋　　徐惺

面俯長江帶大湖胸包五嶽百川圖榴花處處紅初

放荷葉田田綠已鋪日午亭陰翻夢蝶月明林靜數
棲烏我來一夜山頭住燈火前村半有無

贈等觀　顧景星

等公今之支道林慧業禪機予所欽三生石上尋殘
夢五粒松間長道心花草滿園鐘磬靜圖書萬卷辟
蘿深鬚髯畧表男兒氣對酒常歌梁父吟

過清泉寺獻文忠公游處　張仁熙

城頭野寺立河東河上飛花曲曲逢抱郭穩帆春興
裏出林清梵夕陽中慣迎社客僧容古喜度山風牧

笛同不倦臨流探往事斷碑殘墨憶獻公

咏浠川十二勝跡選一　楊繼經

葛洪精舍

逃名欲與白雲深携得煙霞種石陰牖煮青泥松作
爨洞呼新月鶴依林西流無盡澆僊藥天馬常看長
道心可是昔人乘鯉去鹿門精舍晚鐘沉

登雨標山浮屠　畢紹昌

梯懸鳥外逼雲浮秀出蘄春衆象悠共道關山皆北
向獨從霄漢柱西流颸迷百戰新煙井檻引千圖古

樹岬我欲凌風招隻鶴仙人親見下滄洲

南贈公崇祀鄉賢　湖廣糧道葉映榴華亭人

鳳棲世業著清襟醇行鴻才衆所欽訓子手裁忠孝
錄濟人事切溺饑心風雲氣象傳
恩誥俎豆馨香起泮林自是宮墻宜祀典褰帷深喜托高
吟

客蘄水作　吳昌祺華亭人

地當僻處人爲客秋欲殘時雪作花朔氣中霄生角
枕清光侵曉透窗紗歲時有記懷千古寒暑無端悄

萬家故里陰晴相似否欲憑征雁問天涯

宿浴蓮菴　方象瑛遂安人

銜命新從萬里歸層城春色正芳菲高樓過雨青山
迥野木平橋白鳥飛晝靜不知門近市夜凉時有露
侵衣偶然訪舊來僧院一榻鐘聲入翠微

其二　方象瑛

僧房曲曲傍城幽楊柳堤邊芳草洲三月春光花滿
逕半軒秋影竹當樓鐘清別院僧初定門掩寒燈客
暫留聞道淮南遺澤在文章詩酒自風流

使蜀旋過蘄水謁張夫子 諱邦福　方象瑛
追隨猶記越溪東十載西湖遠夢空蜀道幸廻新使
節蘄泉仍坐舊春風暫看方外閒司馬須信蒼生待
謝公
聖世只今求宿德肯容絲竹久山中
同年李欲仙之官浠上　邵遠平 仁和人
河朔天高秋氣清驪歌今日送霓旌欲馴江國魚龍
舞暫假中朝麟鳳行花徑喜看仙令種梧垣從見故
人迎王孫蘭澤多芳草作賦重題李白名

秋影樓清明漫興　周斯盛
乘春重泛九江船訪舊初遊三楚天帆泝小孤晨霧
裏雲横大别夕陽前桃花開處聞疎雨燕子聲中文
禁煙節物感人深不覺知余羈旅信多年
其二　周斯盛
到處孤踪傍野僧樓頭秋影綠層層雨多未試登山
屐夜静空懸照佛燈春色漸從江路去東風猶遣暮
寒增最憐門外垂楊樹欲舞腰支老不能
寄李欲仙　周斯盛
兩年萬里獨擔簦來往勞於行脚僧聞道為官已奏
最可知詩興更馮凌江天古樹連雲溯山郭清泉入
夢澄處處香衙堪攬擷好隨秋水寄良朋
題畫寄程萬維 名元憲　李　恕
屋角新鶯斷續啼桃花落盡草萋萋只言謝氏春池
好無奈王孫歸路迷病起推窻閒潑墨夢廻拈筆漫
留題雖然老大辛勞甚猶勝紅塵逐馬蹄
宿萬人齋中 名見傑　李　恕
名園無冷亦無炎盡日相過也不嫌已許清樽留賀

監更教黄菊待陶潛牙籤香裏芸千卷玉軫聲中月
一簾況是吾家周柱史猶龍無地不撝謙
其二　李　恕
玉臺金谷十年餘誰道窮愁更著書到處花間啼百
舌幾回河上泣枯魚居分北道終慙阮榻下南州敢
當徐垂老賴君憐惜在豈知人世重簪裾
巴河艤登太乙閣　鄧漢儀 泰州人
平津賜第久荒蕪傑閣巍然瞰楚都高處衡廬天外
伏到來雲夢雨中無千家烟火猶洲渚幾葉風帆自

畫圖曾是赤眉燒不盡奎光深照斗牛狐

春曉亭　熊賜履孝感人

草堂未到杜陵前浠水樓臺靜可憐每說晴天如獄寺時聞蘭雨洗紅泉魚罾斜掛綠楊外野舫橫拖白石邊何日溪山容我去三竿旭景枕書眠

金門送李明府　宋敏求黃岡人

柳綰旗亭別思長送君南去近三湘滄江水落秋聲細赤壁舟回夜色蒼此日花栽潘岳縣他年樹芾召甘棠家園亦在蘭溪畔極目西風雁幾行

歸思寄浠川雲裳弟　張祚昌郡庠生

久客天涯不自由離情每抱鶺鴒愁清泉汲入浠川夢白髮羈棲鄂渚秋隱卜山莊花滿谷居連水畔徑通舟何時共棹蘭溪口把臂長吟老一邨

洗筆池　張鴻道

紛傳名蹟踏芳蹊漫說蘄陽亞會稽春色滿山皆滴翠花城半壁盡環溪儘餘野鷺過家翰豈有鸞拳入鳳棲池畔綠筠留墨瀋辯才應也渡江西

贈畢丹生明府　張鴻道

感嘆秋風吹客衣徘徊句曲靄斜暉幾盃花醞沉吟久十載關城芳訊希老我浮蹤遊未倦饒君薄宦去何微細思五斗無多戀陶令籬邊菊自肥

春曉亭　曹爾堪嘉善人

岸廻楚甸對江城水却西流繞岸清化去神仙存舊跡地靈亭榭署新名澄潭放艇垂楊影曲徑憑欄杜宇聲螺髻染青波染綠春來曉色最分明

其二　曹爾堪

橋畔詞頭憶采入使君題咏復清新携觴頻醉三更

月卷幔長收萬里春丹竈蘚痕迷洞口玉臺花片亂溪濱他年倘試三泉水白社相尋許卜隣

三泉　李宏興化人

芳泉獨湧向沉潭似遜高名品第三石火漫煎消宿渴松濤徐沸助雄談時分子午同潮汐地繞蘄蘭帶夕嵐我欲携鐺崖下住細將風味靜中探

西郊同友人看菊　方舟蘄州人

滌倒花前酒滿卮晚香深處繫舟時喜同雲壑分三秀欲傍霜籬借一枝松徑未荒元亮宅花溪長咏少

陵詩憐子楚客悲秋慣醉讀離騷動旅愁

賦得解鞍歆枕綠楊橋　李振宗

春晚亭西浠水東倦遊初復計飄蓬詩成馬上邀初月夢逐溪流任曉風已是羲皇高竹牖何須禪衲靜琳宮欲知我輩疎狂態不忍輕過柳色中

山居寄懷學士孫子在豐編修方子象瑛行人羅子映台諸及門　張邦福

十載金門獻策還一堂受業笄成班廣平獨坐傳風雅伊洛同源接斗山玉樹扶疎清夢裏仙槎縹緲白雲間栖遲正好藏迂拙盡日幽閒自閉關

清泉梵響　畢紹爽

清泉仍是古清泉梵磬齋魚共悄然沙鳥閒依東郭渡嶺松孤帶北城煙吹來佛號風生浦夢過禪房月滿天誰道心燈宜續燄木犀香意已先傳

雨過如是菴　徐子芳

秋山蒼濕路崔嵬歇馬禪栖乍破苔石引前途堪共語桂香深院是誰栽四圍峯勢憑雲護萬派松聲帶雨來老衲未言鐘磬寂已無雜慮到塵埃

賦得解鞍歆枕綠楊橋　張萬選

山光水色在城東春日遲遲落照紅為愛馬嘶芳草地卻隨花颭月明中碧波澄處迴天影清夢來時度晚鴻弱柳長提渾未改風流應許古今同

輓李十潭先生　金思點

松臺處士窮何極忽抱懷王墮馬悲絕世才華山鬼哭故鄉關塞旅魂覊誰憐萬卷蹉跎盡獨慨孤星慘淡移總欲不留名姓在曲江采石信同歸

贈懷徐茂孫　王封濚黃岡人

南州孺子最相聞落月吟成且見君抱道鄉評圭璧重多才國器瑾瑜分門前柳色春回日夢外松濤綠到雲解榻不為尊酒約逢聰細細在論文

一

春日偕同人汎舟浠上不果即席分鄉字　張屏公

河山有意惜輕芳不使遊人借一航兩岸花陰空往復迴溪波影自洸洋聊酬佳興牽詩思暫買春光入醉鄉何日招舟重汎酒好將星月引流觴

玉臺山　　鄭文先

玉臺臺畔綠楊斜枕石歆眠綴素霞聽得杜鵑啼晝閣看來芳樹映晴沙空庭佛古停雲影僻地僧閒伴落花倒浴浠流川宛轉盈盈淨練點浮鴉

傺人洞　　鄭文先

傺人何事不重來怕着芒鞋破碧苔天上空疑黃鶴在洞門只見白雲迴青山接目搖黎閣碧水連天望藥臺清磬數聲山翠度野花啼鳥亦徘徊

山城秋眺　　桂大生 邑庠生

天風淅瀝動高秋曉色蒼茫戍鼓收雞唱隱隨殘月落雁聲斩拂曙雲流飛來爽氣樓頭挹負去朝暾水上浮叢桂誰掐香自逐寒催刀尺憶鷫裘

蒲節前二日侯令君讌集同人於文昌閣即席賦呈二首　　邑佐張夔 桐城人

天氣黃梅雨乍晴風流太守集羣英尊開五月菖蒲酒鳥喚千村布穀聲詞藻爭推冰鑒重溪光難比玉壺清追隨勝事良非偶揮麈雄談滿座驚

其二　　張夔

文昌高閣俯清流恰喜登臨正麥秋煙火萬家殘焰裏溪山一帶碧雲浮薰風到處瞻棠蔭雅奏當筵報酒籌石上蘇公遺跡在古今佳興許同儔

暮秋自漢口歸泊舟三泉推窓夜坐感賦二律　　程翼士 邑庠生

疎燈靜夜照無眠望斷銀河悵遠天月照青燐餘野哭霜隨白鷺下平田桐花遠逕愁生樹秋色催人夜放船無數青山相對處棹歌聲裏落寒煙

其二　　程翼士

殘煙漠漠隱浮槎酒熟隣翁入夜賒一路湖山身是客三更燈火夢還家青春背我年年去霜葉侵人樹樹花爲訪香山舊處士白頭我亦老煙霞

贈魏以賢 名國徵　　顧昌 蘄州人

我愛詩人逢魏野更欣名士有君謨 内弟蔡自珍 相期曾笑疎籬菊持贈親咀九節蒲座有文章來客話家藏瓶盎待君需他年重溯桃花水會見堂前數燕雛

渡巴河　　南光發

巴河南枕大江流立馬西風古渡頭驛路回看疎樹

碧楚天遥指暮雲秋九霄壯氣雙長劍萬里雄心一葉舟半世升沉殊未定忘機鷸欲羡沙鷗

巴河夜酌　程正翔邑貢生

江上殘燈伴客情相思起坐聽更聲荒村野渡魚歌容古寺寒林佛呪清笑傲不須尋地主因循遂懶問時名舟中飲徹家園酒露濯寒光浪自平

容峯八景之二　操應魁

巖前天寶祠右不數武其山稍伏環抱處雜以大石石間淙淙有泉夏冷冬溫邑先達錢合川先生鐫題天寶泉三字至今未毀

碧水潺湲落照西巖前有刻昔人題月生草際天光漾雲倦峯頭足練迷丹井鑿成清徹底香厨引入淨無泥源流總不關河漢吸盡東南百萬溪

東嶺聞蜂仙祠左腋乃東嶺也每當夜半後恒有蜂聲從天際飛來經時不散相傳巖之得名防此　操應魁

孤峰斜插獨崔嵬曉日初凝萬壑開樵徑只通深隱客石門長鎖舊時苔懸巖翠竹雲千片逼戶疎桐月一堆堪怪此中無吐飯何爲蜂向耳根來

清泉寺訪朱赤菴山人　吳振起邑人

磴轉荒城入翠微鐘聲引我到禪扉松蟠古殿和雲住花落疎簾帶鳥飛有榻常隨衲子共多詩頻向故人揮溪山此日惟君癖泉水清清自樂饑

秋日晚晴步法華菴訪友不值　張世諫邑庠生

雲淨天空露正肥金風徐引殆忘機樹經積雨千枝秃雁帶殘霞一字飛有菊居然資客况逢僧自可當君歸興闌誰肯甘蕭瑟結伴鐘聲與夕暉

過董漢書齋頭小飲　姚謝玉邑貢生

一邱一壑品幽人自許笑容物外身三徑葉濃花欲

戀半窗風細竹如皴家無擔石常留客坐擁琴尊不厭貧我去餘君悲寂寞扁舟何幸共汪倫時偕汪鈍予返棹

清泉寺晚眺歸過洗墨池　魏國徵

閒雲片片鎖禪門池水香浮柳色繁野鳥多情留客語山花含笑對人翻斜煙半接歸鴻路淡月長橫處士軒滿載幽情猶未已夕陽移影向前村

圓通菴阻雨　魏國徵

山寺陰濃積雨生竹窗夢短證孤情讀書方悔才輕使任俠終知氣不平曉磬暗隨松裏渡飛泉疊向石

邊營老僧收偈頻相問性僻年來到十成

送桂山君南遊 名日馥　鄭毓修

臨行且漫說相思樽酒離亭覆一卮宿鳥驚寒南國冷征鞍敲送夕陽遲三泉月寂愁無伴萬里鵬搏應有期自古江南春信好逢人莫惜寄新枝

登鳳棲山　鄭毓修

芒鞋踏破嶺頭雲烟樹蒼蒼鎖夕曛松別經年成老友人來此日快秋分橫天野雁催新句卧上殘碑葬古文放浪風塵殊物外乾坤無復恨離羣

雨中過浠流光　楊繼柱

一過流光豈不宜但因雨濕步遲遲愁兼慷慨江干夢笑帶凄涼柳上綠急水看魚無住處斷雲驚鶴有低時香來石隙波生影舊見漁舟花裏移

閒雲閣　邑命 劉象賢

嵯峨樓閣對江城好趁公餘攬轡行四野喜沾春雨足一窗坐愛竹風清鐘聲細逐溪聲響山色晴開樹色明碌碌三年成底事偷閒半日快浮生

登三角山　桂日馥

歆登此際恰臨風三角橫斜浠水東地僻峰高紅日隱岩懸徑曲白雲封石邊松古成蒼鼠洞口泉潺老卧龍曠覽不知天地大江山盡入兩眸中

讀書秋影樓　張師聖 邑庠生

城闉舊構藏書閣石徑蕭疎印綠苔郭外青山憑入戶燈前漢史足銜杯松雲孤映秋陰澹桐月雙敲玉宇開檻外踈林人靜後參差影裏任徘徊

過蘭溪訪僧不遇　華戴勳

蘭溪不減虎溪同慧遠來開兜率宮偶爾披襟河柳下伊誰解帶雨花中三泉水沸聯枝秀七碗香生兩袖風爭道小舟乘興訪却先飛錫卓崆峒

寄佑倫時客京邸四首之二　夏力恕 孝感人

前度登堂拜母來朔風燕雪幾徘徊九還尚失金丹候白丈孫牽鐵綱開從此竟馳毛義檄可能長抱子雲才第三泉水依然潔倍覺香飄茗一杯

其二　夏力恕

土室荆扉早閉關支離病骨渾消閒一犂好雨飛春夜半塢寒雲出斷山殘夢易歸天柘落遠書傳字作

刁頑翻憐故紙焚將盡三百篇詩恐再刪

送王心齋里選入都　夏力恕

獨抱遺經久閉門鶴頭招隱下荒村雕蟲粉蠹成新
策皂帽青衫仰
至尊兩漢直言推董子千年世學耻公孫多君爲我先鞭
著敢惜殘疴廢討論

携子姪輩遊清泉寺二首之一　夏力恕

禿盡中山一塚毫墨池猶湧右軍濤誰扛健筆持牛
耳獨抱遺經濯鳳毛萬樹森羅如對壘千峰簡肅似

分曹舞雩歷歷今朝是三百篇詩肯變騷

周省吾饋鵝答謝二首之一（省吾名廷楹）　夏力恕

秋風嫋嫋露蒼蒼鷗鷺聲中半畝塘山有松篁符舊
節水隨菱芡剖新涼根株纔脫淤泥淨咀嚼誰供齒
頰香今夕好憑尊酒坐誤勞形影笑空囊

贈陳石孫（名珽）　夏力恕

我愛城西有盍簪今人冠履古人心傳經時見擔簦
客垂老惟聞策杖吟盡掃鉛華金百鍊絕無藤蔓樹
千尋眼前車馬如蟬噪誰向梧桐索賞音

和夏觀川韻寄徐佑倫二首之一　周廷楹

修阻江關幾萬重風簷逢接意無窮蒹葭秋水連霜
白驛使春梅綴字紅檢點恐遺千古憾追求只在寸
心中楚雲片片滇南去始就音書附一通

重陽邀飲文昌閣　張素臣

秋山紅樹久相期暫向籬邊拾菊枝人老不堪逢令
節蟹肥正好供清卮坐歌歎草情偏適茗供松蘿醉
更宜一首新詩成絕唱仲宣別具有才思

坐神光觀　李永治（邑庠生）

造物何年闢輿府玉臺仙梵落人間鐘聲夜度清泉
靜塔影朝浮碧水間蘿翠拂簷門自鎖桃花橫徑洞
常關南華一卷留春曉雲滿樓臺月滿山

遊鳳棲石　金振祖

玉臺仙境寂無言化鳳何年跡尚存不向碧梧棲至
止偏來白石作高蹲披殘苔篆秋初老覽遍雲根日
未昏最是羽儀翔集地不堪回首見鴉屯

初秋遊華桂山訪羅子真道人不遇　徐源舒

登山好與正無涯華桂清秋入望賒幾點白雲前嶺

寺數株紅葉野人家御風何地尋仙跡飼鶴無糧咏蘚花歸去杳然忘出處東林回望夕陽斜

送徐澹山北上二首之一　周起瓊

臘月蘭江把袂時一尊相酌兩心知根盤梅萼香含早春入桃花信有期冠世才猷眞性分關情古道見鬚眉與君舊話青雲約何止摛文達鳳池

石泉精舍邑人程右纁書屋　孝昌夏太史題額　余華國休寧人

園林瀟灑路谽谺去市原來只數家籬落半含苔蘚

潤畫欄環繞柳陰斜亭多脩竹偏宜暑池有幽泉不見沙更置一峰高絕處遠山煙渚望靡涯

舟泊蘭溪寄徐紫垣兼懷玉臺書院諸子　邑令劉育杰泰州人

取次歸帆過舊塘汀蘭沅芷昔時香南州久別陳蕃榻東道還歌召伯棠風雨故人詩思少河山知己夢魂長憑欄欲向西流水寄語晴雲守藥房

留別蘄邑士民　劉育杰泰州人

二十年來笑挈餅楚天吳月總飄萍壯心半逐星軺換世事全從伏櫪經花未紅時頭早白酒於綠處眼偏青幾番跋涉同朝夢又去征途聽驛鈴

其二　劉育杰

記得來時古渡邊茶鐺高唱第三泉山川繪入荊關手人物爭歸李郭船處處耕犁雲浪裏家家機杼夜窗前閒從晴閣憑空望唯有清風茂叔蓮

其三　劉育杰

彈指三年過隙駒瀕行贈別意躊躇同居几世全憑恐散盡千金不是迂貧富詎由魚魯券壽張休幻兩

雲圖坡仙有句須當記長教兒孫只守愚

雪夜宿巴鎮禪房　卲應龍

霏霏暮雪暗江天又向禪房一榻眠鴻爪飛蹤原莫定羊腸險道更堪憐漫傾白墮澆愁壘誰熟黃粱化夢緣前路茫茫無可辨龕燈明滅繡幢前

過清泉寺　卲應龍

浠川古刹號清泉雲樹參差翠靄連曲徑幽扉逢老衲流風逸韻憶坡仙到來色相空諸有去後塵埃多障緣宦海浮沉何處定金繩指引望他年

二月三日赴蘄春書院延師課士　卲應龍

靄靄春風二月天高懸講幄育英賢烏呼林外朋初集花發庭前句亦鮮山擬玉臺懷嶽嶽泉從丹井探淵淵鵞湖鹿洞規非遠化雨期敷浠水邊

慎思堂栽竹　卲應龍

乞得東鄰竹數枝移栽恰值雨絲絲久稱高節能驅俗更羨虛心可作師露浥琅玕光的皪風搖鸞鳳影參差園丁仔細加培植待看森森龍種滋

四月十六日赴郊外勸農　卲應龍

黃麥初收又插秧田家四月最稱忙荷鋤出慣披星曉牽犢歸多帶月光依士共知勤饁餉長官端合勸壺漿分酬老幼歡娛去早卜西成千萬箱

遊飛泉寺　卲應龍

亂山環合梵宮幽偶駐籃輿為小留竹影參差巖翠翠松濤鼓盪韻颼颼雲生屋角開無礙泉湧山門靜不流心跡到來偏繫戀何時蓮社結同遊

春曉亭落成偕同人小飲　卲應龍

當年勝跡久沉淪喜得佳亭今一新四面峰巒凝翠黛半灣溪水戲魚鱗杜鵑聲裏仍如昔綠柳橋邊可有人此日正當春曉候傾樽相賞莫嫌頻

戊寅重五憶九苞弟　卲應龍

去年重五共持樽此日天涯燕楚分春草徒吟康樂句淩雲誰識長卿文晴川歷歷君思我易水蕭蕭我憶君蘄艾紛披香馥郁驛間可許寄慇懃

五言絕

題城山醒酒石　何彬然 邑貢生

醉枕石頭眠清磬松間響醒來天問我悠悠發深想

崇禎癸未讀書黃石港望梅山故居　楊舉善 邑庠生

落日江流靜徘徊念舊卿故園人有意或亦在高樓

城南八咏之四

三角浮雲　程維伺 邑庠生

崒嵂開三角羣峰拱揖忙須知雲霧意寫爾歛鋒鋩

蔔洪返照　程維伺

煙靄一峰晴斜陽上修竹覰雨挹清暉樓居等空谷

空潭月色　程維伺

雨過石玲瓏潭深月色早偶上撥珠船船空月更好

大士鐘聲　程維伺

隔岸浮高閣疎鐘過草亭濛濛千戶夢回首幾人醒

與石潭先生夜步河洲　徐文觀

斷霞棲樹落孤雁映波飛遥見寒潭上萬類渾湫微

留別官李諸子　顧景星

碧樹望如煙春江眼中淥留與山中人高聲讀茅屋

七言絕

渡壽昌　蔡希孟 邑庠生

風露蕭條怨曉笳渡頭遊子問人家江南分外春來早蛙鼓催紅二月花

舟泊蘭溪晤周既樸世兄因悼尊人天格　曹溶 秀水人

長江瀲灔接浠水一曲菱歌度晚煙却憶滄池高隱第名山著作冷清泉

其二　曹溶

二十年前對古人逢君促膝話酸辛相期莫讀送窮句清白吾曹是後身

石潭秋月歌　奚祿貽

黃閣門前野草秋文昌隄上白蘋流可憐一片巴江月獨照潭前欵乃舟

其二　奚祿貽

兩兩垂楊燕子磯東流江水幾時歸不知月色能多少長傍磯頭燕子飛

散花洲　鄒漢儀

横槊高歌月滿船東南風起焰連天極知江左人才盛無那周郎更少年

牡丹石　李　浤興化人

色香品位壓春官每妬狂風損蘂欄今日芳姿成玉骨不須重立相風竿

其二　李　浤

眠皆著草縱奇觀雨露憑沾蕊不攢盡道生公能點首乞將根蒂向風安

避暑枕浠閣　王鳳徵

斜枕溪流一閣荒山雲帶雨入窓涼磬摧疎砌僧歸後隔岸新荷送晚香

送別張一齋二尹陞任北行　梅　宗邑孝廉

浠上清流兩岸秋芙蓉香裏踏驊騮瑤琴携去聲將遠一路新詩自校讐

蘭溪消夏　周起瓚

江湄有客度炎粲十里湘光柳翠凝抱甕常如漢上叟種蕉時遇零陵僧

庚子冬過浠上橫山先生燕巢園初成偶題四斷句兼以志別燕巢園李美發書屋也　張　椿黄岡舉人

屋小如巢學燕棲荆扉常掩古塘西白頭漸少客還拜日爲看雲一杖藜

其二　張　椿

窓無塵到自清虛玉室金庭兩不如滿地寒藤蟠結處也勝草幅米家書

其三　張　椿

曾愛仙人煮石方至今常有好容光受君風味眞瀟洒巖壑中間置不妨

其四　張　楅

修竹團欒閒老梅瓦爐活火養香灰年年春韭休輕剪待我閒時冒雨來

重陽前七日送酒修志館代柬二絶　邵應龍

一行作吏興全無碌碌終朝走道途芸館遙憐讐校客丹楓卧看晚秋圖

其二　邵應龍

籬邊秋菊半含黄元亮於今興欲狂愧我才非王刺史一樽預佐醉重陽

寓巴河葉玉書西爽軒　邵應龍

小小園亭頗可人栽花分占四時春到來暫憩西軒下巳化征途幾許塵

其二　邵應龍

亞字低墻傍水濱芰荷出水綠初匀他時擬約重過此來看淩波粧試新

詩餘

送李欲仙之蘭溪 踏莎行　沈荃 華亭人

露白山亭風丹水驛翩翩親棒蘄春檄到時菱葉共蘋花江鄉故國同秋色　甲洗星橋烽青雲夕玉臺風景渾如昔仙鳧指日向瑶京鸞坡畫省虚前席

送李欲仙 鳳棲梧　朱雯 石門人

十六年來論仕宦我始來京墨綬君初綰金馬浮湛君莫羨一城着遺經綸見　猶憶邊烽連楚甸江北江南近已銷爭戰試種桃花應滿縣綠楊橋畔開如霰

玉臺山張王廟 滿江紅

仰嘆孤忠甚到處蒸嘗不絶曾記取睢陽圍困食窮兵竭悵望賀蘭援已斷痛呼南八聲何烈剩纖腰一捻餐軍多心尤結　光瀲灧浠川月秋黯淡孤臣節想陰魂不散飄飄黄葉古廟莫教蒼鼠竄空城徧將軍摇倘吹來風笛玉臺高還悲咽

九日登玉臺山觀操 最高樓　張鴻道

携手去登眺玉臺高雲淡淡雁嗷嗷丹楓樹影黄花

酒嫩涼天氣薄寒袍最關情風裏帽髩邊毛　看不盡旗翻魚共鳥聽不住馬嘶原上草霜始降水無濤輕慓子弟爭超距風流邑宰喜投醪笑書生長倚劍興空豪

廻瀾懷古　高山流水　　高鎬

携來野步立江干正千秋離思無端帆影亂驚鴻誰人擊楫先鞭肩顰處故紙殘編荊湘地吳苑楚宮事業海水桑田縱雜亭仍在刱識舊浠川　情憐是現前花鳥應供有紫翠雲山逍遥好緩風暖日領畧時間仙靈曾也遇眞仙懸金丹須救頹垣斷岸玉砌金鈿漫心傷不堪白頭咏洄瀾

蘄邑舊以蘭溪名縣境内名山勝跡頗不勝書公餘無事戲寄調江南好以誇之　　卲應龍

蘭溪好陸羽有三泉活火烹來霜雪白龍團試後齒牙鮮妙處不須傳

蘭溪好橋鎖綠楊煙杜宇聲傳殘夢後玉堂人醉惜花天瀟洒憶隝仙

蘭溪好筆沼水沉沉修竹千竿餘墨瀋喬松百尺起雲陰鶴詠欲追尋

蘭溪好翠擁玉臺山雉蝶参差青靄外梵宮高峙白雲間蘿薜掩仙關

蘭溪好三角插雲霄月出明珠擎掌上雨餘玉笋起山椒舉目望非遥

蘭溪好古刹晚鐘鳴數里雲風無路入一灣曲徑少人行寂歷道心生

蘭溪好秋月皎龍潭萬頃銀河天外落一輪明鏡水中函載酒泛城南

蘭溪好觀水有廻瀾風卷旋渦雪浪湧山環曲澗翠濤寒峭壁看飛鸞

附

五言古

題法華菴壁　釋戒顯號晦山

法華此蘭若高出層城巔浠水西逆流澄渟繞其徧
我來春正莫深綠暗江天夜雨雜清梵聚首話雲禪
東坡有醉墨漾舟泛晴川鐵書秀萬古賦詩響流泉
雪泥鴻爪跡韵事迺獨傳傍此忽四宿洵屬三生緣
行行重回首企想在昔賢

七言古

立秋雨後有懷蔘亭翁　釋農隱

微雨迎秋涼在樹濤聲半與雲露遲入座如聞太古
音起行月照山邊路山邊水邊待誰語月共幽人自
來去

五言律

題斗方偈一首　釋三昧

斗方堪卓錫諸子與心同怪石疑蹲虎蒼松類伏龍
行經羅漢窟坐臥雨華峯數座期他日毘尼演梵宮

晚步龍岡　釋農隱

一日春山裏龍岡兩度遊愛松情不厭拂石故焉儔
曲逕苔文細江村夜氣浮會心誠可賦坐待月臨頭

七言律

初遊清泉寺　釋海梁

憑歷古寺隔城寰寘息倏然物外閒風過野花香入
袖月明潭水碧流灣鳳棲山掛松雲裏洗筆池存竹
靄間身住此中心未住綠楊橋畔草斑斑

空明閣次韻懷古　釋叔果

一溪秋色動寒畔千載幽思溪上頭斷岸春回蒼路
滑長天日暮碧雲流野樵意懶摹殘碣仙客名沉鼓
卧虬憶昔浠川川底月空明閣上照誰遊

坐浴蓮菴　釋道惺

池上樓閣夜不扃晴峰遙對片窗青瞑生草際虫先
覺涼到砧前杵欲停星濕露光多在竹月憐人靜細
移檽蓮花香遍情如浴何處繁華肯獨醒

七言絕

三角四景

拜經臺　釋天章

眼底孤峰刬外經沓痕月印出微塵磨穿石骨知無
別嶄愧當年寫後人

桃源洞

曳杖桃源洞未開緣撐磷翠峭春臺虛空定起花飄
棫漁子曾傳莫浪猜

石船　前人

風波險處石爲舟直溯雲濤駕廟宇檣棹不施君便
渡別峰無事手相招

天橋　前人

何年鞭石駕長虹碧落無門却許通曾是御風人去
後箇蜀鳥道碍虛空

蘄水縣志卷之末

知蘄水縣事餘杭邵應龍纂輯

雜志

祥異

祥異之事史例書之備鑒戒也邑治地雖一隅而休咎之徵責在所職故凡水旱偏災皆足以厪念慮而省刑罰夫和氣致祥乖氣致戾五風十雨之休一稃二實之穎皆和氣之翔洽也

唐貞觀十四年甘露降

中和二年春三月天鳴若轉磨無雲而雨

宋咸平二年秋八月羣雞夜鳴至冬不止

淳熙七年大旱

元大德五年旱

延祐七年旱

至治元年旱

至正十二年大旱人相食　十三年大旱疫

明嘉靖元年夏五月旱秋糧減免冬火　六年水秋糧減免　十四年秋七月旱秋糧減免都御史發粟

賑之計二千四百九十八石　十六年夏六月旱秋
糧減免　二十三年大旱水竭木槁死升粟值錢二
百逃者載道冬十一月僉事李發粟賑之計八千四
百七十石六斗銀一千四百六十七兩六錢六分
二十四年旱布政司發粟賑之計一千四百六十兩
六錢　三十三年旱　三十九年四月大水　四十
五年九月陰雪竟月河流凍合民多僵斃
隆慶六年地震
萬曆十一年九月訛言有蝴蝶鐵頭彩尾飛入人戶
傷人人恐户作佛事　十二年九月杏華　十三年
二月地震　十七年奇荒知縣孫繼善設法賑之
四十六年彗星見　四十八年陰雪四十餘日竹木
盡折
天啓元年春正月大雪四十餘日人多凍死　五年
荒
崇禎二年荒三月地震一日五震有聲如雷屋瓦搖
墮是時天下皆震夏又震冬十一月又震　六年二
月二十八日巳時地震如雷自西北來　七年又震

三月晝晦　八年又震　十三年蝗　十四年疫
十六年九頭鳥鳴空中滴血漬人墻屋
本朝順治九年元旦震雷大雪自正月至二月地屢震
是歲大旱　夏秋日中見星經天　十二年流次山
居人家有雌雞化爲雄
康熙六年春夏旱賑卹　二十四年水賑穀　二十
九年饑賑穀　三十二年旱蠲賦　三十三年旱賑
穀米　三十九年三月十六日地震
雍正五年水　十三年旱
乾隆四年春旱五月始雨農乃栽秧　十五年自四
月至五月不雨　十八年大水破民居屋發賑瓦屋
每間銀五錢　草屋銀三錢

兵事

人生不覩兵革而蒙樂利之休幸矣然古人安不忘
危又曰兵者國之大事蘄邑前史所載攻伐戰爭之
事不概見自元徐壽輝作亂受其荼毒洎明季獻賊
數冦受毒尤慘癸未以前守土之令與卿士大夫謀
備禦之策至今聞者動容吁含哺而嬉擊壤而歌優

游化日之長盛世之澤也

吳黃武初吳晉宗爲浠口將以衆叛如魏還爲蘄春太守圖襲安樂取其保質孫權以爲耻六月盛夏出其不意遣賀齊督糜芳鮮于丹等襲蘄春遂生虜宗 浠口舊志作縣郡志作蘄口俱非今照賀齊傳作浠口據水經註浠口即今蘭溪口也

宋孝武於元嘉二十八年爲都督江州刺史時緣江蠻爲寇文帝遣太子步兵校尉沈慶之等代之使上總統衆軍三十年正月出次西陽之五洲會元凶弒逆上率衆入討荆州刺史南譙王義宣雍州刺史臧質並舉義兵三月乙未建牙于軍門是時多不悉舊儀有一翁斑白自稱少從武帝征伐頗悉其事因使指揮事畢忽失所在自冬至春常東北風連陰不霽其日牙立之後風轉而西南景色開霽有紫雲二蔭于牙上 孝武帝紀

齊中興元年長史王茂太守曹景宗圍郢州東昏侯遣寧朔將軍吳子陽軍主光子衿等十三軍救郢州進據巴口西去諸將欲分兵以襲西陽武昌高祖曰西陽武昌取便得耳得便應鎮守守兩城不減萬人

糧儲稱是卒無所出脫賊軍有萬人攻一城兩城勢不得相救若我分軍應援則首尾俱弱如其不遣孤城必陷一城既沒諸城相繼莫支天下大事去矣若郢州既沒席捲沿流西陽武昌自然風靡何遽分兵散衆自貽其憂及郢州下兩郡俱平 梁武帝紀

陳大建五年西陽太守周炅隨吳明徹北討所向克捷齊遣尚書左丞陸騫以衆二萬出自巴蘄與炅相遇炅留羸弱輜重設疑兵以當之身率精銳由間道邀其後大敗騫軍虜獲器械馬驢不可勝數進攻巴州克之於是江北諸城並誅渠帥以城降進炅散騎常侍 周炅傳

唐興元元年李希烈反淮南泝江狥地節度使曹王皋討之遣將伊愼爲先鋒與賊夾江陣賊柵蔡山不可拔皋聲言西取蘄引舟艦循厓泝江上賊聞以羸卒保柵悉軍行江北與皋並西去蔡山三百里皋遣步士悉登舟順流下攻蔡山拔之間一日賊救至大敗遂下蘄州下黃州兵益振天子在梁州包佶轉東南財糧次蘄口賊遣驍將杜少誠以兵萬人遏江道

不得西愼選士七千列三屯相望偃旗以待少誠分圍之未合愼自中屯鼓之諸屯悉出奮擊賊亂少誠走蘄別將許少華漕無留難拜愼爲安黃節度使貞元末詔安黃爲奉義軍卽爲奉義節度曹王皐傳按韓退之曹成王碑有撇蘄水還大膊蘄水界中等語則蘄水實當其鋒矣

周顯德五年周世宗臨江遣水軍擊唐破之唐主遣使獻舒廬蘄黃四州地畫江以爲界周師乃引還綱目

元至正十一年羅田徐壽輝兵起壽輝羅田人又名眞一業販布袁州僧彭瑩玉以妖術與麻城鄒晉勝聚衆爲亂用紅巾爲號奇壽輝狀貌遂推爲主九月陷蘄水及黃州路敗威順王寬徹不花遂卽蘄水爲都稱皇帝國號天完建元治平以晉勝爲太師倪文俊爲丞相明年江浙平章政事卜顏帖木兒等討壽輝於蘄水破之壽輝走免獲其官屬四百餘人已而復熾遷都漢陽爲其丞相倪文俊所制十七年文俊謀弑壽輝不克遂奔黃州陳友諒隸文俊麾下數有功爲領兵元帥遂乘與殺文俊并其兵徐壽輝傳

明正德七年壬申閏五月流賊劉六劉七齊彥名等爲官軍所敗逍走經邑北尤河至黃州一帶掠舟入揚子江至南京

萬歷十六年蘄黃大饑黃梅賊劉少溪余孟新等倡亂焚掠鄉村時兵戎久弛人心搖動知州徐希明設法防禦州判陳策死之事聞上命湖廣巡撫南京操江御史合勦三月會兵蘄州凡九閱月討平之

崇禎七年流賊始渡河寇江北地方八年二月初五日賊破羅田始入蘄圍陂境焚殺甚夥秋九月復至焚殺更慘自此每歲往來無虛日民始避寨寨破繼渡江又繼入城城內僦居幾數十萬庚辰苦蝗辛巳苦疫道殣相望大兵數歷境供億匆遽復迫田地拋荒家室流亡塗炭之慘亡未有也癸未正月流賊張獻忠由黃梅陷廣濟尋陷蘄州相去百餘里爲時一月有餘當事曾不一爲偵探三月初五夜半賊選丁壯兼程渡河襲城城陷殺戮殆盡擄婦女平城先是蘄州陷時有雀無算霧中俱投入江死蘄水城內居

民亦先聞九頭鳥夜鳴滴血漬人墻屋尋有此變數百年生聚蓄積一朝而盡絕甲申三月京師陷舊志

本朝順治二年冬山岩亂總鎮黃州徐勇督師執其魁去五年江西金逆叛兵抵九江蘄黃英羅各山堡誤聽之聯結雄長亘數百里蘄東北一帶亦爲所愚攻城掠野幾一年許民用逃竄六年夏督撫遲及柯牢師招安之尋又變大兵復進又招安然婦女廬舍之分離擾亂甚矣舊志

康熙二十七年五月二十二日督標裁兵夏逢龍叛

陷省城漢陽府及黃陂縣邑中聞警時值賽神會變起倉猝人情洶洶六月朔賊舟蔽江而下寇黃州時江水泛漲礮聲聞數十里終日不絕黃協副總阮述守北城捍禦兵卒多與賊通俄見清源一字兩門皆竪白旗述不能制棄城走保蘄水知府蘇良嗣在省署按察司篆黃岡知縣任灝先期携印遁賊不肆殺戮搜求騾馬近附城數十里多被其害據府城兩月巴河鎮去府城四十里頑愚有被煽惑者賴不久即平故無大創逢龍在金口爲提督徐治都所收逃還

省城僞總兵官胡糧乾閉城不納遂奔走黃岡地陳氏家陳素識逢龍不敢匿八月鎮武將軍瓦岱督本部官兵追討至黃州陳率鄉人縛逢龍至軍門磔于城東五里墩黃州平諸縣悉平

乾隆十七年春江南霍山縣白雲菴奸僧正修及湖廣奸民胡濟修等黨同首逆馬朝柱前在羅田縣天堂寨開山燒炭招集無賴繼在英山縣天馬寨假立神異煽誘動衆鄉愚無識流言四起蘄州尤甚密邇鄰邑人心惶懼四月初八日制府永督師從巴河竹

瓦店至羅田進勦一路分兵由蘄水蘄州進勦部署清嚴秋毫無擾民始安堵獲逆匪二百餘人起兵器藥火三百餘件楚督永常江督尹繼善會勘黃州先後奏

聞分别輕重按律處決於黃州府校塲正修胡濟修處以極刑其首逆馬朝柱從逆熊得勝等尚未就擒現奉

部飭懸立賞格通緝如初

外志

僊釋

僊釋之說儒者難言之然其爲術自秦漢以來往往傾動人主而忠臣義士淪落不偶又嘗托跡于其間或往來與游以消其磊塊不平之氣此歐陽氏之所以三致意焉而韓子不塞其流不止不行猶未得其本也雖然汩汩於名利之塲而熱中無已覩此一編又不啻濯新流而引清風矣

漢

張道陵蜀人少游四方遇異人令勿食即不食者五日令勿寢即不寢者五日異人曰子可學矣因授以

書常居青城山已寓蘄之玉臺山鑿井煉丹神光燭天雞食所煉丹化爲鳳飛去里許高嶺居人異之名其山曰鳳棲既居蘭溪大江之滸一日有龐眉道士與道陵語道士去道陵謂弟子曰吾去矣子勿呼遂見白雲隱隱擁轅道陵而上弟子竟不敢呼人謂道士者或即蜀之異人今之仙靈觀所傳飛昇處也

劉真人在縣東九十里入羅浮山飛昇今石上有履跡遂名曰仙人臺 以上舊志

唐

伏虎禪師姓韓名令珪涿州人母夢星隕而生祝髮來居三角山乾化間始建寺寺旁石笋雙出有龍聽法日送共用自雲中下山南深潭曰龍洞歲旱禱雨取水輒應苦山多虎人不敢行師住此虎悉遁去因號伏虎禪師宋仁宗賜額龍門贈號慈應禪師高宗加賜龍門資教慈惠妙濟禪師郡志誤入蘄州不知此山分隸兩屬寺屬蘄水洞屬蘄州今據寺應入蘄水

謝仙女家月子山嘗謂人曰我將禽獸屏跡又能辟

易風雨其言歷驗不食五穀鄉人祠之

宋

劉仙女家容峰山父公平業農每出耕女曰宜荷笠即晴亦雨或陰雨曰無笠是日必晴後謂其家人曰當索我於白雲之鄉父怪而隨之漸不得其形聲鄉人立廟祀之至今祈禱晴雨甚應

明

釋德心居三角山之白雲菴初拜僧勉爲師不識字惟司炊爨拜觀音願文而已一日於傾净水處見生

蓮花一枝語師師以杖撥去之曰以此語人恐涉妖妄後遂頓悟解諸經通文字嘗入蜀所居寺後有巨石壁立數十丈一日忽歸勢欲崩岌岌壓死上德心飛身坐石上頌心經一卷石復合

雲空河南僧顚毛垂數寸來蘭溪古廟中守者夢神告之曰此僧非凡因敬禮之常游城市坐富貴門強索食嬉笑譃浪又於汙穢破衲蟣蝨窟中取棗栗餅餌啖富貴人間從嬉笑中指人意中事郭吏部士望爲作募油小引有曰神仙家變現不常總之游戲汙

瀆弄神通以爲接引也後遇一無賴少年毆之折其齒遂不見 以上舊志

僧雲峯姓張正德丙子年生遊方六十年歸里故人無一存者惟一老婦朱氏識之朱浠桂留居關帝廟官太常應震延入竹影園啖以酒肉亦不辭黃正色詢以正德嘉靖年事皆不知叩以鄉閭事亦不能答黃笑曰此僧之所以壽也崇禎壬申卒年百有十七歲應震爲作壽僧傳

梅道人竹死店農人也得異人術遂棄家以薄田付子孫自掘土室大可容膝坐卧其中五十餘年其子日以糜粥餉之子死孫繼之置黃庭一卷時時展視人叩其道黙而不言朱顔豐澤膚膩如脂土室外雪深三尺道人不冠而出徘徊氷凌中不寒也年八十餘坐逝即土室封之人以爲尸解云 以上通志

班道人燕都人也肌潤而髮香官奉常解組攜與要煙霞泉石之盟居竹影園小樓十有五年晨昏禮佛坐卧一蒲團如一泓止水園有祟人多患之道人獨無恙後化去黃正色有詩弔之曰燕歌楚衲總無心

一種荒幽踢草尋竹月何嘗知爾去終宵移照影森森官撫邦亦有詩云煉形爲鶴會知歸況可休糧被草衣誰道紫陽篇善悞楚經堂畔有眞機

秀峯浙僧弱冠辭婚訪道雲棲行腳入蘄自滴水巖沙岸樹下結草蓬閱三載衆爲築員通菴居之苦無水舉杖導泉泉即出引之入厨官太常嘗與遊難爲方外交 以上舊志

本朝

大農字儂隱後更農隱結衲于邑崇山之如是菴究

本宗三昧兼能詩字畫秀松古石畫不多見故人但知農隱之字而罕知其畫詩集亦未覩其全嘗見其謝友人茶心贈竹杖詩云一枝班管剥層層欲伴茫鞵老未能只合君家求洒墨畫予携此對卯陵眞可謂一代詩僧也年七十餘趺坐而逝

寰老和尚字禹門弱冠時自金陵至天元寺間劍叟釋之名特訪之侍者請命叟聞其年少不令見和尚固請之良久乃出與之談覺有異因出所著語録一冊示之和尚即援筆點掇不移晷已竟叟遽驚即退

天元寺居之與農隱爲禪契而佛法無量則推和尚寺固有牡丹稱極盛邑人鄭太守文充少時以嗣息問和尚即摘含苞牡丹與之曰到開時便知後鄭生子果如所開花數其前知靈應類如此

道惺字等觀如圓浴蓮菴住持也精禪理尤耽韻然靈一之嗜著秋影樓詩蘄州顧景星爲之序四明周斯盛復選二百六十餘篇謂其確乎可存序而梓之

寺觀

祠廟之關於祀典者有司主之其餘緇羽之所居其與我何而詳志之也昌黎云古之爲民也四今之爲民也六吾固已氏之矣志其所居宜也

寺

昭化寺在治東唐咸亨間五祖宏忍建洪武中僧寶靈重修僧明德等知縣謝爵增修僧本貫重修大梁卓世彦命僧紹祿等貯藏經六百三十八函天啓間復修崇禎癸未焚於獻逆順治年僧天起炯若修

清泉寺治東北二里唐貞元六年建鑿井得泉清洌故名清泉元至正間羅田徐壽輝起兵建都清泉毀

其寺宇古井猶存宏治庚申知府盧濬重建崇禎末兵寇無不焚者而此寺獨存劉禹錫蘇軾魏了翁皆遊此所詠詩尚存順治初匡山僧萁弱講經於此邑多信之

附載袁了凡清泉寺募藏題詞

古佛傳心不立文字拈花微笑已覺多羅而況梵筴數千較儒書更多此何說也竊謂禪是佛意經是佛語諸佛心口必不相違立文字與不立文字總於本分不相干涉故用則千箱萬軸汗牛充棟而不爲繁

不用則盡掃紙墨終日無言而不爲少然西方重耳惟論聲聞東土重目則以識字人爲賢不識字人爲愚而文字之用震旦爲急故佛在此方以藏經爲一大因緣不可廢也蘄水縣清泉寺爲古名刹左有羲之墨沼右有陸羽茶泉後枕鳳棲山前帶緑楊橋更有東坡墨跡並黄房丹竈俱載楚志且屬南北通衢峨嵋孔道凡道人墨客高流法侶不論久暫憩莫不流連賞玩有所品題日久頹廢近有守心禪師深通法要戒行數精嚴李侍御會川 公延爲住持道法

遠播僧俗皈依起廢修築翕然一新其徒海良繼師之志晨夕課誦念佛飭僧宗風大暢以寺僧頗衆而法寶未備非所以肅震旦之目而引之入道也遂發洪願募造藏經東遊吳越受戒於雲栖進香海上遍往姑蘇索申 公師題其卷端復至趙田謁予徵一言以告四 方賢達予偶出遊旬日未返端坐於門肅如也其堅志不回有如此者是可以觀禪矣因信筆草此以爲信施之倡

附載朱期昌齋興清泉寺碑

邑東二里有清泉寺攷故志唐貞元六年鑿池得井洌而甘故以名寺或曰即唐紫玉大中禪師所駐錫故以紫玉起堂及觀五臺陸公所輯明教嵩公鐔津外有清泉紫玉堂又攷子瞻家譜元豐五年壬戌先生以事至蘄係得占見訪遊清泉作寒食雨詩元至正間寇徐壽輝起羅田建都於蘄毀寺爲平遂使雨花禮鷲蕩然一空至我聖祖平定區宇諸所湮滅皆興即如禪林祠宇均得並起亡壞而蘄人猶識清泉故址圖復其壇宇説者謂盧公中興此寺迄今久而

摧折不墜如綫識者痛之邑侍御李公時成夢佛與語囑以琳宮公默存之明日有僧淨法來募邉灑然夢中事公乃購高僧如通爲主若寺捐金爲首大衆發心以襄隆舉于是兩廡有齋中有毘盧殿又逆而左有無量殿前有大雄殿又前有天王殿寶月重圓金篦再映豈非齋興之鴻舉震旦之碩觀哉嗟乎寺興貞元至元而滅至勝國而復興至宏治而復滅至今日而復興成敗興廢此必有故因以爲序

龍泉寺在治北石鼓山之陽

白荆寺在白荆山

月峯寺在玉鏡山之陽

福泉寺治東二十里

岳林寺治南二十里

大所寺治南三十里

雲林寺治南三十里

天然寺在青獅山三祖僧燦大師得法之後卽往靜於此越六世爲丹霞往來南嶽江右常托宿於此後丹霞至馬祖禪堂騎聖僧頸而坐職事者報方丈馬

祖入堂昂首曰我子天然丹霞下拜云謝師賜號遂至青獅開創禪林卽以名寺四十餘世智厲修復

鳳城寺治西四十里唐開元七年馬祖師建元兵燬洪武僧德懃重建

蓮臺寺治東廿里

大覌寺治東四十里舊有千年凌魯八百大覌之讖

觀音寺治東四十里廻龍山畔

斗方山治東五十里唐同光元年無著禪師建元兵燬洪武僧心節重建相傳魯般曾欲造石殿於此語衆僧曰今夕坐待雞鳴則成搆矣衆欲卧假作雞鳴石梁柱礎有飛至者落山頂有未飛至者落半山中皆有雕龍綿鳳之狀非復人間所爲

三角寺治東六十里盤旋蘄水蘄州二界有宋人題不迹書觀頤祝履四大字三峯插天峯有龍洞洞有三泉旱則取水禱焉其山煙雲出没人以之決陰晴唐伏虎禪師修煉于此

穆悲寺在治東五十里太平寨舊有鐵佛及鐵羅漢

松山寺在治西北五十里爲故主簿宅有古樟大數

圍婆娑蒼翠

永樂寺在治西北五十里有古塔元兵不能毁旁石碑上鐫天福三年造正德時賊劉六劉七出油河時毁之隨有僧園珊修寺得不廢崇禎丁丑流寇張獻忠踞其下疑有寶氣逼數千人掘之下有鐵柱爲斡復越境求煤燃爐鼓鑄以斷詐稱得寶劍神書而去土人避賊塔内者盡死其塔先係本造藏佛骨後爲石塔乃永姑樂姑所造二姑蓋儀賓也舊有永樂儀賓府松山主簿家之語内有沉香佛一坐佛頂大磚

之上有箱藏法華楞嚴金剛三經金剛以烏金紙楷金寫之上書天福三年萬歷初有何氏老婦欲修此佛前十日有道士誦經其上忽有雷轟去樓桶見一形似鷹者口吐火燒佛腹不解何故越數日發佛視之內死一生蜈蚣塔初有二層相傳爲雷攝去三層在攝湖中故名攝湖

白猷寺治西北三十五里相傳未建寺時栗林蔥蓊有禪僧斫而入見有白獸卧此因建寺以名

龍泉寺治北五十里

天福寺治北六十里

華桂寺在縣西北九十里華桂山之巔舊爲賓陽寺唐元宗鑾輿行在賜名華桂元順帝時紅巾賊起焚爐洪武中里人李伯寬邢道鑑倡復之英宗初邑進士徐紹先義官王景徐朝仕王仲蕭存禮擴而大之

萬壽寺在巴河鎮

玉鏡寺治西十五里即石鏡

月頂寺治東十里

攝湖寺治西七十里

槃樂寺治西六十里

裕福寺四十里

資福寺治北八十里有古腴杏三株枝葉婆娑檻楷遍體傳自唐來樹下爲東京官道今爲田隴耕者猶得古舍磚瓦前寺荷葉殿傳爲元末徐壽輝起馬所焚惟巨礎數十列其處

普度寺

國清寺順治十三年僧應靈開創

飛泉寺治東二十里

五福寺治東二十里

金輪寺　天鏡寺俱在三角山

護國寺在北關外

觀

神光觀治東一里玉臺山下漢張道陵自蜀青城來此煉丹有仙井水可解熱疾有仙洞洞有石床石臺神光燭天因以名觀俱見一統志

仙靈觀在蘭溪鎮大江滸世傳張道陵煉丹玉臺巳成者三雞食其一化爲鳳去遂名曰鳳棲山已而揭

其二冊徙居蘭溪一日市人見一道士與陵家語遂
升化因名焉
龍居觀　鳳城觀在巴河
玉泉觀在玉泉山

廟

東嶽廟有七一治東五里一巴河鎮一蘄湖一朱店
一城角橋一梅梓山一團陂鎮
南嶽廟有二一治南五里一在龍泉山
晏公廟有四一在麻橋一在巴河鎮一在城南河岸

一在蘭溪
葛洪廟在葛公山晉葛洪嘗隱如此
龍女廟在月子山上有龍潭見一統志
仙女廟在容蜂山宋劉平隱如此山其女仙去鄉人
祀之
太子廟治南二十里
雨水廟城南二十里
黑水廟城北二十五里
福主廟在蘄湖

陳家廟城北五十里
廣王廟城北六十里

菴

觀音菴治北六十里大靈山
星形菴治東北六十里
城山菴在城山　野朝菴治西五里
綠蘿菴禪僧三藏建
圓通菴萬歷中禪僧秀峰建前此菴無水僧拜求之
甘泉湧出

白雲菴在三角山　三多菴治東三十里
如是菴太常卿官應震為高僧無空建
浴蓮菴
止水菴　景行菴
蓮花菴　長庚菴　法華菴　水月菴
大士菴　圓鏡菴　普濟菴　龍王菴
紅雲菴　青雲菴　清涼菴

閣

大士閣有二一在巴河鎮一在文昌閣側

文昌閣有二一在巴河一在城南一里許舊址爲藴
公亭圮明萬歷間知縣滌王相繼建成後頹康熙間
將侯重新閣層有三各五丈餘上設　文昌神像而
郭臨流爲學宮聳翊康熙壬辰知縣侯方夏倡邑紳
汪㕘聖等募置桂家壪田粮陸石並茅壪田數坵
關帝廟前陳姓所居地基每年租銀壹兩玖錢俱付大寺
閣僧於帝君生日辦祭及收惜字紙之費乾隆
年閣火僅存其址
準提閣在巴河鎮

王皇閣在白石山

殿

眞武殿在巴河鎮
祖師殿在躍龍門外
三皇殿在本城內
藥王殿在本城內

摭聞

述異搜神士傳爲誕然攷古今藝苑之所記若此類
者奚啻汗牛東坡謂汝妄言之吾妄聽之亦或各有
取焉耳必曰楚江萍實肅愼矢括雖聖人博物焉又
拘矣

列女王桃與娣王悅漢末時人年踰笄皆未字有膂
力精武藝值兵亂聚蘆塘保鄉里每相謂曰天下有
英雄男子而技勝我者則相托維時敵匹者絕少適
有河東關公長子索英偉健捷桃娣與較俱不勝遂
俱歸之又有鮑氏女材行與桃似而悍鷙差勝亦歸
索三人皆棄家去關索卽今土人之所謂花關索鮑
氏卽今土人所謂鮑氏三娘者也蘆塘今之柴家迴

巴河故有張王廟然莫知其爲誰也明武治間郡守
盧濬將毀之神乃降筆作歌曰皇天生我兮男兒君
王用我熊羆力拔山兮雄勢氣貫日兮虹霓月正朗
兮拔鎗將劍星未落兮擊鼓拋旗搗賊室兮焚寨斬
賊肉兮充饑食馬草兮飽盡殺妻妾兮心悲爲厲鬼
兮披鐵甲爲明神兮執金鎚亦莫指我爲張嶷亦莫
指我爲張飛予張巡兮在世與許遠兮同時在東嶽
兮押案都統事兮冥司侍蓬萊兮殿直任酆都兮獄
推景佑眞君兮陽皇封爵忠烈大夫兮天上宮資漫

濡毫而揮翰俾人世今皆知始知爲張延嗣也因不廢萬歷十三年知縣閻士選刻之石

柯楚山邑廩膳生貎短陋年三十三一日暴卒逾日而甦云至冥司主者檢籍責勾者曰應拘陳太和何執此人鬼曰此由社司之悮隨喚社司問之對曰某家世讀書不信幽冥特令至此一見主者怒曰是何衙門而爲戲耶責而襯之徐檢籍曰此人十四入泮二十三補廩三十六恩貢授處州府麗水縣主簿男五女二壽九十三猶記所榜一聯云天道地道人道道道無窮胎生卵生化生生生不已後三十六果膺嘉靖恩貢授江西饒州府通判楚山喜出望外與同輩竟夜歡飲所具謁選衣服爲盜竊去次早當謁亟借衣而往不稱身又性卞急立病目主選大堂陸公曰若暫任別駕耶改授主簿果得麗水男女壽俱一一不爽載柯氏家譜及異紀耳談中又詠四時六言有云柳浪青于叅浪梨花白勝楊花不暖不寒天氣半幽半隱人家夾岸兩行楊柳平湖十里荷花香滿長亭驛路綠陰深處人家山後山前紅葉溪南溪北

黃花滿目蕭條景色楓林修竹人家雲凍欲雪未雪梅庭將花未花流水斷橋山寺竹籬茅舍人家清麗可誦其胸中固活活潑潑者而不逃前定之數不亦異哉

程節婦山後人年十九而寡壽八十餘會正月元旦族子姪往拜逢見其門懸金書大字兩行曰節氣橫山嶽精光湛玉壺衆異之以爲貞節之應

嘉靖二十四年秋邑有謝氏父子孫三命同爲雷擊死又轟李氏樓邑人田貢有記變詩曰嘉靖乙巳秋皇怒何其極謝氏斃三命祖子孫同仆李氏轟其樓百貨成灰黑眞宰不濫刑斯必有隱慝一擊一楚之大可懲穢德

桂有金邑人性慷慨曾於臘歲見一蔣丈夫頻蹙而來面有餒色迎至其家具酒食贈以路費各叙姓名而去後桂以商販湖湘中夜盜刼其舟火光中見爲首者指揮羣盜如左右手忽見友金呼曰汝非石三手對曰然因解縛呼恩人並釋同舟者反其原物另贈二桶爲別歸視之皆白金即前蔣丈夫也

趙報子萬歷間人相傳邑北郭門外舊有小冢爲骸骨墩一日醉歸時暮臥土冢上恍惚有人揖至一舍類清泉兩班文武嚴肅有禮與叙賓主各通姓字已而置酒酬酢盡歡聯詩唱和達旦而醒彷彿猶記姓名詩句按籍稽之皆故徐壽輝官將也豈骸骨叙即當時遺冢乎

萬歷間官太常應震於南河岸構閣雲樓客有高思齊者黃岡人負扶鸞之技一日座中令賦閣雲樓運乩如飛詞曰憶當年景界村庄野石幽地嶢岊春風幾謝有誰開恰遇着風流大夫逐景尋來展開鑿混沌的手段鑿破蒼苔粧點出峻閣樓臺水明沙秀陡隊安排漫道此形容出自天栽有數株松數竿竹數枝梅野花襯地還也奇哉更有那獅子吼聲露吐沂流元景瀠洄樓閣中老僧般若嘹喨城闕內少婦歌唱盈腮眞堪愛眞堪愛又何須尋芳赤壁討勝西江問趣蓬萊幾時月細風歪夜闌雲在搭晚唱的漁舟抛金鉤釣得六鰲尾擺問東君是獨樂還與人偕肯許我唐朝道士着芒鞋踹一踹 以上俱舊志異聞

黃可久常夏夜獨臥黃鶴樓江月照樓中見兩道人奕一道人旁觀碁子大如礫樓空子落其聲砰砰然震人狀貌亦異急披衣就之不見自是可久身心較異一日夜渡陽邏江舟覆至底見江水通紅一黑人長與天齊以手托之置覆舟底上漁父夢一人冠袍從鏡匣中起覺以語妻妻曰今夜風惡恐舟行不利何不向江干一行漁父至見可久坐風浪中挐舟救之又嘗寄寓臙脂山火家人盡奔逃可久在樓上翻道書不驚火既熄前鄰人望樓上寔猶有人疾呼之乃舍卷出居遂火 舊志本傳

何鳳起誕時父夢大星墜於祖塋之南因小字星南家貧往來英山間訓蒙歲晚携牛數頭及茶茗諸資遇虎鳳起容語曰吾生平正直終當大用汝則逝否則死汝口虎俛首而去 舊志本傳

謝童子不知其何許人亦不詳其名字相傳或求人少選愌十歲不能言父母竊怪之多苦焉令牧牛一日忽歌曰何兮何遠遠騎牛下淺坡長笛一聲嗚也嗚清歌一曲囉哩囉後遂能言神益清朗並能詩與

書然不傳傳者僅此　郡志摭聞

周應期微時讀書斗方山寺一夕夢伽藍神語曰汝父生年高擬矣壬乙酉果登賢書嘗館於義水歲杪歸值途中有負逋者將鬻其妻以償且欲自溺惻然憫之傾橐代償不問姓名明年辛丑遂釋褐人以爲陰功所致云

梅滓山楊氏家譜傳自元楊萬里大集先人遺像仿閣中赤泉侯以下遙伯起龜山誠齋諸先生俱列名賢之眞蹟纘成譜幅後不知何故落浙江金華劉手劉氏子析箸以此幅當大半貲產之其次子子嘔焉清客曰第守之楊氏後嘗有以百朋償者明崇禎癸酉楊楚龍以浙建德令送考省邸藏譜者夜夢幞帽朱衣數人云我裔來矣亟以譜付之尋携譜至邸舍授閽者置床側楚龍以公事歸晚卧未理夜深見室中有異光驚起問幅何來閽者曰客有賣畫者稱爲相府佳書楚龍展視喜曰此吾先代寶何乃現於此焚香禮拜因急厚購得之取所携

本朝

誥勅共珍函焉益異數也舊志藝文載記一首署修撰劉若宰名惜其文非劉眞筆也然事之異則不可沒云

石佛山之石蓮寺舊有神像尸祝俎豆時顯威靈庇佑鄉里禱之輒應然不知其爲何神也乾隆十一年邑進士何御龍纂輯家譜考其遠祖天隆有爲神之說因令其裔天爵往寺驗看啟其腹臟果係天隆爲元人從明洪武爲千戶攻陳友諒有功陞豫州參[illegible]答[illegible]歸斃于仇精義不散土人思其功悼其死[illegible]今[illegible]百餘年矣